高等学校应用型本科教材

大学体育与健康教育教程

主　编　刘生彦

副主编　徐桂兰　靳铁柱　王彬彬

西安交通大学出版社
XI'AN JIAOTONG UNIVERSITY PRESS
国家一级出版社
全国百佳图书出版单位

图书在版编目(CIP)数据

大学体育与健康教育教程/刘生彦主编. —西安:西安交通大学出版社,2019.8(2021.7 重印)
ISBN 978-7-5693-1206-5

Ⅰ.①大… Ⅱ.①刘… Ⅲ.①体育-高等学校-教材②健康教育-高等学校-教材 Ⅳ.①G807.4

中国版本图书馆 CIP 数据核字(2019)第 115355 号

书　　名 大学体育与健康教育教程
主　　编 刘生彦
责任编辑 曹　昳

出版发行 西安交通大学出版社
(西安市兴庆南路 1 号　邮政编码 710048)
网　　址 http://www.xjtupress.com
电　　话 (029)82668357　82667874(发行中心)
(029)82668315(总编办)
传　　真 (029)82668280
印　　刷 陕西金德佳印务有限公司

开　　本 787mm×1 092mm　1/16　**印张** 23.25　**字数** 580 千字
版次印次 2019 年 8 月第 1 版　2021 年 7 月第 3 次印刷
书　　号 ISBN 978-7-5693-1206-5
定　　价 59.80 元

读者购书、书店添货,如发现印装质量问题,请与本社发行中心联系、调换。
订购热线:(029)82665248　(029)82665249
投稿热线:(029)82664954
读者信箱:28790738@qq.com

编写委员会

主　编：刘生彦

副主编：徐桂兰　靳铁柱　王彬彬

编　委：钟声扬　齐元华　王　蛟　李洲鹏　杨　妮
王　飞　穆禹辰　冀　琳　张　龙　王亚红

前　言

大学体育是高等教育的重要组成部分，大学体育必须认真贯彻“健康第一”的指导思想。在2018年9月全国教育大会上，习近平总书记提出了“帮助学生在体育锻炼中享受乐趣、增强体质、健全人格、锤炼意志”的学校体育“四位一体”发展目标。围绕此目标，根据大学生身心特点制定教学内容、选择教学方法、有效提高大学生健康水平，培养大学生终身锻炼的习惯是学校体育教学工作的首要任务，是落实“三全育人”、推进大学生德智体全面发展的主要途径和手段。

本教材紧扣《全国普通高等学校体育课程教学指导纲要》的精神和要求，以《高等学校体育工作基本标准》为依据，力图通过对学校体育教学内容和方法的选择与整合，结合大学生体质健康标准的要求，选择适合大学生喜爱的锻炼内容，改进、创新教学方法和手段，突出基础知识和理论观点，注重各运动项目健身实践。同时，根据《普通高等学校健康教育指导纲要》的有关要求，增加了大学生健康教育的主要内容。

本书由刘生彦担任主编，参与编写的教师及编写章节如下：

刘生彦编写第一、二、三章；徐桂兰编写第十一章第五节，第十三章第二、五节；靳铁柱编写第七、八、九章，第十二章第一、四节，第十五章；王彬彬编写第十一章第三节，第十二章第二节；钟声扬编写第四、五、六章；齐元华编写第十一章第一、二节，第十四章第二节；王蛟编写第十章，第十四章第三节；李洲鹏编写第十一章第四节，第十二章第五节；杨妮编写第十三章第一、三、四节；王飞编写第十四章第五节；穆禹辰编写第十二章第三节；冀琳编写第十四章第四节；张龙编写第十四章第一节；王亚红编写第十六章。全书由刘生彦统稿定稿，并进行图像处理。

本书的编写与出版，得到了西安财经大学行知学院领导的关心和大力支持，在此表示诚挚的感谢。在编写过程中，全体参编人员通力合作，参阅了大量的书籍，采用了部分专家、学者的研究成果，引用了其中部分图文，在此谨向有关作者致以衷心的感谢！

由于编写人员水平有限，难免出现不妥之处，恳请读者批评指正。

编　者

2019年4月

目 录

上篇 体育理论与健康教育篇

下篇　运动实践与体育健身篇

上篇

体育理论与健康教育篇

第一章

体育概述

第一节　体育的概念

一、体育概念概述

“体育(physical education)”一词是在19世纪60年代，由西方传入我国的，其原意为“身体教育”，是指维持和发展与身体各种活动有关联的一种教育过程。随着社会进步与体育实践的发展，派生出体育教育、竞技体育和身体锻炼三个既有区别、又有联系的内容，并逐渐形成了与教育、文化相关联的新体系，原有“体育”一词已不能涵盖具有相对独立体系的“竞技体育”和“身体锻炼”。

体育的概念随着社会的不断发展和人们对体育认识的深化而不断变化。根据中国体育发展的特点和规律，体育的概念是以身体练习为基本手段，以发展身体、增强体质为基本特征的教育过程和社会文化活动，包括体育教育、竞技体育和社会体育(群众体育)三方面的内容，受社会政治、经济的影响和制约，并为其服务。三者既有区别，又相互关联地构成一个整体。

关于体育的概念有多种表述：体育是一种寓教育于运动之中的社会现象，是通过运动促进人的身心全面发展并丰富人们文化生活的一种社会现象；体育是身体教育或体质教育的简称，指的是教育者向受教育者传授增强体质的知识技能和运用这些知识技能实际锻炼身体的过程。体育运动是人类的特殊育化方式，是现代人的基本生存方式。因此，体育是以身体运动为基本手段，促进人的全面发展，丰富人们文化生活的社会实践活动。从广义上看，体育已经发展成体育运动、体育科学、体育产业和体育文化四位一体的社会现象。

综上所述，我们比较认同赵立根据确定体育概念的一般原则，从体育现象出发，给出的体育的概念：体育(广义的，亦称体育运动)是指以身体练习为基本手段，以增强体质、促进人的全面发展、丰富社会文化生活为目的的一种人类社会文化活动。它是社会总文化的一部分，其发展受到一定社会的政治和经济的制约，也为一定社会的政治、经济服务。

但是,对“体育”概念的争论一直没有停止。张洪潭在《体育的概念、术语、定义之解说立论》一文中认为:体育就是旨在强化体能的非生产性肢体活动;包信在《关于体育的概念和本质的讨论》中认为“体育的本质归为:人的用以强化身体素质的非生产性的身体练习”,等等,不一一列举。总之,体育的概念将随着人们认识的不断深入而发展和变化。

二、与体育概念相关的名词和定义

身体练习是指人们为增进健康、增强体质、娱乐身心、提高运动技术水平而采取的各种具体动作的总称。其主要特点是有大肌肉参与的运动技术动作。

体质是指人体的质量,它是在先天遗传性和后天获得性的基础上所表现出来的人体形态结构、生理机能和心理素质的综合的相对稳定的特征。体质是人的一切生命活动的物质基础。在人的整个生命活动过程中,体质表现出明显的个体差异性以及个体发展阶段性。体质的好坏受遗传变异、营养条件、身体锻炼、生活环境和生命规律的影响。因而,体质是可变的。在影响体质的诸因素中,经常地、科学地从事体育运动是最为积极有效的。体质的外延包含身体形态、机能、体能、适应能力和精神状态等。

身体形态包括体格、体型及身体姿态,是人体生长、发育水平的重要指标。

机能是指器官系统的功能。例如,脉搏、血压等是反映心血管系统机能水平的指标。这些功能与人的运动能力直接相关。

体能,是指有机体在身体活动中所表现出来的能力,包括走、跑、跳、投掷、攀爬、搬运等能力,其基础是人的身体素质。人的身体素质是指人的力量、灵敏度、耐力、速度和柔韧性等素质。在现代,国际上比较流行健康体能的概念,其基本含义是使人保持正常生活和工作能力的身体素质,主要指力量、耐力和柔韧性三大身体素质。

适应能力,是指人体在适应外界环境时所表现出来的机能能力。它包括对外界环境的适应能力和对疾病的抵抗能力。

根据我国体育工作的实际情况,我国的体育事业一般划分为三个领域,即学校体育、社会体育(群众体育)、竞技体育。

学校体育(狭义的体育)是指在以学校教育为主的环境中,运用身体运动、卫生保健等手段,对受教育者施加影响,促进其身心健康发展的有目的、有计划、有组织的教育活动。包括各类学校的体育教学和课外体育活动等。

社会体育是指公民自愿参加的以增进身心健康为主要目的的群众性体育活动。社会体育也称群众体育或大众体育。

竞技体育是指在全面发展身体、最大限度地挖掘和发挥人(个体或群体)在体力、心理、智力等方面的潜力的基础上,以攀登运动技术高峰和创造优异运动成绩为主要目的的一种运动活动过程。

第二节　体育的分类

体育的分类是将体育领域中的各种表现形式,按照一定的标准进行区别并确定其归属的过程。按照不同的标准,可以将体育划分为不同的类别。若按体育实施范围划分,可分为学校体育、军队体育、社区体育、农村体育等;若按年龄特征划分,可分为幼儿体育、儿童体育、成年体育、老年体育等;若按时代特点划分,可分为传统体育、近代体育、现代体育等;若按照功能划分,可分为医疗体育、健身体育等。本书依据各种体育实践的基本功能和特征、人们对体育基本类型的认同以及体育工作的实际情况等综合因素,将体育划分为学校体育、竞技体育、社会体育三种基本类型。

一、学校体育

学校体育,就是在以学校教育为主的环境中,运用身体运动、卫生保健等手段,对受教育者施加影响,促进其身心健康发展的有目的、有计划、有组织的教育活动。学校体育属于教育范畴,无论在哪种社会条件下,都受该社会的政治、经济、文化教育的影响和制约,并通过培养人才为之服务。学校体育与学校德育、智育共同组成完整的学校教育体系,是培养符合社会需要的合格人才的一项基本内容和基本途径。学校体育由五个主要部分或要素构成:体育教学(以体育课为主要形式);课外体育活动(由学校或学生自行组织,以学生体育锻炼为主要内容);运动代表队训练和各种形式的体育比赛(如班级赛、校际赛、各类选拔赛,以及参加地区和全国性比赛等);早操和课间操(前者多由学生个人自由锻炼或学生自由组合锻炼,后者多为有组织的徒手体操活动);科学的作息和保健措施(旨在保证学生足够的睡眠、休息和锻炼时间,同时要讲究卫生,注意营养,预防疾病发生等)。

按照时间序列,学校体育系统的结构大致上可以划分为学前阶段体育、初等教育阶段体育、中等教育阶段体育和高等教育阶段体育四个部分。

二、竞技体育

竞技体育是体育的重要组成部分,它与学校体育(体育教育)、社会体育(群众体育)共同构成了体育的主体框架,是以体育竞赛为主要特征,以创造优异运动成绩、夺取比赛优胜为主要目标的社会体育活动。也可以说,竞技体育是在全面发展身体,最大限度地挖掘和发挥人在体力、心理、智力等方面潜力的基础上,以提高运动技术水平和创造优异运动成绩为主要目的的一种活动过程。

竞技体育包含着运动员选材、运动训练、运动竞赛和竞技体育管理四个组成部分。

三、社会体育

社会体育(我国亦称群众体育,有的国家称为大众体育或国民体育),指职工、农民和街道居民自愿参加的、以增进身心健康为主要目的的,内容丰富、形式灵活的社会体育活动。它是我国体育事业的重要组成部分,既有别于高水平的竞技体育,也有别于学校体育。

社会体育以增强人民体质,增进社会健康,延长人的寿命,满足人民群众的健美、消遣、娱乐、休闲、保健、医疗、康复、社交等多方面的需要为目的,多不追求达到高水平的运动成绩。

社会体育具有占有较大的社会空间和较多的社会时间;具有多种形式的活动分类、活动方式和灵活的组织形式;参加对象十分广泛,活动内容非常丰富;与社会的结合十分紧密等特点。

通过发展社会体育,促进全民健身,可以增强劳动者的身体素质,提高劳动生产率;预防和减少疾病,提高健康水平;改善生活环境,提高生活质量;融洽人际关系,提高适应社会的能力;丰富社会文化生活,促进精神文明建设。中国社会体育的未来发展走向是在政府部门主导下,广泛动员社会力量,调动各方面的积极性,逐步形成全社会参与的格局,使社会体育日趋生活化、普遍化、组织化、科学化、规范化、制度化。同时，体育产业将日益发展，体育市场逐渐完善，人民群众的体育消费水平不断提高。

第三节　奥林匹克运动

奥林匹克运动兴起于欧洲资本主义工业化时代，但其渊源可以追溯到古希腊的奥林匹克运动会。古代奥运会为祭祀希腊的万神之王——宙斯神而设立，每四年一届，在古希腊最著名的宗教祭祀圣地——奥林匹亚举行。

为了系统了解奥林匹克运动，人们把它分为古代奥林匹克运动和现代奥林匹克运动。

一、古代奥林匹克运动

古代奥运会产生于古希腊。公元前 776 年首届古代奥运会在奥林匹亚召开，至公元 394 年，历时 1170 年，共举行了 293 届。第 1 届古代奥运会仅有一个比赛项目，即距离约为 192.27 m的场地跑。自其起，规定每 4 年举行 1 次。

每届奥运会均在能容纳 5 万名观众的奥林匹亚运动场上举行。比赛场大小均为 200 m×30 m，也有专门供运动员居住和训练的地方。最初只有短跑一项比赛，后来逐渐增加了长跑、跳远、标枪、铁饼、角力、5 项全能（长跑、跳远、铁饼、标枪、角力）、拳击、赛马和赛车等 24 个项目。

二、现代奥林匹克运动会

从 1889 年开始，在后来被人尊称为“奥林匹克之父”的法国教育家皮埃尔·德·顾拜旦(Pierre de Coubertin)的倡导和努力下，恢复了中断一千多年的奥运会，并于 1896 年 4 月 6 日—15 日，在希腊雅典举办了第一届现代奥运会。

正式的冬季奥林匹克运动会始于 1924 年。1994 年起，冬奥会与夏奥会以 2 年为间隔交叉举行。冬季奥运会与夏季奥运会分别在不同的国家举办。

至今，现代夏季奥运会共举办了 31 届，其中，1940 年第十二届、1944 年第十三届夏季奥运会因第二次世界大战爆发未举办。冬季奥运会举办了 23 届。

三、奥林匹克思想体系

（一）《奥林匹克宪章》

《奥林匹克宪章》(Olympic Charter)是国际奥委会制定的关于奥林匹克运动的最高法律文件。宪章对奥林匹克运动的组织、宗旨、原则、成员资格、机构及其各自的职权范围和奥林匹克各种活动的基本程序等作了明确规定。这个法律文件是约束所有奥林匹克活动参与者行为的最基本标准和各方进行合作的基础。

（二）奥林匹克格言

奥林匹克格言(Olympic Motto)亦称奥林匹克口号。“更快、更高、更强”是奥林匹克格言，它充分表达了奥林匹克运动所倡导的不断进取、永不满足的奋斗精神。它不仅表示在竞技运动中要不畏强手、敢于斗争、敢于胜利，而且鼓励人们在自己的生活和工作中不甘于平庸，要朝气蓬勃、永远进取、超越自我，将自己的潜能发挥到极限。

（三）奥林匹克宗旨

奥林匹克运动的宗旨是“通过没有任何歧视、具有奥林匹克精神——以友谊、团结和公平精神互相了解——的体育活动来教育青年，从而为建立一个和平的更美好的世界做出贡献”。

（四）奥林匹克精神

奥林匹克精神（Olympic Spirit）就是相互了解、友谊、团结和公平竞争的精神。奥林匹克精神对奥林匹克运动具有十分重要的指导作用。

（五）奥林匹克标志

奥林匹克标志（Olympic Logo）是由《奥林匹克宪章》确定的，也被称为奥运五环标志。它由 5 个奥林匹克环套接组成，可以是单色，也可以是蓝、黄、黑、绿、红 5 种颜色。环从左到右互相套接，上面是蓝、黑、红环，下面是是黄、绿环。整个造型为一个底部小的规则梯形。奥林匹克标志不仅象征五大洲的团结，而且强调所有参赛运动员应以公正、坦诚的运动员精神在比赛场上相见。

四、中国与奥林匹克运动

（一）旧中国与奥林匹克运动

1894 年 6 月 23 日国际奥委会成立。1896 年，第 1 届奥运会的圣火在希腊雅典点燃。赛前，国际奥委会的一封邀请函寄至清政府，可当时正值中国甲午战争战败，清朝统治者被迫签订丧权辱国的《马关条约》，根本无暇顾及奥运赛事。

1932 年在美国洛杉矶举行的第 10 届奥运会上，在张学良将军的资助下，中国派出了三人代表团，代表沈嗣良，选手刘长春，教练宋君复。刘长春参加了 100 m、200 m 比赛，开创了我国参加奥运会的历史记录。

1936 年在德国柏林举行的第 11 届奥运会上，中国 78 名选手在马约翰教练的带领下参加了比赛，参加项目有田径、游泳、举重、拳击、自行车、篮球及足球，另外还有一个武术表演队。最后只有符保卢通过了撑杆跳高及格赛。

1948 年在英国伦敦举行的第 14 届奥运会上，因受经费限制，运动员分批从上海、香港出发赴伦敦，足球队、篮球队为了筹募代表队的经费，沿途安排了表演比赛，以宣慰侨胞，并希望解决部分旅费。就这样代表队在伦敦还是唯一住不起奥运村的队伍。这是一页不堪回首的中国奥运史。

（二）新中国加入奥林匹克运动大家庭

中华人民共和国成立后，为了抗议国际奥委会制造“两个中国”的阴谋，中华人民共和国于 1958 年 8 月 19 日致函国际奥委会宣布退出了奥林匹克运动。

1971 年 10 月，中华人民共和国在联合国安理会的席位得到了恢复。由于种种原因，直到

1979 年，中华人民共和国的奥委会才再一次获得了国际奥委会的正式承认。

（三）我国参加奥运会的获奖经历

1984 年 7 月在美国洛杉矶举行的第 23 届奥运会上，中国著名运动员许海峰获得男子 60 发自选手枪的金牌，打破了中国在奥运会上金牌“零”的记录。在第 23 届奥运会上，我国选手共获得 15 枚金牌，8 枚银牌，9 枚铜牌，取得了历史性的突破。

之后的八届奥运会，我国都派出强大的阵容参加，共获得 212 枚金牌，154 枚银牌，146 枚铜牌。

（四）中国成功举办第 29 届奥运会

2008 年 8 月 8 日，在“同一个世界同一个梦想（One World One Dream）”口号的感召下，在“绿色奥运、科技奥运、人文奥运”理念的指导下，北京成功举办了第 29 届奥运会。在本届奥运会的金牌榜上，作为东道主的中国体育代表团历史性地超越美国，升至金牌榜首位，并且金牌总数突破了 50 枚大关，远远超过了上届奥运会的 32 枚，奖牌总数也首度达到 100 枚。虽然奖牌总数比美国队少了 10 枚，但中国健儿在本届盛会所取得的无数个历史性的突破，已经全面改写了奥运历史。

北京奥运会的举办，掀起了群众健身的热潮，有力地推动了我国全民健身运动的开展。为了满足广大人民群众日益增长的体育需求，同时也为了纪念北京奥运会成功举办，2009 年 1 月 7 日，国务院批准，从 2009 年起每年 8 月 8 日为“全民健身日”。同年 8 月 30 日，国务院颁布了《全民健身条例》。

（五）中国将举办第 24 届冬季奥运会

2022 年北京将携手张家口举办第 24 届冬奥会。

第四节　体育欣赏

一、体育欣赏简介

体育欣赏是指人们在工作学习之余，欣赏体育表演、比赛，以陶冶情操，得到身心两方面积极性休息的一种活动。体育欣赏可分为直接欣赏和间接欣赏，直接欣赏指去体育比赛现场观看比赛，而间接欣赏则指通过大众传播媒介观看体育比赛。

随着现代社会物质文明和精神文明的高度发展，人们的业余生活越来越丰富，对业余生活质量的要求也越来越高。特别是在高节奏、高效率的工作压力下，需要不断调节生活节奏，自我放松，愉悦身心。

运动竞赛是体育运动的显著特征，它不仅有着强烈的竞争性，而且还具有很强的技艺性、教育性和观赏性。随着社会的进步、商业性体育的兴起以及新闻传播媒介的迅速发展，同亲身参与体育活动一样，一种被称为信息消费的体育——观赏体育应运而生。而欣赏体育比赛、体育表演，则成为人们业余生活中不可缺少的重要内容，它给人们带来越来越多的视觉享受。

运动竞赛和体育比赛中运动员尽善尽美的表演，健、力、美的和谐统一，鲜明的节奏、默契的配合，表现出诗意的情感、艺术的造型，给人以美的享受，令人忘掉忧愁和烦恼，有效地调整和改善人的心理和情绪，使人朝气蓬勃、充满活力、增进健康。

人们在欣赏体育比赛的过程中还可以看到运动员之间、运动员和裁判员之间、观众和运动员之间发生着频繁而激烈的思想感情或行为上的交流。从中看到个人与集体的关系、人与人之间的合作精神、谅解精神、相互鼓励的精神。在激烈的竞争中，还有严格的规则，受到诚实、守纪律和严密组织纪律性的熏陶。因此，体育欣赏能培养人们团结合作的精神，豁达合群的性格，愉快乐观的情绪。

在体育欣赏的过程中，人们可以学到许多体育方面的知识，通过主持人和嘉宾的现场解说，观众可以了解到一些体育项目的起源和发展，一些优秀运动员的情况，一些国家和地区的风土人情，一些项目的裁判规则等。这些可以开阔眼界，增长体育知识，增进各国运动员和人民之间的了解和友谊。

体育欣赏给人们提供了一个学习运动员拼搏进取、无私奉献、为国争光等精神的大课堂。在体育比赛中，运动员你追我赶，每分必争，每球必夺，只有经过奋力拼搏，才能战胜对手、夺取胜利。正因为如此，"更快、更高、更强"就成了现代奥林匹克运动的口号，它充分表现了体育的竞争意识，这种竞争意识反映了人类勇于接受挑战、敢于拼搏、勇于胜利的气概和人们征服自然、改造社会、超越自我的理想。

二、体育欣赏的体育美学特点

(一)体育的整体美

整体美是体育欣赏中的一个特定形态，它表现在集体项目的群体组合和活动中。例如，篮球队、排球队、足球队，通过体育技术的组合、运行、提高等，以出神入化的程度所表现出来的整体美。队员们之间配合默契，娴熟的传接球、投篮、扣球、射门等都表现了群体意识美、智慧美和技术美。

(二)体育的含蓄美

体育的艺术美、创造美，人们内心的道德美、力量美、智慧美等都是含蓄美的表现形式。体育活动的拼搏意志美，更是我们这个民族精神向上的具体体现。

(三)体育的形式美

体育的形式美是技术、形状、结构和动作的组合美，是体育的外形美，包括体育的比例、和谐、均衡、节奏、场地器材布置、对称优美和队形的整齐等。它给人们以生理上、心理上的愉快，是人们表现自我意识和创造能力的方式之一，是体育美的重要体现。

(四)人体的形态美

人体的形态美主要表现为自然或正常的体态，包括正常的生长发育、丰满的肌肉、自然协调的动作、正常的行动姿态等。体育活动使人们形成了健壮匀称的体格，端正的健美姿势。形与美的协调，充分展示了人体美和充满朝气的气质美。

(五)人体的动作美

人体的动作美主要表现在动作的协调和韵律感上。体育就是发展人们身体的各种能力，培养动作的灵巧性和协调性，发挥动作的速度，使其既经济又美观。人们在比赛或活动中，动作协调、节奏分明，使人产生一种美的感受，特别是艺术体操、花样游泳、武术等项目，更是体育与艺术的结合，具有很好的美育作用。

(六)人体的健康美

健康美是人类健康的身体呈现的美。在大众中开展的各项健身活动，充分地展示了充满着生命力的健康美。身体健康、肌肉匀称、躯体雄伟，动作优美大方、灵活、协调、富有节奏感以及活动中体现出来的良好心理素质，都给人以健康美的情感体验。

在体育运动中，美的表现具有不同的形状、相貌和特性，它们给人的审美感受也是不尽相同的。正是由于体育能给予人们如此多的情感体验，从而促使更多的人去关心它，了解它，欣赏它，体验它，参与它。

三、如何欣赏体育竞赛

(一)从技术、战术角度欣赏体育竞赛

从运动技术、战术的角度欣赏体育竞赛，会使人联想到现代社会的许多事业都需要人们像赛场上的运动员那样刻苦努力、明确分工、真诚合作，才能成功。

1. 竞技技术欣赏

在球类比赛中，篮球、排球、乒乓球、足球、网球、羽毛球等球类运动发展的速度非常快，新技术不断出现。如篮球比赛中的跳起空中换手投篮、勾手投篮、补篮以及单手、双手正(反)扣篮、投三分篮等，我们还可以欣赏运动员传接球、运球、突破、抢篮板球等技术和防守技术；欣赏足球比赛时，我们特别偏爱精彩的射门，足球射门是进攻的归宿，但能不能进球，还要看运动员的传接球、控制球、运球过人等基本技术的掌握程度，其技术越高，射门的次数就越多，获胜的可能性就越大；排球比赛中除了常见的基本技术(移动、传球、发球、扣球、拦网等)之外，快球技术发展也很快，比较常见的有近体快球、短平快球、远网快球等；优秀的网球选手在比赛中击球速度快，底线抽球落点准、角度大，来回球数量多，同时还具有好的发球及网前技术。

各项体育运动均是由一系列的技术动作组成的，每个项目都有其自身的技术特点，我们在欣赏体育比赛时不仅要注意运动员完成技术动作的情况，更应当欣赏运动员是如何利用自身的有利条件形成独特技术特点的。

2. 竞技战术欣赏

体育比赛中的战术是指比赛双方根据赛场情况变化，正确分配体力，采取合理行动，充分发挥自己优势，限制对方特长，以期达到取得比赛胜利的目的。不同的体育比赛具有不同的战术特点。

在田径比赛中，战术要根据自己的特点和对手的情况而定，如中长跑的体力分配、速度安排、跟跑、最后冲刺等；在跳高比赛中，为了节省体力和给对手以心理压力所使用的免跳和选择起跳高度等。在对抗性强的球类运动中，战术更是灵活多变、复杂多样。足球比赛中战术的运

用，首先是选择适合本队特点有助于运动员体力和技术水平发挥的比赛阵型，同时也要考虑双方的力量对比以及其他客观条件(场地、气候等)。

(二)从人体能力和运动精神的角度观赏体育竞赛

竞技体育运动最大限度地发挥了人体运动潜能。通过平时训练的积累，运动员在体育比赛中所表现出来的、大大超过常人的运动能力和水平是非常吸引人的。例如，把 7.26 kg 的铅球推出 20 m 开外；9 s 多就能跑完 100 m；2 h 8 min 多就能跑完 42.195 km 的“马拉松”全程路程；能够举起相当于自己体重 3 倍的绝对重量；高高跃起超过自己身高几十厘米的横杆等。运动员在比赛中顽强拼搏、勇于进取的意志品质以及团结协作、密切配合的集体主义精神会使人们受到启迪和教益。人们在观赏运动员的技艺和能力的同时也会对运动员的外貌、风度、动作、习惯、爱好等发生兴趣，甚至着迷。有些人把某个运动员当作自己心中的偶像来崇拜，许多优秀运动员的成长过程会使人们受到有益的启迪和鼓舞。

(三)从体育文化的角度观赏体育竞赛

现代竞技体育比赛已经成为一种全球性活动，体育比赛的内涵和外延更加深刻丰富，它的意义已超出比赛的本身，充满了时代精神和人生哲理。所以从体育文化的角度来观赏体育比赛，会使人们在观念、思维、情趣等方面得到净化和升华。

人们在观赏比赛时总是会感受到时代的脉搏，领会到时代的精神。优胜劣汰是体育竞赛的本质属性，参赛各方在强与弱、优与劣、先进与落后、正确与错误、创新与守旧等方面进行竞争，从广义上讲，竞争是人类进步和社会发展的强大动力。人们应从体育竞争中认识竞争，学习和适应竞争，竞技体育比赛在培养人们的竞争能力，激发人们的竞争意识方面有着独特的作用。正是由于竞技运动所具有的独特作用和魅力，使竞技体育比赛更具观赏性。

体育史的演进往往是以一串连缀的数字为标志的，这些数字记录着人类向自身生命挑战和超越的奇迹。在体育运动中，那些与生命本身直接相关的品质，如力量、速度、敏捷、和谐、智慧、毅力、勇敢顽强、理智热情、端正坦荡等，都在运动的过程中得到锤炼、检验与升华。因此，从某种意义上说，体育便成为人们完善自我，塑造理想人格，锻造最佳生命质量的基石与熔炉。

(四)从体育美的角度欣赏体育竞赛

1.对身体美的欣赏

大部分运动项目对于体育竞赛的观众来说，首先映入眼帘的是运动员的身体形态，所以说对身体美的欣赏是最基本、最直观的欣赏。身体美，是人类健康的身体所呈现的美，它是一种由机体良好的生理和心理状态综合显示出的健康之美，是生命灌注之美。身体美不仅包括人体表面形态的美，还包括骨骼、肌肉、皮肤、毛发等影响人体表面形态的构件，并涉及音容笑貌、服装饰物等与表现身体美有关的所有方面。古希腊的“维纳斯”女神、“掷铁饼者”等雕塑之所以经久不衰，屡屡作为经典的艺术造型被艺术家进行二次、三次或多次创作并为大众所熟悉和欣赏，除其造型的艺术价值外，更是其突出的身体形态美满足了人们对美的追求。

身体美的内容十分丰富，它不仅包括强壮美、体态美、体型美等外在美，还包括一些潜在的美的因素，如速度美、素质美等。

2. 对运动美的欣赏

运动美是身体的运动之美，是人们在体育活动中表现出的美，是社会文化生活的反映，它是一种特殊的审美对象。感受运动美，需要懂得一定的运动知识，特别是竞赛运动知识，并以理解人体运动的潜力和限度为前提；表现运动美，则不但要掌握知识，还必须亲自参加体育活动的具体实践。运动美的特点在于准确、干净、敏捷、协调、连贯、舒展而富有节奏，给人以"增之一分则多，减之一分则少"的感受。

运动中各种动作表现在姿势与结构上的美，是在空间相对稳定时显现的，像连续放映的影片突然定格，具有类似雕塑艺术的立体的直观性特征。

在体育运动中，一般把刚毅、强壮、雄健、豪放、壮丽、剧烈运动的美，都视为阳刚之美，而把柔和、优雅、纤巧、缠绵、秀丽、平缓活动的美，都视为阴柔之美。一般来说，男运动员的形体、动作、力量和速度型的运动项目，表现出阳刚之美；而女运动员的形体、动作、柔韧和灵敏型的项目，表现出阴柔之美。如表现不当，刚柔错位，阴阳颠倒，就很难产生美感。阳刚与阴柔之美是相对而言的，刚柔对比是形成动作美的重要手段。两者对比可显得刚者愈刚，柔者愈柔；反过来也可刚柔相济，刚中见柔，柔中见刚，相得益彰，产生多样性统一的艺术魅力。

3. 风格美的欣赏

风格美，一般包括两个方面的内容，即技术风格和思想风格。

技术风格美，包括运动员（队）在技术、战术上所表现出的特长与特点之美，亦即技术、战术风貌和格调上的特性之美。各个运动员（队）根据各自的特点创造出与众不同的风格，构成了自己独特的技术风格之美。

思想风格美，是指运动员在运动竞赛中所体现的思想品质、道德修养、行为作风等综合的社会意识美。人们在观赏运动竞赛中，看到运动员（队）的良好的思想风格时，也往往深受感动，产生共鸣而享受到一种意识形态美。

第二章

大学体育

第一节　大学体育的目的、目标与任务

一、大学体育的目的

高校体育是高校教育的重要组成部分。大学体育以体育课、运动竞赛和课余锻炼为基本手段，通过身体练习这个载体，增强学生体质，促进学生身心和谐健康发展；培养学生从事体育锻炼的意识、兴趣、习惯和能力，使学生享受体育的乐趣，学会健身方法，为终身体育奠定良好的基础；对大学生机体进行科学的培育，注重学生终身体育意识的提高，自觉锻炼习惯的培养，运动技能的发展和良好意志品质的培养，达到身心健康；同时，注重人格、道德素养、意志品质和社会适应能力的培养和提高，使其成为具有时代精神的、德智体全面发展的社会合格人才。

二、大学体育的目标

2018 年 9 月，习近平总书记在全国教育大会上指出要树立健康第一的教育理念，开齐开足体育课，帮助学生在体育锻炼中享受乐趣、增强体质、健全人格、锤炼意志。这是新时代学校体育工作“四位一体”的发展目标。2002 年教育部颁布的《全国普通高等学校体育课程教学指导纲要》(下称《纲要》)中规定：“高校体育课程的性质是大学生以身体练习为主要手段，通过合理的体育教育和科学的体育锻炼过程，达到增强体质、增进健康和提高体育素养为主要目标的公共必修课程；是学校课程体系的重要组成部分；是高校体育工作的中心环节。体育课程是寓身心和谐发展、思想品德教育、文化科学教育、生活与体育技能教育于身体活动中并有机结合的教育过程；是实施素质教育和培养全面发展的人才的重要途径。”大学体育课程目标分为基本目标和发展目标两个层次，每个层次均包含运动参与、运动技能、身体健康、心理健康和社会适应五个领域的目标。

(一)基本目标

基本目标是根据大多数学生的基本要求而确定的，分为五个领域目标。

(1)运动参与目标：积极参与各种体育活动并基本形成自觉锻炼的习惯，基本形成终身体育的意识，能够编制可行的个人锻炼计划，具有一定的体育文化欣赏能力。

(2)运动技能目标:熟练掌握两项以上健身运动的基本方法和技能;能科学地进行体育锻炼,提高自己的运动能力;掌握常见运动创伤的处置方法。

(3)身体健康目标:掌握有效提高身体素质、全面发展体能的知识与方法;能合理选择人体需要的健康营养食品;养成良好的行为习惯,形成健康的生活方式;具有健康的体魄。

(4)心理健康目标:根据自己的能力设置体育学习目标;自觉通过体育活动改善心理状态,克服心理障碍,养成积极乐观的生活态度;运用适宜的方法调节自己的情绪;在运动中体验运动的乐趣和成功的感觉。

(5)社会适应目标:表现出良好的体育道德和合作精神;正确处理竞争与合作的关系。

(二)发展目标

发展目标是针对部分学有所长和有余力的学生确定的,也可作为大多数学生的努力目标,分为五个领域目标。

(1)运动参与目标:形成良好的体育锻炼习惯;能独立制订适用于自身需要的健身运动处方;具有较高的体育文化素养和观赏水平。

(2)运动技能目标:积极提高运动技术水平,发展自己的运动才能,在某个运动项目上达到或相当于国家等级运动员水平;能参加有挑战性的野外活动和运动竞赛。

(3)身体健康目标:能选择良好的运动环境,全面发展体能,提高自身科学锻炼的能力,练就强健的体魄。

(4)心理健康目标:在具有挑战性的运动环境中表现出勇敢顽强的意志品质。

(5)社会适应目标:形成良好的行为习惯,主动关心、积极参加社区体育事务。

为了完成上述目标,《纲要》规定,普通高等学校的一、二年级必须开设体育课程,修满规定学分、达到基本要求是学生毕业、获得学位的必要条件之一。普通高等学校对三年级以上学生(包括研究生)开设体育选修课。

同时,为实现体育课程目标,应使课堂教学与课外、校外的体育活动有机结合,学校与社会紧密联系。要把有目的、有计划、有组织的课外体育锻炼、校外(社会、野外)活动、运动训练等纳入体育课程,形成课内外、校内外有机联系的课程结构。

(三)高校体育的组织实施

《学校体育工作条例》规定,学校体育工作指体育课程教学、课外体育活动、课余体育训练和竞赛,并规定了体育课是学生毕业、升学考试科目。上述规定中的学校体育工作是我国高校体育的基本组织形式。不同的形式都有各自的特点和需要完成的首要任务,既有各自独特的作用,又有相互补充、共同促进任务完成的作用。

2014 年 6 月 11 日,教育部印发了《高等学校体育工作基本标准》(下称《基本标准》),《基本标准》是对全日制普通高等学校体育工作的基本要求,也是评估、检查高等学校体育工作的重要依据。

1. 体育课程

体育课程是完成高校体育工作任务的主要组织形式。我国高校体育课程是以《纲要》和《基本标准》为依据组织实施的。《纲要》和《基本标准》规定普通高等学校一、二年级必须开设体育课程(四学期共计 144 学时),三年级以上开设体育选修课,并提出《纲要》是编写大学生体育教学大纲，进行体育课程教学、评估和管理的依据。根据学校教育的总目标和体育学科的规律，可有针对性地开设大学体育基础课、大学体育选项课、大学体育保健课、大学体育理论课等类型的体育课。

2. 课外体育活动

高等学校的课外体育活动是体育课程的延续和补充，是高校体育教育过程中不可分割的环节，是实现高校体育的目的和任务的又一重要途径。课外体育活动包括早操、课间操、班级体育锻炼、体育课课外辅导、运动会及有组织的郊游等。课外体育活动的内容应以《国家学生体质健康标准》和体育课学习的内容为主，并结合学生感兴趣和喜好的一些其他项目。时间可长可短，因人、因地、因时而宜，以振奋精神、活跃情绪、不过于疲劳且能坚持锻炼为原则，可独立按个人计划完成，也可在教师指导下进行，或加入体育社团(俱乐部、体育协会)等组织进行锻炼。

3. 课余运动训练

大学课余运动训练是利用课余时间，对部分身体素质较好并有某项运动专长的学生进行系统训练的一种专门教育过程。它是高校体育的主要组织形式之一，也是认真贯彻执行普及和提高相结合的重要措施。它一方面肩负着提高运动技术水平、创造优异成绩、参与校外交往、为校争光的光荣使命；另一方面又承担着指导普及、促进高校体育运动蓬勃开展的艰巨任务。

4. 课余体育竞赛

高校体育竞赛包括校内竞赛和校外竞赛。体育竞赛具有竞争性特点，可以起到活跃课余文化生活、振奋人心、激发情感、发展人际交往等作用，是检验体育教学、体育锻炼及运动训练效果的一种重要手段，也是吸引广大学生参加体育活动的一种好形式。高校体育竞赛应以育人为宗旨，以校内竞赛为主，特别是以经常开展小型多样的基层竞赛为主，坚持勤俭节约的原则。通过体育运动竞赛，检验学校的体育工作，培养学生勇敢顽强、拼搏进取、开拓创新、团结协作、遵纪守法等优良品质和集体荣誉感，增强体育意识，提高运动技术水平，培养和选拔体育运动的优秀人才。通过开展各种形式的校际竞赛活动，可以扩大学生的视野，提高社会交际能力。

三、大学体育的任务

培养健康合格的社会建设者是体育教学的宗旨，随着社会的不断进步，大学体育的任务也随之转变，落实立德树人和“三全育人”，促进学生的健康成为学校体育的首要任务。

(一)增强学生体质，促进学生身心健康

增强体质是高校体育的重要任务。强健的体质是人们进行各种活动的前提，体质的增强包括人体各个系统机能的提高，它是一个长期锻炼的过程。

全面增强学生体质在于一个长期的、有目的的系统运动和练习，要在保证学生生长发育的前提下，实现体格健美，增强免疫力，促使学生精力充沛，生命力旺盛，为学习和生活提供保证。

(二)促使学生努力掌握体育的基本知识、基本技能，培养终身体育意识

教会学生科学的身体锻炼方法，培养学生终身参加体育锻炼的兴趣、能力和习惯。在科学

的指导下，培养学生掌握知识和技能，引导学生正确地从事体育锻炼，通过身体练习，激发学生的运动兴趣，培养学生自觉进行体育锻炼的习惯，为终身体育奠定基础。

(三)落实立德树人根本任务，培养学生道德意志品质

在体育中对学生进行道德品质的教育，通过运动的组织形式及身体练习来对学生进行道德意志品质的教育，提高学生的思想品德修养水平。体育锻炼包含两种运动形态：一是娱乐性的运动，二是磨炼人意志品质的运动，如有氧健身跑，在极点出现时需要有顽强的意志才能坚持下去。

(四)培养学生审美和创造美的能力

体育运动的魅力在于参加者高超的技艺和完美的形体，培养学生欣赏体育运动的审美能力，进而能在欣赏中受到启发和感染，能自觉地创造美。

(五)培养学生竞争意识，提高学生的社会适应能力

现代社会竞争日趋激烈，努力培养学生的竞争意识和竞争能力有助于学生走出校门后更好地适应社会。体育锻炼能增加人与人接触和交往的机会，促进人与人的相互了解，培养学生的群体适应能力，为踏上社会做准备。在体育活动过程中，既需要交往与合作，又存在着相互竞争的现象。这种在体育活动过程中形成的交往、合作和竞争的意识以及行为会直接或间接地影响学生的日常生活、学习、工作和今后的社会生活。

第二节　大学体育的地位与作用

《中华人民共和国教育法》第五条规定："教育必须为社会主义现代化建设服务，必须与生产劳动相结合，培养德、智、体等全面发展的社会主义事业的建设者和接班人。"《中华人民共和国高等教育法》第四条规定："高等教育必须贯彻国家的教育方针，为社会主义现代化建设服务，与生产劳动相结合，使受教育者成为德、智、体等方面全面发展的社会主义事业的建设者和接班人。"明确了德、智、体全面发展的教育方针，明确了体育在高等教育中所担负的特殊任务和重要地位。大学体育是我国高等教育的重要组成部分，也是我国社会主义建设中的一项重要事业，是国民体育的基础。它对培养社会主义建设人才，发展我国体育事业，提高学生体质健康水平，建设校园体育文化具有重要意义。大学体育在高等教育中具有重要的、不可替代的地位和作用。

大学体育的地位与作用是根据高校体育在现阶段所能发挥的作用和建设事业来决定的。

一、大学体育的地位

根据我国目前的体育教育制度，高校体育是学生接受学校体育教育的最后阶段。因此，高校体育既是高校教育的重要组成部分，又是学校体育与社会体育的连接点，是国民体育的重要基础。它不仅对实现高等教育目标，培养全面发展的高素质人才有着重要作用，而且对丰富和发展群众体育，实现全面健身战略计划亦有着举足轻重的带动和指导作用。

高校体育之所以成为高等教育的组成部分，是由体育本身在教育和培养的系统中所具有

的价值和作用决定的。整个教育过程就是德、智、体、美诸育相互补充、相互配合、协调统一地作用于教育对象的过程，这是时代教育发展的客观规律。

(一)在培养全面发展专门人才中的地位

随着现代科技的发展，社会生产方式和劳动力结构发生了根本的改变，社会发展对教育培养人才提出了新的需要，德、智、体“三育”并重的教育思想逐步受到了重视。英国哲学家、教育学家洛克在论述教育内容时，对教育的三个组成部分做了明确区分，并要求将实际的锻炼法，分别贯穿在德、智、体“三育”的过程中。斯宾塞在他的《教育论》中也对体育进行了专门分析，提出了重视青少年健康和体育锻炼的思想，大力提倡儿童的户外运动。他们的教育理论，反映了体育作为全面教育的组成部分的自然科学规律。作为高等教育组成部分的高校体育，必须与德育、智育相结合，在培养全面发展的合格人才中发挥更大作用，才能与高校体育在高等教育中的重要地位相匹配，满足社会发展对人才的需要。

(二)在发展我国体育事业中的地位

学校体育是我国社会主义体育事业的基础。各国的科学研究和体育实践表明，国民体质的增强和竞技运动水平的提高，是一个系统的循序渐进的过程，违反科学规律的身体锻炼和运动训练，都难以取得理想的效果。为此，把学校体育作为发展我国体育事业的战略重点，并从孩子抓起，具有深远的意义。

国民体质的强弱关系到国力的强弱和民族的兴衰。学生时期正处于机体生长发育的旺盛阶段，而体育锻炼正是促进身体发育的重要因素。因此，努力抓好学校体育工作，加强学生的体育锻炼，促进学生的生长发育，增强学生的体质和健康，就会使国民体质和健康水平不断提高。

高校体育可使学生全面掌握体育知识、技能，养成良好的体育运动习惯，在步入社会后，仍可以为促进社会性群众体育的开展发挥重要的作用。

(三)在社会主义精神文明建设中的地位

大学生是我国人口的重要组成部分，是我国现代化建设的后备高级人才。他们的思想境界和道德风貌，将对整个社会带来深远影响。突出大学生体育在精神文明建设中的地位，有利于推进我国社会主义精神文明建设。

体育的教育功能，是通过体育运动的实践过程来体现的。多种形式的校园体育活动，多种运动刺激，对培养学生灵活的思维能力、丰富的想象能力、敏锐的观察能力、良好的注意力和记忆力都有重要的作用，从而促进智力的发展，为学习文化知识和完成学业打下良好的基础。

体育作为一种文化现象，本身就包含着健与美的和谐统一。求知欲强、积极上进且思维活跃的大学生，不仅追求物质生活，而且对精神文化生活有着迫切的需求。丰富多彩的课余体育活动能使校园文化生活充满活力，能满足大学生身心全面发展的需要。开展好大学生体育活动和竞赛，为大学生创造满足文化生活需求的园地，吸引更多的学生参加有利于身心健康的体育活动，可以培养大学生勇敢、顽强的意志品质，团结协作的责任感、荣誉感和爱国主义精神，也对培养大学生高尚的道德情操具有深远的意义。因此，高校体育不仅在搞好学校教育中，而且在促进社会主义精神文明建设中都是不可忽视的重要方面。

（四）在培养人的现代社会意识中的地位

现代社会为满足人类的文化需求和精神需要提供了充分的条件。体育作为广义文化的重要内容，必然受到社会的高度重视。因此，一个国家体育的普及程度就成为衡量国民生活质量和文明修养水平的重要标志。参加体育运动是妥善安排闲暇时间的重要生活方式，不仅可增进健康，还可以焕发精神，享受生活乐趣。

体育运动不分民族、职务和社会地位的高低，参加者都是在公平的前提下进行竞争，是人与人之间最透明的交往活动。在活动中人的喜怒哀乐都能充分表现出来，这样便能有效地促进人的个性发展。在竞赛中胜不骄、败不馁，尊重对手、尊重裁判都能受到公众的鼓励。这对培养人的文明行为、社交能力和公平竞争意识具有积极的作用。运动项目又有其各自的特征，参加不同的运动项目，可产生不同的情感体验。武术练习可体验中国的传统文化，增强民族自信心；野外活动可增进大学生理解自然、亲近自然和热爱自然的情感，培养保护环境的现代社会意识，使大学生不仅拥有强健的体魄和丰富的科学知识，而且为以高尚的情操和文明的精神风貌走向社会打下坚实的基础。

二、大学体育的作用

大学体育在“全员育人、全过程育人、全方位育人”的“三全育人”中具有不可替代的作用，体育教师、教练员在体育教学、业余训练、体育比赛、课外锻炼等过程中，对大学生的身体、心理、道德、人格、思想品质等进行全方位教育。大学体育的具体作用主要表现在以下几方面。

（一）增强大学生体质，提高健康水平

大学生正处在青春期，是身心发展的关键时期，通过高校体育教育能有效地促进大学生身体的正常发育，增强体质，提高健康水平，并塑造健美体态；掌握各种基本活动技能；提高身体基本活动能力；提高对外界的适应能力和对疾病的抵抗能力；促进智力，发展创造力，从而以强健的身体和充沛的精力保证当前的学习和迎接未来的工作。

（二）促进大学生个性全面发展

高校体育教育包括体育课、课外体育锻炼、训练与竞赛等形式，在使学生学习掌握体育基本知识、基本技术、基本技能和增强体质的同时，也在培养和发展着学生高尚的道德、健全的人格、良好的品质和个性形成。

（三）提高大学生的体育素养

大学生经过十几年的体育教育，通过比较系统地学习和掌握体育的基本理论、基本技能和科学锻炼身体的方法，提高了自身的体育意识、素养和综合能力，为终身体育奠定了基础。

（四）培养优秀体育人才

由于高校在科研、师资、场地等方面具有较好条件，加之大学生在体能智能上也有一定优势，因此对部分体育基础较好，并有一定专项运动才能的大学生进行有计划的业余训练，不断提高运动技术水平，既培养了体育骨干，又进一步推动高校体育活动的开展，丰富了校园文化

生活。

第三节 大学校园体育文化

一、校园体育文化概述

(一)文化释义

一般的说,文化有狭义和广义两种含义。狭义的文化,主要指人类社会的意识形态及与之相适应的制度和设施;广义的文化,指人类所创造的物质财富和精神财富的总和及其创造过程。严格地说,“文化”一词是一个发展变化的历史概念。

(二)体育文化

体育文化,是关于人类体育运动的物质、制度、精神文化的总和。包括体育认识、体育情感、体育价值、体育理想、体育道德、体育制度和体育的物质条件等。

体育文化是伴随着体育的历史而源起的。体育的历史与人类的历史一样源远流长。在人类文明的历史长河中,体育文化是一个逐渐发展的过程。人类如何将动物的运动和本能创造为一般的人类运动和竞争形式的体育活动,这是一个十分复杂的过程。

校园是学生学习和生活的主要空间,校园文化建设的好坏,直接影响到育人的成败;校园体育文化是校园文化的重要组成部分,校园体育文化的建设情况,直接影响到学校体育活动的开展,与学生的身心健康有很大的关系;良好的校园体育文化环境可以陶冶学生的情操,纠正学生的不良行为,是学生身心健康发展的必要条件。由此可见校园体育文化建设的重要性。

(三)校园体育文化

校园体育文化是一种特别的文化现象,它既是校园文化的一部分,又是体育文化的一部分。它是校园文化和体育文化两者相互影响、相互渗透、相互促进而发展起来的。它是校园内所呈现的一种特定的体育文化氛围,是学生实施体育教育,促进学生身心全面发展,具有时代特点的一种群体文化。它是学校在长期的教学、科研和行政管理过程中逐步形成的,更是在广大学生的直接参与和精神培养下发展起来的。

校园文化是以学生为主体,以课外体育文化活动为主要内容,以校园为主要空间,以校园精神为特征的一种群体文化。校园文化作为一种社会文化,它是在一定社会政治、经济、文化、教育、体育等条件下,由学校广大师生在实践过程中共同创造的体育物质财富和精神财富的总和。

校园文化有着深刻的内涵和丰富的外延,首先它与校园德育、智育、美育文化一起构成了校园文化群;其次,它又与竞技体育、群众体育等共同组成广义的体育文化群。从广义讲,校园文化是学校广大师生员工在学校现存的环境中,在学校体育教育、学习和活动等过程中创造出来的物质与精神的所有内容。从狭义上说,校园体育文化是指在学校教学环境下,以学生为主体,以教师为主导,在各种体育活动中相互作用创造出来的学校文化形态之一,包括体育精神、体育的价值观念、体育道德和体育能力,是学校这一特殊社区的体育群体意识。

学校体育文化由三个层面组成:第一个层面是精神层面,居于主导地位,其中体育健康价值观是学校体育文化的本质和核心,决定了学校体育的目标;第二层是制度、方法层面,这个层面既是学校体育的组织形式,也是学校体育意识的体现,包括体育教学、课余体育活动、体育科学研究、体育竞赛、体育协会、体育交流等全方位制度、方法的确立;第三层是物质方面,这是学校体育文化的基础,也是客观物质保障,包括校园的体育建筑、环境、场地器材、体育用品和师资队伍等。以上三个层面在学校体育文化建设过程中,应当在“以人为本”的基础上获得协调发展。

二、校园体育文化的功能和作用

(一)校园体育文化的功能

1.健身功能

校园体育文化作为学校特有的文化现象,在高校已蓬勃发展,体育运动不仅能改善和提高人的中枢神经系统的工作能力,而且能使人保持清晰的思维,良好的记忆能力。人们在体育锻炼的过程中,能使自身的血液循环加快,心脏功能提高,呼吸系统的功能改善,促进骨骼、肌肉的生长发育。大学生都处在生长发育阶段,参加适合自己的体育运动项目,可以为以后的健康打下良好的基础,使自身正常的生长发育,防病治病,推迟衰老,延年益寿。

2.教育功能

(1)导向功能

所谓导向功能就是把高校成员的业余体育文化生活引导到正确的方向上来。教育心理学告诉我们,青少年学生处于生理、心理急剧发育和变化的时期,思想活跃,易接受新鲜事物,易被环境所影响,政治观念、道德修养极为不稳定,面对改革开放的新形势缺乏辨别新事物的能力。如果他们从思想和行动上“模仿”和“从众”社会上的不良风气,就会使他们误入歧途。良好的校园体育文化环境使他们正确选择自己喜爱的体育项目,接受先进思想,逐步健康地成长起来。青少年学生精力旺盛、爱好体育、喜欢表现,而校园体育文化为他们提供了一个培养创造力,释放能量的广阔天地。积极参加校园体育文化活动,充分发挥创造力是学生业余时间消耗能量的重要途径,如果同时加以正确引导,不仅能使他们在体育方面得到锻炼,同时也能提高其他方面的各种能力。

(2)凝聚功能

校园体育文化的客观存在,牵系着一个学校体育工作的生存发展。这是因为,校园体育文化特别是作为校园体育文化内核的校园体育精神与校园价值体系是学校的凝聚力和向心力的所在。

校园体育文化的凝聚力、向心力问题,目前愈来愈受到人们的重视。一所学校要在激烈的社会竞争中立于不败之地,并一往无前地向前迈进,除了高质量的体育教学,高水平运动队在各种竞赛中所取得的成绩,高水平的管理等“内功’外,其中之一就是靠这种由校园体育精神所凝聚结成的极大的集体合力、奋发向上的群体意识和学校成员的主观能动性。因此良好的校园体育文化可以使人感到全身充满着青春活力,有一种令人振奋、催人向上的精神。

(3)陶冶功能

学校教育的本质就是使学生通过文化价值的摄取,获得人生意蕴的全面体验,进而陶冶自己的人格和灵魂。在这方面校园体育文化比起正规的教育教学更具有独特的功能,原因在于:①校园体育文化创造了一个陶冶人们心灵的场所,对学校各方面教育起着指导性作用;②体育比赛中各种规则的应用与对个人的限制,对比赛中的每一个人起着陶冶情操与规范行为的作用。由于当代青少年生活的环境比较复杂,是在相互交往的社会生活中成长起来的,所以必须利用各种场所对其进行民主与法制的教育,培养他们社会主义的世界观和人生观。在校园体育文化实践中许多学校把环境作为有效手段或教具加以利用,取得了明显的成效。因此重视校园体育设施的投入使广大学生能有较好的活动场所,对陶冶学生的情操具有良好的推动作用。

3. 社会功能

(1)社会同化功能。所谓"同化"是指一个人自愿地接受他人的观点、信念、态度和行为,使自己的思想行为与之相接近。校园体育文化的社会同化功能,其实就是校园成员个体社会化的过程。现行的学校教育,其实现的目标之一就是促进校园成员的个体社会化,而这种个体社会化的内容与要求是和校园体育文化的"教化"目标一脉相承的,因为校园体育文化的深入发展可以使校园个体与社会环境之间,达到平衡和协调,从而实现对人的身体、精神、心灵、性格的塑造,达到社会化的目的。

(2)社会辐射功能。这里所指的辐射,是指校园体育文化的文化态势高于社区的总体文化态势时就要对其产生影响。学校是传播精神文明的场所,其文化层次和"品位"较周围地区相对要高。就个体而言,一个人通过求学深造,获取了各种社会知识和专业知识,接受了精神文明的熏陶,具有良好的思想文化素质和文明行为,一旦步入社会势必对他人产生影响;就群体而言,一所学校就是一个整体,它综合了每个个体的素质,在文化上达到了社会文化的制高点。就校园体育文化而言,广大学生在大学四年以后走上社会,他就利用他在大学里所学的体育知识技能技术向社会辐射,补充了社会上与社区内不具备的东西。学校坐落于一定区域之内,因此,它对周围社会文化的辐射影响,既有广度又有深度,具有其他文化无法比拟的功能优势。

4. 情感功能

(1)娱乐功能。娱乐功能也称消遣功能或调适功能,这是体育项目特有的功能。对学校成员的生活和精神来说,校园体育文化是一种很好的调节剂,学校校园处处是体育。作为校园文化组成部分的体育文化生活不仅可以做为紧张学习工作之余的体力和脑力恢复的调节剂,而且还可以进一步做为人们娱乐、享受、愉悦身心的调节剂。如象棋、体育舞蹈、健美操、太极拳、各种体育竞赛等,在校园生活中始终是人们喜闻乐见的具体调节形式。这些形式近似一种消遣,但从生理和心理的需要来看,通过身体放松、竞技、欣赏科学和大自然等行为,为丰富学校成员的精神文化生活提供了可能性,为人们提供了激发基本才能的变化条件。

(2)审美功能。审美功能又称美化功能,它可以说是推动人类自身发展的一种内驱力。体育比赛的终极目标是让人们去欣赏美,而不以比分多少去论英豪,当前比赛中无止境地追求胜负只是一种暂时的现象。校园体育文化的审美功能是看不见摸不着的,它融在校园成员的情感体验之中。校园是到处充满情感的校园,校园体育文化的丰富,充实了人们的精神境界,同时也提高和美化了人们的精神境界。如果没有情感的熏陶、审美的内化,学生的精神世界将会贫乏、平淡、单调,在校园中的生活就不会有光彩和美感。因此,要使每一个学生的心灵美丽、充实、多姿,就必须重视校园体育文化的审美功能,通过情感和美感的力量使他们茁壮成长。对当代大学生来说,丰富而健康的体育文化活动,为学生充分地表现爱美的天性,提供了机会和条件，让他们以各自的审美情趣美化生活，从中得到多样化的体验，并极力按照美的规律塑造自己。在引导和鼓励学生在追求仪表美的同时，我们应注重教育学生对自然美、体型美、艺术美等的向往与追求，帮助学生抵御那些低级、淫秽、腐朽、毒害青少年健康成长的、与社会主义精神文明格格不入的审美情趣，从而培养高尚的道德情感和审美情趣，以推动社会主义精神文明建设不断向前发展。

（二）校园体育文化的作用

1. 强身怡情，增进学生身心健康

增进健康，促进学生身心健康发展是学校体育的本质功能，也是学校体育最根本的目的。同时，在学生心情不好时，可以通过体育活动来发泄自己的不良情绪，从而也达到了调节心情的目的，这对学生身心健康发展是有利的。

2. 教育熏陶，改变学生的不良行为

文化具有育人功能，当人处在一个文化环境中，他就会受到文化的熏陶，潜意识中就会约束自己的行为，校园体育文化作为一种文化，自然也具有这样一种功能。规则是体育的重要组成部分，学生在从事体育活动过程当中，就要遵守体育规则，违反规则就要受到惩罚或谴责，从而督促他们改变自己的不良行为。

3. 激励学生，提高学生从事体育活动的热情和积极性

良好的校园体育文化环境可以提供一个良好的体育氛围，从而鼓舞学生参加体育活动。比如学校宣传栏当中的体育新闻、体育明星，尤其是学校体育明星，都可以从精神上鼓励学生参与体育活动。

4. 培养学生的竞争意识，增强与人合作的观念，加强学生的集体观念

竞争是体育文化的典型特征，学生参加体育竞赛和体育锻炼的过程就是一种与他人竞争的过程，从中可以培养学生的竞争意识。在团体项目中，只有加强与队友的合作才能最终取得比赛的胜利，在这些项目当中，团队的荣誉是第一位的，从而加强了学生与他人合作的意识，加强了学生的集体观念。

5. 培养学生良好的品质

体育活动不是一个简简单单的过程，学生在从事体育活动过程中，会遇到困难、伤痛和伤病，只有克服它们才能真正享受体育的快乐。因此，通过体育活动可以培养学生吃苦耐劳、克服困难、挑战自我、超越自我等良好的意志品质。

第三章

健康概述

第一节 现代健康的概念

一、现代健康的概念

什么是健康？从古至今，人们对它的解释都有所不同。随着社会的发展和生产力水平的不断提高，物质生活逐渐丰富，人类正在逐渐从体力劳动与大自然的直接接触中“脱离”出来，生活方式正在逐渐被现代的交通工具、先进的通信手段和丰富的食物结构所“置换”，以至于出现相当数量的运动不足和营养过剩的人群。人类正在逐渐被激烈的社会竞争和巨大的社会压力所笼罩，以至于引发了诸多精神紧张和心灵扭曲的病症。现代“文明病”的出现，使得人类对健康的认识和追求显得比以往任何一个时期都迫切和强烈。

1948 年，世界卫生组织(WHO)在其宪章中给健康的定义是“健康不仅仅是没有疾病和衰弱的状态，而是一种在身体上、精神上和社会上的完满状态”。1979 年，世界卫生组织又在《阿拉木图宣言》中重申“健康不仅是疾病和体弱的匿迹，而且是身心健康、社会幸福的完美状态”。之后，世界卫生组织组织又指出“道德健康”也应该包括在健康的含义中，一个人只有在躯体健康、心理健康、社会适应良好和道德健康四个方面都健全才能算是完全健康的人。据此，世界卫生组织提出了 10 项健康标准。以此作为衡量个体健康的基本标志。

(1)精力充沛，能从容不迫地应付日常生活和工作。

(2)处世乐观，态度积极，乐于承担责任，事无巨细不挑剔。

(3)善于休息，睡眠良好。

(4)应变能力强，能适应环境的各种变化。

(5)能抵抗一般的感冒和传染病。

(6)体重适中，身体匀称，站立时头、肩、臂位置协调。

(7)眼睛明亮，反应敏捷，眼和眼睑不发炎。

(8)牙齿清洁，无龋齿，不疼痛，牙龈颜色正常，无出血现象。

(9)头发有光泽，无头屑。

(10)肌肉丰满，皮肤有弹性，走路、活动感到轻松。

按照以上健康标准，只有约 15%的人能达到，而 15%左右的人有病，大部分人都处于中间状态，即处于没有疾病又不完全健康的状态，也就是说处于机体无明确疾病，但活力降低，适应能力出现不同程度衰退的一种生理状态，如乏力、头晕、耳鸣、心悸、烦躁等，即所谓的“亚健康”状态。

二、亚健康

现代医学将健康称作“第一状态”，疾病称作“第二状态”，将介于健康与疾病之间的生理功能低下的状态称作“第三状态”，也称“亚健康状态”或“中间状态”。亚健康状态一般指机体虽无明显疾病，却呈现出活力下降，适应能力不同程度减退的一种生理状态。专家认为，亚健康状态包括不良的心理行为、低迷的精神状态、对社会的不适应以及身体各部位的某种不适等。具体表现有：情绪低落、心情烦躁、忧郁、焦虑、失眠、头晕、头痛、疲劳、慢性咽痛、淋巴结肿大、肌肉关节疼痛以及反复感冒等一系列难以用某种疾病予以解释的征候群，而身体检查又无重大异常。

三、影响健康的主要因素

影响健康的因素是多方面的、综合的，主要包括环境因素（自然环境、社会因素，其中社会因素中享有文化和接受教育的权利是人全面发展的重要前提，也是享有健康的前提。人群的文化水平与人群的健康水平之间存在着正相关关系。受教育程度和文化素养决定着人的健康观和健康价值观，决定着人是否做出有益于健康的决策。）、生活方式因素（生活方式是指人的生活式样，是生活活动的总和，包括生活态度、生活水平和生活惯常行为。）、生物学因素和卫生保健服务。

四、体育与健康

据世界卫生组织宣布，每个人的健康60%取决于自己，15%取决于遗传，10%取决于社会因素，8%取决于医疗条件，7%取决于生活环境和地理气候条件的影响。然而，就每个人本身来说，遗传、社会因素和医疗条件、生活环境、地理和气候条件都是客观存在，除特殊情况外，很难加以改变。也就是说，这些都属于相对固定的因素，它们对人的健康和寿命造成的影响是不以人们的意愿为转移的。至于职业与经济状况，也是相对固定的；个人的文化修养、涵养、兴趣、嗜好，以及家庭成员间的相互关系，在一般情况下可长期保持原状，不会发生大的变化；而饮食、运动、情绪和心理变化则直接关系到每个人每天的物质和精神生活。故在正常情况下，影响健康的关键因素是每日饮食是否适宜、体育锻炼是否适当、情绪（包括精神和心理状态）是否良好或稳定。

那么，为了拥有健康，我们需要懂得正确的促进健康行为的方法，即规律的生活作息制度、积极的休息与睡眠、合理的营养和膳食平衡、科学锻炼身体、避免吸烟和被动吸烟、避免酗酒和滥用药物、及时调控情绪和及时寻求心理咨询。

第二节　大学生身体健康

一、大学生的主要生理特点

青年时期的大学生，主要生理发育指标有身体形态、生理机能和性发育。

（一）身体形态的变化

1. 身高

身高是身体发育的基本标志。我国男大学生平均身高约为 173 cm，女大学生平均身高为 159 cm。一般男学生 19 岁，女学生 17 岁以后，身高的增长就会比较缓慢，此时下肢骨骨化已基本完成，身高的增长仅靠脊柱的缓慢发育而微量增长。身高的发育主要受遗传基因的影响，此外，还受环境因素、生活条件、营养状况和体育活动水平等因素的影响。

2. 体重

我国 18～25 岁的男大学生体重均值为 58.5 kg，女大学生为 51.5 kg。男生 20 岁，女生 18 岁，体重的增长基本趋于稳定。

3. 其他形态指标

其他有关的第二性征、胸围、头围、肩宽、骨盆宽等生长指标也基本发育成熟。

大学生年龄阶段已经处在青春后期，进入青年期，但仍保留青春期一些特征的平衡性和不稳定性，生理可塑性还很强。

（二）生理机能变化

1. 神经系统逐步完善

大学生年龄阶段，神经系统在生理发育上基本达到成人的水平。脑神经纤维变粗、增长、分支和腱鞘化，神经冲动的传递速度也大大增加；大脑皮质的兴奋性和抑制过程较为平衡；第二信号系统发展迅速，第一和第二信号系统的活动相互关系更为完善，第二信号系统逐渐占据主导地位。可见，大学生神经系统的结构与功能均已达到最佳状态。具体表现在观察能力强，动作反应灵敏、协调、准确，记忆力好，注意力集中，想象力丰富，分析、理解和判断问题能力迅速提高。这些生理机能的增强，为发展思维及适应复杂的外界环境变化提供了物质基础。

但是，此年龄段神经系统的功能还不够稳定，内分泌活动活跃，性腺活动增强使其兴奋性高、容易疲劳和激动，但恢复较快。

2. 心血管系统功能趋于稳定

大学生心脏发育日趋完善，形态与功能接近成年人水平，心脏收缩能力提高，心血管功能不断增强，具有较强的代偿能力和适应能力，可以承受较大的运动负荷。并且，适当的体育活动，会使心血管功能有所增强。

3. 肺活量和通气量增加

随着胸围、胸腔的扩大，肺活量增大，呼吸频率相对减少，呼吸系统发育日益完善，一般女性 19 岁、男性 21 岁其肺活量增长趋于稳定。我国男大学生的肺活量一般为 3800～4400 mL，女生为 2700～3100 mL，具备了发展耐力的生理基础，可进行有氧耐力的练习，以增强心肺功能。

（三）力量增长

到了大学阶段，骨骼、关节和肌肉已全面成熟，此时，身高已不再有明显增长，但因为性腺活动旺盛，性激素分泌增加，肌肉纤维的增长由纵向转向横向发展，肌肉体积增加，弹性加强，力量增强。女生与男生在力量上存在显著的性别差异，男生显著高于女生。大学生表现出来的运动能力，包括力量、速度、耐力、灵敏和柔韧素质均已达到或接近人生的顶峰状态。在这个时期要加强全面的身体锻炼，以促进身体各部位功能的提高和完善，使身体各器官的功能能力在顶峰状态保持较长时间，减缓随年龄增长而引起的自然下降，使自己拥有强健的体魄和旺盛的精力。

（四）性成熟

性的成熟是青年时期最重要的生理变化之一，如性发育和第二性征发育等。

1. 男性性发育

性成熟主要表现在性器官——睾丸功能的发育与成熟上。睾丸的功能是产生精子和分泌雄性激素。

男性进入青春期后在雄性激素的作用下迅速发育。睾丸的发育从 10 岁左右开始，12～16 岁期间迅速增大，阴茎开始变粗变大。随着前列腺的发育，男子在 15～16 岁出现遗精，到 17 岁左右睾丸发育成热。男性第二性征发育中，13～14 岁在睾丸迅速增长的同时长出阴毛，阴毛长出后 1～2 年腋毛开始发育，并长出胡须，前额变宽，额部发际上移，逐渐形成男性成人面貌。同时喉结突出，声音变粗而低沉。上述变化到 17～18 岁基本结束。

2. 女性性发育

女性的性成熟，主要表现在性器官——卵巢功能的发育和成熟上。卵巢的功能是产生卵子和分泌雌性激素。

女性进入青春期后，在雌性激素的作用下，内外生殖器官迅速发育，并与其他器官共同进入成熟阶段。随着性发育成熟，出现月经周期，第一次月经是女性青春期的重要标志，月经初潮一般在 9～16 岁。在第二性征发育中，乳房发育开始比较早，10～14 岁乳房隆起明显，到 17～18岁达到丰满、成熟状态。阴毛一般比乳房发育晚半年左右，腋毛与初潮年龄相近。

二、体育锻炼与身体健康

（一）身体成分

身体成分是构成身体健康素质的组成部分，在《国家学生体质健康标准》中，采用身高标准体重的评价指标来间接地反映学生的身体成分。身体成分主要是指人体脂肪重量与其他组织重量的比例关系。了解自己的身体成分，有利于通过体育锻炼或饮食调节来增加体重，或将体重控制在一定的范围之内，保持身体内适宜的脂肪含量。

人体内脂肪含量过多，机体做功能力就相对减少，血液中的胆固醇含量就高，容易导致人体内某些物质代谢的紊乱。脂肪过多、体重过大不仅会影响人体的健美，而且还会给健康带来一系列不良的影响。大量的流行病学调查显示：身体肥胖与冠心病、动脉粥样硬化、高血压、糖尿病、胆结石、关节炎及某些肿瘤的发生有关。肥胖还会增加心脏负担，显著缩短寿命。

体重过轻既是一种症状，又是一种疾病，它对人体健康有着多方面的危害。体重过轻的人，不仅容易疲倦、体力差、兴奋性低、学习和工作的效率不高，常有“力不从心”的感觉；而且抵抗力低、免疫力差、耐寒抗病能力弱，易患肺结核、肝炎、肺炎等疾病，也经不起疾病的折磨，对环境变化的适应能力不强。显然，体重过轻与肥胖一样，既不是健康的标准，也不是人体健美的象征，而是身心健康的大敌。

1. 控制体重的锻炼方法

最佳降低体重的方法就是体育锻炼与饮食节制相结合，因为它比只运用一种方法更能有效地降低体重。从长远的眼光看，要想成功持久地控制体重，避免降体重后的“反弹”，必须养成体育锻炼和饮食节制的习惯，形成一个崭新的、充满着生命力的生活方式。通过体育锻炼来降低体重，应做到以下几点：

(1)要选择好适宜的运动方式。如果你的体重过重，体育锻炼的最佳方式应保证每周的锻炼次数。

(2)锻炼的次数越多，则消耗的热量也就越多，反之则达不列降低体重的目的。对于体重过重的人来说，每天早晨和下午各锻炼一次，比每天只进行一次较长时间锻炼所消耗的热量更多。下午 4～5 点钟，大多数人身体的基础代谢都处于较低的水平，这时是最佳的锻炼时机，这时锻炼不但能够多消耗身体热量，同时还可以提高身体 20 min 至数小时的基础代谢率，使热量得到进一步的消耗，所以降低体重的效果会更好。

(3)锻炼的强度是决定降体重计划能否实现的关键。在刚开始锻炼时，应以小强度长时间的锻炼方式为宜。在体重有所下降，体重健康水平得到一定程度的提高后，再逐步增加运动强度，如从慢走开始——快走——走跑交替——持续慢跑——持续中速跑等。

(4)持续运动的时间对降低体重最为重要。持续运动是指在运动时身体不要停下来休息，始终保持在运动的状态。如果走累了变成慢走、跑走交替都属于持续运动。

(5)大肌肉群参与运动能够消耗更多的热量。在锻炼时要尽量使四肢和躯干的肌肉参与运动，避免只有局部小肌肉群参与的运动。

(6)锻炼和控制饮食相结合。要降低体重，不仅要运动自己的腿，还要管住自己的嘴。要做到这一点并不是轻而易举的，除了自己应具有坚强的控制力和毅力之外，家长的参与、监督和配合也起着非常重要的作用。

2. 增加体重的锻炼方法

增加体重最有效的途径就是摄取的热量要大于所消耗的热量。增加体重当然是要增加肌肉而非脂肪，可以从下面几个方面入手：

(1)医疗检查。应到医院检查是否患有蛔虫病、慢性消耗性疾病，如结核病、慢性腹泻、内分泌疾病等，这些疾病都会使身体出现体重增加缓慢或下降的现象。

(2)打破旧的代谢平衡。“吃多少都不长肉”是体重偏轻的人的共同体会。这是因为人体一旦习惯于某种生活模式，每天的入(进食)与出(消耗)基本保持平衡。在这种情况下，单靠多吃不起作用，要打破旧的平衡，首先要增加活动量，给身体一个需要增加能量摄入的信号，这样多吃的食物才会被消化和吸收。

(3)增加营养。蛋白质在摄入的总热量中只占 20％；糖类(米饭、馒头等主食)是补充肌糖原的主要来源，粮食制品和蔬菜水果应占 55％～60％；脂肪是高热量的食物组成部分，应占 25％～30％。

(4)尽量少食用含咖啡因的饮料和食物以及其他导致基础代谢增加的药物。因为咖啡、茶、可口可乐等这些物质都可以使人体的基础代谢增加，消耗体内的热量，使体重降低。

(5)保证休息，精神放松。人在睡眠时会分泌“生长激素”，新陈代谢也处于最低水平，消耗最小，充足的睡眠是生长的重要保证。

(二)体育锻炼对神经系统的作用

神经系统是人体各器官系统生理调控的指挥中心。体育锻炼对身体的良好作用，也是通过神经系统的影响而实现的。因此，体育锻炼首先能使神经系统的调节机能得到锻炼和提高。体育锻炼对神经系统的影响有以下几个方面。

1. 体育锻炼能促进大脑的发育

首先，体育锻炼能使血液循环加快，血流量增多，使脑细胞得到充足的氧气和养料，从而促进脑细胞体积增大、神经细胞树状突起的分支增多；其次，体育锻炼的时候，由于肌肉的活动，能促进反射弧神经纤维上的髓鞘加快形成，完善大脑的传导功能，提高反应速度；第三，体育锻炼能改善大脑皮层的兴奋和抑制过程，建立运动条件反射，掌握运动技能，使思维敏捷，动作准确协调。

2. 体育锻炼能改善神经系统的机能

儿童、少年时期，第一信号系统较发达，进入青春期中期，第二信号系统也有了相当程度的发展，此时如能经常参加体育锻炼，则使第一和第二信号系统之间的联系更为完善，分析与综合能力进一步提高，神经细胞内部的结构和机能得到迅速发展，为进一步培养思维能力创造了良好的物质基础。此外，通过体育锻炼，能使大脑和神经系统得到锻炼，提高神经系统的均衡性、灵活性和神经细胞工作的耐久力；能使神经细胞获得更充足的能量物质和氧气的供应，从而使大脑和神经系统在紧张的工作过程中获得充分的能量物质保证。

总之，体育锻炼给人体带来的最大好处是提高和改善了神经系统的机能，并因此影响到整个身体的健康。

(三)体育对运动系统的作用

运动系统由骨骼(图 3-2-1)、肌肉和关节三部分组成。人体的形态、结构、生长发育和人体的体型是由骨骼、肌肉和关节来体现的。人体的一切活动也是由骨骼、肌肉和关节连接起来在神经系统的支配下进行的。人体健壮与否决定着人体活动的质量，体育锻炼是促进运动系统发展的最佳手段。

1. 体育锻炼对骨骼结构与机能的影响

骨骼是人体内最坚实而又具有一定弹性的部分。骨膜是骨表面上一层很薄的结缔组织膜(图 3-2-2)。骨的里面有造血细胞和丰富的血管及神经，它具有修补骨骼的能力。骨质内的血管是经骨膜进入的，骨膜下面是一层结构很坚实的骨密质，骨密质愈厚，抗压能力就愈强。在骨的内层和长骨两端是结构疏松的骨松质，骨松质的形态像海绵状，它是由骨小梁纵横交错，按照受力方向排列，以保持骨的坚固而不过重。

由于经常的体育运动，促进了血液循环，可以加强骨骼的坚固性。经常性的运动有利于肌肉、韧带更牢固地附着在骨骼上面。这些变化都有利于骨骼承受更大的外力作用，也就是说提高了骨骼的抗弯、抗断和耐压的性能。经常参加体育锻炼不仅使骨骼变粗，还可以使骨骼增

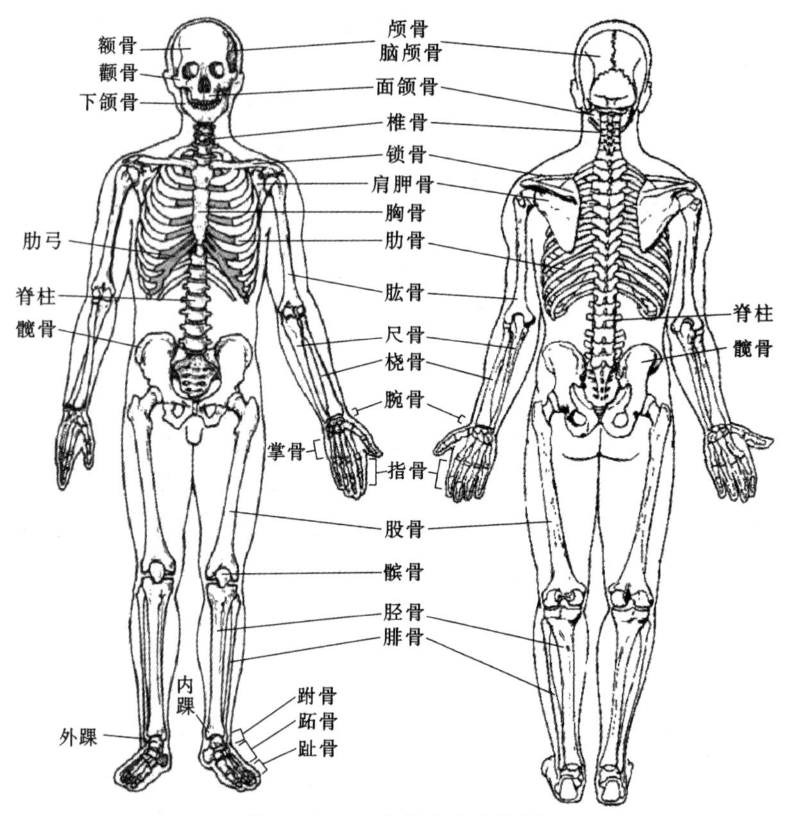

图 3-2-1 人体全身骨骼图

长。身材的高矮是由骨骼发育成长决定的。经常运动的青少年,比同龄的青少年,身高平均高出4～7 cm。骨骼之所以增长,是因为骨骼的两端有软质的骨骺,这层骺软骨在新陈代谢作用下,不断地骨化而变为硬骨,同时又不断增长新的软骨,因此,骨骼就不断地加长(图 3-2-3)。这个变化过程在儿童和青少年时期十分明显,一般要到 25 岁左右骨骼才完全骨化,骨骼就不再增长了。

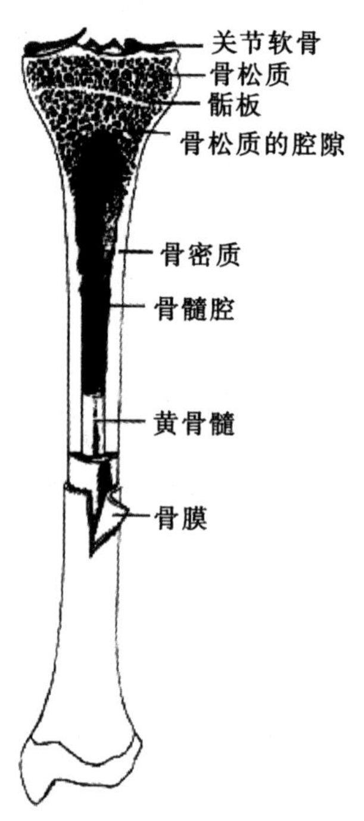

图 3-2-2 长骨的结构

2.体育锻炼对骨骼肌的影响

在体育运动中,要通过肌肉来完成各种动作,这个过程增强了肌肉的功能。经常进行体育锻炼,人体的肌肉可发生非常明显的变化:一方面是肌肉组织在量上的发展,即肌纤维(图 3-2-4)变粗,数量有所增多,因而变得更加粗壮、结实;另一方面是肌肉本身质的改变,比如说,储存氧气的"肌红蛋白"增加了,储存的营养物质"肌糖原"也增加了,而且肌肉内毛细血管的数量也大大增多了(这就使运动员的肌肉比一般人有更多的物质储备,可保证从事运动的需要);经过锻炼,肌纤维和肌腱的联结以及肌腱和骨骼的联结也变得比一般人结实。此外,通过体育锻炼,还可使整个神经系统对肌肉的控制能力大大提高,肌肉对神经刺激产生反应的速度和准确性以及各块肌肉之间互相协同配合的能力,都有

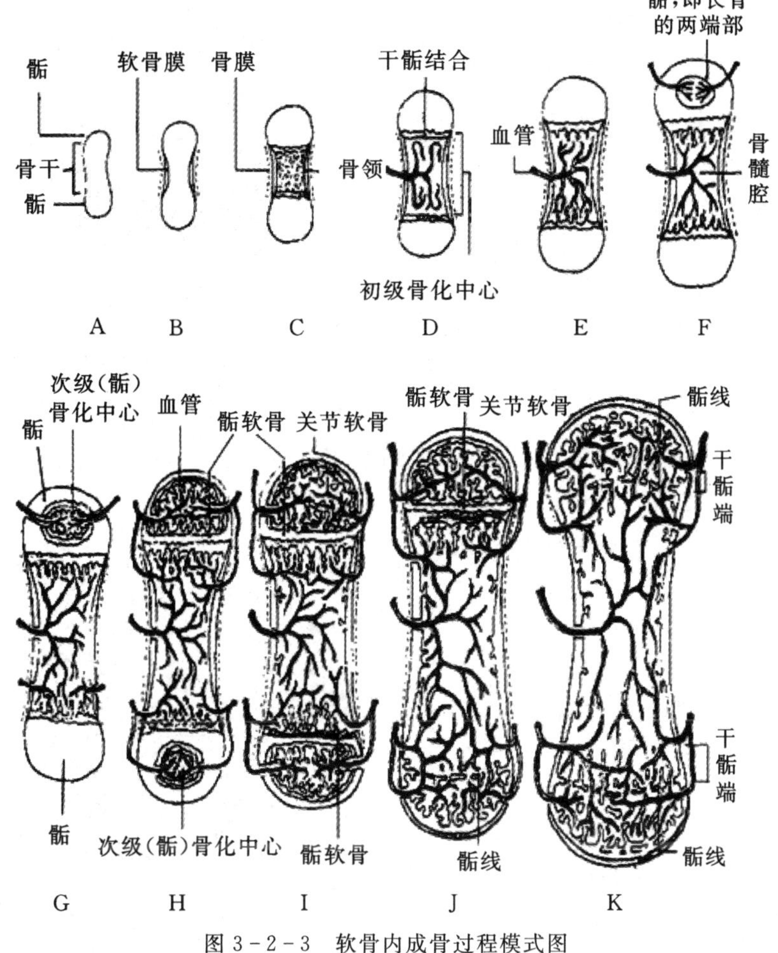

图 3-2-3　软骨内成骨过程模式图

很大的改进。

总之，经常参加体育锻炼，可使肌纤维变粗而且坚韧有力，使其中含蛋白质的储量增加，血管变丰富，血液循环及新陈代谢改善，动作的耐力、速度、灵活性、准确性都增强。

3. 体育锻炼对关节的影响

关节的周围都有韧带和肌腱包围着(图 3-2-5)。韧带能加固关节，肌腱能引起关节运动。体育锻炼能使关节软骨增厚，增强关节的弹性、灵活性和牢固性，还能增强肌腱和韧带以及它们在骨上附着的强度，使人体能承受更大的运动负荷，减少各种外伤和关节方面的疾病。

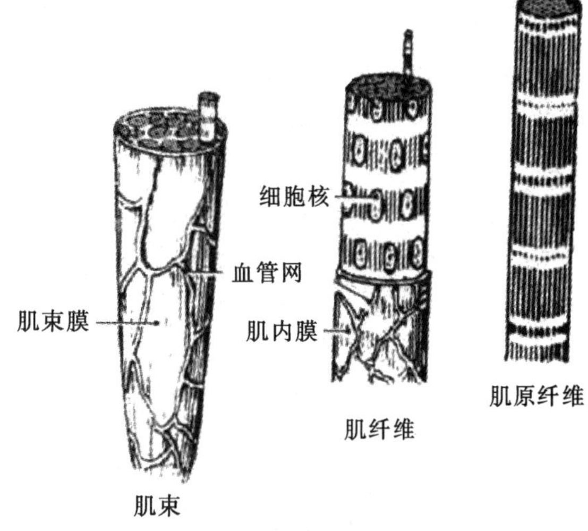

图 3-2-4　肌纤维结构模式图

(四)体育对循环系统的作用

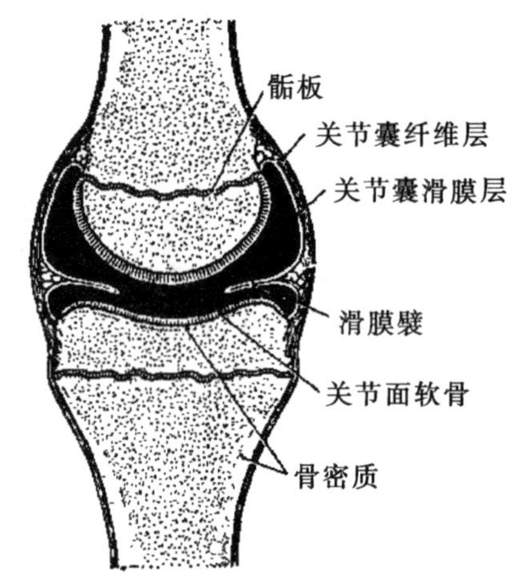

图 3-2-5 关节主要结构模式图

人体内各器官与组织细胞进行活动，需不断供给氧与营养物质。氧来自通过呼吸道进入肺泡的空气，在肺泡内由于分压差而发生的气体交换，营养物质来自小肠黏膜的吸收。人体内有完善的血液转运系统(图 3-2-6)，包括大循环(体循环)与小循环(肺循环)。血液自右心室到肺动脉、肺毛细血管、肺静脉入左心房，此为肺循环，经过此循环血液获得氧。血液自左心室到主动脉、大动脉、小动脉经毛细血管与静脉系统回到右心房，此为体循环。摄入的营养物质在消化道内消化后被小肠吸收，经肠系膜静脉到门静脉入肝脏，再经肝静脉到下腔静脉而进入右心房与右心室。肺循环与体循环是相互衔接的，从左心室进入动脉的血液既含有丰富的氧也含有丰富的营养物质，血液流经分布在全身各器官与组织的毛细血管，将动脉血输送给它们，以满足其需要，使其正常的机能活动得以维持。

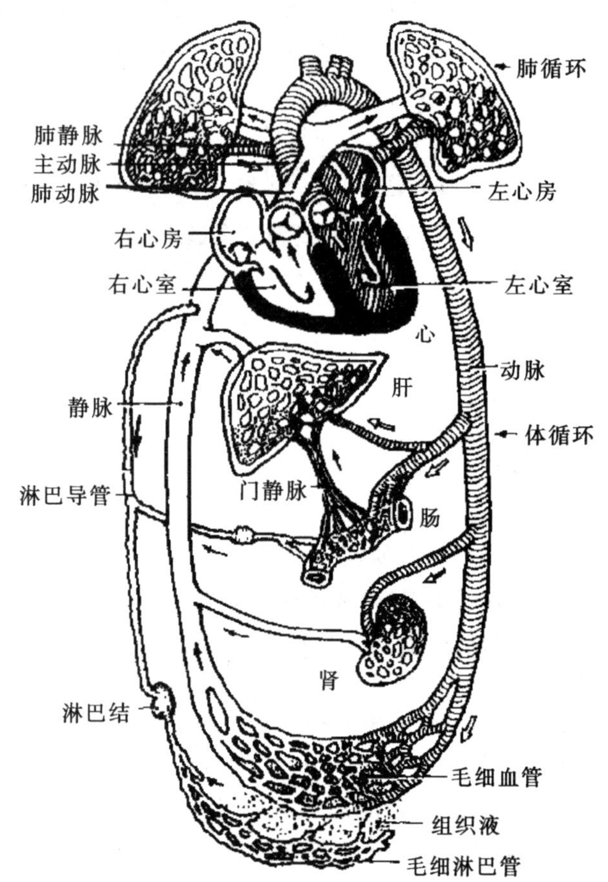

图 3-2-6 血液循环模式图

体循环和肺循环的起点、终点均在心脏(图 3-2-7)。人的心脏位于胸腔之内，夹在两肺之间，稍稍偏左方，它的大小相当于一个拳头，有“生命之泵”的称号。心跳的快慢是不以人的意志为转移的，它有自己的节律性，构成人体的 18 万亿个细胞，它们吃喝的养料和水分，是通过血液的流动运送而来的，它们排出的废物也是通过血液的流动运走的。血液流动的动力来自心脏，心脏通过自身节律性的收缩和舒张，即心脏的跳动，来挤压、推送血液。

体育锻炼后心率适当地增加，血流量增大，促使全身血流量改善，心脏每搏输出量逐渐增加，由于心脏输出量增大，血脂类代谢物质在血管壁沉积减少，故血管弹性良好。由于心肌供血改善(冠状动脉血流量改善)，心肌发达增厚，这样心肌收缩力加强。由于心脏功能改善，能量物质增多，能量利用也发生变化。锻炼可引起心脏的肌球蛋白的 ATP 酶作用的活性增强；肌球蛋白与肌红蛋白之间相互作用的速度增快，使心肌收缩力增强。体育锻炼还可引起肌球蛋白分子结构或其活动控制上的根本变化，从而使心脏功能发生重要的改变。有研究指出：长期体育锻炼可使心肌糖原含量增加约 30%，肌红蛋白增加约 35%，己糖激酶增加约 80%，心脏摄取血糖能力增加约 165%，氧化血乳酸的能力增加约 260%，组织呼吸增加约 37%。平时心输出量不是最大的，在需要时成倍地增加。经常锻炼者心肌发达，神经调节功能更为灵活，心储备力量也大。例如，在剧烈运动时，每搏最大输出量：一般男子为 140～160 mL，而男运动员为 190～200 mL；一般女子为 100～120 mL，而女运动员为 150～160 mL。每分钟最大输出量：一般男子为 27～30 L，男运动员为 35～40 L；一般女子为 18～20 L，女运动员为 24～28 L，以适应肌体供血、供氧的需要。由于冠状动脉血流量改善，血脂类代谢物质在血管壁沉积减少，这对预防和改善高血压、冠心病有良好作用。同时心脏工作储备能量增多，这样又能促进和提高体育锻炼水平。

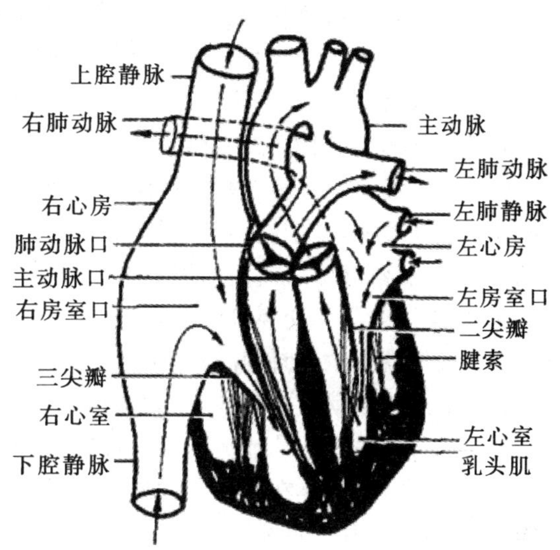

图 3-2-7 心脏各腔及血流方向

(五)体育对呼吸系统的影响

1.体育锻炼能有效地提高呼吸系统的功能

(1)增强呼吸肌的力量。人体在安静吸气时膈肌收缩而下降，肋间外肌收缩上提肋骨，使胸廓扩大，胸腔内的负压增加，空气经呼吸道进入肺内。呼气时，膈肌松弛而上升，肋间外肌舒张肋骨下降，使胸廓缩小，负压减少，将肺内气体经呼吸道排出体外。经常参加体育锻炼的人，随着呼吸运动的加强，其他辅助肌(腹肌、肩带肌、背肌等)也都要参加工作，这样，吸气时就能将胸腔扩得更大，因而呼吸有力，胸围、呼吸差(深吸气时与深呼气时胸围大小之差)增大。一般人在深吸气时胸围只比深呼气多 5～7 cm，而经常锻炼的人则多 7～11 cm，胸腔扩大，肺内容纳的空气就多，譬如，横膈肌上下活动 1 cm 就有 250～350 mL 的气体进出。所以，经常参加体育锻炼，可以增强呼吸肌的力量和耐久力，进而提高呼吸系统的功能。

(2)肺活量的增大。由于呼吸能力的增强，因而胸围、呼吸差和肺活量(以最大努力吸气之后，再以最大努力呼气，所能呼出的气体总量)也就增大。人体进行气体交换的场所是肺泡，两肺内的肺泡总数约 7.5 亿个。在安静时人体每分钟需氧量约 0.25～0.30 L，这样，只需要 1/20 的肺泡扩张就足以满足人体的需要。经常锻炼的人在运动时，则摄氧量可达 4.5～5.5 L，比安静时大 20 倍，这是因为经常锻炼，细胞的新陈代谢相应加强，气体交换的需要量也将随之提高，这样呼吸肌就必须更加有力地收缩，使更多的肺泡张开，扩大气体交换的接触，保证人体运动的需要。经常进行体育锻炼增强了呼吸肌的力量，扩大了胸廓的活动范围，使充满气体的肺泡增多，因而肺活量增大，肺活量的增大，反映了肺贮备能力和适应能力的增强。

(3)呼吸频率的改变。肺活量的增大，意味着在每次呼吸时，都能吸取更多的氧气和排出更多的二氧化碳。肺活量大的人，在安静时的呼吸是深而慢，每分钟约 8～12 次，而一般人的呼吸是浅而快，每分钟大约 12～18 次。深而慢的呼吸，具有很多优越性，这就是在每次呼吸后有较长的休息时间，因而不易疲劳。在轻度劳动和运动时也不致出现呼吸急促、胸闷的现象。一般缺乏锻炼的人，因为肺活量小，换气率（通气率）低，最大吸气量小，因此，在运动或劳动时，容易缺乏氧气而产生过多的酸性代谢物（乳酸），即使呼吸频率加快，也不能满足需要，其结果是呼吸肌过度紧张，产生胸闷气喘等现象。呼吸频率和潮气量（呼吸时，每次吸入或呼出的气量）都是直接影响肺泡通气量的因素。如果潮气量小，肺泡通气量也减少，加上停留在无效腔（鼻、咽喉、支气管均无交换气体功能，这些不进行气体交换的管腔称为无效腔）的气体，实际进入肺泡的气量就更少，即使呼吸频率加快，每次进入肺泡的气量也并不增加。如果潮气量大，则进入肺泡的气量就大，即使呼吸频率稍低，而肺泡通气量也相对有所增加。

人们在进行体育锻炼或劳动时，肌肉需要大量的能量。由于能量是各种营养物质通过氧化而产生的，所以，人体在进行劳动或锻炼时，需要大量的氧气。绝大多数脑力劳动者，成天伏案学习或工作，为什么也需要大量的氧呢？因为在用脑的时候，大脑单位组织的耗氧量并不比肌肉活动少，而且耗氧量更多。肺的耗氧量占全身耗氧量的 1/4，约为肌肉耗氧量的 10～20 倍。同时由于长时间伏案学习或工作，胸部得不到充分的扩展，会使胸腔狭窄而肺活量小，一旦参加体力活动就会气喘吁吁，劳动效率也很低，并容易患肺部疾病。因此，脑力劳动者，更应注意锻炼。经常参加体育锻炼不断提高呼吸系统的功能，使呼吸变慢变深，增大肺活量，这样就可以得到较多的氧。呼吸潜力增大就可以满足身体各器官的需要，当然大脑也就得到足够的氧气，使工作时不易出现疲劳现象。

2. 体育锻炼对呼吸系统疾病的预防和治疗作用

鼻、咽喉、气管、支气管是呼吸的通道。感冒是最常见的一种呼吸道传染病，主要表现为鼻炎、喉炎、咽炎等上呼吸道感染症状，并有发烧、头痛、乏力等全身症状。一般人的鼻腔和咽喉都潜伏有一些病菌，由于健康人有足够的抵抗力，所以不易发病，当人体抵抗力减弱时，病菌就会乘虚而入，首先使上呼吸道黏膜发生炎症。上呼吸道，是呼吸系统的门户，受到感染后，就会继续向支气管蔓延，常会引起支气管炎或肺炎等并发症。体育锻炼可以使新陈代谢更加旺盛，心肺功能增强提高身体抵抗能力，同时，还可以促使呼吸道毛细血管更加密实，以及上皮细胞的纤毛活动和肺内的吞噬能力得到加强，这样就能及时消除呼吸道的病毒，减少感染的机会。

其次，呼吸系统的常见病是气管和支气管哮喘。气管和支气管哮喘的病因，是肺组织弹性衰弱导致肺泡经常处于紧张状态，肺内积存有大量残余空气，使人不能充分吸气，呼气也很困难。因此，呼气时肺泡不能充分收缩，氧供应量就严重不足，出现呼吸功能变坏的种种症状。患有呼吸系统疾病的人，通过适合的体育锻炼，增进身体健康，改善呼吸系统的功能，可以减轻自觉症状和预防病变继续发展。

（六）体育锻炼对消化系统的影响

1. 消化系统的组成和作用

人体在整个生命活动中，除了需要和环境进行气体交换外，还必须不断地从外界吸取营养，以供新陈代谢的需要。消化系统的功能是消化食物、吸收养料、排出糟粕。消化系统的作用是人体新陈代谢正常进行的保证。

消化系统包括消化管和消化腺。消化管由口腔、咽腔、食管、胃、小肠、大肠、肛门所组成

(图 3-2-8)。消化管的运动起着接受食物,将食物磨碎、搅拌,使食物与消化液充分调和,并不断向肛门推送的作用,称之为物理性消化;消化腺,有唾液腺、胃腺、胰腺、肝、肠腺等,分泌各种消化液。消化液中含有各种消化酶,将食物中的糖类、脂肪、蛋白质水解成可以吸收的简单物质,称之为化学性消化。食物在消化管内进行分解的过程称为消化,食物经过消化后透过消化管壁进入血液循环的过程,称之为吸收。消化过程通过神经和体液的调节,受大脑皮层的管理。

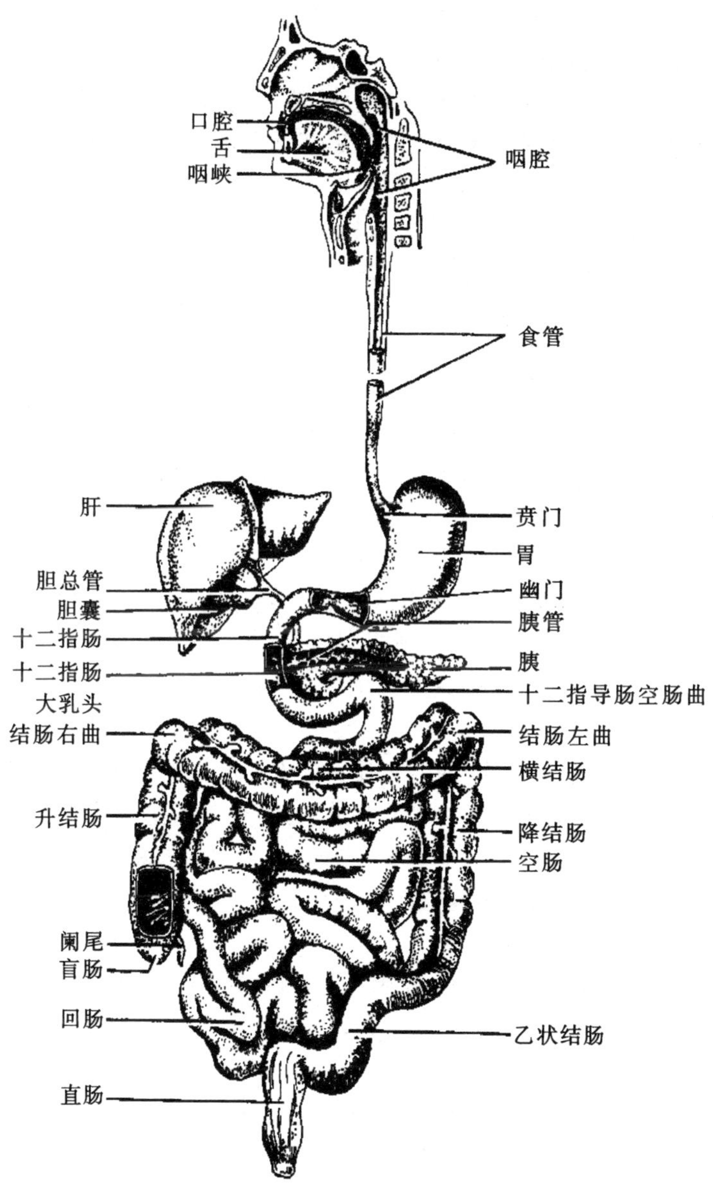

图 3-2-8　消化器官模式图

2. 体育锻炼对消化系统的良好作用

体育锻炼对消化系统具有良好的作用。由于体育锻炼,体内的代谢活动加强,能量物质大量消耗,这就需要消化器官加强功能,更好地吸取食物的养料,以满足机体的需要。体育锻炼也可使大脑皮层等神经系统得到改善，锻炼时情绪愉快，以及锻炼后植物性神经工作能力加强，消化系统在神经和体液的调节下，使消化器官的物理性消化和化学性消化加强。例如，消化腺分泌的消化液增多、消化管道蠕动加强，促进了对食物更好地消化和吸收。另外，由于运动时呼吸活动的加强，需要横膈肌和腹肌的活动范围增大，这种活动的增大对肝脏和胃肠起着按摩作用，有利于消化。只有消化、吸收和排泄等功能的加强，才有可能保证人体内物质代谢的正常进行。

3.体育锻炼是预防和治疗消化系统疾病的积极手段

消化和吸收，是由中枢神经通过交感神经和副交感神经来管理的，但是，大脑皮层对它有很大影响。譬如：精神抑郁、忧虑或情绪过分紧张、激动的时候，消化液分泌就会减少，肠胃蠕动也不正常。我国医学非常重视精神因素对脏腑活动的影响，如“思伤脾”是指，抑郁、忧虑等情绪，可使脾胃功能下降，引起消化、吸收功能的紊乱。体育锻炼时，愉快兴奋的情绪，抑制忧虑、抑郁的情绪，并在大脑皮层的调节下，可使脾胃功能得到增强。另外，体育锻炼能增强腹肌和盆腔肌的力量，使腹腔内的消化器官保持正常位置，并能强化消化道的平滑肌作用，这有效地防止了内脏下垂和便秘等疾病的发生。

（七）如何选择合适的锻炼方法

由于个体年龄、性别、身体条件和健康状况不同，在进行体育锻炼时应合理选择锻炼方法。按体质健康状况等大致把体育锻炼划分为5种类型，各人需根据自己的实际情况选择适合自身的锻炼内容和方法，以达到理想的健身效果。

1.健康型

健康型是指身体健壮，有较强的参加体育锻炼的热情和欲望，并能承受较大运动负荷者，这类人根据实际情况选择一、两个运动项目作为健身手段，如选择球类、田径、举重、游泳等，常用综合练习法、重复练习法和间歇练习法等进行有计划的锻炼。

2.一般型

一般型是指身体不大健壮，但无疾病，体质一般者。此类型在学生中占大多数。他们往往认为自身无病而缺乏参加体育锻炼的热情和恒心，进行体育锻炼往往流于形式。这类人应该选择对增强体质有实效的、形式活泼、能激发参加锻炼兴趣的项目和方法，如球类、武术、健美操等项目。用综合练习法、重复练习法较好。

3.体弱型

体弱型是指体弱多病的学生。为增强体质，战胜疾病，增进健康，可采用慢跑、定量步行、太极拳、气功等方法进行锻炼。宜采用重复练习法、循环练习法进行力所能及的锻炼。

4.肥胖型

肥胖型是指体重超过正常标准的学生。他们的锻炼多侧重减肥，因此可选择长跑、长距离游泳和健美运动进行锻炼。一般多采用重复和循环练习法。

5.消瘦型

消瘦型是指体重低于正常指标的学生。他们希望通过锻炼能使自己更壮实、丰满，可选择举重、体操、健美运动等项目，多采用重复练习法和循环练习法。只要长期坚持，并有一定负荷刺激肌肉，使之横截面增大，就能使肌肉健壮，进而拥有匀称的健康体型。

第三节　大学生心理健康

一、大学生的主要心理特点

大学生的年龄特征决定其心理以不成熟、不稳定和不平衡为主要待征。其中,大学生自我意识的骤然增强是核心问题,围绕这一核心问题,他们的认知、情感、意志、个性等主要心理和生理特征处在一个动态的调节过程之中,并且由过去的被动性调节变为主动自我调节。因而大学阶段是其心理变化最复杂、情绪波动最大的时期,其特点如下。

(一)自我意识突出

由于开始走向大学生活,大学生摆脱了对家庭的依赖,因而强烈地要求重塑自我,增加了成人感、理智感和自信心。思想活动已经脱离了直接形象和直接经验的限制,有较强的抽象概括能力,并能形成辩证逻辑思维,但发展水平参差不齐,有的表现为自负自尊,有的易受情绪波动左右等。

(二)情感激烈复杂

大学生正处在风华正茂之年,是体验人生感情的最激烈年代。男生存在着好奇和表现的心理特点,都希望通过体育锻炼表现自己的勇敢精神和力量,使自己的体态更端庄,增加气度。女生的心理变化,从天真、纯朴、直质变成温柔、含蓄、好静、好美。她们不喜欢参加激烈的、负重较大的运动。大学生已经逐渐学会了控制和调节自己外部表现和内心体验不一致的情绪,情感变得日臻丰富、复杂。

(三)意志力增强

大学生在各方面的影响下,意志力明显增强,能主动、自觉地克服困难,在行动中清晰地意识到自己行动的目的性和社会意义,但在果断性和自制力发展上比较缓慢,表现出优柔寡断,动摇不定,分不清主次和事情的轻重缓急,或草率、或武断及经不起心理挫折等。

(四)性格基本形成

性格是反映一个人对现实的稳定态度和习惯的行为方式。大学时期个性倾向系统日趋形成,自我意识不断发展,性格基本形成和较稳定。在性格的意志、理智、情绪等特征方面,表现逐渐稳定并能自觉地培养良好的性格。

二、体育锻炼的心理学原理

心理是心理过程(即心理活动过程)和个性心理特征的简称。体育心理科学可揭示人体运动中的规律,为了获得良好的体育锻炼效果,不仅要遵循运动技能形成的规律,同时还要掌握人体特殊的心理活动变化和发展的规律。因此,人体运动不仅可以增强体质,促进心理品质的发展,同时,良好的心理状态和品质也为人体运动提供保证。

(一)身体锻炼的动机

能引起、维持人的活动,并将该活动导向第一目标,以满足个体某种需要的念头、愿望、理想称为动机。动机是人体的内在心理过程,行为是这种内在过程的结果,动机有始发机能、指向选择机能、强化机能。引起动机需要两种条件:一是内在条件;二是外在条件。前者就是“需要”,即因个体对某种东西的缺乏而引起的内部紧张状态和不舒服感,动机就是由这些需要构成的,需要使人产生欲望和动力,引起活力;后者是个体之外的各种刺激,这些刺激包括物质因素,也包括社会性因素,可统称为环境因素。心理学家把凡是能引起个体动机并能满足个体需要的外在刺激称为“诱因”。行为可由需要引起,也可由环境引起,但往往是内在条件和外在条件相互影响的结果。同时,锻炼身体是人出于活动和身心发展的需要,也是出于健康的需要。

(二)情绪和意志品质

情绪是指有机体受到生活环境的刺激时,其生物需要是否获得满足而产生的暂时性的较强烈的态度及体验,包括愉快、悲哀、愤怒、恐惧、忧愁、赞叹等。客观事物的不同特点及客观事物与人之间的不同关系,使人在情绪上产生不同的态度和体验。情绪是人及其他动物共有的一种心理活动。例如,人在恐惧时,可使意识变狭窄,判断力、理解力降低,甚至丧失理智和自制力,造成正常行为的瓦解。如果动机情绪经常反复出现,如神经功能紊乱、内分泌功能失调、血压持续地升高等,可能转变为某些器官、系统的疾病。身体锻炼能促进产生脑肽,刺激下丘脑,进而产生愉快的情绪体验,这是身体锻炼对情绪的积极调节作用。另外,经常从事身体锻炼,在体育锻炼中享受成功的喜悦,承受挫折的压力,可以大大提高情绪的适应性,也有利于以更积极的态度迎接生活的挑战,适应各种生活环境。

意志是自觉确定目的,并选择手段,调节行动,克服各种困难,达到预定目的的心理过程。意志品质是在意志行动的各个阶段所表现出的稳定的行为特征。良好的意志品质不是先天就有的,而是在后天的教育过程中逐渐形成的。一个人要善于运用体育的心理科学知识武装自己,把人体运动过程与培养意志过程统一起来,促进良好意志品质的培养。在体育活动中有意识地设置困难,以提高克服困难的能力;在适应外界刺激和干扰因素的情况下进行体育锻炼和训练比赛等;结合运动项目的特点和方法来培养意志品质。例如,短跑能培养坚强、勇敢、敏捷等品质,长跑着重培养毅力、坚韧和自信等品质,体操着重培养沉着、专心、稳定等品质。运用自我暗示、自我命令、自我锻炼等方法培养意志。

(三)心理过程和心理特征

人脑对客观现实的反映过程是心理活动的主要方面,由认识过程、情绪过程和意志过程三方面构成。人脑的认识过程又称“休息加工活动”,由感觉、知觉、记忆、思维和想象等活动构成,人在认识客观事物时所产生的态度体验称为“情绪”或“情感”。人们认识到体育锻炼能够增强体质,并在亲身体验中验证了这一点,由此产生了喜爱的情感,从而自我锻炼更加自觉、主动,使体质在进一步的锻炼中得到增强。心理学认为,人在通过认识、情感和意志最高反映客观世界的过程中会形成各种各样的心理特征,造成人与人之间的心理差异。体育活动可以塑造和改善一个人的能力、气质和性格。

1. 能力

能力是一种个性心理特征，是顺利实现某种活动的心理条件。能力的发展和发挥要在具体的社会实践中表现出来。身体的整个素质水平是能力发展的条件，身体器官系统功能的健全是发展能力的基础，环境和教育的因素对能力的发展有着重要的作用。

2. 气质

气质是心理活动稳定的动力特征。这些动力特征主要表现在心理过程的强度、速度、稳定性、灵活性及指向性上，如情绪的强弱、思维的快慢、注意力集中时间的长短、注意力转移的难度，以及心理活动倾向于外部事物还是内心世界等。气质较多地受到遗传素质的制约，它比其他的心理特点更具有天然的、稳定的特征，是一种较难改变的个性心理特征。

3. 性格

性格是对现实稳定的态度以及与之相适应的习惯行为方式，是个性心理特征的一个最重要的方面。人的性格是在一个人生理素质的基础上，通过社会实践和体育活动逐步形成的，由于每个人所处的具体环境和教育条件的不同，他们所形成的性格具有不同的特征。性格一经形成之后就比较稳定，也正因为性格的稳定，性格才能突出反映一个人的心理面貌和风格。由于环境的变化，性格也是可以改变的，特别是处于形成过程中的性格具有较大的可塑性，也就是为教育提供了良好的条件。此外，体育对性格的影响是巨大的，在体育环境和体育教育中，公开的竞争、相互间的协调和尊重能促进形成良好的性格。

三、体育锻炼对大学生心理健康的影响

体育运动是增强体质，促进身心健康的有效措施。保持乐观、进取的生活态度，正确对待生活中不可避免的困难和挫折，充分发挥自己的认知能力，对人的一生来说是非常重要的。但是如何保持良好的心理健康状态呢？积极主动参与体育活动，改善对环境的适应能力，控制情感情绪，协调人际关系，预防和治疗生理疾病，是促进心理健康的重要途径。

(一)体育锻炼有助于智力的发展

体育运动是一种积极、主动的活动过程，在此过程中练习者必须组织好自己的注意力，有目的地知觉(观察)、记忆、思维和想象。因此，经常参加体育运动能改善人体中枢神经系统，提高大脑皮层兴奋和抑制的协调作用，使神经系统的兴奋和抑制交替转换过程得到加强，从而改善大脑皮层神经系统的均衡性和准确性，促进人体感知能力的发展，使得大脑思维想象的灵活性、协调性、反应速度等得以改善和提高。经常参加健身活动还能使人在空间和运动感知能力等方面得以发展，使本体感觉、重力感、触觉和速度、高度感等更为准确，从而提高了脑细胞工作的耐受能力。此外，体育运动还能缓解日常学习和生活的紧张，能降低焦虑水平，缓解紧张的内在机制，改善神经系统的工作能力。

(二)体育运动能提高自我知觉和自信心

大学生在个体的健身活动的过程中由于健身的内容、难度、目标，以及与其他参加健身的个体接触，不可避免地会对自己的行为、形象、能力等进行自我评价，而个体主动参加健身活动一般都会促进积极自我知觉。同时，个体参加健身活动的内容绝大多数是根据自我兴趣、能力等选择的，他们一般都能很好地胜任健身的内容，这有利于增强个体的自信心和自尊心，并能

在健身活动中寻求到安慰和满足。

(三)体育运动能促进人际关系和谐

体育运动有利于形成和改善人际关系。随着社会经济的发展以及生活节奏的加快,许多生活在大城市的人越来越缺乏适当的社会联系,人与人之间的关系趋向冷漠。因此,体育运动就成为一个增进人与人接触的最好形式。通过参加体育运动,可使人与人之间互相产生亲近感,使个体与社会交往的需要得到满足,丰富和发展人们的生活方式,这有利于个体忘却学习和生活带来的烦恼,消除精神压力和孤独感,并在体育运动中,找到志趣相投的知音。从而,给个体带来心理上的益处,有利于形成和改善人际关系。

(四)体育运动能调节情绪

大学生的情绪具有多变性。情绪好时,精神振奋;情绪不好时,垂头丧气;青年人对刺激情境变化的敏感是情绪不稳定的主要原因。

体育运动可以锻炼人的意志,增强人的心理坚韧性和处理应激情境的能力。大学生具有较高的文化修养,具备反省自身弱点的能力和控制自己情绪变化的能力。一个理智强的大学生面对不良的情绪波动时,能主动地寻找引起情绪波动的原因,并不断地调节自己的情绪状态,避免情绪波动造成的不利影响。

(五)体育运动能消除疲劳

疲劳是一个综合性症状,与人的生理和心理因素有关。当一个人从事的活动或担当的任务要求超出个人的能力时,生理和心理都会很快地产生疲劳。然而,如果在从事体育运动时保持良好的情绪状态和保证中等强度的活动量,就能减少疲劳。

(六)体育运动能治疗心理疾病

体育运动是治疗抑郁症的有效手段之一。就目前而言,尽管一些心理疾病的病因以及体育运动为什么有助于心理疾病消除的基本机制尚未完全清楚,但体育运动作为一种心理治疗手段在国外已开始流行起来。有氧练习可降低焦虑、抑郁,对长期性的轻微到中度的焦虑症和抑郁症有治疗作用;锻炼者参加锻炼前的焦虑、抑郁程度越高,受益于健身活动的收获也越大;健身活动后,即使心血管功能没有提高,焦虑、抑郁程度也可能下降。

总之,体育不仅是发展大学生健康体质的需要,而且也是大学生发展心理、实现自我完善的需要。针对大学生年龄阶段心理不成熟、不稳定的主要特征,以及大学生培养自我意识、情感、意志、性格等方面的需要,开展高校体育活动,组织大学生参与或观赏各种形式的体育活动,通过体育课教学、体育训练和比赛的自我效果评价,以及通过各种体育传播媒介,大学生不仅可以增强体质,增进健康,而且可以锻炼意志,陶冶情操,发展情感,完善自我,并在体育活动中拓宽视野,增长才智,正确处理个人与集体的关系,区分真、伪、丑、美,提高思想境界,树立正确的价值观。

第四章

大学生健康生活方式

第一节　高校学生面临的主要健康问题和影响因素

一、我国大学生健康的现状

随着信息化时代应运而生的电子产品的大量普及和使用，人们的生活方式发生了巨大的改变。通常认为，大学生是最健康的人群，事实上并非如此。由于当代大学生受某些不良行为与生活习惯的影响，如吸烟、酗酒、作息无常等现象时有发生，许多大学生的身高、体重、肺活量、血色素等生理指标达不到正常标准，肥胖、偏瘦等体型不匀称现象越来越多；牙病、胃病、外伤性疾病的发生率很高；眼屈光不正、视力不良者非常普遍，尤其是近视眼愈来愈多；每年都有一定数量的同学患肺结核、病毒性肝炎、痢疾等传染病；每年都有大量的学生因为健康问题而导致休学。有关资料显示，我国高校近几年来休学的学生中，导致休学的疾病排在前三位的是神经衰弱、乙型病毒性肝炎、心理障碍及精神系统疾病。有些品学兼优的学生在就业后，因身体不合格被辞退。甚至还有个别学生因急性传染病和癌症而死亡。大学生中，因学习环境适应不良、人际关系不融洽、恋爱失意等引起的心理障碍十分常见，近年来各高校学生因各种原因自杀的比例有所上升。据有关资料统计，我国高校学生神经症患病率占在校生的30%左右，遭各种性问题困扰的约占53%。胆怯、孤独、失望等在部分大学生中造成了心理危机，如不及时保健，便有可能发生心理病态。改善大学生的心身健康状况，已是高校教育中刻不容缓的大事。

二、大学生亚健康及主要表现

我国的特殊国情使大学生中独生子女的比例在50%以上，特殊的家庭生活经历，更高的自我素质提高的要求，相对狭隘的教育教学模式所造成的负面影响，使得大学生群体相当数量处于亚健康状态，疲劳、失眠、多梦、四肢无力、经常感冒、精神难以集中、感觉迟钝、记忆力减退、烦躁不安、情绪低落等症状长期困扰着他们。

主要表现有：早晨不能按时醒来，醒后懒得起床；走路抬脚无力，步伐沉重；不想参加集体活动，尤其不愿见陌生人；懒得讲话，说话声音细而短，自觉有气无力；上课不愿回答老师的提问，经常觉得老师的提问是“多此一举”，但又没心思听清老师的问题；坐下后不愿起来，时常托腮呆想发愣;说话、写文章经常出错;记忆力下降,想不起同学的叮嘱或经常忘掉几小时前的事情;口苦、无味、食欲差、觉得饭菜没有滋味、厌油腻;耳鸣、头昏、目眩、眼前冒金星、烦躁、易怒;眼睛疲劳、哈欠不断;下肢沉重,学习时总想把脚架在桌上;入睡困难,易醒多梦。

三、导致大学生亚健康的影响因素

(一)生活方式

生活方式是一种特定的行为模式,它建立在文化继承、社会关系、个性特征和遗传等综合因素基础上,包括饮食习惯、社会生活习惯等。大学生的学习和就业压力大、脱离家长监管、受"成人心理"等综合因素的影响,导致生活作息无规律,缺乏适当的运动,饮食不节制,有吸烟、嗜酒等不良嗜好,生活方式不健康,从而引起亚健康甚至疾病的发生。据美国一项调查研究发现,只要有效地控制行为危险因素,即:不合理饮食、缺乏体育锻炼、吸烟、酗酒和滥用药物等,就能减少 40%~70%的早死,30%的急性疾病,60%的慢性疾病。全球人类死因中,不良生活方式所引起的疾病占 60%。

(二)学习和就业压力

大学生的学习压力相当一部分来自于所学专业非所爱,这使他们长期处于冲突与痛苦之中。课程负担过重,学习方法有问题,精神长期过度紧张也会带来压力。另外还有参加各类证书考试所带来的应试压力等。

精神压力过大,学习压力大、不顺利,再加上学校、家长不正确的疏导,使大学生精神长期处于高度紧张的状态,极可能导致大学生出现强迫、焦虑甚至是精神分裂等心理疾病。这是造成大学生亚健康状态的主要原因。

自主择业,双向选择是社会经济发展的必然,也是大学生面临的新挑战。随着择业竞争的加剧,当代大学生的择业心理发生很大变化,一方面他们渴望竞争,希望通过自己的努力,寻找到理想的职业,以证明自身的价值。另一方面竞争的激烈又使他们忧郁担心,害怕竞争失败,担心选择带来的风险,畏惧探索中的困难,自卑恐惧、焦虑急躁的心态不时出现。目前就业问题是直接影响大学生身心健康的主要因素之一。

(三)生活事件

同学师生关系不协调,不成熟的恋爱,生活花销过大导致"财政困难"等,均是影响健康的主要事件。相比中学时期,大学生有了更多的社会交往要求,师生之间、同学之间、同乡之间都很容易产生感情,但因大学生年龄和阅历所限及个人情感的差别,往往会为一点小事而发生矛盾,心理素质差的同学就会感到压抑。当前,大学生对情感方面的问题能否正确认识与处理,已直接影响到大学生的心理健康。影响的因素主要有以下几点:首先是性困惑问题,一些同学在性意识与自我道德规范的冲突中产生心理矛盾。其次是大学生因恋爱所造成的情感危机,这是诱发大学生心理问题的重要因素。恋爱失败往往导致大学生心理变异,有的人因此而走向极端,甚至造成悲剧。再次,大学生脱离家长监管后"财政大权"掌握在自己手中,花钱随心所欲,随着现代购物方式的巨大变迁,便利的"网购""外卖"使大学生每月的花销大大超过了家庭能够负担的水平。一旦出现"财政困难",就会产生不同程度的心理压力,有的学生往往会想方设法“补窟窿”。大学生不恰当的消费观是“校园贷”产生的根本原因。

(四)自然环境

在季节交替之际,人们会觉得不适应。比如在初春季节,大多数学生觉得疲乏。天气的变化亦可导致亚健康状态。

第二节　睡眠与健康

一、睡眠

睡眠的特征包括:减少主动的身体运动,对外界刺激反应减弱,增强同化作用(生产细胞结构),以及降低异化作用水平(分解细胞结构)。在人类、哺乳动物及其他很多已经被研究的动物,如鱼、鸟、老鼠、苍蝇中,规律的睡眠是生存的前提。从睡眠中醒过来是一种保护机制,也是健康和生存的必须。

对于人,睡眠约占人生的三分之一,可以说好的睡眠是生活质量提高的基础。充足良好的睡眠能够使大学生在白天的学习工作中保持头脑清醒,精力旺盛。研究表明,在外表似乎平静的睡眠中,人们的大脑皮层仍然处于活动状态,就像计算机通过定期进行磁盘整理来提高运算速度一样,大脑通过睡眠中的这些活动,可以对白天所获得的各种信息进行分析加工和整理。所以,睡眠其实是大脑的另外一种工作方式,通过这个过程,能量得到贮存,有利于精神和体力的恢复。

对于睡眠的定义,科学界一直以来没有一个具有统一认识的定论,最初的定义是在1972年,一位法国的神经精神科医师 Christian Guilleminault 认为睡眠只是身体内部需要的反映,感官活动及身体的物理运动在睡眠时会停止,但若给予合适刺激便可使其醒来的状态。经过多年的研究,现代医学界则普遍认为睡眠是一种主动过程,目的是为恢复精力而作出合适的休息,由专责睡眠及觉醒的中枢神经管理。在睡眠时人脑并没有停止工作,只是换了模式,使身体可以更有效储存所需的能量,并对精神和体力作出补充。睡眠亦是最好的休息方法,既能保持身体健康和补充体力,亦可提高工作能力。睡眠往往是一种无意识的愉快状态,相较于觉醒状态,睡眠时人与周围的接触停止,自觉意识消失,不再能控制自己说什么或做什么。处在睡眠状态的人的肌肉放松,神经反射减弱,体温下降,心跳减慢,血压轻度下降,新陈代谢速度减慢,胃肠道的蠕动也明显减弱。

二、睡眠的生理意义

(一)消除疲劳

人体内各组织器官都处于不断的生理活动过程中,会消耗掉大量的能量,睡眠中机体呈现为正氮平衡,合成代谢占优势以充分弥补觉醒时的损耗。尤其慢波睡眠时,机体以副交感神经活动占优势,合成代谢加强,储存能量为主,各种生命活动降到最低程度,耗能最少,人的心率减慢,血压降低,呼吸慢而规则,脑垂体的生长激素分泌达到高峰,使糖和蛋白质合成加强,脂肪分解加速,会促进儿童生长发育和成人精力体力恢复。

(二)促进发育

少年儿童的生长发育是由生长激素控制的,生长激素分泌得充足,孩子发育的就好一些。如果生长激素分泌减少,则孩子的生长发育就会相对迟缓。而生长激素在觉醒状态下分泌较少,在慢波睡眠时会大量分泌,当转入快波睡眠时,又会减少。所以,保证足够的睡眠时间,对于儿童的生长意义重大。

(三)改善精神状态

睡眠充足的觉醒状态下会注意力集中、学习和工作效率高,不会轻易烦躁、焦虑、易怒等,并且具有较好的耐受力。同时,具有较强的沟通意向,较少的抵抗心理,拥有较好的适应能力。

(四)提高抵抗侵袭的能力

一是促进免疫系统。睡眠时,机体免疫球蛋白的分泌高于觉醒时,机体的免疫系统及神经内分泌与大脑生物节律之间相互协调保持一致,如果睡眠节律被打破,可导致机体的免疫功能发生改变,引发病变。二是增强物理防御体系。睡眠对大脑有直接保护作用,人们觉醒时,血脑屏障的通透性明显增加,使有害物质容易通过屏障进入中枢神经系统造成损害,在睡眠时这种屏障的通透性减弱,从而保护了中枢神经系统。

(五)增强记忆力

现在,研究表明 REM(rapid eye movement sleep,快速眼动睡眠期)和 NREM(non-rapid eye movement sleep,非快速眼动睡眠期,即入睡期、浅睡期、熟睡期和深睡期,不出现眼球快速跳动现象,相较于 REM)对于增加记忆都是不可或缺的重要组成部分,睡眠后记忆加强主要与睡眠前 NREM 的前四分之一和 REM 的后四分之一关系密切,相对而言睡眠的其他组成成分与记忆关系就没那么紧密了。那么我们不难得出,记忆的增强是一种几乎涉及整个大脑皮层和某些皮层下中枢的保护性抑制,经过睡眠后神经系统的机能可能得到最大限度的恢复。所以,睡眠是机体一种极其重要的、不可缺少的生理活动。

三、睡眠异常

医学上通过人为睡眠剥夺实验来研究睡眠的重要性。该实验研究表明,在日常生活工作中,人连续 71 个小时被剥夺睡眠,就会出现错觉、幻觉,把挂着的衣服当人,把水流声当说话声,并且烦躁易怒,判断力、记忆力及反应能力明显下降;恢复其自由睡眠的第二日,一切症状会立即消失,但会对机体的免疫功能有一定的影响。对每个人来说,睡眠就像呼吸一样是基本的生理需求,一个人 7 天只喝水不进食还能存活,可是睡眠完全被剥夺就只能存活约 5 天。长期睡眠不足会使人体免疫力下降,抗病和康复的能力低下,容易感冒,并加重其他疾病或诱发原有疾病的发作,如心血管、脑血管、高血压等疾病。

(一)睡梦

梦是一种普遍的生理现象,人每天晚上基本要做 4～5 回梦。梦对健康的影响有利也有弊。德国科学家认为,做梦可以锻炼脑的功能。大脑细胞平时的活动只有其中的一部分,即使是在强度脑力劳动的时候，活动的脑细胞也只是其中的一部分，另一部分脑细胞则处于休眠状态。如果这些休眠的脑细胞长期得不到使用，势必自我消退。休眠状态的脑细胞为了自我防止这种衰退现象，就只有借助睡眠时做梦来锻炼自己和演习自己的功能，达到自我完善的目的。也有人认为梦有助于记忆，认为大脑储存的信息过多时，传递就会发生问题，做梦则可以消除近期记忆中的无用信息，并使近期记忆转变为长期记忆。当然，做梦也像做其他事情一样，都有一个度，过度做梦会对身体健康产生一定影响。惊慌、恐怖的梦境常常使人从睡眠中惊醒，醒来后梦境历历在目，很难继续入睡。持续不断的梦境又以一定程度侵占了正常的睡眠时间，使人白天头昏脑胀，耳鸣目眩，无精打采，倦怠无力，一整天的学习、工作效率大大降低。

(二)失眠

失眠通常是指因各种原因引起的睡眠不足、睡眠的质量和时间不能满足正常机体的生理需求，并在白天产生一系列不良影响的短期症状。很多人有失眠表现，人的一生中几乎都会出现失眠。对于这种一过性、短暂、可逆的表现我们不能称为疾病，而只能作为一种症状。

1.失眠的分类

根据分类方法的不同可以将失眠分为以下几类：

(1)按失眠的原因：分为原发性失眠和继发性失眠。

(2)按失眠的程度：分为轻度失眠，主要以多梦、易醒的浅睡眠为主；中度失眠，主要是睡眠时间的明显不足；重度失眠，多见于老年人，失眠时间达 6 个月以上。

(3)按失眠的长短：分为一过性失眠，即偶尔失眠，多由环境因素引起；短期失眠，指在数周或数月内反复发生的失眠，多由精神症状引起；慢性失眠，指 6 个月以上的经常性失眠。

2.失眠的表现

(1)入睡困难：从上床开始睡觉到入睡时间超过 30 min；

(2)易醒：睡眠觉醒次数太多或时间太久；

(3)睡眠浅：睡眠深度不足；

(4)早醒：醒后无法再入睡，睡眠醒来时比平时早 60 min 以上；

(5)频频从噩梦中惊醒，自感整夜都在做噩梦；

(6)睡眠结构失调：快动眼睡眠与慢动眼睡眠时间比例失调；

(7)睡眠时间过短；

(8)睡过之后精力没有恢复。

3.判断失眠的客观指标

(1)睡眠潜伏期延长(大于 30 min)；

(2)实际睡眠时间减少(小于 6 h)；

(3)觉醒时间增多(每夜大于 30 min)。

4.失眠症

典型的失眠是上床难以入睡持续 3 周以上。偶尔的失眠不能算作病态，只有因为睡眠障碍，得不到正常休息，起床后仍感疲倦无力、精神萎靡，以致影响到学习和社会活动时，才是一种疾病的表现，称为“失眠症”。从主观上包括下面几种情况：

(1)不能如愿迅速入睡，多见于年轻人及心情激动、兴奋者。

(2)不能维持熟睡状态。

(3)早醒，睡眠时间缩短，多见于老年人。

(4)由于噩梦和随之被唤醒而妨碍了的睡眠。

(5)不舒适的睡眠等。

5. 失眠和失眠症的区别?

(1)失眠一般时间短暂;失眠症通常较漫长。

(2)失眠多是继发现象，通常是在其他情况出现的基础之上出现的症状，如环境嘈杂、大量饮酒、焦虑抑郁等;失眠症多是原发现象，是指没有所谓的其他原因的情况下而出现的失眠。

(3)在去除诱因和疾病之后，失眠就可以缓解或消失;而失眠症通常缓解不明显。

(4)失眠者人数众多，较少有心理障碍;而失眠症患者常伴有性格问题，表现为爱面子、好胜心强、个人欲望强等。

6. 失眠症的诊断标准是什么?

(1)几乎以失眠为唯一的症状，包括难以入睡、睡眠不深、多梦、早醒或醒后不易再睡，醒后不适感、疲乏或白天困倦等。

(2)具有失眠和极度关注失眠结果的优势概念。

严重标准:对睡眠数量、质量的不满引起明显的苦恼后社会功能受损。

病程标准:至少每周发生 3 次，并至少已持续 1 个月。

7. 引起失眠症的常见原因

(1)心理因素。生活、工作中的各种矛盾和困难所造成的焦虑、抑郁、紧张、激动愤怒或思虑过多均可引起失眠症。

(2)生理因素。精神紧张、饥饿、疲劳、性兴奋以及一些疾病，如关节炎、溃疡病、心绞痛、偏头痛、哮喘、心律失常等都可引起失眠症。随着年龄的增长，睡眠效果也可发生变化而引起失眠症。

(3)药物因素。饮酒、滥用药物、药物依赖及戒断症状均可引起失眠症。常见的药物有兴奋剂、镇静剂、甲状腺素、避孕药、抗心律失常药等。

(4)不良的环境和习惯。不良的环境或坏习惯对大多数人来说都可影响睡眠。如噪声、光线强弱、过冷过热都可使人失眠，过饱或饥饿，临睡前剧烈运动或作息无规律都可影响睡眠。

8. 失眠的危害

长时间失眠会影响人体的生理心理功能。失眠者不仅会有疲劳的感受，且情绪和行为都会受到影响(如焦虑、烦躁、注意力不集中、反应迟钝等)，白天常常昏昏欲睡，学生影响听课，司机开车容易发生车祸等。

9. 失眠的治疗

失眠的治疗取决于引起失眠的基本原因，可以通过一些简单措施帮助缓解失眠:

(1)建立规律的作息时间。

(2)如非躯体疾病所致的失眠，应适当增加白天的体力活动。

(3)上床前不要吃的过饱，勿夜间用膳，有睡意再上床。

(4)睡前避免过度兴奋或其他刺激，少喝酒、少抽烟，尤其下午或晚上少食巧克力，少喝含咖啡因的饮料。

(5)不能因夜间失眠而日间睡眠打盹。如半夜苏醒，可在床上松弛一下，使睡意重返。

对于因情绪障碍引起的失眠，以及一些难治性病例，可短期应用抗焦虑、镇静、催眠药物治疗。通常最佳的治疗方法是临睡前 1 小时左右服用具有镇静作用的药物。

(三)嗜睡症

嗜睡症是指白天过度嗜睡和睡眠发作(非睡眠不足引起)或觉醒时达到完全觉醒状态的过渡时间延长,可从轻度嗜睡至严重嗜睡和睡眠发作。

1. 嗜睡症的表现

(1)白天睡眠过多或睡眠发作;

(2)每天出现这种睡眠障碍,持续 1 个月以上或反复睡眠发作,引起明显的苦恼或影响工作或家庭生活;

(3)排除各种器质性疾病引起的白天嗜睡和发作性睡病,嗜睡症的发病多与心理因素有关。

2. 诊断和鉴别诊断

应排除器质性疾病伴发的嗜睡,脑炎、脑膜炎、脑外伤、脑肿瘤、代谢性疾病、中毒及内分泌的异常等均可引起的嗜睡症状,因而进行全面的体格检查及相关的实验室检查,明确排除器质性病因。此外,尚需排除发作性睡病及睡眠呼吸暂停综合征相关的嗜睡病。

3. 嗜睡症的治疗

嗜睡症的治疗多采用心理治疗,去除与发病有关的不良心理因素,避免精神刺激,帮助病人建立正常的生活规律,指导患者尽量避免从事一些具有潜在危险性的活动,必要时给予陪护。此外,还可给予小剂量的精神兴奋药物治疗。

(四)夜惊

夜惊是一种常见的睡眠障碍,主要表现为反复出现从睡眠中突然醒来并惊叫,通常发生在睡眠前三分之一阶段。大约在入睡后 15～30 min,发生于 NREM 睡眠时段。常见于 4～12 岁的儿童,高发年龄为 4～7 岁,青春期极少见,男孩略多于女孩。

(五)梦魇

1. 梦魇现象

梦魇指在睡眠中被噩梦突然惊醒,引起恐惧不安、心有余悸的睡眠行为障碍。多见于学龄前期及学龄期儿童,约半数始发于 10 岁以前。发病率儿童约为 20%,成人为 5%～10%。梦魇一词由来已久,在古汉语中“魇”就是被鬼按住的意思,它准确的体现了梦中焦虑发作的一种形式。

2. 梦魇的病因

梦魇的发生,既有外界的生理刺激,也有内在的心理创伤。外因来说,梦魇多半是睡觉时被子盖住了嘴鼻,或者是把手压在胸部所引起的。人在睡眠时,心和肺的活动能力相对减弱了,所以,当嘴和鼻孔被被子挡住或胸部受到压迫时,就感到心脏活动受到阻碍,呼吸困难。这种来自外部的刺激很快传到大脑皮层,便引起不正确的反应,于是,恶梦就产生了。有的人在梦中看到鬼怪扑在自己身上,张牙舞爪,要吃掉自己似的,于是想挣扎,想喊叫,但是大脑指挥手脚肌肉运动、发声的部分,却还处于抑制状态,所以梦里想挣扎,手脚却一动也不能动;想大喊大叫,却一点声音也喊不出来。此外,有的人患了某些慢性疾病,如慢性扁桃体炎、慢性鼻炎、慢性支气管炎等，这些疾病常常发生呼吸不通畅的毛病，因此在睡梦中，也容易做噩梦。

从梦魇的内因方面来看，做梦者在做恶梦之前，精神上一定受到过刺激，留下了难以治愈的心理创伤。人在醒着的时候是靠理智支配着生活的，因此，早年留下的心理创伤便被理智抑制着，难以尽情“倾诉”，而当人进入睡眠状态时，理智便失去了它的权威性作用，意识被弱化。潜意识登场亮相了，梦者早年留下的心理创伤便“借助”恶梦而尽情“表现”。可见，梦魇确与恐惧警惕心理相联。

现代心理学家认为，人们之所以做恶梦，通常是和梦者童年时所害怕的一些事物有关，这大致可以追溯到人们一生中曾经历过的那个无力自助的孩提时期。三岁至六岁的小孩子，最容易做恶梦。一个成年人，一旦感到自己的安全没有保障，或是想起昔日某些令人恐惧和不安的事情时，也可能做噩梦。

3. 梦魇的治疗

偶尔发生梦魇属于自然现象，不需特殊处理。发生梦魇时，旁人可尽快将他唤醒并安慰，一般不需要药物治疗。对发作频率较高者并给生活造成严重影响的要予以干预。首先，找出病因对症处理，如睡前不看恐怖性书籍和电影，缓慢停用镇静安眠药，睡前放松调整睡姿以保证良好睡眠。由生活应激事件引起的梦魇要采用心理治疗的方法，使其了解梦魇产生的原因，正确认识梦魇以消除恐惧心理。患者的症状往往随年龄增大而有所减轻。如果发作频繁，可在短期内给予安定 1.25～2.5 mg 或利眠宁 5～10 mg 每晚一次。去除诱因即可自愈，随年龄增长，梦魇也可减少。

四、保证健康睡眠措施

睡眠可分为普通睡眠、科学睡眠和健康睡眠三种。普通睡眠能满足人类基本生理需求；科学睡眠则较好地解决了有效提高人们睡眠质量及睡眠时人体不会受到伤害两个问题；而健康睡眠是睡眠的最高形式，除了满足科学睡眠的条件外，还可以在睡眠中促进多种慢性疾病的康复。因此，健康睡眠的准确定义为：迅速消除人体疲劳、有效提高睡眠质量，睡眠科学、合理、不会诱发疾病，在睡眠中能康复多种慢性疾病。要保证健康睡眠应做到如下几个方面。

(一)规则的生活节律

有规律的作息制度有助于大脑皮层在生活中建立起各种条件反射的形成。即上床入睡快，起床后头脑清醒，减少睡眠到觉醒的过程，从而使各种脑力和体力活动进行得更容易、更熟练、更能适应环境。

(二)良好的睡眠环境

睡前，卧室要开窗，通风换气，尤其是冬天。夏天要尽量打开卧室的窗户睡眠。睡眠时，四周环境要安静，尽可能消除噪音，光线宜暗，最好熄灯睡眠；枕头高度要适当，以 10 cm 左右为宜，因为过高会压迫局部血管、神经，影响正常呼吸；过低会使头部血液回流少，处于充血状态，不利于睡眠。卧具要保持清洁、干燥、蓬松、舒适，以利于保温。

(三)正确的睡眠姿势

睡姿以向右侧卧、四肢微屈为好。这样，可以使全身肌肉松弛，不压迫心脏，胃能正常活动,不影响消化,使肝脏的血流量增多,有利于新陈代谢的进行。同时,睡觉时不要蒙头,因为人需要氧气,蒙头会使被褥内的二氧化碳含量增加,氧气含量相应减少,使大脑及身体各组织器官的供氧不足,醒后常感到头昏脑胀、精力不佳。因此,睡眠时一定要把口鼻露在被褥外。

(四)必要的午睡

在炎热的夏季,夜短昼长,夜里睡眠时间少,所以每天应另有一定的睡眠时间来补充,而夏季温度高,人体主要借汗液蒸发散热,血液多聚集在皮肤,从而导致体内各器官供血量相对减少,大脑供血也受到一定的影响,使人精神不佳。所以,午睡能让人精力充沛,有利于投入到下午和晚上的学习。

五、改善睡眠

(一)养成良好的生活习惯

定时就寝,理想时间段为晚上 10 时至 12 时,设法营造一个舒适的睡眠空间,睡前泡个澡,睡前 3 小时不要进餐,避免过度刺激,如晚上不要看惊险、凶杀的影片,还要注意不要把工作的烦恼带回家。

(二)戒掉不良嗜好

戒烟、限酒、严格控制咖啡因的摄入,睡前不喝咖啡或茶水而饮一些牛奶。

(三)适量运动

以轻松的散步、舒适的瑜伽促进新陈代谢、调节情绪。

(四)注意饮食

用食疗方法改善睡眠。身体酸性失眠者,可食莲子、菠菜、胡萝卜、海参等;睡眠易惊醒者,可多食梨、葡萄、木耳等;情绪急躁、难以安眠者,可食芹菜、番茄等;难以熟睡者,可食冬瓜、海苔等。

对于长期依赖药物入睡的人来说,应及时求助于医生,改变这一习惯。另外,有的减肥药由于作用于神经,所以也严重影响了睡眠的质量,建议不要服用。

第三节　烟草和毒品危害及物质滥用

一、烟草

(一)烟草

关于烟草的起源,众说纷纭,有美洲起源学说、古埃及起源学说、蒙古族起源学说和中国滇南起源学说等,目前普遍认为烟草最早产于美洲安第斯山脉自厄瓜多尔至阿根廷一带。

早在 4000 年前,当人类还处于原始社会时期,烟草就已进入美洲人的生活。玛雅人(居住地在今天的墨西哥南部、危地马拉、伯利兹以及萨尔瓦多和洪都拉斯的部分地区）在那时就开始了烟草的种植和吸食。第一个注意到烟草植物的玛雅人闻到它醉人的香气，精神为之一振，神气为之一爽，于是他哇哇大叫，激动异常地奔走呼告。渐渐地，每一个部族的人都知道了烟草的神奇作用，把烟草当作精神兴奋物进行咀嚼渐渐成为一种嗜好，以致后来衍生了人类的吸烟行为。烟草虽然"满足"了我们对沁鼻的气味的渴望，"温暖"着我们的皮肤，"抚慰"着我们的心灵，然而却隐隐约约地摧残着我们的身体。

我国是全球最大的烟草生产和消费国。大约63%的成年男性和4%的成年女性吸烟，总数超过3.2亿，大学生吸烟者高达500万。通过对吸烟有益、有害的认识调查看出，吸烟者的主要动机为交际、提神、镇静、解除疲劳、消遣、满足成瘾、享受、模仿时髦和习惯。而我国每天约有2000人因吸烟而死亡，因而吸烟已经成为影响人们健康最为主要的自身不良行为。

（二）烟气成分

1. 烟气成分

据研究显示，吸烟时烟气中的化学成分多达5068种。其中1172种是烟草本身就有的，另外3896种成分为香烟烟雾中独有的。烟气分为气相物和粒相物两部分。气相物是在室温下能通过剑桥滤片（一种玻璃纤维制成的滤片，过滤效率可达99%）的烟气。粒相物是指烟气在挥发过程中，温度下降到350 ℃以下时，烟气中发生的颗粒，形成气溶胶状态。烟气中的粒相物主要是水、烟碱和焦油。

焦油是有机质在缺氧条件下不完全燃烧的产物，是众多烃类及烃的氧化物、硫化物和氮化物的混合物。焦油是诱发癌症的主要毒物。

烟碱（尼古丁）对人的交感神经系统和中枢神经系统有显著的刺激作用。中等剂量的烟碱吸入，就能使呼吸急促，血管扩张和呕吐明显加剧；较大剂量的烟碱吸入，可引起震颤和痉挛；重度吸烟能减退食欲，还能使血压升高。

2. 尼古丁

16世纪中期，烟草在欧洲各国广泛传播。当时有一位居住在葡萄牙的法国人，名叫"尼古特"，他对烟草很感兴趣，而且听说烟草不但可以解乏提神，还可以止痛和治疗疾病。于是把他种植的烟草献给了有头痛病的法国太后，让太后的头痛病有了好转。之后，法国在太后的倡议下大面积种植烟草，烟草身价百倍。后来，人们为了纪念尼古特，把烟草中具有特殊功效的烟碱命名为"尼古丁"。

3. 尼古丁的依赖性

尼古丁通过肺黏膜扩散到全身后，将通过血——脑屏障进入大脑，影响很多神经递质，如多巴胺、去甲肾上腺素、γ-氨基丁酸、5-羟色胺、谷氨酸、内啡肽等在脑中的含量。尼古丁能促使这些神经递质的释放增加，从而使中枢神经系统及交感神经兴奋。人的主观感受则表现为清醒程度更强、注意力更为集中，就连忧虑和饥饿也可以得到缓解。经常吸烟会使大脑中的尼古丁含量始终处于很高水平，神经元受体对尼古丁越来越不敏感，尼古丁对多巴胺释放的刺激作用也减弱，原来的烟量再也不能满足吸烟者的快感，吸烟者由此对尼古丁产生耐受性。但吸烟者停止吸烟几小时后，体内尼古丁含量下降，神经元受体变得异常敏感，此时中枢神经系统内的乙酰胆碱的活性超出正常水平，使吸烟者变得异常烦躁，并很想吸烟。这时候他如果能够吸一支烟，就可以过度刺激神经元受体，并促使多巴胺大量释放，产生兴奋感。这就是吸烟者陷入烟瘾难以自拔的根本原因。

(三)吸烟对人体健康的危害

吸烟是一种能导致多种慢性、致死性疾病的不良行为。烟草燃烧产生的烟雾中有多种物质,主要的有害物质有尼古丁、一氧化碳和焦油等。这些有害物质在吸烟过程中可在几十年甚至几年里慢慢地破坏人体组织,引起多种疾病,致千百万人丧生。

1. 对呼吸系统的危害

吸烟时有害物质刺激呼吸道,浆液腺和黏液腺分泌增加,杯状细胞的纤毛运动发生障碍,黏膜损害,加上烟雾中的放射性胶粒对呼吸道的辐射损害,可引起呼吸道炎、肺炎、支气管扩张、肺气肿、肺心病、肺癌等疾病。

2. 对心血管系统的危害

吸烟使血红蛋白升高,血液黏稠度增加,血小板在血管壁上的黏附力增强,血浆纤维蛋白原增加,纤维蛋白溶解酶的活性降低。在尼古丁等有害物质的刺激下,肾上腺素分泌增加,使心率增快,血管痉挛使血压升高,加上血中游离脂肪酸和胆固醇增加,可发生冠心病、脑血管意外等。

吸烟是导致缺血性心脏病的最大风险因素之一,其后果的严重性与吸烟量有关。吸烟与高脂饮食、缺乏锻炼等危险因素对心脏的损害有协同作用。吸烟者发生心肌梗死的风险是不吸烟者的2.9倍,停止吸烟2～4年,两者在心肌梗死的发病率上基本无区别。有关研究资料表明,吸烟者中发生脑卒中的风险是不吸烟者的1.5倍,发生动脉破裂而死亡的风险是不吸烟者的2～3倍。吸烟还可加速动脉硬化的进程。

3. 对消化系统的危害

吸烟可抑制消化腺的分泌,降低消化道黏膜的抵抗力,易发生胃肠功能紊乱,影响消化和吸收,使胃肠道溃疡和癌症发病率增加。

4. 对神经系统的危害

吸烟可引起失眠、神经炎、记忆力减退、精神失常等。

5. 对其他器官的危害

吸烟可增加口腔癌、食管癌、膀胱癌、喉癌和胰腺癌的发生率。吸烟者中妊娠并发症、骨质疏松症、白内障的发生率均高于不吸烟者,而戒烟可降低疾病的发生率和死亡率。

6. 对他人的影响

吸烟除危及个人健康外,还造成周围空气中有害物质的增加,污染空气,使家人同事“被动吸烟”,引起孕妇腹中的胎儿发育迟缓,导致流产、死胎和早产,还可引起他人支气管炎和肺炎的发生,削弱其心肺功能。

(四)控烟与戒烟

尽管大学生烟草成瘾率低于社会青年,但较高的尝试性吸烟行为可导致成人期的高瘾性和高疾病率。因此高校的控烟,对保护未来知识分子的健康,发展生产力均显示重要性和迫切性。大学生应具有与文化水平相当的卫生保健素养,在了解吸烟对人们的诸多危害后,提高对烟草这种软性毒品的心理免疫力,在面对他人劝你吸烟时,能坚定地拒绝烟草。

大学生应积极参与控烟活动。应将吸烟有害健康的知识转播到家庭、社会,做到自己不吸烟、劝说他人戒烟，从而减少无辜人群被动吸烟，使我们周围的空气更洁净，人民更健康，民族更兴旺。

大学生吸烟者应认清吸烟对健康的危害，克服吸烟的心理依赖因素，逐渐消除烟瘾，进而早日戒断烟瘾。

二、毒品危害

(一)毒品概述

作为毒品最早雏形的鸦片(也称鸦片烟)，早期被人类作为一种药品使用，它既有一定的麻醉、止泻、止咳的作用，又有造成依赖、致病的副作用。因为吸食鸦片可在大脑中产生欣快感，所以就成了早期人们麻痹精神、思想的依赖剂。我国清朝时期，英国从其殖民地印度装运鸦片来华，由于吸食鸦片会上瘾，中国清朝开始严格控制其入口，但吸食者市场仍然存在。清雍正年间明令禁烟，但清廷官吏从鸦片贸易中大量获利，因此默许鸦片走私，使禁令如同虚设，导致鸦片大量输入，使中国每年白银大量外流，国内发生严重银荒，造成银贵钱贱，出现通货膨胀，清廷财政枯竭，国库空虚。鸦片贸易严重败坏社会风尚，摧残了人民的身心健康，同时更破坏了社会生产力，造成国内经济萧条和衰落。从王公大臣到平民百姓，吸食鸦片者越来越多，严重危害了国人身心健康，军队也吸食鸦片，身体变得虚弱，失去作战能力，被列强冠以“东亚病夫”的鄙称。

后来，随着时代的发展，鸦片形态发生了变化，也衍生出更多形态的毒品。

关于毒品的定义，目前尚无统一认识。英语 drug(毒品)原意是指具有成瘾性的麻醉药品。《中华人民共和国禁毒法》中规定：“毒品，是指鸦片、海洛因、甲基苯丙胺(冰毒)、吗啡、大麻、可卡因，以及国家管制的其他能够使人形成瘾癖的麻醉药品和精神药品。”

(二)毒品的分类

毒品的种类有多种分类方法，根据 2013 年我国发布的《麻醉药品品种目录》和《精神药品品种目录》，分为麻醉药品和精神药品两大类共计 270 种。其中，麻醉药品 121 种，精神药品 149 种。本书按传统和新型两种分类方法进行介绍。

1.常见传统毒品

(1)罂粟。罂粟原产于地中海东部山区、小亚细亚、埃及、伊朗、土耳其等地。公元 6～7 世纪由波斯传入我国。罂粟为一年生植物，开花。花凋落后，在顶端结成椭圆形的果实——罂粟果。将罂粟果划破表皮，会流出乳白色的乳液。果汁暴露于空气后干燥凝结，即变成褐色或黑色，这就是生鸦片。生鸦片经过提炼生成吗啡，吗啡再经过化学药物提炼后可生成海洛因。

(2)鸦片。鸦片又叫阿片，俗称大烟，是罂粟果实中流出的乳液经干燥凝结而成的。因产地不同而呈黑色或褐色，味苦。生鸦片经过烧煮和发酵，可制成精制鸦片，吸食时有一种强烈的香甜气味。吸食鸦片后，最初可使人头晕目眩、恶心或头痛，但随后可体验到一种欣快感。如果长期吸食，可使人精神颓废、瘦弱不堪、面无血色、目光发呆、瞳孔缩小，极易感染各种疾病，寿命也会缩短。过量吸食鸦片可因急性中毒或呼吸抑制而死亡。

(3)吗啡。吗啡是从鸦片中分离出来的一种生物碱，在鸦片中含量为 10%左右。吗啡常被压缩成块状，也有无色或白色结晶粉末状，吸食后会产生欣快感，比鸦片容易成瘾。长期吸食会引起精神失常的症状，出现谵妄和幻觉。大剂量吸食吗啡会导致呼吸停止而死亡。

(4)海洛因。海洛因化学名为“二乙酰吗啡”，俗称白粉，它是由吗啡和其他化合物反应而制成，镇痛作用是吗啡的多倍，医学上曾广泛用于麻醉镇痛。但成瘾快，极难戒断。长期使用会破坏人的免疫功能，并导致心、肝、肾等主要脏器的损害，静脉注射特别是共用注射器还会传染艾滋病等传染性疾病。海洛因被称为世界毒品之王，是我国目前监控、查禁的最主要的毒品之一。

(5)大麻。大麻是一种粗大、直立、芳香的一年生雌雄异株的灌木。大麻对人的中枢神经系统有抑制、麻醉作用，吸食后会产生欣快感，有时会出现幻觉和妄想，长期吸食会引起精神障碍、思维迟钝，并破坏人体的免疫系统。

(6)可卡因。可卡因是一种微细、白色的结晶粉状的生物碱，味苦。可对中枢神经系统产生兴奋作用。兴奋初期，滥用者产生欣快感，感到飘飘欲仙、舒适无比，表现洋洋自得、健谈。用药后的兴奋感只能维持 30 min 左右，因此，吸毒者为了维持这种兴奋感，往往会很快再用第二剂。于是，周而复始，用药剂量越来越大，使用越来越频繁，很快就把吸毒者带到毁灭的深渊。

除了上述几种外，常见传统毒品还有杜冷丁、古柯、可待因、那可汀、盐酸二氢埃托等。

2.常见新型毒品种类

新型毒品是指由人工化学合成的致幻剂、兴奋剂类毒品，其直接作用于人的中枢神经系统，使人兴奋或抑制，连续使用能使人产生依赖性。

(1)冰毒。冰毒即甲基苯丙胺，外观为纯白结晶体，晶莹剔透，故被称为“冰”。由于其对人体的中枢神经系统具有极强的刺激作用，且毒性剧烈，又称之为“冰毒”。该药少量使用时有短暂的兴奋、抗疲劳作用，故其药丸被称为“大力丸”。冰毒是我国目前流行最广、危害最严重的毒品之一，它的毒性相当大，很容易上瘾，致幻力强，毒性发作快，对人体损害大。长期吸食可产生呕吐、腹痛、腹泻等慢性中毒，并出现胃肠功能障碍等症状。严重时可导致肾功能衰竭及精神失常，甚至造成中毒死亡。

(2)摇头丸。摇头丸是安非他明类衍生物，属中枢神经兴奋剂，也称“快乐丸”等，也有按药片、药丸的不同颜色、图案、字母称为“蓝精灵”“白天使”等，是我国目前流行最广、危害最严重的毒品之一。摇头丸服用后表现为活动过度，感情冲动，性欲亢进，嗜舞，偏执，妄想，自我约束力下降以及出现幻觉和暴力倾向等。

(3)K 粉。K 粉即氯胺酮，静脉全麻药，有时也可用作兽用麻醉药。一般人只要足量接触 2～3 次即可上瘾，是一种很危险的精神药品。K 粉外观上是白色结晶性粉末，无臭，易溶于水，可随意勾兑进饮料、红酒中服下。吸食方式为鼻吸或溶于饮料后饮用，能兴奋心血管，吸食过量可致死，具有一定的精神依赖性。K 粉成瘾后，在毒品作用下，吸食者会疯狂摇头，很容易摇断颈椎。同时，疯狂的摇摆还会造成心跳、呼吸衰竭。吸食过量或长期吸食，可对心脏、肺、神经等造成致命损伤，对中枢神经的损伤比冰毒还厉害。会导致神经中毒反应、精神分裂症状，出现幻听、幻觉、幻视等，对记忆和思维能力造成严重的损害。此外，容易使人产生性冲动。

(4)咖啡因。咖啡因属于中枢神经兴奋剂，俗称“咖啡精”，是从天然植物咖啡果中提取的生物碱。咖啡因不仅能直接兴奋大脑皮层，还能直接兴奋延髓，有一定的精神依赖。大剂量或长期使用会引起惊厥，导致心律失常，并可加重或诱发消化性溃疡，甚至导致吸食者下一代智能低下、肢体畸形。

(5)麻古。麻古实际是缅甸产的“冰毒片”,主要成分是甲基苯丙胺和咖啡因。外观与摇头丸相似,通常为玫瑰红、橘红色、黑色或绿色的片剂,具有很强的成瘾性。服用后药效会很快发作,大量耗尽人的体力和免疫功能。同时,还表现出健谈、性欲亢进等生理上的反应,甚至吸食者会毫无知觉地将隐私和秘密随意说出,完全受人支配。长期服用会导致情绪低落及疲倦,精神失常,损害心脏、肾脏和肝脏,严重者可以导致死亡。

除上述几种外,常见新型毒品还有苯基丙胺(俗称安非他命)、黑芝麻(又称“摇脚丸”)、迷幻蘑菇、安纳咖、氟硝安定、安眠酮、丁丙诺啡、地西泮及多种有机溶剂和鼻吸剂等。

(三)毒品的危害

毒品的危害,不仅体现在对吸毒者本人身心健康的危害,而且还对本人家庭乃至整个社会的稳定和进步具有一定的危害。

1. 对个人的危害

吸食毒品直接损害吸毒者本人的身心健康,这是极其明显的。吸毒不仅破坏人的正常生理功能和免疫能力,使吸毒者染上多种疾病,而且使人精神颓废、错乱,丧失人格尊严。吸毒成瘾者从事体力和脑力劳动能力逐渐削弱,乃至最后完全丧失,成为社会废人,更为严重的则导致死亡。青年学生一旦染毒瘾,在个人行为上就会发生明显的改变。原本勤奋的人变得懒散,彬彬有礼的人变得孤僻自私,脾气暴躁,不关心他人,对学习工作兴趣减低。吸毒对自身的危害主要是导致大脑病变,影响中枢神经系统功能。如吗啡过量吸食会出现昏迷、瞳孔极度缩小、呼吸受到抑制,甚至出现呼吸麻痹、停止而死亡。

2. 对家庭的危害

吸毒者一旦成瘾就会把整个家庭拖入黑暗的深渊。吸毒是无底洞,有多少钱也填不满,它使人家贫如洗、债台高筑、妻离子散、骨肉相残。有的父母爱子心切,看到孩子戒毒的痛苦就会想方设法为孩子购买毒品,不惜倾家荡产,忍受着无穷无尽的煎熬和折磨。已婚的青年人一旦吸毒上瘾,工作事业必然受到影响。由于工作能力受损,会导致失业、败业,继而引发经济问题甚至为满足毒瘾不惜遗弃老人,出卖子女,甚至胁迫妻女卖淫以获取毒资,直至妻离子散,家破人亡。如果母亲吸毒则会对后代贻害无穷,毒品可通过胎盘进入胎儿体内,出现“胎儿吸毒”,程度较轻时婴儿出生后出现戒断症状综合征,致使婴儿染上毒瘾成为小小的“瘾君子”,严重时可引起遗传基因的突变,造成死胎、畸胎。此时,有的小孩在成长的过程中还成为其吸毒父母毒瘾发作时的发泄对象。

3. 对社会的危害

吸毒和犯罪是一对孪生兄弟。很多吸毒者挥霍完家产后为了继续筹集毒资,就会坑蒙拐骗,甚至从事盗窃、抢劫、卖淫等违法犯罪活动,极大地危害了社会治安。据资料统计,我国男性吸毒人员80%有违法犯罪行为,女性吸毒者80%从事卖淫活动,而卖淫、嫖娼活动则容易导致艾滋病传播,一些地区抢劫案有60%～80%是吸毒者所为。吸毒的青少年为筹措吸毒费用会铤而走险,进行以贩养吸、贪污、诈骗、盗窃、抢劫、凶杀等犯罪活动,严重危害社会。

(四)远离毒品

吸毒问题已然成为了现代社会一个严重的社会问题,整个社会应加强管理和教育,建立一个健全的、行之有效的防范措施,广泛开展禁毒知识宣传和教育,增强人们的反毒、防毒意识,确保青少年远离毒品，使贩毒、吸毒活动失去赖以滋生和存在的环境和条件。

1. 自珍自爱

远离毒品和预防吸毒最主要的措施在于从自我做起，自珍自爱、加强自律、远离毒品，才能保护自己不被毒品所危害。加强对科学文化和法律知识的学习，提高自身的综合素质和能力，树立正确的人生观、价值观，培养自己高尚的道德情操和远大理想。培养自己健康的心理素质，提高自我控制、自我调节平衡能力和抗拒毒品诱惑的能力，养成良好的生活习惯和健康的生活方式。

2. 重视教育

学校是毒品预防的重要场所，是控制青少年吸毒的有效防线。通过学校毒品预防教育，可以培养学生抵抗毒品的心理素质，提高学生识别毒品、拒绝毒品的能力。学校教育中应把毒品预防教育作为德育教育的重要内容并切实得到重视，使预防毒品的警钟长鸣。

3. 和谐家庭

和谐、亲密的家庭关系是任何人、任何社会团体都无法比拟的。家庭成员间应具有整体意识、关爱意识，父母与子女之间应经常沟通交流，促进家庭成员之间互爱互助、亲密和谐，使孩子在和谐、温馨和民主的家庭环境中健康成长。

三、物质滥用

(一)物质滥用的定义

物质滥用，即精神活性物质滥用的简称，是指反复、大量地使用能改变自己的精神状态、但与医疗目的无关且具有依赖性的一类有害物质。包括烟、酒、某些药物(如镇静药、镇痛药、鸦片类、大麻、可卡因、幻觉剂、有同化作用的激素类药等)。物质滥用是一个全球范围内的重大公共卫生问题。急、慢性中毒以及物质依赖导致人群疾病增加和早死率上升，而共用针头和注射器注射毒品是导致艾滋病和其他血液传染性疾病的重要途径之一。由于大多数物质滥用行为的根源可以追溯到儿童和青少年时期，因此积极开展对青少年物质滥用的预防教育，是学校卫生工作者一项极为重要的任务。

(二)精神活性物质

精神活性物质指主要作用于中枢神经系统，从而影响认知、情绪、意识等心理过程的化学物质，在文献中常简称为“物质”。因为部分精神活性物质在一定条件下可以用于临床，所以有时也称为“药物”。绝大多数精神活性物质具有不同程度的成瘾性，也称为“成瘾物质”。按作用机制的不同，精神活性物质可以分为以下几类：中枢神经系统抑制剂，如巴比妥类、苯二氮类、酒精等；中枢神经系统兴奋剂，如咖啡因、苯丙胺、可卡因等；大麻、致幻剂，如 LSD、仙人掌毒素等；阿片类，如海洛因、吗啡、阿片、美沙酮等；挥发性溶剂，如丙酮、苯环己哌啶(PCP)等；尼古丁(烟草)。

(三)滥用

偶尔使用精神活性物质，不论是出于好奇、社交，还是治疗需要，如果没有对个人身心健康和社会功能产生不良影响，可称为成瘾物质使用。当个体反复使用精神活性物质，导致了明显的不良后果，不能完成重要的工作、学业，损害了躯体健康，导致了法律问题时，就称为“滥用”。滥用强调的是使用精神活性物质的不良后果，个体没有明显的耐受性增加和戒断症状，从这一点可以与下述的“依赖”区别开来。

（四）青少年物质滥用的预防

控制和解决物质滥用及其危害包括五个层面：在法律层面规范合法精神活性物质的使用（如不得将烟草、酒精销售给 18 岁以下的青少年，不准在公共场所吸烟等），严格控制和管理处方药物（如严格规定吗啡等镇痛药的适应证、只有一定级别的医生才有这类药物的处方权等）、严格禁止非法精神活性物质（毒品）的种植、生产、贸易和使用；通过大众传播媒介，广泛宣传使用精神活性物质的危害；针对青少年和高危人群，采取有针对性的预防措施；积极采取各种方法，治疗精神活性物质依赖，促进精神活性物质依赖者治疗后的康复；针对精神活性物质依赖者采取措施，预防严重的躯体和心理疾病的产生，如在吸毒人群中采取美沙酮替代治疗。

第四节　环境卫生与健康

环境，一指周围的地方，即自然环境；二指周围的情况与条件，即社会环境。人类不可能脱离环境而独立存在，每时每刻都受到各种环境因素的影响。环境是人类赖以生存和发展的物质基础，与人类健康密切相关。人类在适应环境的同时，也在不断地利用和改造环境。纵观人类发展的历史可以发现，改造环境的过程中必然带来环境构成和状态的破坏，环境的破坏给人类的健康带来了不可避免的影响。因此，在改造和利用环境的过程中，怎样使环境通过改造更加有利于人类的发展和进步是一个全球性问题。也就是说，人类在改造环境的同时必须要保护环境，也要创建更加良好的生活环境。只有这样自然生态才能得到平衡、自然环境得到合理利用，社会环境不断优化和谐，人类才能长久生存和持续发展。

一、环境的构成

（一）自然环境

自然环境是指环绕于人类周围的一切客观物质条件。人和自然环境是不可分割的对立统一体。它们既相互对立又相互制约，既相互依存又相互转化。人类是地球物质发展的产物，人类在自然界中生存，并通过新陈代谢不断地进行物质和能量的交换。一方面机体从环境中摄取空气、水、食物等生命必需物质以维持机体正常生长和发育；另一方面，机体在代谢过程中产生的废弃物通过多种途径排入环境中，在环境中又进一步转化为其他生物的营养物而被摄取。有人对人体各组织成分的元素含量作了全面分析，结果发现组成人体的 60 多种元素含量与地壳、海水中这些元素的分布有明显的相关性。可见人类与自然环境在物质构成方面有密切的联系。自然环境可分为天然形成的未受人活动影响的自然环境以及人为活动影响下的自然环境。前者包括物理因素（如阳光、气候）、化学因素（如空气、水、土壤）、生物因素（如细菌、病菌）；后者如噪声、工业三废等。所有这些因素都与健康密切相关。

(二)社会环境

社会环境是人类在长期的社会发展中,为了不断提高自身的物质文化生活而创造出来的,它包括社会政治、经济、文化、风俗习惯、生活劳动环境、人口、家庭、人际关系、社会地位、就业等诸多方面。社会环境是人类在自身发展过程中构建起来的,反过来又对人类的工作、生活和身心健康产生巨大的影响。这种影响作用随生产力的发展、生产关系和社会制度的改变而改变,即在不同的社会发展阶段,人类的社会环境所产生的问题以及危害的性质、程度和解决问题的方法均不同。因此,研究社会环境对于推动社会发展、促进人类健康具有重要价值。

二、环境与健康

(一)环境与健康的关系

人的健康与周围环境有着密切的关系。每个人都在一定的环境中生活、学习和工作,人们的一切活动都影响环境,而环境的变化反过来又会影响人们的生活和健康。人类通过新陈代谢和周围环境进行物质和能量的交换,环境中的物质与人体之间保持着动态平衡,如果环境变化处于一定范围内,人体可通过调节来适应,如在高山缺氧条件下,可通过增加人体内红细胞数和血红蛋白含量来提高携氧量,以维持正常生命活动。又如在寒冷环境中,人体往往会发抖,通过肌肉高频率抖动而产生热量来维持生命活动。但如果环境变化超出了人体生理调节范围,则会引起人体某些功能和结构的异常或病理变化。人体总是不断地调节自己的适应性,以保持与环境之间的平衡;同时,人类也在不断地改造自然界,创造有利于自身健康的环境条件,不断促进人类社会繁衍生息。

人类的健康不仅受自然环境因素的影响,而且也与社会环境息息相关。社会进步、经济发展、劳动卫生条件改善、家庭和睦等可增进健康,反之社会动乱、经济落后、交通拥挤、家庭不和等则可直接或间接损害健康。

(二)环境对健康的影响

1. 自然环境对健康的影响

(1)阳光。太阳光光谱由红外线、可见光、紫外线组成。阳光作用于机体使机体各系统的机能增强,如刺激机体的造血功能、提高皮肤的防御能力和分泌机能、增强机体的免疫力及新陈代谢等,从而促进机体的生长发育,并且它还可预防眼睛疲劳和近视,使人自觉舒适、精神振奋、工作效率提高。此外阳光中的紫外线有杀菌作用,并可促进机体维生素 D 的合成,从而预防佝偻病。当然阳光照射过强则会对机体产生不良作用,如引起头痛、头晕、食欲减退、体温升高、精神萎靡甚至中暑等症状。另外,紫外光还可引起光照性皮炎、光照性眼炎等,长期暴晒则还可能诱发皮肤癌等疾病。总之适宜的阳光照射会给人们的生活和健康带来莫大的好处,有目的地进行适当的日光照射即日光浴是增进健康的一种锻炼或治疗方法。

(2)气候。气候是长期天气变化情况的概括,它由气温、气湿、气压、气流等气象因素组成。这些因素常常同时作用于人体,影响机体的体温调节等生理机能。人体与外界环境不断进行热交换,以维持正常体温,除太阳辐射外,气温、气湿、气流三者的综合作用对机体体温调节产生重要影响,尤其是气温。机体在气温适宜时,一般感觉良好,生理机能正常,工作效率高。当气温超过体温时，若机体散热发生困难，易出现热储积，造成热射病、热痉挛等。气温过高时可导致体温升高，同时由于机体大量出汗蒸发散热，体内大量水分、无机盐丢失，则可引起脱水和热痉挛等病症。气温过低，空气过于干燥，皮肤黏膜容易干裂，有时可导致机体局部冻伤。寒冷的空气对人体常产生刺激，因而容易使人产生感冒、呼吸道炎症等呼吸道疾病。空气过于潮湿，氧分压降低，易产生胸闷。一般情况下人体适宜温度为21℃左右，体育活动则为15℃左右。另外，气流、气压对机体也有一定影响。当然人体具有生理调节功能，对气候的变化有一定的适应能力。体质强的，如青壮年适应力强，而体质弱的，如幼儿、老年人则适应能力差。在不同气候环境下有目的地锻炼，则可增加机体对该环境的适应能力，从而有助于增进健康。

(3)空气。空气是人类生存在地球上的必不可少的环境因素之一，它对人类的生命、健康以及生活等方面均具有极为重要的意义，尤其对物质代谢、气体代谢和热代谢(体温调节)等方面的作用更为重要。空气的主要成分包括氮、氧、氢、二氧化碳以及少量氖、氦、氩、氪、氙等稀有气体，此外还有水蒸气、杂质等其他物质。人体不断与外界环境进行着气体交换，从空气中吸入生命活动必须的氧，并将代谢产物二氧化碳排出体外，以维持生命活动。正常情况下，空气的基本组成一般能保持相对恒定，不致影响人类健康，但由于人类活动，许多工业废气等排入空气中，从而引起空气成分的变化而影响健康。

此外，空气中存在许多带正电荷和负电荷的离子，组成空气的各种气体的分子或原子，在宇宙射线、紫外线的作用下或在雷电、瀑布、海浪的冲击下，分子失去外层电子而成为带有电荷的正离子，而脱离轨道的电子与其他气体分子结合，便成带负电荷的负离子。在空气中产生离子的同时，正负离子又相互中和，故大气中的离子在不断产生，又不断消失。空气中负离子越多，空气就越清洁。在海滨、森林公园、瀑布处或夏季雷雨之后，人往往感到空气特别新鲜，机体舒适，这与空气中负离子增多有关。一般认为一定浓度的负离子对机体起镇静、催眠、镇痛、镇咳、止汗、利尿、降压、增进食欲、改善注意力等良好作用，而正离子则相反，对机体可造成失眠、头痛，心烦、疲倦、血压升高、精神萎靡、注意力减退等不良影响。有目的地利用空气的理化特性，裸体或半裸体直接接触空气进行锻炼，便可以增强机体的适应能力，预防或治疗疾病。

(4)水。水是机体维持正常生理活动必需的物质，是构成机体组织的重要成分，是良好的溶剂；水能储存和吸收大量的热，故有调节体温的作用；水也是保持个人卫生，改善环境状况的重要条件。不同温度、压力、成分的水还可用于理疗，防治某些疾病。如冷水浴可提高交感神经的紧张度，对机体起强壮作用；温水浴可促进血液循环；天然矿泉浴、人工海水浴、药物浴等可治疗关节炎、多种皮肤病、多发性神经炎等。若水质受到污染则直接影响到人的饮用水，危害人体健康。

(5)土壤。土壤是人类重要的环境因素之一。人类除了直接与土壤接触外，还可通过空气、水和植物等与土壤发生联系，因此，土壤的卫生条件与人类健康的关系十分密切。土壤对人体健康的影响常是多方面的并是间接的。土壤可传播各种传染病和寄生虫，使人感染疾病；土壤又是各种废弃物的净化场所，进入土壤的各种污水、污物，经土壤自身的物理、化学、生物学作用，逐渐将其净化；常年潮湿的土壤是不良的居住环境，可诱发风湿病等；土壤中各种适量的微量元素，通过动、植物和水补给人体需要。但土壤中的化学元素若缺乏或过多，又可间接影响人体使某种元素不足或摄入量过多，严重的可导致某些疾病(如地方性甲状腺肿、慢性砷中毒等)的发生。

(6)噪声与健康。安静舒适的环境有利于人学习、工作和休息，而噪声则通常影响人的情绪、睡眠及工作学习的效率。长时间的强噪声会引起人的噪声病，如噪声性耳聋、神经衰弱等。

2. 社会环境对健康的影响

(1)政治经济。社会政治制度、经济水平是起决定性作用的社会因素，对健康产生直接或间接的深远影响。一般来说，政治稳定、经济发展对健康起促进作用，反之则起损害作用。如当今世界上经济发达、社会稳定的国家国民生活富足，人均寿命较长，而常年战乱、经济发展滞后和贫穷的国家国民常常连温饱都得不到保证，人均寿命相对较短。社会制度是通过其民主和自由的程度，资源和收入的分配制度以及它所制定的各种政策、法规产生影响；经济水平则是实施政策法规、影响劳动和生活质量的重要因素，是提高健康水平的物质基础。

(2)社会文化。文化是人类在社会发展过程中所创造的物质财富和精神财富的总和。文化是一种社会现象，它是特定的群体适应社会环境和自然环境的传统模式。人类社会是以文化因素为纽带联结而成的整体，文化因素渗透到人类生活的各个方面。贫穷地区往往文化落后，而文化落后又使人难以接受健康的教育观、健康的价值观等。过去，在社会发展不均衡、信息不发达的情况下，我国文化落后的偏僻山区，缺少卫生知识，忌讳就医，迷信巫术。随着国家对贫困地区加大脱贫帮扶政策的出台，人们接受教育越来越多，经济逐步得到发展，加上基础设施改善，信息网络覆盖，逐渐消除了文盲和半文盲，人们的文化水平得到了明显提高。而文化水平的提高能够促使人们学习卫生知识，重视自我保健，也采用越来越科学的生活方式和相应措施有效预防疾病的发生，因此，人们的健康水平就得到了逐步提高。

(3)人口。随着社会人口数量的增长，消耗的国民生产总值随之增加，生产积累也就减少，从而引起人们的衣、食、住、行以及就业、教育、医疗、资源、环境等一系列问题，直接影响人民生活水平的提高和健康状况的改善。世界卫生组织认为健康、人口与发展是互不可分的。发展的成功取决于资源细微的平衡，迅速的人口增长威胁着这种平衡，因为它使人口与资源的差距加大。人口的规模、年龄结构及性别结构、区域分布，既取决于生育率、死亡率、人口流动情况，又对健康及保健工作有着重要影响。

(4)家庭。家庭环境的好坏对健康有着较大的影响。家庭对健康的影响主要表现在以下几个方面：一是通过遗传对子女健康产生影响。每个人都是基因与环境相互作用的产物。父母基因决定了子女身体素质等许多方面的潜能，而许多先天性素质都是由遗传因素或母亲孕期的各种因素影响而产生的。二是家庭结构是否完整、关系是否和睦直接影响着个体的情绪状态，从而影响个体的身心健康。

三、环境污染

(一)环境污染的概念

环境污染是指有害物质或因子进入环境，并在环境中扩散、迁移、转化，使环境的结构与功能发生变化，导致环境质量下降，对人类及其他生物的生存和发展产生不利影响的现象。如工业废水和生活污水未经处理直接排放使地表和地下水水质变坏，因煤炭的大量燃烧使大气中颗粒物和二氧化硫浓度急剧增高等现象，均属环境污染。本书中，我们阐述的环境污染主要是指人类活动所引起的环境质量下降而有害于人类及其他生物的正常生存和发展的现象。而自然过程引起的同类现象，称为自然突变或异常。

环境污染有不同的类型，因研究目的、角度不同而有不同的划分方法。按环境要素可分为大气污染、水体污染和土壤污染等;按污染物的性质可分为生物污染(如有害病毒、细菌、支原体、衣原体、霉菌等)、化学污染(如铅、汞、镉、酚及农药等)和物理污染(如噪声、粉尘、射线、高频电磁场等);按污染物的形态可分为废气污染、废水污染和固体废弃物污染;按污染产生的原因可分为生产污染和生活污染,生产污染又可分为工业污染、农业污染、交通污染等;按污染涉及范围又可分为全球性污染、区域性污染、局部污染等。

(二)环境污染对健康的危害

环境污染对人体健康的危害主要有急慢性中毒、致癌、致畸、致突变等。

1.急性中毒

急性中毒指机体一次大剂量接触或在 24 h 内多次接触一种有毒化学物质所引起的快速而剧烈的急性中毒效应。中毒效应的程度与环境化学物的毒性和剂量有关,有的人在瞬间即产生中毒症状甚至死亡,有的人可在接触致死剂量后的几天才出现明显的中毒症状或死亡。

2.慢性中毒

慢性中毒指环境化学物质在人或动物生命周期的大部分时间或终生作用于机体所引起的损害,或者说,环境中低浓度的毒物长期反复作用于机体所产生的慢性损害。由于机体吸收环境毒物的量从低剂量逐渐累积到中毒阈剂量(能引发中毒反应的最低剂量),或机体对环境毒物造成的损伤未能及时修复或虽修复但未完全修复,逐渐累积到中毒阈剂量,表现为缓慢、细微、耐受性甚至波及后代的慢性中毒反应。如低剂量汞或镉长时间污染水体,而人食用了这种水体污染了的水、稻、鱼或贝类就会导致水俣病或痛痛病的发生,这类病的病程大多经历数年至数十年;有的环境毒物如甲基汞还可通过胎盘导致新生儿先天性中毒。慢性中毒与急性中毒的差别除性质和程度以外,作用部位也有不同,如汞盐急性中毒作用在肾脏,而慢性中毒则以神经系统为主。

3.致癌

目前已确定外界环境中的一些有害物质对肿瘤有诱发和促进作用。如黄曲霉素诱发肝癌,过多的放射线照射可诱发白血病等。

4.致畸

致畸是指环境污染(如放射线、某些药物与病毒)作用于孕妇导致胎儿发育不正常,造成胎儿先天畸形。上述水俣病即是一种孕妇食用了被有机汞污染的海产品后引起婴儿患先天性疾病,主要是中枢神经障碍,表现为婴儿生后不久即出现不同程度的瘫痪和智力障碍,令幼儿天生弱智。轻者表现生长缓慢,重症者发病起三个月内约有半数死亡。

5.致突变

突变是指机体的遗传物质在一定条件下发生突然的变异。环境污染引起的突变作用往往对身体有害,若突变发生在生殖细胞则可导致不孕、早产、死胎或畸形及遗传疾病,若突变发生在体细胞,常导致体细胞异常增殖而形成肿瘤。

因此,保护生态环境,防止环境污染对维护人体健康具有重要意义。

四、校园环境卫生与健康

大学生处在学习专业知识、掌握专业技能的重要时期,离不开一个适宜、优良的校园环境。适宜、优良的环境有利于促进人体健康和长寿,有利于工作和学习。我国大多数高等院校都集中在人口稠密的大中型城市，工业化发展和人口剧增，产生了一系列危害人体身心健康的环境污染。所以保护环境，搞好环境卫生对大学生的健康十分有利。

(一)校园环境卫生

为了维护大学生健康，就要从保护大学校园环境做起。首先要绿化校园环境，在校园内大面积种植花草树木，布设花坛、草坪、绿化带，做到绿树花草相映，四季有绿，校园里不断有花可赏，有景可观。搞好环境绿化，可以减少或消除空气污染，保持清新的空气，可以减少空气中的灰尘，清除空气中的细菌和病毒，吸收工业排毒等，从而减少疾病发生；可以降低噪声，减轻噪声的干扰和危害，给大学生创造一个优美宁静的环境，有利于学习和休息。良好的环境可使大学生心情舒畅，精神焕发，减轻疲劳，提高用脑效率，使工作和学习效率明显提高，减少疾病，增进健康。

(二)宿舍环境卫生

宿舍是大学生生活、学习和休息的重要场所，宿舍环境卫生的好坏也直接影响着大学生的学习、生活和休息。一个杂乱污浊、垃圾遍地、喧闹嘈杂的宿舍环境，会使大学生沉闷和不舒心，容易产生烦躁和厌倦情绪，降低学习效率。所以，为了健康的生活和学习，大学生要讲究卫生，保持宿舍环境整齐、清洁，经常开窗换气、增加日光照射，减少空气中的微生物。阳光照射可以刺激人体皮肤产生温热感及光电效应，还可以刺激神经系统，提高机体的免疫力和新陈代谢水平，能改善人的心、肺功能，降低机体紧张状态。增加日光照射是防止污染，减少疾病的简单而有效的方法。个人应勤换洗被褥、衣裤、鞋，勤洗头、洗澡，勤剪指甲并定期理发。衣物、被褥要勤晒，不要在不见阳光的地方晾干，否则容易滋生真菌，增加患病几率。要保持室内干燥，注意通风，定期开门窗透气，使室内空气保持新鲜，减少空气中的微粒和灰尘。

(三)教学环境卫生

大学教学环境包括教室、实验室和图书馆。这些地方是大学生每天必去的地方，是大学生的主要学习场所，其卫生条件的好坏与大学生的健康有密切关系。教学场所一般坐落于校园深处，不受校内外噪声影响，因此，必须保持环境通风良好，使空气保持新鲜，这样能使大学生精神振奋、精力充沛、学习效率高。教学场所合理采光有利于提高学习效率、保护视力、减轻疲劳，因此，教学场所室内要有适宜强度的自然采光和灯光光照。过强的光线容易使人心烦意乱、精力分散、疲劳等；光照不足，不仅影响视力，而且昏暗的环境会使人昏昏欲睡，直接影响学习效率。另外，为了减少教室内的粉笔粉尘污染，上课时尽量用无尘书写笔代替粉笔。实验室应按国家有关标准设立相应的安全措施，如化学实验室应有防毒、防爆、防污染措施，放射实验室应有防辐射措施，否则将直接危害大学生的身体健康。当今，现代化的多媒体教学越来越普遍，长时间在电脑前操作，容易引起“电脑病”，而出现头疼、眼睛发胀、神经紧张，还可能出现腹胀、消化不良等，所以要合理安排电脑操作的时间，注意用眼卫生。

第五章

疾病预防

第一节　传染病概述

一、传染病

传染病是由病原微生物(病毒、衣原体、支原体、立克次体、细菌、螺旋体、真菌等)和寄生虫(原虫和蠕虫等)感染人体后产生的有传染性的疾病。

在人类发展的历史上,传染病曾给世界人民造成极大的灾难,由于当时的科学技术和医疗手段落后,导致无数的人死于传染病。在过去,鼠疫、霍乱、天花不断流行肆虐,疟疾、血吸虫病、黑热病等广泛存在,造成灾难频发,夺去了无数人的生命。中华人民共和国成立后,贯彻"预防为主"的卫生方针政策,许多传染病被消灭或基本消灭、控制、减少,天花已被消灭,黑热病、回归热基本上绝迹,其他许多传染病的发病率已大幅度下降。但是,还有一些传染病,如病毒性肝炎、流行性出血热和感染性腹泻等仍然广泛存在,对人民健康危害很大。因此我们不能就此掉以轻心,防止已被消灭的传染病死灰复燃。新发现的传染病有艾滋病、埃博拉出血热、军团病、沙拉热、莱姆病等。其中,艾滋病目前已成为严重威胁人类健康的传染病。因此,作为大学生,应该掌握一定的传染病基础知识和预防知识,对有效保护大学生身体健康有重要意义。

二、传染病的基本特征

(一)特异的病原体

传染病的种类很多,每种传染病都有特异的病原体。病原体分为病毒、衣原体、立克次体、支原体、细菌、螺旋体、真菌、原虫和蠕虫等。但少数传染病的病原体至今仍不太明确。传染病的病原体大多有特定的侵犯部位,在机体内有增殖、播散的规律性。

(二)传染性

传染病患者或健康带菌者排出的病原体,经过一定的传播途径进入健康人体内,引起相同的疾病,称为传染性。传染性的强弱与病原体的毒性、数量、传播途径及人体的免疫力有关,这是传染病与其他感染性疾病的主要区别，如耳源性脑膜炎和流行性脑膜炎，在临床上表现同为化脓性脑膜炎，但前者无传染性，无须隔离，后者则有传染性，必须隔离。传染病患者有传染性的时期称为传染期，每种传染病的传染期都相对固定，可作为隔离病人的依据之一。

（三）流行性

在一定的条件下，传染病可在人群中蔓延，引起不同程度的流行。根据流行过程的强度和广度，可分为散发、流行、大流行、暴发流行。散发是指某种传染病在一个单位或某地区的人群中散落发生，并维持常年一般发病率水平。若一个单位或地区的某种传染病的发病率显著超过该病的发病率水平，称为流行。若在一定的时间内某种传染病在一个地区迅速蔓延，甚至波及全国，或者超出国界、洲界，则称为大流行。短时间内的某单位或某个地区，出现大量同类病人，其传染源及传染途径相同，则称为暴发流行。2003 年我国暴发的“非典”(SARS，即严重急性呼吸综合征)首发于广东省，后迅速扩散至全国、东南亚乃至全球。

（四）季节性

某些传染病的传播受气候、气温、湿度条件或媒介生物昆虫的生活习性影响，因而表现在一定季节内发病率升高，如呼吸道传染病多在冬春季发病，肠道传染病多在夏秋季发病。

（五）地方性

由于中间宿主、地理条件及人群生活习惯等原因，某些传染病只在某些地区发生和存在，称为地方性。如血吸虫病就具有明显的地方性。

（六）免疫性

人体感染病原体后，无论是显性或隐性感染，都能产生针对病原体的特异性免疫，机体再遇该病原体入侵时可通过免疫保护而不被再次感染。感染后免疫属于自动免疫，其持续时间在不同传染病中有很大差异。一般来说，病毒性传染病感染后，免疫持续时间最长，往往保持终身，但有例外(如流感)；细菌、螺旋体、原虫性传染病的感染后免疫持续时间通常较短，仅为数月至数年，但也有例外(如伤寒)；蠕虫病感染后通常不产生保护性免疫，因而往往产生重复感染(如蛔虫病)。

三、传染病流行过程的基本条件

传染病的流行过程就是传染病在人群中的发生、传播和终止的过程。流行过程的发生需要有三个基本条件，就是传染源、传播途径和易感人群，这三个基本环节相互连接，缺少其中任何一个环节，传染病就不会发生，流行就会终止。流行过程本身又受社会因素和自然因素的影响。

（一）传染源

传染源是指体内有病原体生长繁殖并能将其排出体外的人和动物，如各种传染病患者、病原携带者及受感染的动物等。

(二)传播途径

病原体离开传染源后再侵入到另一个易感者的过程被称为传播途径，传播途径由外界环境中各种因素所组成。传染病传播途径有以下几种：

(1)空气、飞沫、尘埃。主要见于以呼吸道为进入门户的传染病，如麻疹、百日咳、流行性脑脊髓膜炎等。

(2)水、食物、苍蝇。主要见于以消化道为进入门户的传染病，如霍乱、痢疾、伤寒等。

(3)手、用具、玩具。又称日常生活接触传播，少数的呼吸道传染病(如白喉)，大多数的消化道传染病(如细菌性痢疾等)可经此途径传播。

(4)吸血节肢动物。又称虫媒传播，经蚊、白蛉、虱子、跳蚤、蜱虫、螨虫、恙虫等叮咬后感染，如疟疾、流行性乙型脑炎等。

(5)血液、体液、血制品。常见于乙型肝炎、丙型肝炎、艾滋病等。

(6)土壤、疫水(细菌、病毒等微生物以及寄生虫所污染的，具有传染性的水源)。当病原体的芽孢(即细菌休眠体)(炭疽、破伤风)或幼虫(钩虫)、虫卵(蛔虫)污染土壤或水被尾蚴(吸虫纲有些动物的末期幼虫，如血吸虫)污染时，土壤和疫水便可成为这些疾病的传播途径。

(7)垂直传播。指病原体通过母体传给子代的传播，如风疹、乙型肝炎、艾滋病等均可经胎盘传播而引起胎儿的先天性感染。

根据传播途径的不同，可将传染病隔离方式分为：呼吸道、消化道、接触、昆虫等隔离。切断传播途径是防止传染病流行的重要环节。

(三)易感人群

对某一传染病缺乏特异性免疫力的人称为易感者，易感者在某一特定人群中的比例决定该人群的易感性，易感者的比例在人群中达到一定水平时，如果又有传染源和合适的传播途径，则传染病的流行很容易发生。减少易感人群、提高易感人群的免疫力，使易感人群变为非易感人群是制止传染病发生、流行的极为重要环节。有计划地推行人工自动免疫(即打预防针)可把易感者水平降至最低，就能使流行不再发生。

四、传染病的预防

(一)管理传染源

管理传染源主要是对传染源要注意做到早发现、早诊断、早报告、早隔离、早治疗。甲类传染病(鼠疫和霍乱 2 种，我国传染病防治法列为强制管理的传染病，要求发现后城镇于 6 h、农村于 12 h 内上报国家有关部门)病人和病原携带者，乙类传染病(传染性非典型肺炎、艾滋病、病毒性肝炎、脊髓灰质炎、人感染高致病性禽流感、麻疹、流行性出血热、狂犬病、流行性乙型脑炎、登革热、炭疽、细菌性和阿米巴性痢疾、肺结核、伤寒和副伤寒、流行性脑脊髓膜炎、百日咳、白喉、新生儿破伤风、猩红热、布鲁氏菌病、淋病、梅毒、钩端螺旋体病、血吸虫病、疟疾等 25 种，我国传染病防治法列为严格管理的传染病，要求发现后城镇于 12 h、农村于 24 h 内上报国家有关部门)中艾滋病、肺炭疽病人，必须隔离治疗。如拒绝隔离治疗或隔离期未满擅自脱离隔离治疗的，诊治单位可提请公安部门协助采取强制隔离治疗措施。乙类传染病病人，根据病情可住院隔离或在家中隔离治疗，直至治愈。丙类传染病（流行性感冒、流行性腮腺炎、风疹、急性出血性结膜炎、麻风病、流行性和地方性斑疹伤寒、黑热病、包虫病、丝虫病，除霍乱、细菌性和阿米巴性痢疾、伤寒和副伤寒以外的感染性腹泻病等 10 种，我国传染病防治法列为监测管理的传染病，要求发现后城镇和农村于 24 h 内上报国家有关部门）中流行性麻风病病人必须经临床和微生物学检查证实痊愈才可恢复工作、学习。其他丙类传染病病人在临床治愈后即可工作、学习。对疑似病人应尽早明确诊断。对病原携带者应做好登记并进行管理，定期随访，经 2～3 次病原检验呈阴性时，方可解除管理。对接触者，按具体情况采取检疫、密切临床观察、药物预防和预防接种。对动物传染源，对人类危害大且无经济价值的动物应予以消灭，危害不大且有经济价值的病畜，应予以隔离治疗。

（二）切断传播途径

切断传播途径主要是针对传染源污染的环境所采取的措施。如肠道传染病主要由粪便排出病原体而污染环境，一般采取对污染物品和环境进行消毒的措施；呼吸道传染病主要通过空气污染环境，则通风和空气消毒是非常重要的；而虫媒传染病，重点是杀虫措施。因此，消毒是切断传播途径的重要措施。消毒方法有物理消毒法和化学消毒法两种，可根据不同的传染病采用不同的方法。

（三）保护易感人群

易感人群要注意改善营养、锻炼身体、预防接种。在传染病流行时，可药物预防，也可个人防护，如戴口罩、手套、被套、护腿、应用蚊帐、使用安全套（避孕套）等。

第二节　常见传染病的预防

一、呼吸道传染病的预防

（一）肺结核

1. 概述

肺结核是由结核分枝杆菌引起的一种具有传染性的慢性消耗性疾病。肺结核一般发病缓慢，常有不规则低热、盗汗、疲倦乏力等表现。此外，还有咳嗽、咳痰、胸部隐痛、咯血等。有部分病例可无任何症状或症状轻微而被忽视，通常在胸部 X 线健康检查时才被医生发现。

肺结核是人类疾病中最古老的传染病之一，人类持续几千年与肺结核作斗争，曾一度被控制，但近年有反扑的趋势。我国自 20 世纪 50 年代以来结核病的流行趋势虽有下降，但各地区疫情的控制上不平衡，仍是当前一个突出的公共卫生问题。从国家公布的统计数据（表 5-2-1）看出，近十年来，全国每年平均肺结核发病数仍有 94 万例，平均死亡 2690.5 人。发病数和死亡数始终居乙类传染病发病病种第二位。高校中，肺结核多发，在传染病发病率中仅次于肝炎。世界卫生组织已把结核病与艾滋病、疟疾一起列为人类最主要的健康杀手。

表 5-2-1 我国近十年肺结核传染病发病数、死亡数一览表

年度	2018	2017	2016	2015	2014	2013	2012	2011	2010	2009	平均
发病/万例	111.1	83.5	83.6	86.4	88.9	90.4	95.2	95.3	99.1	107.7	94.12
死亡/人	2236	2823	2465	2280	2240	2576	2662	2840	3000	3783	2690.5

注:数据来源于国家卫生健康委员会疾病预防控制局网址发布的年度全国法定传染病疫情概况。

2.流行病学

(1)传染源。传染源主要是继发性肺结核患者。由于结核分枝杆菌主要是随着痰液排出体外而散播,因而痰里查出结核分枝杆菌的患者才具有传染性,才是传染源。传染性的大小取决于痰内菌量的多少。

(2)传播途径。肺结核主要通过呼吸道传播,也可通过消化道传播。结核分枝杆菌主要通过咳嗽、喷嚏、大笑、大声谈话等方式把含有结核分枝杆菌的微滴排到空气中而传播。咳嗽是肺结核患者排出带菌微滴的主要方式,又是常见症状,因此,飞沫传播是肺结核最重要的传播途径。痰液传播是肺结核传染的重要途径,结核杆菌在痰内经阳光直射,1～2 h就可被杀死,但在阴暗潮湿处可存活数周甚至数月。痰液中的结核杆菌附着于干燥尘埃上,随气流飞扬传播。另外,通过与结核患者共用餐具,进食被结核杆菌污染的食物,可引起传播。经消化道和皮肤等其他途径传播现已罕见。

(3)易感性。影响人群对结核病易感性的因素可分为机体自然抵抗力和特异性抵抗力两大类。影响机体对结核分枝杆菌自然抵抗力的因素除遗传因素外,还包括生活贫困、居住拥挤、营养不良等社会因素。老年人、艾滋病感染者、免疫抑制剂使用者、慢性疾病患者等免疫力低下者,都是结核病的易感人群。特异性抵抗力来自自然或人工感染结核分枝杆菌,山区及农村居民结核分枝杆菌自然感染率低,移居到城市生活后也成为结核病的易感人群。

3.临床症状及体征

(1)全身症状。比局部症状出现的较早,早期很轻微,不易引起注意。全身症状有:①全身不适、倦怠、乏力、不能坚持正常工作,容易烦躁,心悸、食欲减迟、体重减轻、妇女月经失调甚至闭经等。②发热。一般为午后低热(37.4～38 ℃),可持续数周,热型不规则,部分患者伴有脸颊、手心、脚心潮热感。急性血行播散性肺结核、干酪性肺炎、空洞形成或伴有肺部感染时等可表现为高热。③夜间盗汗。夜间盗汗是结核病患者常见的症状,表现为熟睡时出汗,几乎湿透衣服,觉醒后汗止,常发生于体虚患者。

(2)局部症状。局部症状主要由于肺部病灶损害所引起,主要有:①咳嗽、咳痰。早期咳嗽轻微,无痰或有少量黏液痰。病变扩大,有空洞形成时,则痰液呈脓性,量较多。若并发支气管结核则咳嗽加剧;如有支气管狭窄,则有局限性哮鸣。支气管淋巴结核压迫支气管时,可引起呛咳或喘鸣音。②咯血。当结核坏死灶累及肺毛细血管壁时,可出现痰中带血,如累及大血管,可出现量不等的咯血。若空洞内形成的动脉瘤或者支气管动脉破裂,可出现致死性的大咯血。结核性支气管扩张患者可在肺结核痊愈后反复、慢性咯血或痰血。③胸痛。胸痛并不是肺结核的特异性表现,靠近胸膜的病灶与胸膜黏连常可引起钝痛或刺痛,与呼吸关系不明显。肺结核并发结核性胸膜炎会引起较剧烈的胸痛,与呼吸相关。胸痛不一定就是结核活动或进展的标志。

(3)呼吸功能障碍引起的症状。由于肺脏功能储备能力大、代偿性高,轻度的组织损害不会引起气急。当肺组织破坏严重，范围广泛，成并发肺萎缩，肺气肿、广泛胸膜增厚时，代偿功能已经不能满足生理需要，患者首先在体力活动后感到气急。

(4)体征。肺结核患者可能并发身体其他部分的疾病，因此，必须进行全身检查。肺部的体检按视、扪、叩、听的程序进行。肺结核的典型体征改变有患侧呼吸运动减低、触震颤增强、叩诊闻浊音、听诊有支气管肺泡呼吸音和湿性啰音。病灶轻微者体征无明显改变。结核病人，尤其是早期、轻症病人，血常规无明显变化。慢性肺结核病人、老年病人因长期消耗、营养障碍，可有贫血、低白蛋白血症、低钠血症等改变。粟粒性结核病人周围血白细胞总数常偏低，有时还伴有血小板减少，活动性结核病时偶呈白血病样反应。重症肺结核肺组织破坏较重，常伴纤维组织增生、大片胸膜增厚、结核性支气管扩张、肺不张、自发性气胸、咯血、慢性肺源性心脏病、呼吸功能衰竭及肺部继发感染等。

4.治疗

肺结核的治疗以药物治疗为主，原则为:早期、规律、全程、适量、联合。

早期:肺结核病早期，肺内病灶血液供应良好，有利于药物的渗透和分布，同时巨噬细胞活跃，可吞噬大量结核菌，有利于促进组织的修复和有效地杀灭结核菌，所以应尽早发现并给予化学治疗。早期化学治疗有利于迅速发挥早期杀菌作用，促使病变吸收和减少传染性。

规律:按照化疗方案，规律用药可保持相对稳定的血药浓度，以达到持续的杀菌作用。反之，血药浓度不稳定，在低浓度时达不到最低抑菌浓度，反而会诱导细菌的耐药性。因此，必须做到不漏药、不停药。

全程:肺结核患者服用抗结核药物后，短期内症状会显著改善，2 个月左右大部分敏感菌被消灭，但部分非敏感菌和细胞内的结核菌仍然存话，只有坚持用药，才能最终杀灭这部分细菌，达到减少复发的目的。因此，要保证完成治疗方案中规定的疗程。

适量:过量使用抗结核药物，会增加药物的不良反应，用量不足则可诱导耐药产生，因此在化疗过程中必须根据患者的年龄、体重，严格遵照适当的药物剂量。

联合:联合不同机制的抗结核药物，可以利用多种药物的交叉杀菌作用，不仅能提高杀菌灭菌效果，还能防止产生耐药性。

5.预防

控制传染源、切断传播途径、增强免疫力及降低易感性等，是控制结核病流行的基本原则。卡介苗可保护未受感染者，使其受感染后不易发病，即使发病也易治疗痊愈。有效化学药物治疗能使已患病者痰菌较快阴转，但在其阴转之前，需要严格消毒隔离，避免传染。

(1)建立健全防治系统。建立健全各级结核病防治机构，负责组织和实施治、管、防、查系统和全程管理，开展宣传教育，培养群众良好文化生活习惯，培训结核病防治业务技术人员。

(2)控制传染源。控制传染源是控制结核病流行的关键环节。主要是通过肺结核病例的早期发现、早期进行强有效的化学治疗，加强肺结核的化学治疗管理，使排菌的肺结核患者失去传染性，保护健康人群免受结核菌感染。

(3)卡介苗接种。卡介苗是一种无毒牛型结核菌的活菌疫苗，接种后人体获得一定的免疫力，对结核病有一定的特异性抵抗力。卡介苗在预防儿童结核病，特别是那些可能危及儿童生命的严重类型，如结核性脑膜炎、血行播散型结核等方面具有相当的效果，但对成人的保护有限，不足以预防感染和发病。

(4)化学预防。针对感染结核菌并存在发病高危因素的人群进行药物预防，主要对象包括：艾滋病病毒感染者；与新诊断为传染性肺结核有密切接触史且结核菌素试验阳性的幼儿；未接种卡介苗的5岁以下结核菌素试验阳性的儿童；结核菌素试验强阳性且伴有糖尿病或肺硅沉着病（矽肺）者；与传染性肺结核有密切接触的长期使用肾上腺皮质激素和免疫抑制剂的患者。

（二）流行性感冒

1. 概述

流行性感冒（简称流感），是由流感病毒引起的一种急性呼吸道传染病。通过飞沫传播，具有高度传染性。临床特点为起病急、病程短，有高热、头痛、全身酸痛、乏力等显著的全身中毒症状，但呼吸道症状相对较轻。流感病毒是RNA病毒，分为甲型、乙型和丙型。以甲型病毒威胁性最大，可感染人类及不同种类的动物，包括鸟、马、猪及海豚等哺乳动物；乙型及丙型流感病毒则主要是人类流感的致病原。流感病毒对干燥、紫外线照射、乙醚、甲醛等常用消毒剂都很敏感，对高温抵抗力弱，加热到56 ℃，30 min后或100 ℃，1 min即被灭活。耐低温和干燥，真空干燥或－20 ℃下仍可存活。流感病毒易发生变异，常见于甲型。

流感曾经给人类带来过深重的灾难。据资料记载，在1918—1919年期间，一场首发于美国的流感席卷全球，造成全世界约5～10亿人感染（当时全球人口约为17亿），约5000人病死。这次流感灾难是流感流行史上最严重的一次，也是历史上死亡人数最多的一次瘟疫。时至今日，流感依然威胁着人类的健康和生命。根据对国家权威数据统计发现，近十年来，我国平均每年流感发病25.25万例，平均每年因流感死亡33.4人，2018年发病和死亡数有突增趋势（表5-2-2）。

表5-2-2 我国近十年流行性感冒发病数、死亡数一览表

年度	2018	2017	2016	2015	2014	2013	2012	2011	2010	2009	平均
发病/万例	76.8	45.7	30.7	19.6	21.6	13	12.2	6.6	6.5	19.8	25.25
死亡/人	144	41	56	8	43	14	4	4	7	13	33.4

注：数据来源于国家卫生健康委员会疾病预防控制局网址发布的年（月）度全国法定传染病疫情概况。

2. 流行病学

（1）流行特征。流感大多出现于冬季，表现为突然发病，传播迅速，流行广泛，发病率高，流行过程短。丙型流感病毒主要以散发形式出现。乙型流感病毒常引起中等流行或局部地区人群的小流行。甲型流感病毒由于容易发生变异，人体的免疫力对变异了的新病毒完全无效或部分无效，而且在哺乳动物和鸟类中分布广泛，给流感的控制和最终消灭造成了极大的困难，因此危害大，常造成暴发流行或大流行。

（2）传染源。主要是急性期患者和隐性感染者。病人自潜伏期末到发病后3天，从鼻涕、口涎、痰液中排出大量病毒，排毒时间可长达至发病后7天，其中病初2～3天传染性最强。在流行期间，隐性感染和轻型患者人数众多，体内虽有病毒增殖，但无明显症状而不易发现，常继续在人群中从事正常活动，是对公共卫生威胁最大的传染源。

（3）传播途径。空气飞沫传播是主要的传播途径。病毒存在于病人或隐性感染者的呼吸道分泌物中，通过说话、咳嗽或打喷嚏等，以飞沫或气溶胶形式散播于空气中，易感者吸入后即能感染。故流感传染性强，传播速度快，流行广泛。其传播速度和广度与人口密集程度相关。

病毒污染饮食、茶具、食具、毛巾等间接传播的可能性也存在。

(4)易感人群。人群对流感普遍易感,病后虽有一定的免疫力,但不同亚型间无交叉免疫力。病毒变异后,人群重新易感而反复发病。

3. 临床表现

潜伏期一般为1～7天,多为1～3天。

(1)典型流感。通常表现为流感样症状,包括发热、咳嗽、咽痛、咳痰、流涕、鼻塞、头痛、全身酸痛和乏力,全身症状较重而呼吸道症状较轻,部分病例出现呕吐和(或)腹泻。体征主要包括咽部充血和扁桃体肿大。发热多于1～2天内达到高峰,3～4天内热退,但乏力可持续2周以上。

(2)肺炎型流感。主要发生于老年、幼儿或原有较重的基础疾病及采用免疫抑制剂治疗者。初起如典型流感,1～2天后病情迅速加重,出现高热、衰竭、剧咳、血性痰,继之呼吸急促、发绀、双肺满布湿鸣音、X射线检查双肺弥漫性结节性阴影,以近肺门处较多,抗生素治疗无效,病程可长达3～4周,病死率很高,可超过50%。

(3)胃肠型流感。患者多为儿童,以恶心、呕吐、腹泻、腹痛为主要症状,一般2～3天即可恢复。

(4)中毒型流感。一般极少见,主要表现为高热、昏迷,成人常谵语(病中的神志不清、胡言乱语),儿童可出现抽搐,个别患者可由于血管神经系统紊乱或肾上腺出血导致血压下降或休克。

4. 治疗

(1)隔离患者,流行期间对公共场所加强通风和空气消毒。

(2)及早(起病1～2天内)应用抗流感病毒药物,这样才能取得最佳疗效。

(3)加强支持治疗和预防并发症。流感患者应及早卧床休息,多饮水并注意营养,饮食要易于消化。应密切观察和监测并发症,特别是儿童和老年患者更应重视,如出现低氧血症、呼吸衰竭和休克等情况时,应及时给予相应的治疗措施。

(4)谨慎、合理使用对症治疗药物。可供采用的对症治方药物包括解热镇痛药、缓解鼻黏膜充血药物、止咳化痰药物以及中药等,但这些药物只能减轻症状,而无抗流感病毒作用。抗生素只在明确或有充分证据提示有继发细菌感染时方有应用指征。儿童和青少年应忌用阿司匹林或含阿司匹林的药物以及水杨酸制剂,以防出现不良反应。

5. 预防

(1)做好学生晨检工作,及时发现患病学生,及时报告、隔离和治疗患者。

(2)在流行期间应减少大型集会和集体活动,接触者应戴口罩。

(3)一些抗病毒药和中草药对流感有一定效果,在流感流行时可进行应急药物预防。

(4)进行流感疫苗接种。接种后半年至一年左右可预防同型流感的作用,发病率可降低50%～70%,在中、小流行中对重点人群使用。

(5)在流感流行期间,不去人群集中的场所,远离疫点和疫区,不接触患病的病人。

(6)做好居室、教室、会议室及公共场所的通风,出现病人或流行时还要对人群聚集的场所进行空气消毒。

此外,当发生禽类流感疫情时,应尽量减少与禽类的接触。注意饮食卫生,禽类食物要彻底煮熟后方可进食,不生食禽肉和内脏。注意生活用具的消毒处理。若有发热及呼吸道症状时，应戴上口罩，尽快就诊，并必须告诉医生发病前有无外游或与禽类接触史。一旦患病，应在医生的指导下积极治疗和及时用药，多休息，多饮水。

（三）流行性腮腺炎

1. 概述

流行性腮腺炎简称“流腮”，亦称痄腮，俗称“猪头疯”。春季常见，也是儿童和青少年中常见的呼吸道传染病，亦可见于成人。它是由腮腺炎病毒侵犯腮腺引起的急性呼吸传染病，并可侵犯各种腺组织或神经系统及肝、肾、心脏、关节等器官。病人是传染源，飞沫的吸入是主要传播途径，接触病人后2～3周发病。

腮腺炎病毒对紫外线及一般消毒剂敏感，强紫外线下仅存活半分钟，甲醛溶液、30%来苏尔、75%乙醇等接触2～5 min灭活。但此病毒耐寒，在－70～－50 ℃条件下可存活1年以上，在4 ℃时其活力可保持2个月，37 ℃时可保持24 h，55～60 ℃时10～20 min失去活力。

流行性腮腺炎传染性强、传播速度快、控制难度大，季节性集中发病趋势明显，严重危害公众健康。幼儿园、学校、部队等场所人员密集，一旦感染病毒，极易造成群体性暴发。我国近十年来平均每年流行性腮腺炎发病病例29.21万，因该病死亡极少（表5－2－3）。高校学生众多、活动密集，应切实做好预防措施，防范流行性腮腺炎的集中暴发。大学生需学习和了解该病基础知识，以防感染。

表5－2－3　我国近十年流行性腮腺炎发病数、死亡数一览表

年度	2018	2017	2016	2015	2014	2013	2012	2011	2010	2009	平均
发病/万例	26.2	25.3	17.5	18.3	18.8	32.8	48	45.4	29.9	29.9	29.21
死亡/人	1	0	0	0	1	1	0	1	4	1	0.9

注：数据来源于国家卫生健康委员会疾病预防控制局网址发布的年（月）度全国法定传染病疫情概况。

2. 流行病学

（1）传染源。早期患者及隐性感染者均为传染源。患者腮腺肿大前7天至肿大后9天，能从唾液中分离出病毒。有脑膜炎表现者能从脑脊液中分离出病毒，无腮腺肿大的其他器官感染者亦能从唾液和尿中排出病毒。

（2）传播途径。腮腺炎由患者和健康带毒者的唾液或呼吸道分泌液飞沫经空气传播。被患者或健康带毒者唾液污染的食具或玩具，在短期内接触到易感者的口腔亦可引起感染。

（3）人群易感性。人群普遍易感，但主要在儿童和青少年中发生，尤以5～15岁患者较为多见，无免疫力的成人亦可发病。感染后一般可获较持久的免疫力，但个别抗体水平低下者，亦可再次感染。

（4）流行特征。本病为世界性疾病，全年均可发病，但以冬、春季为主。常在幼儿园、学校和部队中暴发。大约每2～7年发生一次流行。

3. 临床表现

潜伏期为14～25天，平均约18天。部分病例有发热、头痛、无力、食欲不振等前驱症状。发病1～2天后出现颧骨或耳部疼痛，然后出现唾液腺肿大，体温上升可达40 ℃。腮腺最常受累，通常一侧腮腺肿大后2～4天又累及对侧，双侧腮腺肿大者约占75%。腮腺肿大是以耳垂为中心，向前、后、下发展，使下颌骨边缘不清。覆盖于腮腺上的皮下软组织，由于水肿使局部皮肤发亮，疼痛明显。因唾液腺管的阻塞，当进食酸性食物促使唾液腺分泌时疼痛加剧。腮腺肿大2～3天达高峰，持续4～5天后逐渐消退。腮腺管口早期常有红肿，颌下腺或舌下腺可以同时受累，有时是单独受累。颌下腺肿大时颈前下颌处明显肿胀，可触及椭圆形腺体。舌下腺肿大时，可见舌下及颈前下颌肿胀，并出现吞咽困难。

成年男性患者常常累及睾丸，成年女性常累及卵巢，儿童常累及脑膜等，引发相应的并发炎症，即睾丸炎、卵巢炎、胰腺炎、脑膜炎。

4. 治疗

(1)发现患病学生、幼儿要及时报告，及时进行隔离。

(2)一般患者不需要特殊治疗。在家注意卧床休息，饮食以流质、清淡、软食为宜，避免酸性食物。注意口腔清洁，直至腮腺肿胀完全消退。必要时可采用中医中药内外兼治，以疏风清热、消毒消肿为主。对于出现的其他一般症状，给予对症处理。

(3)患者出现并发症或感染时要到医院进行治疗。

5. 预防

(1)管理传染源。隔离患者直至腮腺肿完全消退为止。接触者一般不一定检疫，但在幼儿园、学校、部队等应留验3周，对可疑者应立即暂时隔离。

(2)进行腮腺炎减毒活疫苗免疫接种，但不能用于孕妇、先天或获得性免疫低下者以及对鸡蛋白过敏者。

(3)在疾病流行期间，可采取服用中药预防。用板兰根30 g或金银花9 g煎服，每日1剂，连续6天。

(4)对患者要早发现、早报告、早采取隔离措施，对患者居住的环境进行充分通风，如在校学生发病，还要对教室等教学场所进行良好通风，对患者污染的用品、用具进行消毒。

(5)做好学生展晨检工作，及时发现患病学生，及时报告、隔离和治疗患者。

二、肠道传染病的预防

(一)甲型肝炎和戊型肝炎

1. 概述

肝脏是人体最重要的消化、代谢和解毒器官，它不仅参与体内的糖、蛋白质、脂肪、维生素、激素的代谢，还生成和排泄胆汁，帮助消化，同时人体代谢过程中所产生的一些有害废物及外来的毒物、毒素、药物的代谢和分解产物均在肝脏解毒。因此，可以把肝脏形容为人体的一个巨大的“化学加工厂”。

人们口头说的肝炎实为病毒性肝炎。病毒性肝炎是由多种肝炎病毒引起的，以肝损害为主的一组传染病。目前已确定的肝炎病毒有5型，即甲型肝炎病毒(HAV)、乙型肝炎病毒(HBV)、丙型肝炎病毒(HCV))、丁型肝炎病毒(HDV)和戊型肝炎病毒(HEV)。我国国家卫生健康委员会疾病预防控制局发布年度全国法定传染病疫情中还有一类统计，因未明确或被公认类型，称为“未分型肝炎”，发病数与戊型肝炎相当或较多。

甲型肝炎和戊型肝炎主要通过粪—口途径传播，属消化道传染疾病；乙型肝炎、丙型肝炎和丁型肝炎主要通过血液或体液途径传播，属血源性传播疾病。肝炎的临床表现主要为疲乏、食欲减退、腹胀、厌油、恶心、呕吐、黄疸、肝脾大等，伴有肝功能异常。临床类型包括急性肝炎、慢性肝炎、重型肝炎、淤胆型肝炎和肝硬化。甲型和戊型肝炎病毒感染主要表现为急性肝炎，乙型、丙型、丁型肝炎病毒感染主要表现为慢性肝炎，并可发展为肝硬化和肝细胞癌。

甲型肝炎和戊型肝炎都是以肝脏炎症病变为主的急性传染病。两者由不同的病原(即病毒)引起，但传播途径相同，临床表现也相似。甲肝和戊肝都可治愈，一般不发展为慢性肝炎。戊肝的症状比甲肝重，病死率高于甲肝，特别是孕妇感染戊肝后病死率显著升高。

甲型肝炎病毒抵抗力较强，能耐受 56 ℃ 30 min，室温一周，在 25 ℃干粪中能存活 30 天，在贝壳类动物、污水、淡水、海水、泥土中能存活数月。60 ℃ 12 h 部分灭活；煮沸 5 min 全部灭活；紫外线 1 min 灭活；3%的甲醛 25 ℃ 5 min 灭活；70%的乙醇(酒精)25 ℃ 3 min 可部分灭活。

戊肝病毒对外界抵抗力虽然不是很强，但加热至 56 ℃持续 1 h 或用乙醚处理 5 min 均不被破坏，加热至 100 ℃可灭活。

甲肝和戊肝在世界范围流行，一般在发达国家以散发病例为主，发展中国家以流行为主。印度、尼泊尔、印尼、巴基斯坦等都有过戊肝暴发流行。我国是甲肝和戊肝发病率都较高的国家之一。我国新疆地区也曾有过几次戊肝流行，其中一次于 1986—1988 年在南疆地区暴发大流行中夺去了七百余人的生命。通过对国家卫生健康委员会疾病预防控制局分别发布的 2009—2018 年度(2018 年为月度)全国法定传染病疫情统计发现(表 5-2-4)，我国近十年来平均每年甲肝发病数为 2.63 万例，呈逐年递减趋势，戊肝发病数为 2.69 万例，有逐年增加趋势；平均每年死亡甲肝 7.6 人，戊肝 22.1 人，甲肝致死率低。

表 5-2-4 我国近十年甲型、戊型肝炎发病数、死亡数一览表

年度		2018	2017	2016	2015	2014	2013	2012	2011	2010	2009	平均
发病/万例	甲肝	1.67	1.89	2.13	2.27	2.6	2.22	2.45	3.15	3.53	4.38	2.63
	戊肝	2.94	2.90	2.79	2.72	2.7	2.79	2.73	2.92	2.37	2.03	2.69
死亡/人	甲肝	4	4	5	10	8	2	5	13	4	21	7.6
	戊肝	15	21	15	11	15	18	28	39	35	24	22.1

注：数据来源于国家卫生健康委员会疾病预防控制局网址发布的年(月)度全国法定传染病疫情概况。

2. 流行病学

(1)传染源。甲型肝炎的传染源是急性期患者和亚临床型感染者。HAV 病毒血症始于黄疸前 2～3 周，持续至黄疸出现为止，此期血液有传染性。甲型肝炎患者在起病前 2 周和起病后 1 周从粪便中排出 HAV 的量最多，但至起病后 30 天仍有少数患者从粪便中排出 HAV。

戊型肝炎的传染源是戊肝患者和隐性感染者，后者数量远较前者多。另有资料显示，猪、羊、鼠等动物也是戊肝的重要传染源。

(2)传播途径。甲型肝炎病毒通常由粪便排出体外，因此，粪—口途径是甲型肝炎的主要传播途径。污染的水源和食物可导致暴发流行，所以，在人口集中单位如幼儿园、学校、部队易发生甲型肝炎的流行。1998 年中国上海甲肝暴发流行，30 余万人发病，就是由食用污染甲肝病毒的毛蚶引起的。男性同性恋中，肛—口途径是感染甲型肝炎病毒的主要方式。与患者密切接触也可引起传播，但多为散在发病。

戊型肝炎和甲型肝炎相同，粪—口途径是感染戊肝病毒的最常见类型。水源或食物被粪便污染常引起暴发流行。1986—1988 年新疆南疆地区戊型肝炎暴发流行就是由于水源被污染所致。输血传播戊型肝炎的可能性小。

(3)易感人群。人群对甲型肝炎病毒普遍易感,儿童发病率高。6个月以下的婴儿有来自母亲的抗HAV(即抗体)而不易感染,6个月后血清中抗HAV逐渐消失而成为易感者。随着年龄的增长,由于隐性感染,血中检出抗体的人数逐渐增多,易感性也随之下降,故甲型肝炎的发病率也随着年龄增长而下降。甲型肝炎病后免疫一般认为可维持终身。

人群对戊肝病毒普遍易感,青壮年显性感染多见,儿童和老年人多为隐性感染或亚临床感染,孕妇易患戊肝且病情严重。感染戊肝病毒后可产生一定的免疫力。戊肝病毒感染后产生的抗HEV多数在6个月内消失,少数人可持续1年以上。

(4)流行特征。甲型肝炎是世界范围内流行的一种病毒性肝炎,与经济、文化、卫生水平密切相关。亚洲、非洲、南美洲和地中海地区的发展中国家为高流行区,而欧美和澳洲等发达国家和地区流行率低。在我国,抗HAV IgG(两种甲肝抗体之一)的阳性率农村高于城市,西部地区高于东部地区,北方地区高于南方地区。在我国甲型肝炎四季皆可发病,以冬、春季发病率高,儿童发病率高。

戊型肝炎呈世界性分布,多见于亚、非两洲一些发展中国家。在亚洲,南亚是戊肝高度地方性流行地区。水源型流行有明显的季节性,雨季和洪水时流行达高峰。食物性不受季节影响。戊肝可发生在任何年龄,但多见于青壮年。

3.临床表现

甲型肝炎和戊型肝炎的临床表现相似。临床中以疲乏,食欲减退,肝肿大,肝功能异常为主要表现,部分病例出现黄疸,主要表现为急性肝炎,无症状感染者常见。潜伏期甲型肝炎平均约30天(15～45天),戊型肝炎平均约40天(14～70天)。

甲肝和戊肝都是慢性感染,无明显症状的叫亚临床感染、有症状的就是急性肝炎。有黄疸的命名为急性黄疸型肝炎,没有黄疸的命名为急性无黄疸型肝炎。少数患者可表现为急性淤胆型肝炎,偶可引起急性肝衰竭,即重型肝炎。

(1)急性肝炎。分为急性黄疸型肝炎和急性无黄疸型肝炎。甲、乙、丙、丁、戊五型肝炎病毒都可以引起急性肝炎。其中:急性黄疸型肝炎在黄疸前期起病较急,多数患者起病症状与感冒类似,表现为畏寒、发热、咽痛、鼻塞、头痛、四肢酸痛等。急性乙型肝炎患者早期也可有关节疼、皮疹等血清病样症状。这时的主要临床表现是乏力、食欲不振、厌油腻、恶心、呕吐、腹泻、腹胀,伴有肝区痛、尿色加深等,部分患者可出现轻度肝大,并有触痛。这一时期一般持续5～7天。之后即进入黄疸期,类似感冒症状逐渐消退,尿色加深如浓茶色,皮肤、眼睛巩膜出现黄疸,1～3周内黄疸达到高峰。分布患者各可有一过性大便变浅或呈灰白色,伴皮肤瘙痒。肝大,质软,有触痛及叩痛,个别患者出现轻度脾脏变大,这一时期一般持续2～6周后进入恢复期,即各种症状逐渐减轻或消失,肿大的肝、脾回缩,肝功能恢复。恢复期一般持续1～2个月。

急性无黄疸型肝炎发病率远高于急性黄疸型肝炎。临床表现除无黄疸外,其他表现均相同,但一般较急性黄病型肝炎轻。

(2)慢性肝炎。甲肝和戊肝不转成慢性。

4.急性肝炎预警

急性肝炎在黄疸出现后诊断一般没有困难,在黄疸出现前极易误诊为胃炎或上呼吸道感染。无黄疸型肝炎由于不出现黄疸,也非常容易被忽视。当近期出现原本精力旺盛,从不觉疲倦,突感全身无力,精神变差,疲倦想睡或食欲突然下降,也不爱吃平常最爱的肉或油腻食品了，甚至闻了就恶心想吐的症状，就要引起注意并提高警惕。如果上述症状没有其他原因可以解释时，要警觉是否患了肝炎。除了上述症状外，还出现尿色加深呈深黄色时，就要尽快到医院检查肝功能。

5. 治疗

目前尚无特效药针对甲肝和戊肝病毒的治疗，两者都是自限性疾病，治疗原则是休息、适当补充营养、辅助药物治疗。

(1)隔离。由于甲肝和戊肝都是传染性较强的疾病，因此，一旦确诊必须住院并严格隔离3周左右。

(2)休息。黄疸型肝炎急性期应卧床休息，无黄疸型肝炎、无明显症状患者不强调卧床。恢复期可适当活动。

(3)营养。急性期患者应进食清淡、低脂、富含维生素、易消化的食物。恢复期应给与充分的热量及高蛋白饮食。

(4)药物治疗。由于无特效药，药物只能作为辅助治疗，如由于患者无食欲、呕吐等，使人体所需的营养无法保证，因此应给予静脉输液，以保证能量、水分、维生素等的摄入，也可适当给以一定的保肝药物。戊肝孕妇及老年患者容易发生肝衰竭，应早期加强支持保肝治疗。

6. 预防

(1)切断传播途径。养成良好个人卫生习惯和饮食习惯，饭前、便后洗手，不喝生水，不吃不洁瓜果，尤其不能生食或半生食毛蚶、泥蚶、魁蚶等水产品。

(2)控制传染源。因为甲肝和戊肝患者是传染源，因此，要做到“早发现、早报告、早诊断、早隔离、早治疗”。对患者粪便、排泄物、呕吐物严格消毒。

(3)接种疫苗。我国甲肝疫苗多使用减毒活疫苗，接种一次，就可获得良好的免疫力。免疫力一般可持续5～10年，在某些机体可持续25年。我国2012年有了戊肝疫苗，但免疫时间未知。

(二)细菌性痢疾

1. 概述

细菌性痢疾是由志贺菌属引起的急性肠道传染病，是发展中国家常见、多发的传染病。主要临床表现为腹泻、腹痛、里急后重和排黏液脓血便，可伴有发热及全身毒血症症状。病程一般为数日，少数患者病程迁延成为慢性。

志贺菌(又称痢疾杆菌)致病性强，10～100个细菌细胞就可使人发病，多数临床分离的菌株为多重耐药性。痢疾杆菌可在水果、蔬菜中存活10天左右，在牛奶中存活20天，在阴暗潮湿或冰冻条件下存活数周。痢疾杆菌对理化因素敏感，日光照射30 min可被杀灭，加热60 ℃ 15 min即可死亡；对酸和化学消毒剂均敏感，常用消毒剂均能迅速将其杀灭。

痢疾杆菌严重危害着人们的身体健康。据资料显示，1994—1997年我国年报告细菌性痢疾病例在60～85万，发病率居甲乙类传染病之首，病死率为0.04%～0.07%。根据对国家有关部门公布的数据统计发现(表5-2-5)，近十年来，我国细菌性痢疾(含阿米巴痢疾)发病数平均每年17.76万例，死亡平均每年14.5人，呈逐年下降趋势，较上世纪90年代有大幅下降，但仍居乙类法定传染病发病数第四、五位。

表5-2-5 我国近十年细菌性和阿米巴痢疾发病数、死亡数一览表

年度	2018	2017	2016	2015	2014	2013	2012	2011	2010	2009	平均
发病/万例	9.29	10.94	12.33	13.89	15.36	18.87	20.74	23.79	25.22	27.16	17.76
死亡/人	4	2	4	7	4	13	13	24	36	38	14.5

注:数据来源于国家卫生健康委员会疾病预防控制局网址发布的年(月)度全国法定传染病疫情概况。

2. 流行病学

(1)传染源。传染源为病人及病原携带者,其中非典型病人、慢性病人,及病原携带者由于症状轻或无症状而易被忽略,故流行病学的意义更大。

(2)传播途径。通过消化道传播,病原体随病人粪便排出,污染食物、水、生活用品或手,经口使人感染;亦可通过苍蝇污染食物而传播。

(3)易感人群。人群普遍易感,各年龄组均可发病。

(4)流行特征。分布遍及全球,以热带与亚热带地区为高发区,感染率高低与卫生情况及生活习惯有关。全年均可发病,但有明显季节性,夏秋季有利于苍蝇滋生,且人们喜食生冷食物,故夏秋季多发。发病年龄以儿童发病率最高,其次为中青年。

3. 临床表现

细菌性痢疾分为急性菌痢和慢性菌痢。有些急性菌痢发病凶险,称为中毒性菌痢。

(1)急性菌痢。潜伏期数小时至 7 天,一般为 1～3 天。该病起病急,畏寒、发热、腹痛、腹泻,每天排便 5～10 次,多者达 20 余次,粪便不多,多为脓血便或黏液便,腹部轻压痛,便后有里急后重感。有的患者症状轻,可仅有腹泻、黏液便或稀便,叫做急性非典型菌痢。也有的患者先有稀水便,1～2 日后转为脓血便,这种患者早期最易被误诊为肠炎。

急性菌痢及时得到敏感抗菌药物的治疗,1 周左右可以痊愈,一般不留后遗症;但有些病例由于治疗不及时可转为慢性菌痢,给以后的治疗带来一定难度。

(2)慢性菌痢。急性菌痢病程超过 2 个月未愈者就成为慢性菌痢。原因可能为:患者营养不良或免疫力低下;患者原来就有其他胃肠道疾病或肠道寄生虫病;急性期没有治疗或治疗不及时、不彻底;感染了耐药菌株。

慢性痢疾的主要表现是持续或反复的腹泻,时好时发,时轻时重,长期迁延不愈;受凉或进食生冷食物,可引起急性发作,出现腹痛、腹泻和脓血便;还有表现为症状虽然消失,但粪便培养痢疾杆菌阳性或肠黏膜有病变的,称为慢性隐伏型,治疗效果常常不佳。长期腹泻可引起营养不良,如贫血消瘦、对疾病的抵抗力降低。

(3)中毒性菌痢。主要见于 2～7 岁的儿童,成人很少发生。多数起病急,高热,起病时可无明显腹痛、腹泻,常需灌肠或肛拭做粪检,才发现是菌痢。部分病例在急性菌痢发生 1～2 天后转为中毒性菌痢。患儿烦躁不安、嗜睡、昏迷、惊厥,或出现周身循环衰竭和呼吸衰竭,属于急性菌痢凶险型。

4. 治疗原则

(1)急性菌痢患者大多数在发病 1 周左右,症状缓解,约 2 周痊愈。合理的病原治疗加快临床恢复过程。对急性菌痢病人应按消化道隔离至临床症状消失,粪便培养 2 次阴性。采用适宜的对症治疗和抗菌治疗;保证每日足够的水分、电解质及维持酸碱平衡,如严重吐泻引起脱水、酸中毒及电解质紊乱者,则静脉或口服补充液体给予纠正。

(2)慢性菌痢。宜去除诱因,采用全身治疗,如适当锻炼、生活规律及避免过度劳累和紧张，同时积极治疗并存的慢性疾病。对慢性菌痢宜联合应用两种对病原菌有良好抗菌活性的抗菌药物治疗，7～10日为一疗程。停药后多次大便培养未能阴转，可改换药物进行第2个疗程。通常需要1～3个疗程。

(3)中毒型菌痢。除有效的抗菌治疗外，应针对危象及时采用相应的综合措施抢救治疗。

5. 预防原则

应采取以切断传播途径为主的综合措施。

(1)做好学生晨检和因病缺勤病因追查，学校发现学生患细菌性痢疾后要及时报告，及时进行隔离治疗。隔离至临床症状消失、粪便培养2次阴性。

(2)对学校食品经营人员、食堂的从业人员、生活饮用水的供管水人员定期进行健康体检，并加强日常卫生管理，一旦发现可疑患者，及时停止相关的从业。

(3)加强卫生管理，切实做好“三管一灭”工作(管水、管粪、管好饮食、灭苍蝇蟑螂)，对患者的排泄物、呕吐物和污染的物品随时进行消毒处理。对慢性患者和带菌者积极进行有效治疗。

(4)加强宣传教育，让学生养成饭前便后洗手的良好习惯，生吃瓜果蔬菜一定要用清水清洗干净，不喝不安全的生水。

6. 阿米巴痢疾简介

阿米巴痢疾又称肠“阿米巴病”，是由致病性溶组织阿米巴原虫侵入结肠壁后所致的以痢疾症状为主的消化道传染病。病变多在回盲部结肠，易复发变为慢性。慢性患者、恢复期患者及包囊(在环境不利的情况下，某些原生动物可以包囊化，在失去大部分结构后缩成一团，身体外面分泌胶质形成包囊膜，代谢率降低，处于休眠状态，等环境良好时，再脱囊而出。)携带者是本病主要传染源。人的感染途径多为食入被包囊污染的食物和水而引起，亦可通过污染的手、用品、苍蝇、蟑螂等间接经口传播。人群普通易感，感染后不产生免疫力，故易再感染。本病遍及全球，多见于热带与亚热带。中国多见于北方。发病率农村高于城市，男性高于女性，成人多于儿童，大多为散发，偶因水源污染等因素而暴发流行。

(三)感染性腹泻

1. 概述

感染性腹泻是因各种急性、慢性的细菌、病毒、真菌、寄生虫感染引起肠道炎症所致的腹泻。我们通常把除霍乱、细菌性和阿米巴性痢疾、伤寒和副伤寒以外的感染性腹泻，称为感染性腹泻，为狭义上的感染性腹泻。感染性腹泻是《中华人民共和国传染病防治法》中规定的丙类传染病，数据统计中称为“其他感染性腹泻”。引起细菌性腹泻的病原体主要有沙门菌、致病性大肠埃希菌、小肠结肠炎耶尔森菌、空肠弯曲菌等；引起病毒性腹泻的病原体主要有轮状病毒、诺沃克病毒、肠腺病毒等，有些病毒污染水源，常常引起暴发流行；引起腹泻的寄生虫有50余种，如隐孢子虫，它的卵囊具有感染性，只要10～20个活卵囊就可导致感染引起腹泻，蓝氏贾第鞭毛虫也是一种引起腹泻的寄生虫；白色念珠菌是真菌性肠炎的主要病原体，它是人体正常菌群之一，正常人的皮肤、口腔、肠道、肛门、阴道中均可分离出，其感染多发生于营养不良及长时期应用抗生素的患儿，属机会感染菌。

感染性腹泻一直以高发病率和流行广泛为特点，全球高发，发展中国家更甚。感染性腹泻以散发为主，但地区性暴发时有发生。

根据对权威数据统计发现(表5-2-6)，近十年来我国感染性腹泻发病数呈逐年递增趋势，平均每年发病 95.52 万例，死亡平均数为 25.1 人。

表 5－2－6　我国近十年感染性腹泻发病数、死亡数一览表

年度	2018	2017	2016	2015	2014	2013	2012	2011	2010	2009	平均
发病万例	130.3	128.5	101.9	93.8	86.8	101.3	88.6	83.7	74.7	65.6	95.52
死亡人	25	18	14	19	23	20	17	23	43	49	25.1

注：数据来源于国家卫生健康委员会疾病预防控制局网址发布的年（月）度全国法定传染病疫情概况。

2. 流行病学

（1）传染源。患者和带菌者是主要传染源。本组疾病中相当一部分病原体属人兽共患病病原，因此，染病动物或带菌动物也是重要传染源或主要传染源。在动物传染源中，鸡、鸭、牛、羊、猪、猫、狗、鼠、鸟等较为常见。

（2）传播途径。“粪—口”方式是主要传播途径。病原菌随呕吐物及排泄物污染水源、食物、环境，再经口吸入传播；也可通过与感染者或感染动物直接接触传播；或通过鼠、苍蝇、蟑螂带菌污染用具传播；还有些病原体（轮状病毒、诺沃克病毒）可能通过尘埃空气传播。以上各种传播因素既可以是单一地传播，也可以是交错地传播。

（3）易感人群。人群普遍易感，免疫缺陷者更易感染。机体感染病原体后都会产生免疫力，但因本组病原体种类多，型与型以及亚型之间仅有部分或完全没有交叉免疫，有的免疫力不持久，因此可以多次反复感染。

3. 临床表现

潜伏期短的数小时，长的达数天，甚至数周。往往急性起病，仅个别起病较缓慢；临床症状以胃肠道症状最为突出，包括食欲差、恶心、呕吐、腹胀、腹痛和腹泻，腹泻次数从每日 3 次至不计其数，粪便性状异常，呈水样便或黏液、脓血便，可有里急后重伴局部压痛。常伴有畏寒、发热、乏力、头晕、全身不适等表现，病情严重者，因大量丢失水分引起脱水、电解质紊乱，甚至发生休克。病程自数天至 1～2 周不等，常为自限性，少数可复发。不同种类细菌所致腹泻的临床类型不同。

4. 治疗原则

（1）一般治疗和对症治疗。给予易消化、无刺激性饮食，积极补液，对症治疗，尤其注意改善中毒症状及纠正水电解质的平衡失调。

（2）病原治疗。针对引起腹泻的病原体，必要时给予相应的病原治疗。

5. 预防

预防原则以切断传播途径为主，同时加强对传染源管理的综合性防治措施。

（1）切断传播途径是预防和控制腹泻的重要措施，包括养成良好个人卫生习惯，加强饮食、饮水卫生管理，以及对媒介昆虫（如苍蝇等）的控制。处理好污物、污水。

（2）加强传染源管理，对患者进行消化道隔离至症状完全消失。对污染物、污染的环境进行消毒。

（3）免疫接种，保护易感人群。采用预防接种的方法能使急性细菌性腹泻的爆发和流行得到控制。

三、血源性传播疾病的预防

(一)乙型肝炎

1.概述

乙型病毒性肝炎,简称乙肝,是一种常见的传染病,具有传染性强、传播途径复杂、流行面广、发病率高等特点,临床主要表现为乏力、食欲减退、恶心、呕吐、肝区胀痛、肝大及肝功能损坏等。大多急性乙肝患者可以在6个月内得到恢复。急性乙肝容易发展为慢性,少数可发展为肝硬化。

乙型肝炎病毒(HBV)具有较强的抵抗力,能耐受60 ℃ 4 h及一般浓度的消毒剂,−20 ℃可保存20年。但65 ℃ 10 h、煮沸10 min或高压蒸汽均可灭活。对0.2%的苯扎溴铵(新洁尔灭)及0.5%的过氧乙酸敏感。

据原国家卫生计生委(现国家卫生健康委员会)疾控局负责人2015年7月介绍:据估算,我国现有乙肝病毒的携带者大概有9000万,其中有2800万是慢性乙肝病人。经过对国家权威数据统计发现(表5-2-7),近十年来,我国乙肝平均每年发病数为104.24万例,平均每年死亡526.2人。高校中大学生居住生活密集,应严格预防乙肝流行和暴发。

表5-2-7 我国近十年乙型肝炎发病数、死亡数一览表

年度	2018	2017	2016	2015	2014	2013	2012	2011	2010	2009	平均
发病/万例	122.6	100.2	94.2	93.4	93.6	96.3	108.7	109.3	106.1	118	104.24
死亡/人	470	425	405	352	360	550	582	637	689	792	526.2

注:数据来源于国家卫生健康委员会疾病预防控制局网址发布的年(月)度全国法定传染病疫情概况。

2.流行病学

(1)传染源。传染源包括急、慢性患者和病毒携带者。慢性患者和病毒携带者是乙型肝炎的主要传染源。急性乙型肝炎患者在我国少见。成人急性患者的传染期从起病前数周开始,并持续于整个急性期。

(2)传播途径。乙型肝炎病毒主要经血液和体液传播。传播途径主要有血和血制品,性接触传播(通过包括唾液、精液和阴道分泌物的传播感染),母婴传播(包括经胎盘、分娩、哺乳、喂养等方式引起的感染),不洁注射途径(如使用未消毒或消毒不彻底的医疗器械、注射器)等。其中静脉毒品注射是传播乙肝病毒的一个重要途径;其他还有纹身,扎耳环、耳钉,共用剃须刀和牙刷等。日常接触(如一起工作、握手、拥抱、共用餐厅、共用厕所等无血液暴露)一般不会传染乙肝病毒。经吸血昆虫(蚊子、臭虫等)传播尚未被证实。

(3)易感人群。凡抗HBs阴性者均易感(HBs,即乙肝表面抗体,是对乙肝病毒免疫和保护性抗体。它的阳性表明既往感染过乙肝病毒,但已经排除病毒,或者接种过乙肝疫苗,产生了保护性抗体。阴性即表明自身无抗体,所以容易感染乙肝病毒)。婴幼儿期最易感染乙肝病毒。高危人群包括HBsAg阳性(HBsAg,即乙肝表面抗原,是乙肝病毒的外壳蛋白,本身不具有传染性,但它的出现常伴随乙肝病毒的存在,所以它是已感染乙肝病毒的标志。它的出现表明是急性乙肝、慢性乙肝患者或病原携带者,急性乙肝患者大部分可在病程早期转阴,慢性乙肝患者或病毒携带者表面抗原可持续阳性。)母亲的新生儿、HBsAg阳性者的家属、反复输血及血制品者、血液透析患者、多个性伴侣者、静脉药瘾者、接触血液的医务工作者等。感染后或接种乙肝疫苗后出现抗HBs者具有免疫力。

(4)流行特征。乙型肝炎以散发性发病为主。乙肝病毒感染具有明显的家庭聚集现象。中国属于乙型肝炎高度流行区。处于集体生活中的大学生由于生活接触频率较高,容易感染和流行乙型肝炎。

3. 临床表现

乙型肝炎潜伏期为1～6个月,平均3个月。根据临床表现除急性肝炎、慢性肝炎、重型肝炎外,还有淤胆型肝炎、肝炎肝硬化。

(1)急性肝炎(详见甲型肝炎临床表现叙述)。

(2)慢性肝炎。乙型、丙型、丁型肝炎可以迁延不愈而形成慢性肝炎。

慢性肝炎病史超过半年,或原有乙型、丙型、丁型肝炎或HBsAg携带史,本次又因同一病原再次出现肝炎症状、体征及肝功能异常者可以诊断为慢性肝炎。部分患者发病日期不明或虽无肝炎病史,但根据肝组织病理学或体征、化验检查、影像学等综合分析符合慢性肝炎表现者。

根据临床试验和其他临床辅助检查结果,慢性乙型肝炎也可以进一步分为轻、中、重三度。轻度病情较轻,出现疲乏、食欲减退、厌油、恶心、腹胀,肝区不适、肝大、触痛,也可有轻度脾大,肝功能指标轻度异常,肝活性检有轻度肝炎病理改变,病程迁延可达数年。中度是各种肝炎的症状和体征介于轻度和重度之间。重度有明显或持续的肝炎症状,如乏力、食欲减退、厌油腻、恶心、腹胀,肝区不适、尿黄等,伴肝病面容、蜘蛛痣、肝掌,肝大、进行性脾大,肝功能持续异常,血浆白蛋白降低,胆红素升高,肝纤维化指标升高等;或伴有肝外器官损害,自身抗体阳性等特征;甚至可有代偿期肝硬化的临床表现或早期肝硬化的肝活检病理改变。

(3)重型肝炎。重型肝炎是病毒性肝炎中最严重的一种类型,占全部肝炎的0.2%～0.5%,病死率极高。甲、乙、丙、丁、戊5型肝炎病毒感染均可引起重型肝炎。发病诱因多为过度劳累、营养不良、嗜酒、服用损肝药物、妊娠、感染或精神刺激等。重型肝炎分为三种:一是急性重型肝炎,症状是起病10天以内黄疸迅速加深,肝脏迅速缩小,有出血倾向、中毒性鼓肠,腹水迅速增多,有肝臭可并发急性肾功能不全及不同程度的肝性脑病。肝性脑病早期表现为嗜唾、性格改变、烦躁和谵妄,后期表现为不同程度的昏迷、抽搐、锥体束损害体征、脑水肿和脑疝(当发生颅内血肿、严重脑水肿、脑脓肿及肿瘤等占位性病变时,颅内压不断增高达到一定程度时,就会迫使一部分脑组织通过自然孔隙,向压力较低处移位而形成)等。病程不超过3周;二是亚急性重型肝炎,亦称亚急性肝坏死,临床表现为急性黄疸型肝炎起病,病情在10天以上。肝性脑病在此型中多出现于疾病的后期。病程较长,可达数月,容易发展为坏死后肝硬化;三是慢性重型肝炎,亦称慢性肝坏死。表现同亚急件重型肝炎,但有慢性活动性肝炎或肝硬化病史、体征及肝功能损害。

(4)淤胆型肝炎。淤胆型肝炎是以肝内淤胆为主要表现的一种特殊临床类型,又称为毛细胆管炎型肝炎。急性淤胆型肝炎起病类似急性黄疸型肝炎,但自觉症状较轻,黄疸较深,持续3周以上,甚至持续数月或更长。有皮肤瘙痒,大便颜色变浅,肝大,肝功能异常。在慢性肝炎或肝硬化基础上发生上述表现者,为慢性淤胆型肝炎。

(5)肝炎肝硬化。根据肝脏炎症情况分为活动性与静止性两型。活动性肝硬化有慢性肝炎活动的表现,丙氨酸氨基转移酶(ALT)升高,乏力及消化道症状明显,黄疸,清蛋白下降,伴有腹壁、食管静脉曲张,腹水,肝缩小质地变硬,脾进行性增大,门静脉、脾静脉增宽等门静脉高压症表现。静止性肝硬化无肝脏炎症活动的表现,症状轻或无特异性,可行上述体征。

4. 治疗

(1)隔离。急性乙型肝炎绝大多数情况下病症自然消失,无需治疗。但是这个阶段需要注意严格隔离,限制与患者的接触、针对患者排泄及呕吐物进行清理,并在饮食和治疗过程中做到严格消毒。待病症消退后注意个人卫生,以避免病毒传播。

(2)休息。急性乙型肝炎发病时会出现乏力、恶心、呕吐等症状,因此需要注意休息,及时补充水分和养分。

(3)药物治疗。医生根据患者病情决定药物治疗方案。在病情不重的情况下一般仅对病情发展进行监视。在肝脏受损的情况下必须进行治疗。

目前针对乙肝患者或携带者的药物并非直接杀死病毒,而是帮助患者提高自己的免疫系统抵抗力以清除病毒。这些药物在患者身上的效果因人而异,有的能有效控制病情。

5. 预防

(1)控制传染源。慢性乙肝可不定隔离期,对恢复期携带者应定期随访。乙肝表面抗原(HBsAg)阳性者不能献血、不能从事直接接触入口食品和保育的工作,个人应注意日常卫生、经期卫生,牙刷、剃须刀及盥洗用具等应与健康人分开。

(2)切断传播途径。重点在于防止血液和体液的传播。

(3)保护易感人群。接种乙肝疫苗是预防乙肝病毒的最有效方法,我国对新生儿免费接种乙肝疫苗。所有新生儿(尤其是母亲 HBsAg 阳性者)出生后 24 h 内都应立即接种高效价乙肝免疫球蛋白,同时在不同部位注射基因重组乙型肝炎疫苗(注射 3 次),保护率为 85%~95%。

(二)丙型肝炎

1. 概述

丙型病毒性肝炎简称丙型肝炎、丙肝,是由丙型肝炎病毒(HCV)主要通过血液(少数通过密切接触)传播途径所引起的急性肝脏炎症,临床表现与乙肝相似。丙型肝炎呈全球分布,流行性很强。HCV 对有机溶剂敏感,10%~20%的氯仿、甲醛(1∶1000)处理 6 h 及 60 ℃ 10 h 可灭活。煮沸、紫外线等也可使 HCV 灭活。仅人和猩猩对 HCV 易感。统计发现(表 5-2-8),我国近十年来平均每年发病 19.47 万例,死亡 121.4 人。

表 5-2-8 我国近十年丙型肝炎发病数、死亡数一览表

年度	2018	2017	2016	2015	2014	2013	2012	2011	2010	2009	平均
发病/万例	25.1	21.4	20.7	20.8	20.3	20.3	20.2	17.4	15.3	13.2	19.47
死亡/人	115	120	108	95	121	153	108	125	128	141	121.4

注:数据来源于国家卫生健康委员会疾病预防控制局网址发布的年(月)度全国法定传染病疫情概况。

2. 流行病学

(1)传染源。传染源主要为急、慢性患者和 HCV 携带者。其传染性贯穿于整个病程,传染性的大小与病毒复制程度有关。急性患者在起病前 12 天即有传染性。急性丙型肝炎患者 5%以上转为慢性,因而患者是丙型肝炎的主要传染源。由于血中 HCV 浓度很低,故 HCV RNA(是丙型肝炎病毒的遗传物质,是丙型肝炎病毒复制的物质基础;和乙肝病毒一样,可以通过 PCR 技术从血中检测出来。只要一次 HCV RNA 阳性即可说明体内有丙型肝炎病毒复制,但一次检测阴性并不能完全排除丙型肝炎病毒感染)阴性也同样具有传染性。

(2)传播途径。丙肝病毒可以通过血液、性接触和母婴等途径传播。其中,血液传播是丙肝最主要的传播途径,传播方式和乙肝相似。

(3)易感人群。人群普遍易感。血友病患者、血液透析患者、多次输血或血液制品者、吸毒者、同性或异性性乱者及频繁暴露于污染的血液或体液的人员更容易发生感染,是 HCV 的高危人群。

(4)流行特征。丙型肝炎又称为散发性丙型肝炎。不同的基因型地理分布有所不同,世界各地感染率无明显差别。

3. 临床表现

潜伏期为 2 周～6 个月(平均 50 天)。临床表现急性肝炎与甲肝急性肝炎相同,慢性肝炎、重型肝炎、淤胆型肝炎、肝炎肝硬化与乙肝同。

4. 治疗

“早检查、早诊断、早治疗”可提高丙肝的治愈率。急性丙型肝炎干扰素抗病毒效果好,90%的患者可获得完全应答而彻底痊愈;慢性丙肝病情相对较乙型肝炎为轻,经标准抗病毒方案治疗,有机会清除病毒获得痊愈。临床治疗丙肝与乙肝基本相同,以干扰素或联合病毒唑治疗疗效较好。

5. 预防

丙肝预防措施基本与乙肝同。

四、动物性传染病的预防

(一)流行性出血热

1. 概述

流行性出血热(EHF)属于病毒性出血热中的肾综合征出血热(HFRS)的一种,在我国及日本称为流行性出血热,1982 年世界卫生组织(WHO)将此类疾病统一命名为肾综合征出血热。

本病为自然疫源性疾病,病原为病毒,传染源主要为鼠类啮齿动物,临床以发热、出血、休克和急性肾衰竭为主要表现。本病病毒属于布尼亚病毒科汉坦病毒属。汉坦病毒不耐热,不耐酸,37 ℃以上和 pH 5.0 以下易灭活,56 ℃ 30 min 和 100 ℃ 1 min 可灭活。对紫外线和脂溶剂如酒精、碘酒和戊二醛等消毒剂敏感。病毒在低温条件下(4～20 ℃)相对稳定,故在低温或超低温保存,病毒活性良好。

在我国疫情分布广,发病率和病死率较高,近十年平均每年发病 1.1 万例,死亡 90.7 人(表 5-2-9),对群众的健康威胁较大。

表 5-2-9　我国近十年流行性出血热发病数、死亡数一览表

年度	2018	2017	2016	2015	2014	2013	2012	2011	2010	2009	平均
发病/万例	1.25	1.13	0.89	1.03	1.15	1.28	1.33	1.08	0.95	0.87	1.1
死亡人	100	64	48	62	79	109	104	119	118	104	90.7

注:数据来源于国家卫生健康委员会疾病预防控制局网址发布的年(月)度全国法定传染病疫情概况。

2. 流行病学

(1)传染源和宿主动物。本病属动物源性传染病,小型啮齿动物为本病主要贮存宿主和传染源。我国已查明有60种脊椎动物和11种节肢动物携带病毒,主要的宿主动物和传染源为黑线姬鼠、褐家鼠,带病毒率较高的还有黄胸鼠、小家鼠、黄毛鼠和大仓鼠等。野鼠型的宿主动物为黑线姬鼠;家鼠型的宿主动物为褐家鼠;一般来说,野鼠型出血热重者较多,家鼠型出血热病情相对较轻。家畜、家禽中也存在出血热病毒感染或自然带毒,从猫、犬、家兔、牛、羊中可分离出病毒。患者不是主要的传染源。

(2)传播途径。本病往往流行于春夏间及秋冬间干燥季节,鼠的排泄物污染尘埃,干燥后飘散中空气中,人吸入后由呼吸道感染;被鼠类排泄物污染的食物可经人的口腔黏膜和胃肠黏膜感染;易通过破损伤口感染;属体外和窝巢内的革螨等虫媒也可能传播病毒;孕妇患病可以经胎盘传给胎儿,使胎儿感染。

(3)易感人群。人群对本病毒普遍易感,但感染后一部分人发病,另一部分人群为隐性感染。本病痊愈后可获得稳固持久的免疫力,基本上不存在二次感染发病。一般显性感染病后产生的抗体可持续20～30年。在流行区人群的隐性感染率可达3.5%～4.3%。

(4)流行特点。目前已发现本病遍布世界各地。我国除新疆、青海、宁夏、西藏外,其他各地均证实有本病发生或流行。发病有明显季节性,野鼠型的发病季节高峰从10月到来年1月。家鼠型的发病季节高峰在春夏之间。

3.临床表现

起病潜伏期最短4天,最长60天,通常为7～14天。起病急,发热,体温急剧上升,多在39 ℃以上,一般3～7天热退。热退后,其他症状反而加重。全身中毒症状为头痛、眼眶痛、腰痛、全身酸痛,多有明显的消化道症状,如食欲减退、恶心、呕吐、腹泻、腹痛等。毛细血管损伤征象为面、颈部、上胸部皮肤充血潮红,眼结膜充血水肿,眼睑、面部水肿,呈酒醉样;肾区有叩击痛;软腭(位于腭的后1/3,其基础是横纹肌,表面为黏膜被覆)呈网状充血及点状出血;腋下皮肤有细小出血点;束臂试验多呈阳件。典型患者具备发热、低血压(休克)、少尿、多尿和恢复五期经过。

4.治疗

流行性出血热总的治疗原则是针对病程各期的病理生理改变及发展趋向,采取预防性及综合性治疗措施,重点抓好“三早一就”(早发现、早休息、早治疗和就近在有条件的地方治疗),把好“三关”(休克、出血及肾衰竭关),特别应早期抓好抗病毒治疗及液体疗法。对重症患者要抓紧进行抗休克、预防出血及肾衰的治疗。患者出院后,根据病情及尿比重恢复情况,休息1～3个月。重症及严重衰弱者,适当延长休息时间。

5.预防

预防该病的根本措施是灭鼠。资料显示,鼠密度(单位空间(面积、夹次、体积等)内的鼠数或洞数)在5%以下,可控制出血热流行;鼠密度在1%左右,就能控制出血热发病。因此,在疫区应大面积投放鼠药,采取各种办法开展灭鼠活动,将鼠的密度控制在1%～2%以下;搞好环境卫生和室内卫生,清除垃圾,消灭老鼠的栖息场所;做好食品保管工作,严防鼠类污染食物;做好个人防护,切忌玩鼠,死亡的老鼠要烧掉或埋掉;不要在野外草地休息。

(1)流行病学监测和观察。①人类疫情监测包括及时掌握疫情,分析疫情动态和发展趋势,为及时采取预防措施提供依据,疫情登记要详细,必要时应进行个案调查和采血检查抗体,以核实疫情。②鼠类疫情监测。逐渐查清疫区和非疫区宿主动物的种类、分布、密度和带毒率。并进行宿主动物带毒率的动态调查,监测地区包括重要城市、港口和交通要道等。监测时间应在本病高峰前进行。监测对象和数量为家鼠、野鼠各 100 只以上,实验用大白鼠等也要定期检查。

进入出血热流行区或可能有本病存在的地区行军、野营、训练、施工、农垦时,事先应进行流行病学侦察,了解当地环境、疫情和鼠情。进驻前,采取毒杀等方法灭鼠,将鼠密度控制在 3%以至 1%以下;必要时,在驻地周围挖防鼠沟。

(2)灭鼠防鼠。灭鼠以药物毒杀为主,应在鼠类繁殖季节(3～5 月)与本病流行季节前进行。采用毒鼠、捕鼠、堵鼠洞等综合措施,组织几次大面积的灭鼠。灭鼠要注意安全,特别是药物灭鼠,要保障人和畜禽的安全。同时要注意防鼠工作,新建改建住宅必须符合防鼠要求。结合农田水利建设和通过反复的爱国卫生运动,搞好环境卫生,清除鼠类滋生、栖息和活动场所,防止鼠类的繁殖。并加强防鼠设施建设和管理,防鼠侵入和污染食物。

(二)狂犬病

1. 概述

狂犬病又名恐水症,是由狂犬病毒引起的一种人畜共患的中枢神经系统急性传染病。人狂犬病通常由病兽(多见于狗、狼、猫、狐等家养或野生动物)咬伤,病毒随唾液进入人体。临床主要表现为特有的恐水、怕风、恐惧不安、流涎、咽喉肌痉挛、进行性瘫痪等而危及生命,病死率几乎达 100%。

狂犬病毒属于弹状病毒科狂犬病毒属,为一种闭合的单股 RNA 病毒。它在 pH 3.0～11.0 稳定,在－70 ℃或冻干 0～4 ℃可存活多年,但对理化因子抵抗力差,强酸、强碱、甲醛、乙醚、乙醇、季胺类化合物、干燥、日光、紫外线、X 线能迅速灭活狂犬病毒,肥皂水也有灭活作用。加热 100 ℃ 2 mim 也能灭活病毒。

据世界卫生组织公布,狂犬病主要发生在发展中国家,尤以东南亚、中非、北非、南美及欧洲等地发病率高。全球每年死于狂犬病的患者有 3～7 万人。我国狂犬病流行较为严重,发病数居世界前列,仅次于印度。我国自 20 世纪 50 年代以来,多次发生狂犬病流行,其中最高峰一次出现在 20 世纪 80 年代初期,1981 年全国狂犬病报告死亡 7037 人,为中华人民共和国成立以来报告死亡数最高的年份。整个 80 年代全国狂犬病报告死亡数每年都维持在 4000 人以上,年均 5537 人。此次狂犬病流行高峰期后,由于对犬实行免疫和扑杀等措施,疫情逐渐减少,逐步得到有效控制,1996 年全国仅报告发病 159 例。但是,自 1997 年起,随着犬养殖数量增加,全国部分省份狂犬病发病呈逐年上升趋势。进入本世纪后,部分地区疫情上升十分明显,发病和死亡人数不断增多。2006 年 1 月至 8 月,全国共 21 个省份有狂犬病发病报告,共报告病例 1874 例,其中 1735 例已死亡。与 2005 年同期相比,发病数增加了 29.2%,远高于 2003 年的 SARS 和 2005 年的禽流感与猪链球菌病的感染死亡人数,长期居我国甲、乙类法定传染病死亡率之首。通过对近十年权威数据统计发现(表 5－2－10),自 2009 年以来的十年间,我国平均每年狂犬病发病 1210.3 例,共发病 12103 例;共死亡 11631 人,年均 1163.1 人;死亡率在 91.93%～98.34%之间,平均死亡率 95.51%,死亡率继续居所有国家法定传染病死亡率之首,比甲类传染病鼠疫死亡率高两倍。

造成近些年狂犬病疫情上升的原因主要是近年来全国范围内养犬数量暴增,其中以城市的宠物犬、农村的看家犬等明显增加,城市小区、公园、广场、街道上宠物犬随处可见,甚至聚团,农村巷道、田间、院落也是狗满为患。养犬数量的剧增增加了狂犬病疫情发生的可能性。

另外，对犬的管理工作相对滞后或管理不到位，加之养犬人不自觉、低素质甚至有意逃避和存在侥幸心理，致使狂犬病疫苗免疫接种率不高。

表5-2-10 我国近十年狂犬病发病数、死亡数一览表

年度	2018	2017	2016	2015	2014	2013	2012	2011	2010	2009	平均
发病/例	443	516	644	801	924	1172	1425	1917	2048	2213	1210.3
死亡/人	426	502	592	744	854	1128	1361	1879	2014	2131	1163.1
死亡率/%	96.16	97.29	91.93	92.88	92.42	96.25	95.51	98.02	98.34	96.29	95.51

注：数据来源于国家卫生健康委员会疾病预防控制局网址发布的年(月)度全国法定传染病疫情概况。

2.流行病学

(1)传染源。在自然界中，犬科动物对狂犬病最为易感，常成为人、畜狂犬病的传染源和病毒的贮存宿主，在犬之间可以互相传播，也可传染给其他家畜和人，许多食肉野生动物感染后便可成为贮存宿主和媒介。在发展中国家由于人类免疫接种强化不足，病犬是人畜狂犬病的主要传染源，94%因狂犬病致死的病例与犬狂犬病相关，其次为猫科动物；发达国家由于有效实行犬类、狐类免疫措施，以及暴露后迅速而可靠的疫苗使用，人及动物狂犬病明显减少，人类狂犬病的传染源转为野生动物，如狼、狐、獾、浣熊和吸血蝙蝠等。动物感染狂犬病的病毒后可成为长久的传染源，如臭鼹、狼、猫等；或成为短期狂犬病毒携带者，如蝙蝠、浣熊、狐类等。近年来有报道无症状犬、猫咬伤人后，引起人发病。人狂犬病主要来源于犬狂犬病，有80%～90%的人狂犬病仍由疯犬咬伤所引起，而少数病例来自野生动物。另外，据资料显示，还有我们不熟悉的动物如猫鼬、伶鼬、貂、等也可引起狂犬病，鸟类得狂犬病也能袭击人类，鹿和象感染狂犬病毒也可咬伤人类传播狂犬病毒。一般来说，狂犬病患者不是传染源，不形成人与人传播，这是因为人唾液中病毒数量相当少。但这并不等于绝对不引起传染，我国1982年曾报道过1例经口对口呼吸引起感染狂犬病患者死亡的报告，欧美国家也有人与人传播的类似报告。

(2)传播途径。狂犬病毒主要通过咬伤传播，也可由带病毒犬的唾液，经各种伤口侵入，少数可在宰杀病犬、剥皮、切割等过程中被感染；蝙蝠群居洞穴中的含病毒气溶胶也可经呼吸道传播；有报告称角膜移植可传播狂犬病。

(3)易感人群。自然界中几乎所有温血动物对狂犬病病毒均敏感而易患，人对病毒普遍易感，患者男多于女，发病以青少年较多。人被病犬咬后发病率为15%～30%，被病狼咬伤后为50%～60%。是否发病除与疫苗注射情况(是否及时、全程和足量)及疫苗的质量有关外，还与是否彻底清创、伤口与神经中枢的距离、伤口的深浅和多少有关。咬伤头面部、上肢、背部及伤口面积大而深，或多处受伤，未能及时、彻底清创者易发病。野生动物咬伤与犬咬伤相比，野生动物咬伤致病者潜伏期短、临床表现重、进展快及病情更凶险。儿童由于易感性强、自我保护能力差，被咬伤机会较多，潜伏期较短。

(4)流行特征。在人群中流行季节不明显，全年均可发生，某些地区春秋两季高发，可能与春季犬性情不稳定及秋季与人接触机会多有关。发病以农村男性儿童多见。

3.临床表现

潜伏期长短不一，5天～19年或更长，一般为1～3个月。典型临床经过分为3期。

(1)前驱期。常有低热、倦怠、头痛、恶心、全身不适、乏力、腹痛、腹泻及喉部疼痛等，还可出现烦躁、淡漠、幻觉、行为改变以及精力不集中等，也有夸张性情感，面部表情过多，时扮鬼脸。继而恐惧不安，烦躁失眠，对声、光、风等刺激敏感而有喉头紧缩感。在愈合的伤口及其神经支配区有痒、痛、麻及蚁行等异样感觉。本期持续2～4天。

(2)兴奋期。表现为高度兴奋，突出为极度恐怖表情、恐水、怕风，体温常升高至38～40 ℃。恐水为本病的特征，50%～70%的患者有恐水表现。典型患者虽渴极但不敢饮，表情十分痛苦。见水、闻流水声、饮水或仅提及饮水时均可引起咽喉肌严重痉挛。外界多种刺激如风、光、声也可引起咽肌痉挛。常因声带痉挛伴声嘶、说话吐词不清、甚至失声。患者交感神经功能常呈亢进，表现为大量流涎，乱吐唾液，大汗淋漓，心率加快，血压上升，但病人神志多清晰。少数患者可出现精神失常，幻视幻听、冲撞嚎叫等。也可出现幻觉、惊厥、局限性瘫痪以及脑膜刺激征。严重发作时可出现全身肌肉阵发性抽搐，以致角弓反张(身体呈背弓姿势)，因呼吸肌痉挛致呼吸困难和发绀。患者大多神志清楚。脑干和脑神经功能障碍可出现复视、面瘫和吞咽困难。括约肌功能障碍可出现排尿、排便困难。病程进展往往很快，多在发作中死于呼吸衰竭或循环衰竭。本期约1～3天。

(3)麻痹期。患者肌肉痉挛减少或停止，暂趋安静，有时可勉强饮水吞食，反应减弱或消失，进入全身弛缓性瘫痪，多见于四肢。眼肌、颜面部及咀嚼肌瘫痪，表现为斜视、眼球运动失调、瞳孔散大等。患者由安静进入昏迷状态。最后因呼吸、循环衰竭死亡。该期持续时间较短，一般6～18 h。

本病全病程一般不超过6天。除上述狂躁型表现外，还有以脊髓或延髓受损为主的麻痹型，该型患者无兴奋期和典型的恐水表现，常见高热、头痛、呕吐、腱反射消失和尿失禁，肢体软弱无力常自被咬肢体向四肢蔓延，呈横断性脊髓炎或上行性麻痹，呼吸肌麻痹、延髓性麻痹是主要的死亡原因，病程10～20天。

4. 治疗

狂犬病的治疗应在被咬伤(抓伤)后发病前立即开始。

(1)对被咬人的处理。立即用肥皂水和清水冲洗被咬伤口，然后用40%～70%的酒精或氯胺苯清洗，注意不要缝合伤口。局部使用高价抗狂犬病毒免疫血清，最好应用人免疫血清，一半注射于伤口周围，另一半肌注。尽快开始疫苗的全程注射。

(2)对病人的治疗。将病人严格隔离于较安静、光线较暗的单人病房，避免不必要的刺激。病人分泌物、排泄物严格消毒处理。加强对呼吸、循环等系统并发症的监护。对症处理，补充水、电解质及热量，纠正酸碱平衡失调；对烦躁不安、痉挛者轮流使用各种镇静剂。脑水肿者给脱水剂，防止呼吸肌痉挛导致窒息，必要时切开气管给氧。有心动过速、心律失常、血压升高时可用β受体阻滞剂或强心剂。

5. 预防

本病是一种不可逆的、高度致死性的传染病，缺乏特效治疗，病死率几近100%，故应预防动物传染源的发生，并只能通过接种疫苗来预防。

(1)管理传染源。以犬的管理为主。通过捕杀野犬、管理和免疫家犬，以及对进口动物检疫等措施，以达到消灭或基本消灭人狂犬病。病死动物应予以焚毁或深埋，不可剥皮。在此处应警惕，当今时代网络购物渠道发达，加之我国人民生活安逸舒适，不少人开始追求饲养各种宠物，宠物千奇百怪，除传统宠物犬、猫、鸟、鱼外，如今有猪、兔、鼠、龟、虫等，甚至还有蛇、蟒、蜥、鳄、蜥、蛛、蛙、狐、蝎、蜂等，种类繁多，而且每一种又有诸多品种，其中，尤以犬的养殖为最甚，数量难以统计，仅在某宠物销售网店可以选购的犬就有七八十个品种。这些宠物来自全世界各个国家，有的来源渠道合法，经过了进口检疫，有的来源渠道非法，没有经过检疫，难免携带病毒，也难免管理缺失，如此众多的宠物给狂犬病流行埋下了隐患。

(2)伤口处理。一旦被犬特别是可疑犬咬伤后，应尽快(2 h 内)用 20%肥皂水或 0.1%新洁尔灭(季胺类消毒液)反复冲洗至少 0.5 h 以上(季胺类与肥皂水不可合用)，力求去除狗涎，挤出污血，再用大量清水冲洗。冲洗后，用 5%碘酒或 75%酒精反复涂擦。伤口一般不予缝合或包扎，以便引流。如有免疫血清或抗狂犬病免疫球蛋白可注入伤口底部及周围行局部浸润注射。伤口如能及时彻底清洗消毒，则可明显降低其发病率。此外，还应加用破伤风抗毒素(TAT)及预防细菌感染。

(3)预防接种。疫苗接种对象是暴露前预防的高危人群，主要包括兽医、动物管理人员、从事狂犬病毒研究的实验人员、宠犬者及野外工作者等。除此外，在以犬为主要媒介的狂犬病重流行区的人，特别是儿童，也应做暴露前预防，主要是防止潜伏期短的患者发病后疫苗接种失败。免疫方案为第 0、7、28 天各注射一剂量疫苗，1 年后加强 1 次，然后每隔 1～3 年加强 1 次。暴露后预防人群包括凡被犬或其他可疑动物咬伤、抓伤者，或医务人员破损的皮肤被狂犬病患者的唾液沾污者。另外，凡咬伤严重、有多处伤口者，或头、面、颈和手指被咬伤者，在接种疫苗的同时还应当注射免疫血清。暴露后疫苗预防接种共接种 5 次，每次一个免疫剂量，三角肌处注射，于 0、3、7、14、30 和 90 日(最后一剂非强制)进行。严重咬伤者，全程注射 10 针，于当日至第 6 日每日 1 针，随后于 10、14、30、90 日各注射 1 针。

(4)免疫血清的应用。咬伤严重或伤口在头面部、颈部等紧靠中枢神经系统部位的患者，在当天还应注射抗狂犬病马血清或人抗狂犬病免疫球蛋白，以后者为佳。

总之，注射狂犬疫苗和免疫血清要及时、全程、足量，注射时间距咬伤时间越早，预防效果越好。

五、寄生虫病的预防

(一)包虫病

1. 概述

包虫病是人类感染棘球绦虫的幼虫所致的疾病，故又称棘球蚴病，是一种人畜共患病。在人类绦虫病中，本病的危害最为严重。

世界共有四个致病虫种：细粒棘球绦虫、多房棘球绦虫、少节棘球绦虫和福氏棘球绦虫。我国有两种，即细粒棘球绦虫的幼虫寄生而引起的囊型包虫病和多房棘球绦虫的幼虫寄生而引起的泡型包虫病，其中囊型包虫病约占 95%。包虫病呈世界性分布，以牧区最为常见。本病是动物源性疾病，不仅危害人体健康，对家畜危害也很大，尤以绵羊的感染率较高。严重者使肉、毛、油、乳等畜产品减产，造成畜牧经济的巨大损失。我国已有 22 个省、市、自治区存在当地感染的囊型包虫病例。泡型包虫病主要分布在青海、宁夏、甘肃、四川及新疆、陕西等地，西藏、黑龙江也有病例报告。现代医学认为本病是由人误食寄生于狗、狼等动物小肠内的棘球绦虫成虫排出的虫卵引起，虫卵经口在胃及十二指肠内经胃酸作用，六钩蚴脱壳逸出，钻入肠壁，进入肠系膜小静脉而到达门脉系统，并在肝脏形成病灶(棘球蚴)。

我国包虫病发病数近年来呈递增趋势，自 2009 年至 2018 年十年中，平均每年发病数 3722.4 例，死亡极少(表 5-2-11)。

表 5-2-11 我国近十年包虫病发病数、死亡数一览表

年度	2018	2017	2016	2015	2014	2013	2012	2011	2010	2009	平均
发病/例	5006	5485	4777	3418	3363	3841	3234	2909	2515	2676	3722.4
死亡/人	0	0	2	1	0	1	1	0	2	0	0.7

注:数据来源于国家卫生健康委员会疾病预防控制局网址发布的年(月)度全国法定传染病疫情概况。

2. 流行病学

(1)传染源。狗是主要传染源。在重流行区,狗的感染率一般为30%～50%,狼、狐等主要是野生动物中间的传染源。狗由于吞食绵羊食包虫囊的内脏而感染,其肠内寄生虫数可达数百至数千条,其妊娠节片具有活动能力,可附着在皮毛上,故与其密切接触特别容易被感染。

(2)传播途径。直接感染是由于人与狗密切接触,其皮毛上虫卵污染手指后经口感染。狗粪中虫卵污染蔬菜或水源,也可造成间接感染。在干燥多风地区虫卵随风播散,也有经呼吸道感染的可能。在畜牧地区,绵羊是主要中间宿主,感染率一般为50%左右。

(3)易感人群。人群感染主要与环境卫生及不良饮食卫生习惯有关。患者以牧民与农民为多,少数民族较汉族为多。大多数在儿童期感染,至青壮年期才出现明显症状。男女发病率一般无明显差别。成人患者肝包虫囊大多含子囊,儿童90%以上不含子囊,主要与虫龄有关。

3. 临床表现

细粒棘球蚴病的潜伏期一般在10～20年或以上。临床症状的轻重取决于棘球蚴寄生的部位、囊肿大小及有无并发症。

(1)肝棘球蚴病:最常见,肝右叶占80%～85%,因棘球蚴囊肿常接近肝表面,其主要症状是上腹部不适、胀满可触及无痛性边缘清楚的囊性包块。若囊肿较大时,肝区出现牵扯性隐痛,有波动感或包虫震颤,巨大囊肿可压迫邻近器官。若位于肝门附近,可压迫胆总管与门静脉引起梗阻性黄疸和门脉高压、脾大、腹水及食管静脉曲张等。若位于肝顶部可使膈肌升高且运动受限,引起反应性肺不张及胸腔积液。肝左叶棘球蚴病的症状、体征出现早且显著。

(2)肺棘球蚴病:以右肺下叶居多。因肺组织疏松,棘球蚴生长较快,早期可无自觉症状,在胸部X线透视时发现。随肺棘球蚴囊肿逐渐长大,可出现胸部持续性病、咳嗽、痰中带血,偶可发生大咯血。胸部检查在病变区语颤减弱,叩诊呈浊音,听诊呼吸音减弱。肺棘球蚴囊破裂后引起刺激性咳嗽和呼吸困难,若大量囊液溢出可引起窒息或因引流不畅而继发细菌感染。偶可破入胸腔则发生胸痛、胸腔积液并可有发热及过敏反应。

(3)脑棘球蚴病:发病率在1%左右,儿童多见。好发于大脑顶叶,多伴有肝与肺蚴病。主要症状为头痛、癫痫、失明及颅内压增高等。脑CT显示大的囊性阴影,有定位诊断价值。

此外,偶见心包、脾、肾、骨髓等处棘球蚴病,可引起压迫症状。几乎都伴有肝或肺棘球蚴病。

4. 治疗

治疗主要是手术切除,无特效药物。目前有甲苯米唑及丙硫苯唑,有使生发层和原头蚴退化变质的作用,临床上能看到一些疗效,症状有所改善,部分囊肿停止增长或缩小。还有吡喹酮,临床效果不明显,或可在术前应用以减少术后复发。目前药物疗法仅用于多发囊肿无法手术的患者。肺包虫囊肿一般呈进行性生长,能“自愈”的极少,绝大多数迟早将因囊内压力增加而破裂,产生严重并发症,因此要及时确诊并进行手术。

5.预防

要加强宣传教育,注意加强犬、羊等动物的管理,对已患病的狗,应予治疗或杀灭。将患该病死亡的羊、牛等尸体深埋或焚毁,以防止被狗吞食。严格肉食检查,对于不合格的肉食要焚毁,不能喂狗。此外还要防狗粪污染食物。

(二)血吸虫病

1.概述

血吸虫病俗称“大肚子病”,是由于人或牛、羊、猪等哺乳动物感染了血吸虫所引起的一种传染病和寄生虫病。它是由疫水中的血吸虫尾蚴经皮肤或黏膜侵入人体所引起的一种严重危害人类健康的寄生虫病。血吸虫病的宿主钉螺一般生活在草滩、池塘、沟渠等野外多水区域,人们如果接触了野外不明水域的水,血吸虫的幼虫尾蚴就容易进入人体,造成感染而患病。血吸虫的学名是裂体吸虫,寄生人体的重要虫种有日本血吸虫、曼氏血吸虫、埃及血吸虫及湄公血吸虫等。中国仅有日本血吸虫,其雌雄异体。血吸虫广泛分布于亚洲、非洲和拉丁美洲的70多个国家和地区。血吸虫病是我国法定乙类传染病,我国是世界上血吸虫病流行最为严重的四个国家(埃及、苏丹、中国、巴西)之一,主要流行于安徽、江苏、江西、四川、湖南、湖北、云南。自2009—2018年数据统计发现(表5-2-12),近十年来,我国平均每年血吸虫病发病0.66万例,死亡极少,并呈逐年减少趋势,偶在2015年突增。

表5-2-12 我国近十年血吸虫病发病数、死亡数一览表

年度	2018	2017	2016	2015	2014	2013	2012	2011	2010	2009	平均
发病/万例	0.05	0.12	0.29	3.41	0.42	0.57	0.48	0.45	0.43	0.35	0.657
死亡/人	0	0	0	0	0	1	4	2	0	2	0.9

注:数据来源于国家卫生健康委员会疾病预防控制局网址发布的年(月)度全国法定传染病疫情概况。

2.流行病学

(1)传染源。包括患者和保虫宿主。保虫宿主种类较多,主要有病畜牛、猪、羊等以及野生哺乳动物褐家鼠、野兔、野猪等。传染源视流行地区而异,在水网地区以患者为主,在湖沼地区除患者外,感染的牛与猪也是重要传染源,而山丘地区野生动物是本病的传染源。

(2)传播途径。造成传播必须具备三个条件:含有虫卵的粪便入水,钉螺的存在和滋生,人体接触疫水。

粪便:患者的粪便可以各种方式污染水源,如在河中刷洗粪桶,施粪肥、水域近旁设置粪缸或厕所,人与牲畜带有虫卵的粪便直接污染水源,病畜的粪便还可污染环境。

钉螺滋生:钉螺是日本血吸虫唯一的中间宿主,为水陆两栖,可异地迁移扩散(随水草、牛蹄及草滩上附着等方式),还可越冬。钉螺适宜在草丛、沙滩、潮湿地区生存。钉螺感染的阳性率以秋季为高。

接触疫水:本病感染方式为人与疫水密切接触,如下田耕作、割湖草、游泳、捕鱼、洗浴等。

(3)易感人群。人普遍易感,患者以农民、渔民为多,这与经常接触疫水有关。男比女多。5岁以下儿童感染率低。感染率随年龄增加而升高,10～20岁组为最高。夏秋季为感染高峰。感染后有一定免疫力。患行区无免疫力的人,感染大量血吸虫尾蚴则易发生急性血吸虫病。集体感染后呈爆发流行。儿童初次大量感染也常发生急性血吸虫病。

3. 临床表现

血吸虫病的临床表现复杂多样。根据病期早晚、感染轻重、虫卵沉积部位以及人体免疫反应不同，临床上可分为急性、慢性与晚期血吸虫病和异位损害。潜伏期 23～73 天，一般以 1 个月左右居多。

(1)急性血吸虫病。发生于夏秋季，以 7～9 月为常见。男性青壮年与儿童居多。患者常有明确疫水接触史，常为初次重度感染者。约半数患者在尾蚴侵入部位出现蚤咬样红色皮损，2～3 天自行消退，起病较急，临床症状有发热、过敏反应(以荨麻疹为多见，另有血管神经性水肿，全身淋巴结轻度肿大等)、腹部症状(半数以上患者有腹痛、腹泻，少数有排脓血便者)等全身反应为主。

(2)慢性血吸虫病。包括无症状患者，即无明显症状；有症状患者，表现为腹痛、腹泻，偶有便血；重型患者有持续性脓血便，伴里急后重，常有肝脾肿大。

(3)晚期血吸虫病。主要是指血吸虫性肝纤维化。根据其主要临床症状分为巨脾型、腹水型和侏儒型。随着我国血防工作大力开展与深入，病人得到及时有效治疗，晚期病人数已大量减少。

另外，血吸虫病可诱发并发症，如血吸虫性肝硬化的并发症、阑尾炎、结肠病变等。

4. 治疗

(1)病原治疗。目前使用的主要药物是吡喹酮。吡喹酮对日本、曼氏、埃及、湄公等血吸虫病均有效，适用于各期血吸虫病和并发症患者。

(2)对症治疗。巨脾：对脾肿大有明显的脾功能亢进者，或并有门脉高压，食管静脉曲张上消化道出血者，可进行手术切除加大网膜腹膜后固定术。上消化道出血：①补充血容量，纠正循环衰竭，补液及输血或血浆。在无血源供应的情况下，可先静脉滴注低分子右旋糖酐或代血浆和葡萄糖盐水。②三腔管气囊压迫止血。③去甲肾上腺素冰水洗胃止血等。

5. 预防

(1)控制传染源。在流行区对重点人群和牲畜进行同步化疗，重点人群采用一剂吡喹酮疗法：40 mg/kg，黄牛以兽用吡喹酮 30 mg/kg，水牛 25 mg/kg，猪 30 mg/kg；同时普查、普治患者和病畜。

(2)切断传播途径。包括查螺灭螺(应用物理和化学的方法)；粪便管理，进行无害化处理(杀死虫卵)以防止污染水源；水源管理，防止被污染，进行饮水消毒。

(3)保护易感人群。尽量避免与疫水接触，否则应加强在水中作业时的个人防护，可用吡喹酮、蒿甲醚等预防服药，以减少急性血吸虫感染。本病应采用“预防为主、因地制宜、采取综合措施”的原则进行预防。

第三节　慢性非传染性疾病

一、概述

慢性非传染性疾病，简称慢性病、慢病。慢性病不是特指某种疾病，而是一类起病缓慢，病程长且病情不容易痊愈，也几乎不能被治愈，缺乏确切的传染性病因，病因复杂，且有些尚未完全被确认的疾病的总称。慢性病主要包括心脑血管疾病、癌症、慢性呼吸系统疾病、糖尿病和口腔疾病，以及内分泌、肾脏、骨骼、神经等疾病。该病是一类常见病、多发病，其死亡率、致残率极高，也是一类消耗巨大医疗费用和社会资源的疾病。

我国于2017年1月发布的《中国防治慢性病中长期规划（2017—2025年）》表明，慢性病是严重威胁我国居民健康的一类疾病，我国居民慢性病死亡占总死亡人数的比例高达86.6%，造成的疾病负担已占总疾病负担的70%以上，已成为影响国家经济社会发展的重大公共卫生问题。

二、常见慢性病

常见的慢性病主要包括心脑血管疾病（高血压、冠心病、脑卒中等）；内分泌、营养代谢性疾病（糖尿病、肥胖病、血脂异常等）；恶性肿痛（肺癌、肝癌、胃癌、食管癌、结肠癌、乳腺癌、宫颈癌等）；精神和行为障碍疾病（精神分裂症、神经衰弱、焦虑、强迫、抑郁、老年性痴呆等）；呼吸系统疾病（慢性支气管炎、肺气肿、慢性阻塞性肺部疾病等）；口腔疾病等。

三、慢性病的危害

慢性病对人类的危害很大，可引起许多急、慢性并发症，严重时可引起偏瘫、失明、坏疽或截肢甚至死亡。造成人们生活质量下降，劳动能力丧失，寿命缩短；并且大多慢性病是终生性疾病，一旦患病，难以治愈，需要常年治疗、吃药，由此消耗的医疗费用往往较多，给患者及其家庭乃至社会造成了沉重的经济负担。

四、慢性病的致因

慢性病不同于一般的传染病，它由多种因素长期影响所致，通常认为导致慢性病的主要危险因素包括不合理膳食，脂肪、盐摄入增加，蔬菜水果摄入减少；长期吸烟、酗酒；久坐的生活方式，缺少体育锻炼；超重、肥胖；高血压、高血脂；家族遗传史；精神紧张，心理适应不良；环境污染与职业危害等。

五、慢性病预防控制方法

（一）合理营养

饮食中应该注意食物种类和数量的合理搭配。为达到合理营养、平衡膳食、保证健康，《中国居民膳食指南（2016）》提出6条核心建议：

1.食物多样，谷物为主

每天的膳食应包括谷薯类、蔬菜水果类、畜禽鱼蛋奶类、大豆坚果类等事物。平均每天摄入12种以上食物，每周25种以上。每天摄入谷薯类食物250～400 g，其中全谷物和杂豆类50～150 g，薯类50～100 g。食物多样，谷物为主是平衡膳食模式的重要特征。

2.吃动平衡，健康体重

各年龄段人群都应天天运动、保持健康体重。食不过量，控制总能量摄入，保持能量平衡。坚持日常身体活动，每周至少进行5天中等强度身体活动，累计150 min以上；主动身体活动最好每天6000步。减少久坐时间，每小时起来动一动。

3. 多吃蔬果、奶类、大豆

蔬菜水果是平衡膳食的主要组成部分，奶类富含钙，大豆富含优质蛋白质。餐餐有蔬菜，每天至少 300～500 g 蔬菜，深色蔬菜应占 1/2。天天吃水果，保证每天摄入 200～350 g 新鲜水果，果汁不能代替鲜果。每天吃奶制品，相当于液态奶 300 g。经常吃豆制品，适量吃坚果。

4. 适量吃鱼、禽、蛋、瘦肉

鱼、禽、蛋和瘦肉摄入要适量。每周吃鱼 280～525 g，畜禽肉 280～525 g，蛋类 280～350 g，平均每天摄入总量 120～200 g。优先选择鱼和禽。吃鸡蛋不弃蛋黄。少吃肥肉、烟熏和腌制肉食品。

5. 少盐少油，控糖限酒

培养清淡饮食习惯，少吃高盐和油炸食品。成人每天食盐不超过 6 g，每天烹调油 25～30 g。控制添加糖的摄入量，每天摄入不超过 50 g，最好控制在 25 g 以下。每天反式脂肪酸摄入量不超过 2 g。足量饮水，成年人每天 7～8 杯（1500～1700 mL），提倡饮用白开水和茶水；不喝或少喝含糖饮料。儿童少年、孕妇、乳母不应饮酒。成人如饮酒，男性酒精量≤25 g/d，女性≤15 g/d。

6. 杜绝浪费，兴新食尚

珍惜食物，适量备餐，提倡分餐不浪费。选择新鲜卫生的食物和适宜的烹调方式。食物制备生熟分开、熟食二次加热要热透。学会阅读食品标签，合理选择食品。多回家吃饭，享受食物和亲情。传承优良文化，兴新食尚。

（二）控制烟草

《中国居民营养与慢性病状况报告（2015 年）》显示，至 2012 年，我国吸烟人数超过 3 亿，15 岁以上人群吸烟率为 28.1%，男性吸烟率高达 52.9%，非吸烟者中暴露于二手烟的比例为 72.4%。烟草严重危害着人的健康，也带来了众多疾病，有充分证据说明吸烟可以导致肺癌、口腔和鼻咽部恶性肿瘤、喉癌、食管癌、胃癌、肝癌、胰腺癌、肾癌、膀胱癌和宫颈癌等。吸烟还会导致呼吸系统疾病、心血管疾病、生殖和发育异常及其他疾病和健康问题（烟草对人体的危害见第四章详解）。作为大学生，为了保证自身的健康，应拒绝烟草，吸烟者应尽早戒烟。

（三）限酒

1. 概述

中国是一个具有深厚酒文化的国家，有着上千年的酿酒历史，中华民族也是个好酒的民族。国外有很多医学研究报告均提出适当饮酒可使动脉血管扩张、血压下降，有利于患轻微高血压及血液循环不良的患者缓解相应症状，而适量葡萄酒更能提升有利的高密度脂蛋白及降低有害的低密度脂蛋白，故有利于防止心脏病发作。现代医学认为，少量饮酒能提高高密度脂蛋白（HDL）水平，有助于预防和减少动脉硬化及冠心病的发病率。此外还可以促进人体肠胃消化液的分泌，帮助消化和吸收，增强血液循环，促进新陈代谢。而中医认为酒性温而味辛，温者能祛寒、散结，辛者能发散、疏导，所以酒能疏通经脉、行气和血、开痹散结、温阳祛寒，能疏肝解郁、宜情畅意；酒为谷物酿造之精华，还能补益肠胃。

适量饮酒会对身体产生良好的作用，具有保健效果。但如果不节制，饮酒过度甚至酗酒则会危害健康。

2. 过量饮酒对身体的危害

一是会造成急慢性酒精中毒，损害大脑神经，导致外伤和车祸的发生；二是饮酒过量，加重肝脏负担，导致酒精性肝硬化、肝癌；三是增加高血压、心脏病等心脑血管疾病的发生率，无论是一次醉酒或长期酗酒，都会增加心肌梗死、猝死、脑出血等疾病的发生；四是刺激胃黏膜，导致慢性胃炎；五是长期酗酒得脂肪肝、肝硬化、肝癌及口腔癌、喉癌、直肠癌、女性乳腺癌等恶性肿瘤的几率增加；六是长期过量饮酒还可导致酒精依赖症、成瘾以及其他严重的健康问题。

3. 适量饮酒

怎么饮酒才是适量？怎样喝酒才不会对身体产生伤害？《中国居民膳食指南(2016)》建议成人如饮酒，男性酒精量≤25 g/d，女性≤15 g/d。这个标准是按酒中所含酒精(乙醇)的含量来衡量。不同度数的酒含的酒精量不同，25 g 酒精相当于多少酒？这就需要了解酒的度数和酒精量的换算方法。

所谓酒的度数，即酒度，就是酒中酒精含量的多少。我国执行的是标准酒度，指在 20 ℃条件下，每 100 mL 酒液中含酒精的毫升数或百分比，用%vol 表示。

各类酒的含酒精量与 25 g(15 g)酒精对应酒液量的折算方法如下：

含酒精量(g)=酒的体积(mL)×酒度%×0.8(酒精比重)，如 50 mL 酒度为 65%vol 的白酒中含纯酒精量=50×0.65×08=26 g。

常见酒度各类酒中含酒精量与 25 g(15 g)酒精对应酒液量如下表所示：

表 5-3-1 不同酒度各类酒中含酒精量与 25 g(15 g)酒精对应酒液量折算表

种类	容积/mL	酒度/%vol	含酒精量/mL	25 g 酒精对应酒液量/mL	15 g 酒精对应酒液量/mL
白酒	50	65	26	48	28.8
	50	60	24	52	31.3
	50	52	20.8	60.1	36.1
	50	45	18	69.4	41.7
	50	38	15.2	82.2	49.3
啤酒	500	4.8	19.2	651	390.1
	500	4.5	18	694.4	416.7
	500	4.0	16	781.3	468.8
	500	3.6	14.4	868	520.8
葡萄酒	50	14	5.6	223.2	134
	50	12	4.8	260.4	156.3
	50	10	4	312.5	187.5
黄酒	50	14	5.6	223.2	134

(四)适量运动

适量运动是指运动者根据个人的身体状况、场地、器材和气候条件，选择适合的运动项目，使运动负荷不超过人体的承受能力。即在运动后感觉舒服，不疲劳，不会造成过度疲劳或者气喘，以不影响一天的工作、生活为宜。如果运动后，一直感到疲劳、劳累、腰酸腿疼、学生上课精力不集中、容易瞌睡等，那就是运动过量了。一次运动过量对青少年来说休息一天或睡一觉就恢复了，中老年人就需要更长时间的休息和恢复，对健康没有危害，但多次或长时间运动过量就会对健康带来一定危害。长时间运动过量最大的问题就是容易造成免疫力的下降，从而导致疾病的发生。这样，不但达不到锻炼的目的，反而会损伤身体。同时，运动不足也达不到锻炼的目的。养生专家认为，人的运动量应以每天不少于一小时为宜。《中国居民膳食指南(2016)》建议坚持日常身体活动，每周至少进行 5 天中等强度身体活动，累计 150 min 以上；主动身体活动最好每天 6000 步。减少久坐时间，每小时起来动一动。

但是需要提醒的是，近年来大学生在体育运动时突发疾病或意外导致死亡的情况时有发生，这是因为很多人身体隐藏暗疾不自知，或平时不运动突然高强度运动导致身体无法承受，还有就是对突发意外应对不及时和无条件救治。因此，当运动中出现以下情况时应立即停止或暂停运动，并查明原因：

(1)心跳突然异常，或过速，或过缓。

(2)胸区内绞痛。

(3)胸痛且随运动的强度而加剧。

(4)头痛、恶心或头昏眩晕。

(5)呼吸严重困难、嘴唇发紫。

(6)脸色苍白、出冷汗。

(7)四肢肌肉剧痛或自觉全身疲劳无力。

(8)下肢关节(髋关节、膝关节、踝关节等)疼痛或下肢乏力，行动艰难。

(9)运动中动作的速度突然不自觉地变得缓慢。

(10)运动中动作或姿势突然产生失控。

(五)心理健康

关于心理健康的知识在第三章第三节有阐述。

(六)健康体检

健康体检是为预防疾病和改善身体功能而自觉主动接受的预防保健性医学检查。体检能及时发现人体健康的隐患，使产生疾病的风险因素得到及时排除。

通过健康体检，可早期发现身体潜在的疾病，便于早期诊断、早期治疗，从而达到预防保健和养生的目的；是制定疾病防治措施和卫生政策的重要依据；对规范人们的生活行为和健康生活方式具有重要意义。

第四节　抗生素滥用对健康的危害

一、概述

抗生素是由微生物或高等动植物在生活过程中所产生的具有抗病原体或其他活性的一类次级代谢产物，能干扰其他生活细胞发育功能的化学物质。它不仅能杀灭细菌，而且对真菌、支原体、衣原体等其他致病微生物也有良好的抑制和杀灭作用。当前市场上抗菌药物至少在150种以上。

由于抗生素一问世就显示出了惊人的杀菌消炎功效，所以在治疗各类炎症、呼吸道类疾病的过程中，大量的抗生素类药物层出不穷。与此同时，也出现了不恰当使用抗生素的种种现象，表现在对抗生素的依赖心态、药越新越贵越好、随意停药、用抗菌药物治感冒、将抗菌药物当成退热药等方面。殊不知，抗生素滥用对人体健康会带来极大危害和隐患。

二、抗生素滥用的现状

据资料称，我国是全球最大的抗生素生产国和使用国，年产抗生素原料药约21万吨，每年人均消费抗生素量为138 g，是美国人均水平的10倍多。当前，抗生素主要使用在三个方面：一是医院，有关统计发现，我国医院门诊感冒患者中抗生素使用率达75%，外科手术中的使用率更是达到95%，手术后也有超过93%的人使用抗生素预防感染，抗生素综合使用率达到70%以上，远高于世界卫生组织推荐的30%医院内使用率，如此之高的使用率主要来自医院抗生素超范围使用、超适应症使用、特殊科室的超时使用。二是患者，前几年，无论城市还是农村，人们在药店可以任意购买抗生素，近几年国家加大了对抗生素药物的管控，但是在药店还是能够轻松购买到抗生素类药物。由于购买方便、使用习惯、见效快等原因，导致人们在医院外使用大量抗生素。三是动物饲养中的滥用抗生素，我国在动物饲养过程中滥用抗生素的现象十分常见，用抗生素类药物减少养殖动物发病。据资料称，我国每年约有12000 t抗生素类药物被用于动物的预防、治疗用药，另外约有900 t用于动物促生长添加剂。

三、滥用抗生素的危害

（一）对机体的危害

过量使用抗生素会对人体产生多方面的不良影响，包括胃肠道反应、肝肾损害、造血系统损害、神经系统损害等。我国药物不良反应的30%由抗生素引起。据资料显示，我国每年有超过3万名儿童因药物副作用而导致耳聋，而这些耳毒性药物中，95%以上为抗生素。由于抗生素在抑制、杀灭细菌的同时，也杀灭了很多人体正常、有益菌群，尤其对肠道内的消化菌群伤害最为严重，从而导致人体体内菌群失调。

（二）掩盖病情，延误治疗

由于对感染性疾病不合理地使用抗生素，导致掩盖了对医生和患者诊断有参考作用的症状和体征，从而导致误诊使病情不断加重。

（三）体内菌群耐药性增加

细菌耐药性是一种自然进化现象，而抗生素的滥用加速耐药性菌株及性状的产生，抗菌谱越广，带来的菌群耐药性增加的风险就越大。超级细菌的产生给抗生素滥用敲响了警钟。2010年科学家发现了一种超强耐药性基因NDM－1，这种基因一旦进入细菌体内将使细菌变得超级顽强，因此被称为超级细菌。携带这一基因的细菌几乎能抵御除替加环素和粘杆菌素以外的所有抗生素。之后，更多超级细菌被陆续发现。2017年2月，世界卫生组织首次发布了 12 种被列为最高优先级的超级细菌清单。其中被列为紧急关注级的三种超级细菌鲍曼不动杆菌、绿脓杆菌和肠杆菌科细菌不仅会引发耐药性感染，更给现有的医疗体系带来沉重负担，并夺取患者生命。这种情况如果继续下去，人类可能会退回到没有抗生素可用的年代，这种代价将会是人类的灾难。

（四）浪费医疗资源，增加患者经济负担

患者病情原本可以不需要使用抗生素，但为了见效快而使用；原本不应该联合使用抗生素或预防性抗生素而实施联合用药或预防性用药；原本可以使用廉价的抗生素就可以治疗疾病但使用了高价抗生素，等等，这些情况都是医疗资源甚至是抗生素原材料的巨大浪费。同时，如此使用抗生素，无疑给患者增加了沉重的经济负担，也给国家造成了巨大的经济损失。

（五）污染环境

由于抗生素是一种低微浓度的化学物质，它们并不能被患体完全吸收，一部分未代谢或未溶解的药物成分通过粪便和尿液等各种形式、各种渠道进入水源和土壤，造成环境污染；另外，一部分被动植物吸收，然后再通过食物链层层传递，最后变成了人身体中的毒素，造成二次污染。家里过期药品当垃圾随意丢弃或冲进马桶，使用过抗生素病人的排泄物未经处理汇入水流，鱼塘的鱼和养殖场的鸡、鸭、猪生病后大量使用抗生素，等等现象都会造成环境污染和二次污染。

四、合理使用抗生素

使用抗生素要注意，凡属可用可不用的，尽量不用抗生素；发热原因不明者不宜采用，病情危重且高度怀疑为细菌感染者除外；病毒性或估计为病毒性感染的疾病不用抗生素；皮肤、黏膜局部感染尽量避免应用抗生素。另外，做到不自行购买抗生素、不主动要求使用抗生素、不频繁换用抗生素、不随意停用抗生素。

作为大学生，应当加强学习，普及抗生素知识，培养自我保护意识和安全用药意识，做到不随意用药、不滥用药物。确需用药，一定要到专业医疗机构根据医生的指导用药。另外，要帮助家人和亲朋提高安全用药意识，宣传科学用药常识。

第六章

性与生殖健康

第一节　性与生殖健康的基本知识

一、性的概念

长期以来，由于受封建思想的影响，在我国人们对性一直是谈性色变，甚至将性同罪恶、肮脏、羞耻画上了等号。只要说到性，就会简单理解为两性关系、性生活。时至今日，一些大学生谈到性时依然表现的十分敏感和羞涩。这是因为人们对性的理解有失偏颇，对性知识的了解也很片面。

性的含义有广义和狭义两层，广义的性是指性别，即男女两性在生物学、心理学和社会学上的特征之和。生物学层面指生命的孕育和诞生以及性别的由来，性的健康与疾病；心理学层面指身为男女两性的感觉、思维、态度和情绪表现；社会学层面指性的观念，性别的社会化，两性的交往与关系，性别角色，两性的权利、义务与性别平等，以及性的道德界限与法律规范等。狭义的性指人类生理本能的需求和繁殖后代的行为，强调性的生殖功能和快乐功能。

二、性健康的概念

性健康是指具有性欲的人在躯体上、感情上、知识上、信念上、行为上和社会交往上健康的总和。它表现为科学的性知识、正确的性观念、高尚的性道德、健康的性行为。性健康包括三个方面的内容：一是根据社会道德和个人道德观念享受性行为和控制生殖行为的能力；二是消除抑制性反应和损害性关系的诸如恐惧、羞耻、罪恶感以及虚伪的信仰等不良心理因素，以及性心理健康；三是没有器质性障碍、各种生殖系统疾病以及妨碍性行为与生殖功能的躯体缺陷及性生理健康。

三、生殖健康的概念

生殖健康是指在生命所有阶段的生殖功能和过程中身体、心理和社会适应的完好状态，而不仅仅是没有疾病和虚弱。其内涵主要强调人们能够进行负责、满意和完全的性生活，而不担心传染疾病和意外妊娠；人们能够生育，并有权利决定是否生育、何时生育和生育间隔；妇女能够安全地通过妊娠和分娩，妊娠结局是成功的，婴儿存活并健康成长；夫妇能够知情选择和获得安全、有效和可接受的节育方法。

四、性生理

(一)男性生殖器官

男性生殖器官分为内生殖器官和外生殖器官两部分(图 6－1－1)。

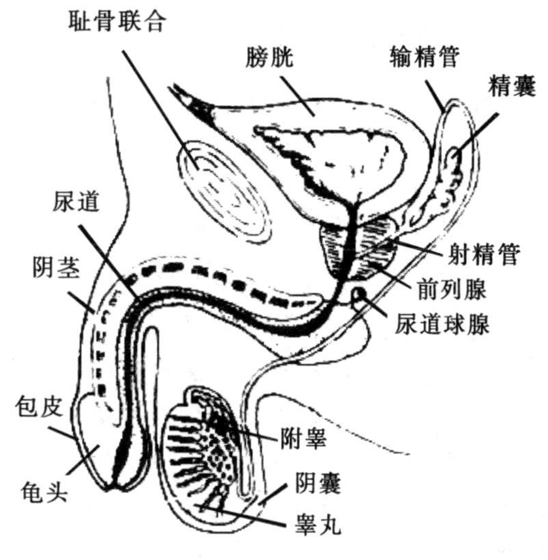

图 6－1－1　男性生殖系统

内生殖器官由生殖腺(睾丸)、输精管道(附睾、输精管、射精管、尿道)和附属腺体(精囊腺、前列腺和尿道球腺)组成。睾丸是产生精子和分泌雄性激素的器官,睾丸产生的精子先储存在附睾内,射精时经输精管、射精管和尿道排出体外。精囊腺、前列腺和尿道球腺分泌的微碱性的液体参与组成精液,供给精子营养,并有利于精子的活动。

外生殖器官包括阴囊和阴茎,后者是性交的器官。

(二)女性生殖系统

女性生殖器官包括内生殖器(图 6－1－2)和外生殖器。

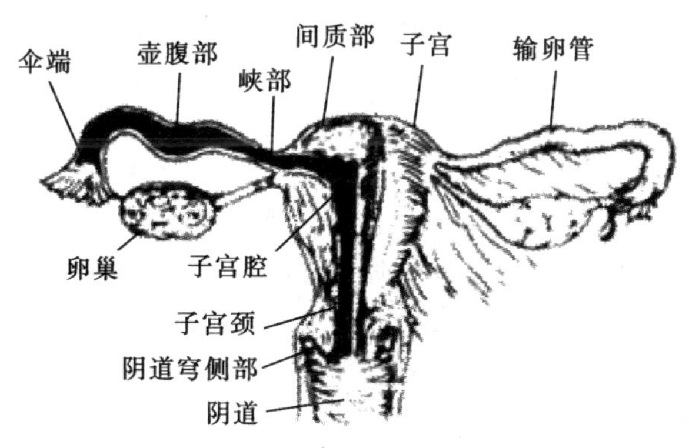

图 6－1－2　女性内生殖器

内生殖器由生殖腺(卵巢)、输送管道(输卵管、子宫、阴道)和附属腺体(前庭大腺)组成。卵巢是产生卵子和分泌雌性激素的器官,成熟的卵子突破卵巢表面生殖上皮至腹膜腔,再经输卵管腹腔口进入输卵管,在管内受精后移至子宫内膜内发育成长。成熟的胎儿在分娩时从子宫口经阴道娩出。

五、性行为

性行为是指人类以满足性欲望、性愉悦或生殖为目的的性交活动。性行为的分类方法有:

(一)按性行为对象来分

性行为按对象可分为异性恋和同性恋。在性行为中指向异性,是一种普遍的性行为为异性恋;指向自己的为自恋;指向同性别的即为同性恋。

(二)按性行为的性质来分

性行为按性质可分为有目的性性行为、过程性性行为、边缘性性行为和类似性行为。目的性性行为是指性交。性交是性行为的直接目的和最高体现,它能使个体获得性快感和性欲满足,在性行为中居核心地位,故又称核心性行为。过程性性行为是指不以性交为目的,使性欲得到一定程度补足和获得某种性快感的辅助行为,如抚摸、拥抱、亲吻或说情话等。边缘性性行为是指为了交流爱的情感而进行的行为,边缘性性行为有时很隐晦,仅仅表现为眉来眼去,这些情爱表示男女间相互心中有数,他人则往往茫然不知。类似性性行为是指类似性交以获得性快感、实现性满足的行为,最常见的是手淫。另外一些行为虽不直接类似性交,但内容中含有性交成分,如性梦、性幻想等,这些行为常伴有手淫。

六、性心理

性心理是指在性生理的基础上,与性征、性欲、性行为有关的心理状态与心理过程,也包括与异性交往和婚恋等心理状态。性生理是性心理发展的生物学基础,性生理发育的障碍或缺陷,会使性心理的发展出现偏差。世界卫生组织对性心理健康的定义是:通过丰富和完善人格、人际交往和爱情方式,达到性行为在肉体、感情、理智和社会诸方面的圆满和协调。

性心理包括以下一些心理现象与过程:

(一)性感知

性感知是指主体对由视、听、嗅、触等引起的性冲动的反映和外生殖器受到刺激所得到的性快感,它是性心理的基本过程。视觉是选择异性的主要手段,在与异性交往中,外表的吸引起着非常大的作用。触觉是性爱表现最基本、最主要的一种方式,它既是唤起性兴奋的最新感受,又是性行为方式的主要体验。人的嗅觉在性爱中作用不是很大,这主要是因为人的气味不够大,且嗅觉比较迟钝。

(二)性思维

性思维是指主体对有关性的问题的思考,它是性心理的核心心理过程。随着性技能的逐步成熟和性感知的不断积累,主体就会自觉或不自觉地经常思考一些性的问题,从而对这些问题有所认识。

(三)性情绪与情感

性情绪与情感是指主体对异性所持的态度以及同异性对象接触中所得到的态度和体验。在性感知和性思维以及日常与异性的接触中,主体逐渐认识了两性的差别及关系,对异性开始抱有一定的态度或感知到异性对自己的态度,如对异性的好感、思慕、爱恋和嫉妒等。

(四)性意志

性意志是指主体自我意识调节性的能力。性意志强的人善于控制自己的性行为,把它约束在正常、合法的范围内;相反,性意志薄弱的人,易受性冲动所左右,以致违反性道德和触犯法律。

第二节 常见生殖健康问题与自我保健方法

一、手淫

手淫是指用手或其他物品刺激玩弄外生殖器官,以满足性欲要求的现象。男性手淫时一般只是摩擦勃起器官,而女性通过抚摸阴蒂、阴道或乳头使自己兴奋,方式多种多样。手淫是性成熟男女常见的一种性行为。一般来说,偶尔手淫或未婚男女每月手淫 1～2 次对健康不会有影响。

过度手淫会对身体产生不良影响。首先,过度手淫使性器官经受了强烈刺激的锻炼后,对于较小程度的刺激便会不起作用,进而导致婚后易出现男性性交不射精,女性性交快感缺乏。其次,过度手淫会诱发男性无菌性前列腺炎或女性盆腔淤血。第三,过度手淫男性易引起阴茎痛,使生殖器出现损伤,造成充血、水肿、溃破、感染等不良反应有损身体健康;女性易引起阴道受损,感染。最后,过度手淫会产生自卑、内疚、自责、后悔等复杂心理,影响心理健康。

一旦有了过度手淫习惯,就要满怀信心地坚决予以改正,使神经系统的功能尽快得到恢复。要积极参加集体活动和文娱活动,培养广泛的兴趣和爱好。要精神愉快,生活要有规律。要按时睡眠,按时起床,特别是醒后不要贪床。不要看淫秽读物。睡前可用温水沐浴或洗脚以帮助入睡。睡眠时所用被褥不要过暖过重。应注意生殖器的清洁卫生,经常清洗,以除去积垢的不良刺激。内衣裤要经常换洗,内衣的材料质地要柔软,且不要过小过紧。

二、遗精

男性在无手淫与性交等情况下发生射精称为遗精。遗精也是一种反射活动,可由精神或局部刺激引起,如性梦、包皮垢、紧身裤、仰卧时被子的压迫、被褥过热等。清醒时的遗精也是性刺激所致。偶有遗精但无明显不适感,属正常生理现象。但如果每月遗精四次以上,伴有明显的头昏、记忆力减退、腰酸背痛、直立性脑晕等,则有可能是病理性遗精。

遗精患者由于性欲观念较强,因此入睡前不要阅读色情小说、看色情图片、不回忆电影或电视中的性刺激镜头,这样有利于降低大脑的兴奋性;入睡时不要抚摸生殖器,被子不要过软、过暖,入睡时取侧卧位;要养成经常清洗生殖器的良好习惯;少食、少饮高热量的食物和饮料,避免促进性欲的食物或药物;对于大多数病理性遗精,频繁手淫往往是一个诱因,因此青少年要彻底杜绝手淫恶习。

三、婚前性行为

婚前性行为是没有配偶的男女在未履行结婚登记手续的情况下发生的两性关系,是一种违反婚姻与性相统一的法律原则的婚外性行为。婚前性行为破坏了传统道德,使婚姻家庭关系的基石受到破坏；往往造成女性心理上的压力，由于无避孕措施，使很多女性多次流产，严重的会造成终身不育；非婚生子女会受到社会歧视；易感染疾病，甚至会传播性疾病；给有些玩弄女性者可乘之机。

为了避免婚前性行为，大学生应遵守法律和道德规范，树立正确的恋爱观、婚姻观，严格约束自己，用纯洁的爱呵护双方的感情，相互关心、相互爱护；主动拒绝接触黄色不良信息，提高耐受能力；不去不健康的地方，不与社会不良人员交往，要有独立的思维、判断，积极进取，发展正确的价值观和人生观；女性要自尊、自重、自爱，要拒绝男方过分的、企图越轨的要求，阻止婚前性行为的发生。

四、性焦虑

大学生处于青春期发育基本成熟的时期，在一定程度上能够意识并体验到自己内在的性心理特征。他们由于一些外在诱因(网络、黄色刊物等)，产生性好奇和接近异性的欲望，有强烈的性意识和性冲功，但由于环境和道德观念的限制，好奇心和欲望感不得不被强制压抑，往往处于莫名的烦躁与不安之中。如表现出一种焦虑、自责和矛盾的情绪状态，这种性焦虑主要指对自己形体的焦虑.对自己性角色的焦虑及对自己性功能的焦虑。

一旦发生性焦虑，应积极主动接受性健康教育，接受现实，调整心态，树立正确的审美观，扬长避短，发挥自己的聪明才智，适应社会；对性生理、性心理方面的困惑，及时咨询专业人员，减轻心理压力；积极参加有益活动，在活动中交流情感，发挥才智，转移注意，健康成长。

五、性骚扰和性侵害

性骚扰与性侵害是指主要以女性为目标，以暴力、胁迫或其他手段，违背其意志，以玩弄或占有女性为目的的行为。对女性的性骚扰甚至性侵害，不仅使被害人的身心受到创伤，而且还严重污辱了被害人的人格尊严，导致被害人精神崩溃甚至自残、自杀等严重后果。

大学生受性骚扰有三种类型：公交色狼、校园性骚扰、公众场所和偏僻处发生的性骚扰。大学生受性侵害有三种类型：暴力胁迫、网恋、社交(包括家教、交友、求职)。

女大学生对性侵害的预防包括树立预防性侵害意识，注意穿着言行得体，关注所处环境，谨慎结交异性朋友并注意相处方式，有选择地参加社会活动。遭受性侵害时，应保持头脑清醒并尽量控制情绪，从而找出脱困方法；利用一切可以利用的环境因素，采取恰当的措施进行反抗；可采取一些暴力防卫措施(如踢裆、抓阴)；抓住一切有利时机，创造条件迅速脱身。但性侵害发生后，应及时报案，不要犹豫、拖延，报案后积极配合调查，并调整自己的心态，尽快走出受伤阴影。

第三节　常见性传播疾病和预防

一、概述

性传播疾病是指以性接触为主要传播途径的一组传染病，通过或可通过性接触在感染者与未感染者之间传播流行。我国曾称“花柳病”“性病”。国际上将二十余种与各种性行为、性接触密切相关的传染病统称为“性传播疾病(STD)”，包括细菌感染类淋病、梅毒、软下疳、腹股沟肉芽肿、细菌性阴道病等；病毒感染类尖锐湿疣、生殖器疱疹、上皮软疣、艾滋病等；衣原体感染腹股沟淋巴肉芽肿、非淋菌性尿道炎与子宫颈炎等；支原体感染非淋菌性尿道炎与子宫颈炎等；其他感染滴虫性阴道炎、生殖器念珠菌病、股癣、阴虱病、疥疮等。性传播疾病具有病原体多、传播方式多、具有较大的隐蔽性、具有明显的高危人群、具有严重的危害性、有隐性病程和可复发性、一人感染数种性传播疾病等特点。

性传播疾病是世界范围内广泛流行的疾病，不仅危害患者本人的身心健康，对家庭和社会也构成了严重的威胁。中华人民共和国成立后国家对性病的防治工作一向重视，曾一度基本消灭了性病。但随着改革开放，国际间人际交往的剧增，STD 在我国又死灰复燃，并在全国范围内持续蔓延，形式越来越严峻。为了防控性传播疾病蔓延的趋势，国家出台了很多措施，并把梅毒和淋病列为国家法定乙类传染病进行监控。

通过对国家卫生健康委员会疾病预防控制局网址公布的数据统计发现(表 5－2－14)，近十年来，我国梅毒、淋病发病数呈明显上升趋势，梅毒平均每年发病 41.8 万例，死亡 64 人，淋病平均每年发病 11 万例，死亡 1 人。梅毒发病数持续增加，2018 年相较于 2009 年增加了 1.75倍。淋病发病数在近五年内也呈增加趋势。

表 6－3－1　我国近十年梅毒发病数、死亡数一览表

年度		2018	2017	2016	2015	2014	2013	2012	2011	2010	2009	平均
发病/万例	梅毒	53.6	47.6	43.8	43.4	41.9	40.7	41	39.5	35.9	30.6	41.8
发病/万例	淋病	13.5	13.9	11.5	10	9.6	10	9.2	9.8	10.6	12	11.01
死亡/人	梅毒	60	45	53	58	69	69	79	75	69	63	64
死亡/人	淋病	1	1	1	1	2	1	1	1	1	0	1

注：数据来源于国家卫生健康委员会疾病预防控制局网址发布的年(月)度全国法定传染病疫情概况。

二、梅毒

梅毒是由梅毒螺旋体(也称苍白螺旋体)所引起的一种慢性全身性性传播疾病，可侵犯许多器官组织和系统，主要通过性接触和血液传播，其中性接触传播约占 95%以上。本病危害性极大，可侵犯全身各组织器官或通过胎盘传播引起胎儿流产、早产、死产和胎传梅毒。梅毒具有潜伏感染和反复发作的特征。一期感染表现为局部的溃疡或硬下疳；二期感染为梅毒血症，主要表现有各种皮肤黏膜损害和淋巴结肿大；三期感染表现为心脏、眼或耳的异常，以及树胶肿和中枢神经系统损害等。梅毒感染后，可发展为系统性疾病；孕妇在感染后不久，就能传染给子宫内的胎儿。

梅毒螺旋体离开人体不易生存，对热和干燥很敏感，在 40 ℃时失去传染力，100 ℃时立即死亡；普通的消毒剂如升汞、稀薄的热肥皂水、过氧化氢及稀乙醇均能在短时间内致其死亡；对青霉素、四环素等药物也敏感。

梅毒分布于全世界。近年来，在男性同性恋中梅毒的发病率有所增加，表现为原发性肛门直肠感染，并出现了大量合并人类免疫缺陷病毒(HIV)感染的患者。

三、淋病

淋病是淋菌性尿道炎的简称，是主要的性传播疾病之一。淋病是由淋球菌引起的，是通过性行为或其他性活动，如接吻、口淫等来进行传播的，通过性行为传播的机率大约占到90％以上。除了性行为可以传染以外，有时还会被有淋球菌污染的衣物和用品传染或母婴传播，但人多数淋病还是通过性行为传染的。淋球菌离开人体后不易生长，对理化因子的抵抗力弱，42 ℃存活15 min，50 ℃只存活5 min；在完全干燥的环境中1～2 h即死亡，但在不完全干燥的环境和脓汁中则能保持传染性十几个小时，甚至几天。对一般消毒剂亦很敏感，1∶4000硝酸银溶液7 min死亡，1％苯酚1～3 min死亡，0.1％汞溶液可使其迅速死亡。

淋病的潜伏期一般比较短，在1～10天内，平均3～5天。主要临床表现为男性突然出现小便时尿道疼痛，小便次数增多，尿道口红肿痛并有多量黄白色分泌物流出，用手挤压阴茎根部和中段，脓液流出会增多，并且在内裤上可见到黄色的脓痂。女性突然出现小便时尿道疼、小便次数增多、尿道口流脓，尿道症状一般不如男性明显而剧烈，甚至可以完全没有尿痛、尿频和尿道流脓症状。

四、非淋菌性尿道炎

由淋球菌以外其他微生物引起的尿道炎统称为非淋菌性尿道炎。本病发病率高。女性患病率约为男性的4倍，可能与用避孕药、避孕环有关。除显性感染外，多见于无症状病原携带者，如潜伏期患者、恢复期携带者、隐性感染者等(5％～20％男性，60％以上女性感染后可无症状)。传染途径主要是性接触传染、经产道传染、生活中密切接触传染，少数为间接传染。40％～50％的非淋菌性尿道炎由沙眼衣原体引起。衣原体不耐热，在室温下迅速丧失其传染性，50 ℃ 30 min可被杀死；30％的非淋菌性尿道炎由解脲支原体引起。解脲支原体常寄生于人的尿道上皮，可将尿素分解为氨。能于细胞外独立生活，对外界环境抵抗力弱，45 ℃ 15 min即可被杀死；10％～20％的非淋菌性尿道炎由其他病原体引起，如滴虫、白色假丝酵母菌、疱疹病毒、人乳头瘤病毒等。

本病潜伏期1～3周。男性临床典型表现为尿道痒及轻重不等的尿痛、尿急及烧灼感，疼痛较淋病轻，尿道口轻度红肿，可见浆液性尿道分泌物，稀薄、量少，晨起有“糊口”现象。有的患者症状不明显或无任何症状，初诊时往往被误诊。女性患者主要感染子宫颈，表现为急、慢性宫颈炎，白带增多，阴道及外阴瘙痒，下腹不适感，轻度排尿困难和尿频，亦可无症状。

五、尖锐湿疣

尖锐湿疣是由人类乳头瘤病毒(HPV)所致，常发生在肛门及外生殖器等部位的一种以赘生物为主要特征的性传播疾病。尖锐湿疣主要通过性行为传染，也可以通过间接(非性)接触、母婴等途径传播，在全世界发病率呈增高趋势。人是人类乳头瘤病毒的唯一宿主。HPV主要感染上皮组织，经过一定的潜伏期而出现赘生物。本病好发生于性活跃的中青年。潜伏期一般为1～8个月，平均为3个月。外生殖器及肛门周围皮肤黏膜湿润区为好发部位，男性多见于龟头、冠状沟、包皮系带、尿道口、阴茎部、会阴，同性恋者多见于肛门及直肠内，女性多见于大小阴唇、阴道口、阴蒂、阴道、宫颈、会阴及肛周。临床主要症状为皮损初起为单个或多个散在的淡红色小丘疹，质地柔软，顶端尖锐，后渐增多增大，依疣体形态可分为无柄型(即丘疹样皮损)和有柄型，后者可呈乳头状、菜花状、鸡冠状；疣体常呈白色、粉红色或污灰色，表面易发生糜烂，有渗液、浸渍及破溃，尚可合并出血及感染，多数患者无明显自觉症状，少数可有异物感、灼痛、刺痒或性交不适。宫颈部位疣体通常较小，界限清，表面光滑或呈颗粒状、沟回状，妊娠时可明显增大增多。少数患者疣体过度增生成为巨大型尖锐湿疣，个别可发生恶变。

六、生殖器疱疹

生殖器疱疹是由单纯疱疹病毒（HSV）感染所引起。单纯疱疹病毒分为两型即 HSV－1 和 HSV－2。HSV－1 通过呼吸道、皮肤和黏膜密切接触传染，主要引起口唇、咽、眼及皮肤感染，约 10％可引起生殖器感染。HSV－2 则是生殖器疱疹的主要病原体（90％），存在于皮肤和黏膜损害的渗出液、精液、前列腺分泌液、宫颈、阴道分泌液中，主要通过性交传染，引起原发性生殖器疱疹。人生殖器疱疹的传染源是患者及亚临床无症状的带病毒者，尤其是在患者的生殖器皮肤或黏膜的疱疹内含有单纯疱疹病毒，可通过性接触而传染给配偶或性伴，也可在同性恋者中互相传染。有时在口腔或口腔周围患有疱疹的人，可通过口交传染生殖器疱疹。因此，不同方式的异性性行为，也可传播生殖器疱疹病。由于有感染性的病毒能在潮湿的环境中存活数小时，因而单纯疱疹也可通过污染物而间接传播。

本病好发于性活跃期男女，好发于生殖器及会阴部。皮损多发于男性的包皮、龟头、冠状沟和阴茎等处，偶见于尿道口；女性则多见于大小阴唇、阴蒂、阴阜、子宫颈等处，亦见于尿道口。男性同性恋可出现肛门直肠 HSV－2 感染，临床表现为肛门直肠疼痛、便秘、分泌物增加和里急后重，肛周可有疱疹性溃疡，乙状结肠镜检常见直肠下段黏膜充血、出血和小溃疡。

七、性传播疾病的治疗

（一）病因治疗

针对引起性病的病原体进行治疗。如由梅毒螺旋体引起的梅毒、淋球菌引起的淋病等，用抗生素（如青霉素）治疗。病因治疗药物的选择可单用一种药，也可多种药物联合运用。

（二）对症治疗、支持治疗及中医中药治疗

性病的治疗，要求用药必须在医师的指导下，正规用药，才能达到彻底根治的目的。

第四节 艾滋病的传播、流行与控制

一、艾滋病概述

艾滋病，即获得性免疫缺陷综合征（AIDS），是人类因感染人类免疫缺陷病毒（HIV，有 HIV－1 和 HIV－2 两种类型）后导致免疫缺陷，引发一系列机会性感染及肿瘤，并可导致死亡的综合征。所谓机会性感染是当人体的免疫功能下降时，原本已寄生在人体中的一些非致病性病原微生物造成疾病，或者对环境中致病性病原微生物的易感性增加所造成的感染，而这些病原微生物对于一个具有正常免疫功能的人来说一般不会造成疾病状态。在临床上，机会性感染是艾滋病患者主要的死亡原因。人体感染上艾滋病病毒后，患者因抵抗疾病的能力极度下降而百病丛生，以致患上特殊的肠炎、肺炎、脑炎及其他感染或恶性肿瘤等多种疾病，最后因长期消耗，骨瘦如柴，衰竭而死。

HIV 病毒对热敏感，56 ℃，30 mim 可使 HIV 失去感染性；100 ℃，20 mim 可完全灭活

HIV;75%酒精和2%次氯酸钠可完全灭活HIV。0.1%甲醛不能灭活HIV,紫外线、γ射线不能灭活HIV。

艾滋病是一种新出现的病死率极高的严重传染病,目前还没有治愈的药物和方法。艾滋病在全球的蔓延,不仅威胁着世界各国人民的生命和健康,也给社会和经济发展带来了严重的影响,已成为举世瞩目的重大公共卫生问题和社会问题。

从1985年艾滋病传入我国后,发病数持续上升。根据对国家卫生健康委员会疾病预防控制局发布的数据统计发现(表6-4-1),从2009—2018年十年来,我国艾滋病发病数共406736例,平均每年发病为4万余例,共死亡119809人,平均每年死亡近1.2万人。这十年间发病率上升了4.95倍,死亡率增加了2.9倍,发病率和死亡率呈迅速上升趋势。艾滋病死亡率已连续十余年位列我国乙类传染病报告死亡数之首。

表6-4-1 我国近十年艾滋病病发病数、死亡数一览表

年度	2018	2017	2016	2015	2014	2013	2012	2011	2010	2009	平均
发病/万例	6.58	5.72	5.44	5.03	4.51	4.23	4.19	2.05	1.59	1.33	4.067
死亡/万人	1.91	1.53	1.41	1.28	1.20	1.14	1.16	0.92	0.77	0.66	1.198

注:数据来源于国家卫生健康委员会疾病预防控制局网址发布的年(月)度全国法定传染病疫情概况。

二、流行病学

(一)流行过程

1.传染源

HIV感染者和艾滋病患者是本病的唯一传染源。病毒主要存在于感染者和患者的血液、精液、阴道分泌物等液体中;其他体液如唾液、眼泪和乳汁中也含有少量的病毒。

2.传播途径

(1)性行为:与已感染的伴侣发生无保护的性行为,包括同性、异性和双性性接触。同性恋性交传染性远大于异性恋性交。性行为传播病毒约占成人病例的3/4。

(2)静脉注射吸毒:与他人共用被感染者使用过的、未经消毒的注射工具,是一种非常重要的HIV传插途径。

(3)母婴传播:在怀孕、生产和母乳喂养过程中,感染HIV的母亲可能会传播给胎儿及婴儿。

(4)血液及血制品(包括人工授精、皮肤移植和器官移植)。

握手,拥抱,礼节性亲吻;蚊虫叮咬;共用厕所和浴室;共用办公室、公共交通工具、娱乐设施等日常生活接触不会传播HIV。食物、空气、饮水也不会传播HIV。

3.易感人群

人群普遍易感,病后无有效保护性免疫。

(二)流行特征

艾滋病主要流行于男性同性恋者、静脉吸毒者、血友病、与HIV携带者经常有性接触者、经常输血及血制品者和HIV感染母亲所生婴儿,发病年龄多为50岁以下的中青年。据中国国家卫生健康委员会疾病预防控制局资料称：近年来，我国经输血传播、注射吸毒传播和母婴传播艾滋病得到有效控制，重点地区疫情快速上升势头得到遏制，全国整体疫情控制在低流行水平。但是，我国艾滋病流行形势依然严峻，还有一定比例的感染者和病人未被发现或不知道自己的感染状况，新报告病例 90%以上经性传播，男性同性性行为人群感染率较高，老年男性、青年学生等重点人群疫情上升明显，艾滋病流行危险因素复杂且广泛存在。

三、临床表现

我国将 HIV 感染分为急性期、无症状期和艾滋病期。

(一)急性期

急性期通常发生在初次感染 HIV 后 2～12 周。临床主要表现为发热、咽痛、盗汗、恶心、呕吐、腹泻、皮疹、关节痛、淋巴结肿大及神经系统症状。多数患者临床症状轻微，持续 1～3 周后缓解。

(二)无症状期

可从急性期进入此期，或无明显的急性期症状而直接进入此期。此期持续时间一般为 8～10年(有资料称为 6～8 年)，但也有快速进展和长期不进展者。此期的长短与感染病毒的数量、型别，以及感染途径、机体免疫状况等多种因素有关。在无症状期具有传染性。

(三)艾滋病期

艾滋病期为感染 HIV 后的最终阶段。患者 CD_4^+ T 淋巴细胞计数明显下降，HIV 血浆病毒载量明显升高。此期主要临床表现为 HIV 相关症状、肿瘤以及各种机会性感染。

HIV 相关症状主要为持续 1 个月以上的发热、盗汗、腹泻，体重减轻 10%以上。部分患者表现为神经精神症状，如记忆力减退、精神淡漠、性格改变、头痛、癫痫及痴呆等。另外，还可出现持续性全身性淋巴结肿大，无压痛，无粘连，持续时间 3 个月以上。

四、治疗和预防

高效抗逆转录病毒治疗是艾滋病的最根本的治疗方法，需要长期或终身服药。治疗目标是最大限度地抑制病毒的复制，保存和恢复免疫功能，降低病死率和 HIV 相关性疾病的发病率，提高患者的生活质量，减少艾滋病的传播。

我国推荐成人及青少年的一线抗病毒方案为：齐多夫定/替诺福韦＋拉米夫定＋依非韦伦/奈韦拉平。

至今还没有研制出可以有效预防艾滋病的疫苗。只要阻断艾滋病传播的三个途径，就可以有效预防艾滋病。

(一)洁身自爱、遵守性道德

洁身自爱是预防经性途径传染艾滋病的根本措施。性自由的生活方式、婚前和婚外性行为是艾滋病、性病得以迅速传播的温床。

(二)拒绝毒品、珍爱生命

共用注射器吸毒是传播艾滋病的重要途径，严格执行各项有关消毒的规章制度是防止艾滋病经血液传播的重要环节。避免不必要的输血和注射，依法无偿献血，杜绝贩血卖血，加强血液检测，保证用血安全。

(三)阻断母婴传染

感染艾滋病病毒的妇女最好不要怀孕，如果怀孕，要进行母婴阻断抗病毒治疗，并避免母乳喂养，防止婴儿感染艾滋病病毒。

第七章

大学生体育锻炼与卫生保健

第一节 体育锻炼概述

一、体育锻炼概念

体育锻炼是运用各种体育手段，结合自然力（日光、空气、水）和卫生措施，以发展身体，增进健康，增强体质，娱乐身心为目的的身体活动过程。它是群众性体育活动的主要形式，对促进人体生长发育，培养健美体态，提高机体工作能力，消除疲劳，调节情感，防治疾病乃至提高和改善整个民族体质，都有重要作用。其特点是群众面广，各种年龄、性别、职业和健康状况的人，都可根据个人情况进行适宜的锻炼。形式与内容灵活多样，可独自锻炼，也可集体进行。锻炼的内容极其丰富，可分为健身运动、健美运动、娱乐性体育、格斗性体育、医疗与矫正体育5类。锻炼方法多种多样，除教学和训练中常用的练习法（包括重复法、变换法、综合法、循环法和竞赛法）外，人们还在长期锻炼实践中，形成不拘一格的各种健身法（包括早操、工间操、生产操、库珀12分钟测验等）。锻炼内容和方法的确定及整个锻炼过程，都应遵循身体锻炼的原则，即有针对性，因人制宜，循序渐进，持之以恒，适宜的负荷和注意锻炼价值等。

二、体育锻炼的益处

（一）体育锻炼对身体的益处

（1）体育锻炼有利于人体骨骼、肌肉的生长，增强心肺功能，改善血液循环系统、呼吸系统、消化系统的机能状况，有利于人体的生长发育，提高抗病能力，增强有机体的适应能力。

（2）降低患上心脏病，高血压，糖尿病等疾病的概率。

（3）体育锻炼是增强体质的最积极、有效的手段之一。

（4）可以减少人们过早进入衰老期的概率。

（5）体育锻炼能改善神经系统的调节功能，提高神经系统对人体活动时错综复杂变化的判断能力，并及时做出协调、准确、迅速的反应；使人体适应内外环境的变化、保持肌体生命活动的正常进行。

(二)体育锻炼对心理的益处

(1)体育锻炼具有调节人体紧张情绪的作用,能改善生理和心理状态,恢复体力和精力。

(2)体育锻炼能增进身体健康,使疲劳的身体得到积极的休息,使人精力充沛地投入学习、工作。

(3)舒展身心,有助安眠及消除读书带来的压力。

(4)体育锻炼可以陶冶情操,保持健康的心态,充分发挥个体的积极性、创造性和主动性,从而提高自信心和价值观,使个性在融洽的氛围中获得健康、和谐的发展。

(5)体育锻炼中的集体项目与竞赛活动可以培养人的团结、协作及集体主义精神。

三、体育锻炼的安全注意事项

(一)运动前准备好

1. 检查自己的身体情况

参加体育活动,首先要了解自己的身体状况,要学会自我监督,随时注意身体功能状况变化,若有不良症状要及时向教师反映情况,采取必要的保健措施。患有心脏病、高血压等疾病的学生,禁止参加长跑等长时间剧烈运动的项目锻炼。

2. 检查场地和器材

要认真检查运动场地和运动器材,消除安全隐患。要注意场地中的不安全因素,如场地是否平整,要清除石头土块;检查沙坑的松散度、是否有石子杂物等;检查体育设施是否牢固安全可靠,器材的完好度等。不冒险,确保自身安全。

3. 做好运动准备

要穿运动服装、运动鞋,不要佩戴各种金属的或玻璃的装饰物,不要携带尖利物品等。做好热身准备活动,做热身准备活动就是要克服内脏器官在生理上的惰性,以降低运动伤害发生的概率。如果突然进行剧烈运动,就会出现心慌、胸闷、肢体无力、呼吸困难、动作失调等现象。运动前不重视做准备活动或准备活动做得不充分、不正确、不科学,是引起运动损伤的重要原因;准备活动不充分,肌肉、内脏、神经系统机能不兴奋,肌肉供血量不足,在这样的身体状态下进行活动,动作僵硬、不协调,极易造成运动损伤,甚至导致伤害事故的发生。

(二)运动时讲科学

1. 要掌握动作要领

在体育运动中,了解和掌握动作要领及方法。不仅能够在运动过程中发挥好技术动作,达到体育锻炼的目的,而且还能消除心理上的恐惧,增强自信心,避免不必要的伤害。

2. 要正确使用器材

要了解熟悉掌握器材的性能、功能及使用方法,要严格遵守相关操作规程,在一些体育器械(如铅球、实心球等)的使用中,要注意选择适当场地,确保自身安全,同时还要注意不要伤及他人安全。

3. 运动负荷要适当

参加体育活动要根据身体素质条件,选择最有利于增强体质的运动负荷。可循序渐进,由易到难,从小到大。负荷过小,对身体作用不大;负荷过大,会损害身体;只有适宜的运动负荷,才能有效地增强体质,提高健康水平。

(三)运动后要恢复

1.认真做恢复整理活动

做恢复整理活动的目的就是使人体更好的从紧张运动状态过渡到安静状态,使心脏逐渐恢复平静,放松身心。如果突然停止运动,就会造成暂时性的贫血,产生心慌、晕倒等一系列不良现象,对身心健康造成损害。

2.自我检查运动反应

如果感到十分疲劳,四肢酸沉,出现心慌、头晕,说明运动负荷过大,需要好好调整与休息。运动后经过合理的休息感到全身舒服,精神愉快,体力充沛,食欲增加,睡眠良好,说明运动负荷安排比较合理。

3.适当补充能量

参加体育运动要消耗大量的能量,所以在运动后(运动前也应适当补充能量)要科学饮食,保证身体的需要,确保取得最佳的锻炼效果。

(1)0.5～1 h 后进餐。

(2)避免喝含有咖啡因的饮料。

(3)5～10 min 后饮水(含盐)。

科学而安全地进行体育运动,可以增强体质,愉悦身心。相反,体育运动如果做不到科学、合理、安全,就不能达到运动目的,运动不当还会对人体造成伤害。因此,我们懂得一些体育运动安全常识,掌握一定的安全防范知识,养成良好的安全运动习惯,就会达到健康身心的目的。

第二节　运动处方

一、运动处方的概念

运动处方的概念最早是美国生理学家卡波维奇在 20 世纪 50 年代提出的。20 世纪 60 年代以来,随着康复医学的发展及对冠心病等的康复训练的开展,运动处方开始受到重视。

1969 年世界卫生组织开始使用运动处方术语,从而在国际上得到认可。运动处方的完整概念是康复医师或体疗师,对从事体育锻炼者或病人,根据医学检查资料(包括运动试验和体力测验),按其健康、体力以及心血管功能状况,用处方的形式规定运动种类、运动强度、运动时间及运动频率,提出运动中的注意事项。运动处方是指导人们有目的、有计划和科学地锻炼的一种方法。

二、运动处方的分类

运动处方多种多样,分类方法也各式各样。并且在实施过程中,存在着多种运动处方的变式。根据应用的对象和锻炼的目的,一般有如下种类:

(一)竞技性运动处方

竞技性运动处方用于提高运动员身体素质和运动技术水平的训练方案。

（二）预防性（保健性）运动处方

预防性（保健性）运动处方适合一般健康人，包括中老年人在内的人群，用以增强体质，预防疾病和提高健康水平。

（三）治疗性运动处方

治疗性运动处方用于慢性疾病患者及病人创伤康复期的锻炼，能提高疗效，加速疾病的康复。我们仅针对治疗疾病的目的来介绍治疗性运动处方。

三、运动处方的内容

运动处方的内容一般包括运动目的、运动项目、运动强度、每次运动持续的时间、运动强度和注意事项六个方面。

（一）运动目的

根据年龄、性别、职业、爱好、习惯和体质健康状况的不同，健身者的锻炼目的各不相同，因而开出的运动处方也不同。运动的目的可以有：预防疾病，强身健体，健美减肥，休闲消遣及发展身体素质，提高运动成绩等。

（二）运动项目

运动项目应根据锻炼目的而定，一般包括以下项目。

1. 耐力性项目（有氧运动项目）

耐力性运动项目能有效增强或改善心血管系统的代谢功能，提高体能，预防冠心病、肥胖症和动脉硬化等病症。锻炼的项目有快走（步行）、慢跑、骑自行车、游泳、爬山、跳绳、划船、登楼梯、滑冰和滑雪等。国外运动医学专家对经常参加体育运动的人进行体检时发现，参加健身跑、游泳、自行车运动锻炼的人的心肺功能要比从事其他运动项目的人好。

2. 医疗体操（呼吸操、校正体操等）

医疗体操适用于患有某种慢性疾病和创伤康复期的人或患者。如慢性支气管炎、肺气肿患者，可进行呼吸操锻炼；内脏下垂者，可进行腹肌锻炼；截瘫患者的轮椅训练，截肢病人的上、下肢训练；脊柱畸形或扁平足患者进行的矫正体操；四肢骨折康复期的功能锻炼等。

3. 放松性训练

放松性项目有调节神经系统，放松精神和躯体，消除紧张和疲劳，防治高血压和神经官能症的作用。锻炼的项目和方法有气功、太极拳、瑜伽、散步、保健按摩和放松体操等。

4. 力量型项目

力量型练习能增强肌肉力量和力量耐力，防止关节损伤，改善机体有氧代谢能力和增强体力。锻炼的方法有抬腿、举手、平足站立、下蹲起立哑铃和举重练习等。

5. 柔韧性练习

很多关节僵硬和痛疼的情况，不是由关节炎症引起，而是缺乏运动所致，经常作一些柔韧性练习，可以活动关节，增强关节的柔韧性和灵活性，延缓关节硬化。锻炼的项目有太极拳、八段锦、武术、柔软体操和伸展性练习等。

(三)运动强度

运动强度是运动时的剧烈程度,是衡量运动量的重要指标之一,可用每分钟的心率次数来表示运动强度的大小。一般认为学生心率在每分钟 120 次以下为小强度,120～150 次为中强度,150～180 次或 180 次以上为大强度。测量运动强度的简单办法是测量运动后 10 s 的脉搏第乘 6,就是 1 min 的心率。

1. 适宜运动强度范围

可用靶心率来控制:以本人最大心率的 70%～85%的强度作为标准。最大心率＝220－年龄。

2. 最适宜运动心率

计算公式:心率储备＝最大心率－安静心率

最适宜运动心率＝心率储备×75%＋安静心率

如某大学生 20 岁,安静心率每分钟 70 次,他的最大心率为 220－20＝200,心率储备为 200－70＝130,最适宜运动心率为 130×75%＋70＝167.5,即每分钟 167.5 次。

(四)运动时间

运动时间指除准备活动和整理活动外一次锻炼的持续时间。它与运动强度紧密相关,强度大,时间应稍短,强度小,时间应稍长。有氧锻炼一般在 30 min 左右就可以达到较好的效果。

(五)运动频率

运动频度指每周的锻炼次数。关于运动频度,日本的池上晴夫研究表明,1 周运动 1 次,肌肉酸痛和疲劳每次发生,运动后 1～3 天身体不适,效果不蓄积;1 周运动 2 次,酸痛和疲劳减轻,效果有点蓄积,不明显;1 周运动 3 次,无酸痛和疲劳,效果蓄积明显;1 周运动 4～5 次,效果更加明显。可见,1 周运动 3 次以上,效果才明显。

(六)注意事项

在实施运动处方中必须注意两个问题:

(1)要循序渐进,在任何情况下都要强调开始时宁少不多。从简单运动开始以渐进的方式逐渐增加难度和强度。

(2)要做好准备活动和整理活动,在运动开始时,轻微的运动及伸展比实际活动更重要,它们可以用来改善从休息到运动状态的转变。在刚开始运动时,要逐渐增加活动强度,一直到达到适宜强度为止。伸展运动能增加关节活动度和下背柔软度,这些都应包括在准备活动中。在活动进行到最后时,大约要有 5 min 的整理活动,这样可使呼吸和心跳恢复到正常值,这在运动进行中是十分重要的,可以减少运动结束后产生的低血压。

四、运动处方的案例分析

(一)降低总胆固醇的运动处方

1. 体检情况

身高 158 cm,体重 53 kg,血清总胆固醇 5.41 mmol/L(正常值 3.38～5.20 mmol/L),安静血压 112/86 mmHg。体检结果:总胆固醇高;脉压差小。

2. 病情分析

可能由于高脂膳食加上运动偏少,使血液中脂肪含量增加,血液中胆固醇增多,血管硬化,脉压差减小。

3. 运动目的

通过运动锻炼消耗脂肪,加强脂代谢,提高高密度脂蛋白含量,把血管内多余的胆固醇转运出去,降低血管内过高的总胆固醇,改善心血管功能,降低心血管疾病的风险,提高生活质量,增进健康。

4. 运动安排

(1)准备活动(5～10 min)。活动头、颈、腰和四肢,进行颈、腰环转运动、四肢伸展运动、膝关节屈伸运动、踝关节环转运动。绕场地慢跑一圈大约 400 m,用 3～4 min,使心率逐渐提高到靶心率。

(2)基本内容(20～30 min)。下列 3 项运动中每次选择 1 项。心率必须保持在靶心率范围内,不能持续完成时,中间可稍休息。

①上下楼梯运动。1 min 上七层楼和 2 min 下七层楼交替,大约 8～10 次用时 30 min。上楼梯和下楼梯交替进行,不追求速度,以不产生头昏、头痛、呼吸困难等为标准。上楼时要平稳而有节奏,不能忽快忽慢,手不要扶扶杆,步伐要和呼吸相配合,呼吸要求不急促。下楼时速度较慢,步伐要稳,可以扶扶杆。

②台阶运动。台阶高 16 cm,按照节拍器频率上下台阶,每分钟 24～28 次,持续 30 min。台阶运动时,左脚登上台阶,右脚再登上台阶,然后左脚下台阶,再右脚下台阶,依次进行。

③匀速跑。绕田径场匀速跑 7 圈大约 3000 m,用时 30 min。跑步时要求步伐不要忽快忽慢,两手轻握拳,上肢自然放松,作前后摆动,步伐要和呼吸相配合,如两步一吸,两步一呼。

(3)整理活动(5～10 min)。慢走、四肢的伸展活动,使心率逐渐减慢到安静水平。

5. 运动强度

以运动中心率来掌握运动强度。运动中心率低限为每分钟 116 次,高限为每分钟 136 次。活动时带上心率遥测仪或每 5 min 由颈动脉测定一次脉搏,使其维持在低限和高限之间。

6. 运动频率

每日或隔日锻炼 1 次。

7. 注意事项和建议

(1)运动最好在餐后 1 h 进行。

(2)当感到疲劳、虚弱或感冒时不要运动。运动环境要求楼梯台阶宽,楼道宽敞明亮,相对安静,通风。

(3)每次运动前后应加强自我医护监督。运动中应注意身体反应,切勿机械地追求“规定的心率数”。一旦运动中出现心绞痛、头痛、眩晕，则应立即停止运动，并请医生诊治。

(4)饮食方面多食深海鱼类、坚果食品，少吃高脂肪食物，如油炸食品、罐头类食品。

(5)锻炼期间要多吃富含有维生素C和矿物质的水果和蔬菜，如猕猴桃、橙橘、青椒等。

(6)台阶运动和上下楼运动时要穿运动服装和低帮运动鞋，避免踝关节扭伤。

(7)运动处方1～2周后需根据身体情况进行调整。

(二)减肥运动处方

1.处方目的

运用科学的手段与方法使女孩达到减肥的效果。

2.处方原理

燃烧脂肪、运用科学的有氧锻炼。

3.内容方法

长距离的步行或远走、慢跑、有氧健身操。

4.具体方法负荷

(1)基本体力练习10 min(仰卧起坐60次\每次15个)；

(2)俯卧撑50次(每次10个)。

5.处方手段

(1)伸展放松体操3～5 min(可以伴随快节奏感的音乐做有氧体操)；

(2)每天慢跑30 min以上(或慢走50 min以上)。

6.强度和频率

20～35岁的妇女体重超过标准值的5%～20%以上者，其心率控制在每分钟150～180次最理想。

7.效果指标

坚持一个月以上现体重与原锻炼前体重相比。

8.注意事项

有心脏病、心血管系统疾病等人不宜参加，饮食适当控制。

9.绿色食谱

(1)每天最少吃一个新鲜水果(因为水果中含有维生素及纤维素)；

(2)每天两调羹油(这是指在炒菜烹调中平均每人一天摄取调料的量)；

(3)每天最少三碟蔬菜(尤其要吃叶绿素较多的茎叶类蔬菜，其次是瓜果类)；

(4)每天四碗饭或四个馒头，(在人体所需营养中，谷类食物的营养是必不可少的)；

(5)每天五份蛋白质：一个鸡蛋，一杯牛奶或豆浆，一碟鱼或虾类、贝类，一碟瘦肉，一碟黄豆芽或豆腐。

(6)每天的食物可以根据自己的喜好自己搭配，以上的食物补给为最佳。为了在短时间内减肥作用最佳可以用以下方式：

①在减肥期间以高蛋白、高维生素和低脂肪的食物为主，每天按以上方法坚持锻炼。

②以上食物根据自己的情况减量(食物一定不能没有只是减少)。

③每天要按时补水(每天饮水1000～1500 mL)，注意每天的作息时间表(每天保持8 h睡眠)。

减肥是一项长期的过程只有坚持不懈才能保证效果，减肥是不损害自己健康的前提下进行的，一切依赖节食的减肥方式都是不可取的。

第三节 体育锻炼的卫生常识

体育卫生是指为达到增强体质、增进健康的目的，改善和创造合乎生理要求的体育锻炼条件和环境所应采取的卫生措施和要求。违反体育卫生原则和要求而盲目地进行体育炼，不但不能起到良好的锻炼效果，而且会导致各种运动伤病，损害人体健康。生命在于运动，而运动必须有一定的规律性，只有掌握体育锻炼的一般生理卫生知识，科学地进行体育锻炼，才能起到健身强体、防病治病的作用。

一、体育锻炼的卫生要求

体育锻炼可以增强体质、提高人体的健康水平，已被大量科学实验所证实。随着现代生活水平的提高，余暇时间的增多，人们越来越意识到参加体育锻炼的必要性和可能性。但是，人们在从事体育锻炼前经常遇到一个共同问题是，怎样进行体育锻炼？对于一般人来说，在开始参加体育锻炼前，除了进行一般的身体检查和必要的咨询外，首先要做好以下准备：

(一)培养锻炼兴趣

在从事体育锻炼前，应首先培养锻炼者对体育活动的兴趣，这是长期进行体育锻炼的前提。培养体育锻炼兴趣的方式有很多，如观看体育比赛、与亲朋好友进行体育活动等。有了浓厚的体育锻炼兴趣，就能自觉地投入体育锻炼之中，从而取得理想的体育锻炼效果。

(二)选择活动项目

在进行体育活动时，除根据自己的兴趣选择活动项目外，还要考虑体育锻炼者自身的条件。青少年活泼好动，可以选择一些强度较大、带有游戏性质的活动项目，如打篮球、踢足球、爬山、游泳、健美操等；老年人身体机能较差，应选择一些活动量相对较小、而且不容易出现运动损伤的活动项目，如太极拳、跑步等；对于一些为预防或治疗某些疾病而进行的康复性体育活动，则应根据锻炼者的身体状况选择锻炼项目，并且应在医生或运动医学工作者的指导下进行。同时，锻炼者还应根据不同的季节、气候条件确定体育锻炼项目，如冬季可进行长跑、足球、滑冰等运动，夏季可进行游泳、篮球、排球等活动。总之，运动项目可多样化，选择的运动项目要对整体机能产生良好影响。

(三)确定运动强度

为增强体质而进行的体育锻炼主要是为了提高人体的健康水平，而不是为了创造运动成绩，所以体育锻炼的运动强度不宜过大，特别是体育康复者更应如此。体育锻炼中控制运动强度最简单的办法是测定体育锻炼时的脉搏，虽然不同年龄和机能状况的人在体育锻炼时的最佳脉搏有所不同，但对一般体育锻炼者来说，体育锻炼时的脉搏控制在每分钟 140 次左右较为合适。由于体育锻炼时运动强度相对较小，因而运动的持续时间则应相对较长，每天至少应在半小时以上。对于刚参加体育锻炼的人来说，一开始锻炼的时间宜短不宜长，以后随身体机能的适应,锻炼时间可逐渐加长。

二、体育锻炼前要做好准备活动

体育锻炼前进行充分的准备活动对于体育锻炼者来说是非常重要的,有些体育活动爱好者就是由于不重视锻炼前的准备活动而导致各种运动损伤,不仅影响锻炼效果,而且影响锻炼兴趣,对体育活动产生畏惧感。因此,每个体育活动爱好者在每次锻炼前都必须做好充分的准备活动。

(一)准备活动的主要作用

1. 提高肌肉温度,预防运动损伤

体育锻炼前进行一定强度的准备活动,可使肌肉内的代谢过程加强,肌肉温度增高。肌肉温度增高后,一方面可使肌肉的黏滞性下降,提高肌肉的收缩和舒张速度,增强肌力;另一方面还可以增加肌肉、韧带的弹性和伸展性,减少由于肌肉剧烈收缩造成的运动损伤。

2. 提高内脏器官的机能水平

内脏器官的机能特点之一为生理惰性较大,即当活动开始,肌肉发挥最大功能水平时,内脏器官并不能立即进入“最佳”活动状态。在正式开始体育锻炼前进行适当的准备活动,可以在一定程度上预先动员内脏器官的机能,使内脏器官的活动一开始就达到较高水平。另外,进行适当的准备活动还可以减轻开始运动时由于内脏器官的不适应所造成的不舒服感。

3. 调节心理状态

体育锻炼不仅是身体活动,而且也是心理活动。体育锻炼前的准备活动即可以起到这种心理调节作用,接通各运动中枢间的神经联系,使身体处于适度的兴奋状态。

(二)准备活动内容、时间和量

一般来说,准备活动时主要应考虑准备活动的内容、时间和量。

1. 内容

准备活动可分为一般准备活动和专项准备活动。一般准备活动主要是一些全身性身体练习,主要包括跑步、踢腿、弯腰等,一般性准备活动的作用是提高整体的代谢水平和大脑皮层的兴奋状态,减少运动损伤的发生;专门性准备活动是指与所从事的体育锻炼内容相适应的运动练习,如打篮球前先投篮、运球;跑步前先慢跑等。除非进行一些专门性运动和比赛,一般人体育锻炼时只需进行一般性准备活动,即可进行正式的体育活动内容。

2. 时间和量

准备活动的量和时间随体育锻炼的内容和量而定,由于以健身为目的的体育锻炼量较小,所以准备活动的量也相对较小,时间不宜过长,否则,还未进行体育锻炼身体就疲劳了。半小时的体育锻炼,其准备活动的时间一般为 10 min 左右。气温较低时,准备活动的时间也适当长一些,量可大一些。气温较高时,时间可短一些,量可小一些。

3. 时间间隔

一般人参加体育活动是为了增强体质,不是创造成绩,所以准备活动后接着进行体育锻炼即可。

三、体育锻炼的时间

参加体育锻炼的时间主要根据个人的生活习惯、身体状况或工作性质而定，一般很难统一。但就多数体育锻炼者来说，体育锻炼的时间多安排在清晨、下午和傍晚。不同的锻炼时间有不同的特点，练习者可根据自己的实际情况选择。

（一）清晨锻炼

许多人喜欢在清晨进行体育锻炼，这首先是由于清晨的空气新鲜，早锻炼有助于体内的二氧化碳排出，吸入较多的氧气，有利于体内的新陈代谢加强，提高锻炼的效果；其次，清晨起床后大脑皮层处于抑制状态，通过一定时间的体育锻炼，可适度提高大脑皮层的兴奋性，从而有利于一天的学习与工作；再者，清晨锻炼时，凉爽的空气刺激呼吸道黏膜可增强机体的抵抗力，以适应外界环境的变化，不易发生感冒等病症。

但是，由于清晨锻炼多在空腹情况下进行，所以运动量不要太大，时间也不宜长。否则，长时间的运动会造成低血糖。

（二）下午锻炼

下午主要适合有一定空余时间的人进行体育锻炼，特别适合大、中、小学的师生，经过一天紧张的工作后，下午进行一定强度的体育锻炼，不仅可以增强体质，而且可使身心得到调整。下午进行体育锻炼时，运动强度可大一些，青年学生可打球、跑步等，对心血管病人来说，下午运动最安全。

（三）傍晚锻炼

晚饭后也是体育锻炼的大好时光，特别是对那些清晨和白天工作学习十分忙碌的人来说尤为如此。傍晚进行适当的体育锻炼，既可以健身强体，又可以帮助机体消化吸收。傍晚运动的主要形式为跑步，也适合于大学生的活动特点。傍晚进行体育活动的时间可短，一般不要超过 1 h，运动强度也不可大，心率应控制在每分钟 120 次左右。强度过大的运动会影响胃肠道的消化吸收，同时，傍晚锻炼结束与睡觉的间隔时间要在 1 h 以上，否则，会影响夜间的休息。

四、控制运动量

体育锻炼时，合理控制运动量是影响运动效果的重要因素之一。运动量太小，达不到锻炼身体的目的；运动量过大，又会引起过度疲劳。所以，每位体育运动爱好者在开始体育锻炼前就应学会监测运动量的方法。体育锻炼中常见的监测运动量的方法有以下几种：

（一）测运动时脉搏

在体育锻炼时或体育锻炼后即刻测 10 s 的心率和脉搏，就一般体育锻炼者来说，运动后即刻的心率 10 s 内最好不要超过 25 次。

（二）根据年龄控制运动量

年龄与体育锻炼中的运动量有密切的关系，随着年龄的增加，人体的运动能力逐渐下降，体育活动量也应随着减小，现在，体育活动中经常用“220－年龄”的值作为体育锻炼者的最高心率数，即30岁的人在进行体育锻炼时其心率数不要超过每分钟190次，而70岁的人参加体育锻炼时的最高心率不要超过每分钟150次，这一公式已广泛应用到以健身为目的的体育锻炼之中。

（三）根据第二天“晨脉”调节运动量。

“晨脉”是指每天早晨清醒后（不起床）的脉搏数，一般无特殊情况，每个人的晨脉是相对稳定的。如果体育锻炼后，第二天晨脉不变，说明身体状况良好运动量合适；如果体育锻炼后，第二天的晨脉较以前每分钟增加5次以上，说明前一天的活动量偏大，应适当调整运动量；如果长期晨脉增加，则表示近期运动量过大，应该减少运动量，或暂时停止体育锻炼，待晨脉恢复正常时，再进行体育锻炼。

（四）主观感觉

体育锻炼与运动员的运动训练不同，其基本原则为：锻炼时要轻松自如，并有一种满足感，这也是锻炼者进行运动量监测的一项主观指标。如果锻炼后有一种适宜的疲劳感，而且对运动有浓厚的兴趣，则说明运动量适合机体的机能状况；如果运动时气喘吁吁、呼吸困难，运动后极度疲劳、甚至厌恶运动，则说明运动量过大，应及时调整运动量。

体育锻炼对身体机能是综合刺激，身体机能的反应也是多方面的，锻炼者可根据自身条件对身体机能进行综合评价，必要时，则应在医务工作者的监督下进行。

五、运动环境卫生

人体在进行体育活动时，体内物质代谢增强，与环境的关系更加密切，受环境的影响就会更大。因此，要获得强身健体、防治疾病的锻炼效果，就必须注意运动环境的卫生。

（一）体育活动时应注意空气的卫生状况

由于进行体育活动时，体内代谢加强，肺通气量增加，若空气中含有有害成分，运动时吸入体内的有害物质就比平时多的多，对身体的危害更大。因此，应当选择空气清新没有空气污染的地方进行锻炼。

（1）若在有废气排出的工厂附近，则应在工厂的上风侧进行运动。

（2）在城市中心，则应避开上午和下午交通最繁忙的时间，因为此时汽车排出的废气最多，交通干道两旁20 m内的空气都会受到较重的污染。

（3）不应在人数较多，通风换气不充分的体育馆或密闭的室内进行体育锻炼，由于空气中的二氧化碳含量过多，可使人头晕、运动能力下降，产生对人体的不良影响。

（4）不应在雾中进行体育活动，空气中的水气形成雾，雾中多含有尖埃、细菌和有害物质，对身体健康有不良影响。

（二）气温、气湿的变化与体育锻炼

（1）在高温环境下运动产生的热量会蓄积在体内而使体温升高，一旦中枢神经的温度升高，就可能引起一系列的机能失调，甚至死亡。同时由于机体以大量出汗来增加蒸发散热，体

内大量水分和无机盐的丢失，可引起脱水和热痉挛等病症。

(2)气温过低可使肌肉僵硬，黏滞性提高，因而容易造成运动损伤。还会造成机体的局部冻伤或全身体温降低，当大脑温度下降时，可发生意识丧失、甚至死亡。有心血管疾病的患者应注意减少在低温下活动，避免心血管疾病的发作。进行一般体育活动时的适宜气温为 15 ℃左右，进行马拉松跑等大负荷运动时的适宜气温为 10 ℃左右。

(3)室外运动时，要避免强烈日光过度照射，防止紫外线和红外线对人的损害。过量照射紫外线可使局部皮肤毛细血管扩张充血，使表皮细胞破坏，释放出组织胺类物质，增进血管通透性，使皮肤发红和水肿，出现红斑；过量紫外线照射还可以引起光照性皮炎、光照性眼炎、头痛、头晕、体温升高、精神异常等症状。

(三)运动场地卫生

体育活动的场地不能过于狭窄，球场或跑道周围应留有一定的余地。体育场馆的通风状况要好，保持恒温和空气新鲜，室外运动场地周围应无空气污染。室内或夜间的场地采光和照明要充足，光线要柔和、均匀、不眩目，有利于提高运动成绩和避免发生运动损伤。

(四)运动服装与器材卫生

运动服装应符合运动项目要求，并具有透气性、吸湿性，既有利于身体活动，又能防止运动创伤。在炎热的夏季，运动服装应通气、质轻、宽松和色淡。在冬季，室外运动服装既要保暖，又不防碍动作的完成。运动后潮湿的运动服装应立即换掉，以免受凉感冒。

运动器械要坚固，安装得当，并注意检查维修，防止生锈以及连接处脱落。器械旋转应保持一定距离，避免练习时发生冲撞而受伤。

六、体育锻炼与合理的进餐时间

饭后应休息 2.5 h 后，再进行激烈运动比较适宜。饮食与运动时间也不宜间隔太长，餐后 4～5 h，可出现饥饿感或血糖下降，从而影响人体的运动能力，并增加对蛋白质的消耗。有些学生不吃午餐而参加下午的体育课，这对身体健康是十分有害的。空腹时间过长会出现神经肌肉振颤增强，血糖降低，同现注意力不集中、头晕、心慌等现象。经常这样，还会引起肠胃病的发生。运动结束后不宜立即进餐，这是因为消化系统的功能此时还处于相对抑制状态，因此，应当在运动后休息 30 min 以上再进食，大运动量训练后应当休息 45 min 以上。由于运动后会产生饥饿感，用餐时应注意不要狼吞虎咽，更不能暴饮暴食。

七、体育锻炼后的洗浴与健康

体育锻炼后洗澡不仅可以除去身体的污渍和污垢，保持皮肤的清洁卫生，还能使神经系统的兴奋性降低，体表血管扩张，血液循环加快，从而改善肌肤和组织的营养状况，降低肌肉紧张，加强新陈代谢，消除疲劳，提高睡眠质量。

洗浴的水温不宜过高，时间不宜过长，最长不要超过 20 min。

运动后体内温度较高不要用冷水洗浴，冷水的刺激会使神经系统的兴奋性升高，体表血管收缩，心跳加快，肌肉紧张度增加，不利于疲劳的消除，并可能引起感冒等疾病。

在锻炼安排上，如果仅有感冒症状，但是不伴有明显不舒服时，可在症状消失几天后参加正常锻炼。

八、体育锻炼时的饮水卫生

在剧烈运动中或运动后，不应一次饮水过多，饮水过多会导致大量水分一下子进入体内，对身体造成不良影响。血液中过多的水分要由肾脏排出，不仅迅速加大了肾脏负担，同时水分的排出，还导致盐分的损失。其次大量饮水后由于不能马上吸收，水在胃中存留稀释胃液，影响消化和食欲，如果继续运动水会在胃中晃动使人不舒服，并可引起呕吐。

因此，最好在平时饮食中注意有足够的水分，在锻炼时尽量不喝水或少喝水。有时虽然感到口渴，但并不是体内真正缺水，而是由于运动时口腔和咽喉黏膜的水分蒸发和尘埃刺激，以及唾液分泌减少造成的口渴感。这样的口渴不应多喝水，可以漱口以解除渴感。

在天热和出汗多的情况下，应补充水分，但要少量多次。每次 150～200 mL 为宜，每次应间隔 15 min，以免胃肠中存留过多水分。此外，锻炼中或锻炼后不宜喝凉水，更不要立即喝冷冻饮料，因为冷刺激会对胃产生强烈刺激，造成胃痉挛和消化不良。

九、女子月经期的体育卫生

身体健康、月经正常的人，月经期参加适当的体育活动，如做徒手操、活动性游戏、打乒乓球等，可以提高和调整神经系统的活动，改善人体的功能和情绪。参加体育活动可交替收缩和放松腹肌和盆底肌以起到按摩子宫的作用，有利于经血的排出。严重的痛经、经血量过多或有严重的妇科疾病，就不能参加体育活动。

经期参加体育锻炼，应当注意以下几点：

(1)适当减轻运动负荷，运动的时间不宜过长，对月经初潮的少女，由于她们的月经周期不稳定，负荷更不宜大，要循序渐进，要逐步养成经期锻炼的习惯。

(2)运动时，要避免做剧烈的、大强度的或振动大的跑跳动作(如长跑、疾跑、跳高或跳远)，也不要做腹压过大的动作和力量性练习，以免引起经期流血过多或子宫位置改变。

(3)月经期不宜游泳。

(4)月经期间应避免寒冷的刺激，特别是下腹部不要受凉。

(5)如果出现月经紊乱(月经过多、过少或经期不准)或痛经(经期下腹部疼痛)，月经期间应停止体育活动。

女运动员在月经期间，如果月经正常，无特殊反应，可以参加训练。但应循序渐进的增加运动负荷，并应加强医务监督。

第四节　体育锻炼的医务监督

一、医务监督的概念

医务监督是指用医学的知识和方法，对体育参加者的健康和机能进行监护，预防锻炼中各种有害因素可能对身体造成的危害，督导和协助科学的锻炼和训练，使之符合人体生理和机能发展规律。通过医务监督，能更有效地运用体育的手段，促进体育活动参加者的身体发育，增进健康和提高运动技术水平；能培养科学的体育锻炼方法和良好的卫生习惯，遵守体育锻炼的卫生原则，避免与减少运动伤病的发生；保证体育教学和运动训练的顺利进行，使人们从中受益，获得更大成效。

二、医务监督的目的和意义

（一）医务监督的目的

（1）竞技运动的医务监督：通过医务监督使运动员在生理限度内充分发挥竞技效能，创造佳绩。

（2）健身运动的医务监督：通过医务监督使体育锻炼者达到促进身心健康和延年益寿的目的。

（3）医疗运动的医务监督：通过医务监督使参加运动者达到治疗或康复某种疾病的目的。

（二）医务监督的意义

通过医务监督，能更有效地运用体育的手段，促进体育活动参加者的身体发育，增进健康和提高运动技术水平；能培养科学的体育锻炼方法和良好的卫生习惯，遵守体育锻炼的卫生原则，避免与减少运动伤病的发生；保证体育教学和运动训练的顺利进行，使人们从中受益，获得更大成效。

三、医务监督的内容

医务监督是体育运动中常用的一种保健方法，它是运动医学的内容和手段，也是对参加体育运动的人，进行帮助和指导的重要措施。通过医务监督，能够促使运动员和体育爱好者的身体发育，保障他们的身体健康，提高他们的运动成绩。体育运动中的医务监督包括自我监督、体育教学的医务监督，运动训练的医务监督、比赛期间的医务监督四方面。下面着重谈谈自我监督。

自我监督是在体育锻炼期间，经常观察自己的健康状况和生理机能变化的一种方法。通过这种方法，能够评定运动量的大小，早期发现过度疲劳，预防运动性伤病。自我监督可以从以下九点着手：

（一）一般感觉

经常运动的人总是体力充沛、精神愉快的，但在过度训练后就会感到软弱无力，精神萎靡不振，易疲劳，易激动。可根据自己的情况，记录为良好、一般、不好。

（二）运动心情

经常运动的人，一般愿意参加运动，如果训练方法不当或过度疲劳，则对运动不感兴趣或产生厌烦感觉，可记录为很想锻炼、愿意锻炼、不想锻炼、厌烦锻炼。

（三）食欲情况

由于参加运动时消耗了大量的能量，身体里的营养物质便来补充，所以经常运动的人，食欲较好，饭量较大，在过度训练时食欲便会减退，饭量减少，但这和刚运动后不想马上吃饭要区分开。可记录为食欲良好、食欲一般、食欲减退、厌食。

(四)睡眠情况

经常运动的人，神经系统的功能比较稳定，一般睡眠良好，躺下后很快入睡，睡的熟，不易醒，早晨精神振奋，全身有力。如果晚上出现失眠、屡醒、多梦，早晨起来头晕、没精神，说明训练方法不当或运动量过大。

(五)不良感觉

在参加剧烈运动后，由于身体过度疲劳，往往出现四肢无力，肌肉酸痛，不愿活动，这是正常的生理现象，休息几天就会好转。如果在运动后还有头晕、恶心、心慌、气短、心前区疼痛，则表示运动方法不妥或运动量过大。记录时有什么感觉就写什么感觉。

(六)出汗情况

运动时出汗的多少和气候、运动程度、衣着、饮水量、训练水平及身体素质有密切的关系，如果突然发现大量出汗时，可能是过度训练，应调整运动量。记录应写出汗正常、出汗减少、出汗增多，大量出汗。

(七)脉搏

脉搏次数和训练水平有密切关系。如果其他因素相同，脉搏减少，说明训练水平提高。在自我监督中常用早晨脉搏来评定训练水平和身体的机能情况，若早晨脉搏逐渐下降或不变，说明身体反应良好，训练有潜力；若每分钟增加十次以上，说明身体反应不良，要找出原因及时处理。记录为每分钟的脉搏数，每天记一次。

(八)体重

参加体育锻炼后，体重可能有三种变化：第一种是刚参加训练的人，身体里水分和脂肪大量消耗，体重下降。第二种是经过一段时间的锻炼，体重比较稳定，运动后减轻的体重能逐渐恢复。第三种是长期坚持锻炼的人，肌肉逐渐发达起来，体重有所增加，而且保持在一定水平上不变。进行医务监督最好每周早晨测量体重一次，填上千克数。也可在运动前后分别测量体重，以体重的差数，观察运动量的情况。

(九)运动成绩

坚持合理锻炼，运动成绩会逐步提高，也可保持在很高的水平上。如果运动水平没有提高甚至下降，动作的协调性逐渐变差，这可能是早期过度训练的状态，应引起注意，适当休息或调整运动量。除此之外，女大学生要记录月经的情况，如运动后月经量多少，经期长短，有无痛经等。

第五节 运动损伤的预防、处理与急救

一、运动损伤的概念和分类

体育运动中，造成人体组织或器官在解剖上的破坏或生理上的紊乱，称为运动损伤。运动损伤的分类方法较多，常用的有：

（1）按损伤组织的种类分：如肌肉肌腱损伤，滑囊损伤，关节囊和韧带损伤，骨折，关节脱位，内脏损伤，脑震荡，神经损伤等。

（2）按运动能力丧失的程度分：伤后仍能按照教学训练计划进行体育锻炼的为轻伤；伤后不能按教学训练计划进行体育锻炼，需减少或停止患部活动的为中等伤；伤后完全不能运动的为重伤。

（3）按有无创口与外界相通分：创口与外界相通，有组织液渗出或血液自创口流出，称为开放性损伤；伤后无创口与外界相通，损伤后的出血积聚在组织内，称为闭合性损伤。

二、运动损伤的原因

（一）思想上不够重视

思想上麻痹大意及缺乏预防知识，存在着某些片面认识。

（二）缺乏合理的准备活动

准备活动的目的是进一步提高中枢神经系统的兴奋性，增强各器官系统的功能活动，使人体从相对的静止状态过渡到紧张的活动状态。

（三）技术上的错误

技术动作的错误，违反了人体结构功能的特点及运动时的力学原理而造成损伤。

（四）运动负荷（尤其是局部负担量）过大

运动负荷超过了锻炼者可以承受的生理负担量，尤其是局部负担过大，引起细微损伤的积累而发生劳损。

（五）身体功能和心理状态不良

在睡眠或休息不好、患病受伤或伤病初愈阶段以及疲劳时，警觉性和注意力减退，反应较迟钝，此时参加剧烈运动或练习较难的动作，就可能发生损伤。

（六）动作粗野或违反规则

在比赛中不遵守比赛规则，或在教学训练中相互逗闹，动作粗野，故意犯规等。

（七）场地设备的缺点

运动场地不平，有小碎石或杂物；跑道太硬或太滑；沙坑没掘松或有小石，坑沿高出地面，踏跳板与地面不平齐;器械维护不良或年久失修,器械安装不牢固或安放位置不妥当;运动时的服装和鞋袜不符合运动卫生要求等。

二、常见的运动损伤处理与急救

(一)运动性休克

1. 释义

由于剧烈运动引起的人体各重要脏器血流灌注量不足,组织缺血、缺氧,或因无氧代谢增加,机体发生了严重的代谢紊乱和机能障碍,丧失了适应和抵抗能力,导致"运动性休克"。故又称"重力休克"。

2. 征象

运动性休克可分轻、中、重三度。

轻度时,患者自觉头昏、耳鸣、眼前发黑或眼冒金星、恶心、面色发白、软弱无力。

中度时,患者头昏加重,或因意识模糊而昏倒,即使有同伴搀扶也无力支撑身体,面色苍白,四肢发凉,出冷汗,恶心或呕吐,呼吸减慢,心率减速,脉搏细弱,血压轻度下降。

重度时,患者意识模糊,知觉丧失,面色苍白,四肢厥冷,周身大汗或无汗,呼吸浅表,心率慢并伴有节律不齐,脉细弱或摸不到,血压下降甚至测不出,瞳孔缩小或扩大,对光反射迟钝或消失,也可出现抽搐、大小便失禁等症状。

3. 原因

剧烈运动后,如果立即站立不动,使下肢的毛细血管和静脉失去肌肉收缩时产生的挤压作用,血液由于重力作用而淤积于下肢扩张的静脉和毛细血管里。此时,全身血容量虽无改变,但有效血循环量却急剧减少,导致人体各重要脏器血流灌注量不足,组织缺血、缺氧,或因无氧代谢增加,机体发生了严重的代谢紊乱和机能障碍,丧失了适应和抵抗能力,导致"运动性休克"。

4. 处理

当患者出现休克先兆或轻度休克,应立即搀扶,尽可能让其继续行走,使下肢肌肉收缩,促使血液回流,使症状消失。

出现中度休克时,应将患者平卧,头部放低,两脚抬高,或由同伴二人抬其两下肢,由小腿向大腿做按摩或揉搓,以使血液尽早回流入心。

当患者出现重度休克时,除上述处理外,可针刺或掐点人中、百会、涌泉、合谷、十宣等穴。在知觉未恢复以前,不可给任何饮料或服药。如有呕吐,应将其头偏向一侧。也可做50%葡萄糖静脉注射等抗休克处理。

病情较重者,经现场急救后,急需转医院抢救。

5. 预防

应从加强体育锻炼入手,使其能适应激烈运动下机体各部分功能的改变。赛跑前,应了解运动员的精神和身体状况,充分做好准备活动。运动结束后应继续慢跑,做好整理活动并做深呼吸。在比赛的现场应有医务人员做好救护准备。

(二)脑震荡

1. 释义

在运动中,如果发生头部的相互碰撞或头部摔倒在地下的时候,是很容易发生脑震荡的。当发生脑震荡时,伤者会出现一时性的神志恍惚和意识丧失。

2. 征象

致伤时,神志昏迷,脉搏徐缓,肌肉松弛,瞳孔稍大但能对称,神经反射减弱或消失。清醒后,患者常有头痛、头晕、恶心呕吐感;平时情绪烦躁,注意力不易集中,耳鸣、心悸、多汗、失眠、记忆力减退等。

3. 原因

头部受到外力打击后,使大脑管理平衡的膜半规管、椭圆囊、球囊等感受器官功能失调,以致引起意识和功能的一时性障碍。

4. 处理

单独性的脑震荡并不可怕,可怕的是不能及时发现更严重的头部损伤。因此应立即到医院进一步检查,以防颅内损伤严重,危及生命。

脑震荡无需特殊治疗,一般只需卧床休息 5～7 天,给予镇痛、镇静对症药物,减少外界刺激,做好解释工作,消除病人对脑震荡的畏惧心理,多数病人在 2 周内恢复正常。

(三)崴脚

1. 释义

踝关节扭伤是一种十分常见的损伤,俗称“崴脚”。

2. 征象

伤后踝关节内侧或外侧有明显的压痛;内、外踝有明显肿胀,局部有皮下淤斑,踝关节活动受限,行走困难。

3. 原因

这种伤是外力使足踝部超过其最大活动范围,令关节周围的肌肉、韧带甚至关节囊被拉扯撕裂,出现疼痛、肿胀和跛行的一种损伤。

4. 处理

(1)立即停止运动,分辨伤势轻重。轻的可以自己处置,重的就必须到医院请医生诊断和治疗。所以,分辨伤势的轻重非常重要。

(2)立即用冰袋或冷毛巾敷局部,使毛细血管收缩,以减少出血或渗出,从而减轻肿胀和疼痛。

(3)冷敷的同时或冷敷后可用绷带、三角巾等布料加压包扎踝关节四周。

(4)如已发生或怀疑发生骨折,应先固定结扎。如为开放性骨折应加压包扎止血后再将骨折处固定。

(5)受伤后切忌推拿按摩受伤部位,切忌立即热敷,热敷需在受伤 24～48 h 后开始进行。

(6)最好用单架把伤员送往医院进一步诊断救治。

(四)运动性骨折

1. 释义

骨或软骨的完整性或连续性遭到破坏的损伤,叫做骨折。

2. 征象

疼痛、肿胀、患部活动功能受限,环形压痛或纵向叩击痛,畸形,骨擦音(轻微的动作,骨折断端可发生磨擦音),X 线检查异常。

3. 原因

强烈的肌肉收缩可拉断肌肉附着处的骨质。长期、反复的轻微作用力可导致疲劳性骨折。外来直接暴力或间接暴力均可引起骨折。

4. 处理(骨折的急救)

(1)凡有骨折可疑的病人,均应按骨折处理。一切动作要谨慎、轻柔、稳妥。

(2)首先是抢救生命,如病人处于休克状态中,应以抗休克为首要任务。

(3)闭合性骨折有穿破皮肤、血管、神经的危险时,应尽量消除显著的移位,再用夹板固定。

(4)在大血管出血时,先止血。若骨折端已戳出伤口,并已污染,但未压迫神经、血管时,不应立即复位,以免将污物带进创口深处。

(5)若在包扎创口时,骨折断端已自行滑回创口内,则送病人到医院后,务必向负责医师说明,促其注意。

骨折急救时,最重要的一项,就是用妥善的方法把骨折的肢体固定起来。

5. 几种骨折固定技术

院外急救骨折固定时,常不能按医院那样要求,常就地取材,代替正规器材。如各种 2～3 cm 厚的木板、竹杆、竹片、树枝、木棍、硬纸板,以及伤者健(下)肢等,均可作为固定代用品。

(1)颈椎骨折固定:①使伤者的头颈与躯干保持直线位置。②用棉布、衣物等,将伤者颈椎、头两侧垫好,防止左右摆动。③用木板放置头至臀下,然后用绷带或布带将额部、肩和上胸、臀固定于木板上,使之稳固。

(2)锁骨骨折固定:用绷带在肩背做 8 字形固定,并用三角巾或宽布条于颈上吊托前臂。

(3)肱骨骨折固定:用代用夹板 2～3 块固定患肢,并用三角巾、布条将其悬吊于颈部。

(4)前臂骨折固定:用两块木板,一块放前臂上,另一块放背面,但其长度要超过肘关节,然后用布带或三角巾捆绑托起。

(5)股骨骨折固定:用木板 2 块,将大腿小腿一起固定。置于大腿前后两块长达腰部,并将踝关节一起固定,以防这两部位活动引起骨折错位。

(6)小腿骨折固定:腓骨骨折在没有固定材料的情况下,可将患肢固定在健肢上。

(五)关节脱位

1. 释义

关节脱位又叫关节脱臼,是指组成关节各骨的关节面失去正常的对合关系,关节的功能丧失。

2. 征象

关节脱位除有明显的外伤史和患部疼痛、肿胀外,最主要的特征是关节功能的丧失。

3. 原因

在跌倒或受外力冲击时，在一定的姿位下，使关节囊破裂，骨端脱出而发生脱位。

4. 处理

对脱臼的关节，要限制活动，以免加重伤势。并且争取时间及早复位，即用正确的手法将脱出的骨端送回原处，然后予以固定。如果对骨骼组织不熟悉，就不要随意地复位。复位不成功，应将脱臼的关节用绷带等固定好，送医院处理。

另外，脱臼有可能合并骨折，遇到这种情况，应及早送往医院治疗。

5. 几种常见关节脱位的复位方法

如一般脱位，救护人能够复位，也可在现场进行。复位原则是放松局部肌肉，按损伤时的作用力向反方向牵引，首先拉开，然后旋转，用力不要过猛，复位后用绷带固定。

(1)下颌关节脱位：救护人先将两手的大拇指包上纱布，放在对方两侧下臼齿上，拇指压迫两侧臼齿，其余四指握下颌弓，提起下巴后上方轻推，大拇指从牙上滑出。此时，可听到滑动声响，表示已复位。复位后，伤员上下牙齿可对齐，可自由张嘴，但在一个月内不宜大张嘴。

(2)肩关节脱位：肱骨下脱位的整复时，伸臂，肩半外展，牵引，在腋内推肱骨头向上。前脱位时，要屈肘，上臂贴胸，外旋肩关节，肘贴胸向前移，横过胸前，旋肩关节，将手放到内侧肩；后脱位时，使肩半外展，屈肘，外旋肩，肘向前移，用手推肱骨头。

(3)肘关节脱位：伤员呈坐位，助手握住上臂作对抗牵引。治疗者一手握患者腕部，向原有畸形方向持续牵引，另一只手手掌自肘前方向肱骨下端向后推压，其余四指在肘后将鹰嘴突向前提拉，即可使肘关节复位。复位后将肘关节屈曲 90°，用三角巾悬吊于胸前，或用长石膏托固定。2～3 周后去除外固定，辅以积极的功能锻炼，以恢复肘关节的功能。

(六)运动性软组织损伤

1. 释义

运动性软组织损伤指由于运动不当引起的各种急性外伤或慢性劳损以及风寒湿邪侵袭等原因造成人体的皮肤、皮下浅深筋膜、肌肉、肌腱、腱鞘、韧带、关节囊、滑膜囊、椎间盘、周围神经血管等组织的病理损害，通称为软组织损伤。

2. 征象

疼痛，肿胀，畸形，功能障碍。

3. 处理

(1)闭合性软组织损伤。急性闭合性软组织损伤是由于某一刻的受力或非生理性运用导致的局部软组织损伤，皮肤及黏膜保持完整，伤处与外界没有相通。

处理原则：

早期：伤后 24～48 h 内。损伤后即刻采用制动、冷敷、加压包扎和抬高患肢等一系列处理。严禁沿伤处按摩和热疗。

中期：损伤 24～48 h 后，出血停止，急性炎症消退，局部淤血，肉芽组织正在形成，组织正在修复。可采用热疗、按摩、药物及传统中医药方法等多种方法交替进行，同时安排小运动量的功能康复练习。

后期：损伤基本恢复，肿胀、压痛等局部征象已经基本消失。处理原则是增强肌肉力量，恢复关节活动度，松解粘连。通常以功能锻炼为主，治疗可采用理疗、按摩及其他中医药方法。

(2)开放性软组织损伤。

擦伤:(皮肤表面受到磨擦后的损伤)创口较浅,面积小的擦伤,可用生理盐水洗净伤口,创口周围用75%的酒精消毒,局部擦以红汞或紫药水,无需包扎。但面部擦伤,最好不用紫药水,关节附近擦伤经消毒处理后,一般不采用暴露疗法,因为干裂易影响关节运动,一旦发生感染,也易波及关节。因此,关节附近多采用消炎软膏或多种抗生素软膏涂抹,并用无菌敷料覆盖包扎。对于出血比较严重的还要进行止血处理。

撕裂伤:撕裂伤中,以头面部皮肤撕裂伤最为多见,如篮球运动中,眉弓被对方肘碰撞引起眉际皮肤撕裂等。若撕裂的创口较小,经消毒处理后,用黏膏或创可贴粘合即可。撕裂创口较大,则需止血,缝合创口。若伤情和污染较重时,应注射破伤风抗毒血清,并给以抗菌素治疗。

刺伤和切伤:田径运动中被钉鞋或标枪刺伤,冬季滑冰时被冰刀切伤,其处理方法基本上与撕裂伤相同。

(七)肌肉痉挛

1.肌肉痉挛

肌肉痉挛就是俗称的抽筋,它是因为肌肉产生不自主的强直收缩。痉挛的肌肉僵硬,疼痛难忍,痉挛肌肉所涉及的关节,伸屈功能有一定的障碍。

2.肌肉痉挛的原因

(1)疲劳。身体疲劳会影响肌肉的正常生理功能,疲劳的肌肉往往血液循环和能量物质代谢有改变,肌肉中会有大量的乳酸堆积,乳酸不断地对肌肉的收缩物质起作用,致使痉挛产生。

(2)电解质不平衡。运动中大量出汗,特别是在炎热的天气中运动,排汗量大,使人体内电解质从汗液中大量丢失。电解质与肌肉的兴奋性有关,丢失过多,肌肉兴奋性增高过快,可发生肌肉痉挛。

3.处理方法

(1)发生抽筋时,不要紧张,先检查并确定何处肌肉产生痉挛,再针对此处的肌肉加以处理。

(2)发生肌肉痉挛时,通常只要向相反的方向牵引痉挛的肌肉,使之拉长,一般疼痛都可以得到缓解。处理时要注意保暖,牵引用力要均匀,切忌暴力。

(3)腹部肌肉痉挛时,可做背部伸展运动以拉长腹肌,还可以进行腹部的热敷及按摩。

(4)小腿肌肉痉挛时,可伸直膝关节,勾起脚尖同时双手握住脚用力向上牵引即可。

(5)游泳中发生肌肉痉挛时不可惊慌,可先吸一口气,仰浮于水面,并立即求救,在水中自救的方法是用没抽筋的一侧手握住抽筋的脚趾,用力向身体的方向拉,同时用抽筋一侧的手掌按住抽筋腿的膝盖上向拉,帮助膝关节的伸直,待痉挛缓解后,再慢慢游向岸边。

4.预防

(1)要加强身体的锻炼,提高身体健康状况,尤其应注意耐寒力及耐久力之增进。

(2)运动前,必须认真地做好准备动作及暖身。

(3)在高温或进行长时间剧烈运动时,应适当的补充能量。身体疲劳时,应有充分的休息再进行运动。

(4)游泳下水时应先用冷水淋浴,并做暖身运动。

(5)预防胜于治疗,当发生肌肉痉挛时需镇定。

（八）运动中腹痛

1. 释义

运动中腹痛是由激烈运动引起的一时性的机体机能紊乱。

2. 原因

（1）胃肠痉挛。多因饮食不当、暴饮暴食、进食离运动时间过近或吃得过饱、喝得过多（尤其是冷饮），或因吃的是产气食物和不易消化食物（豆类、薯类、牛肉等）而发病。

（2）肝脾区疼痛。如果发生在运动刚开始，其原因多为准备活动不足。由于剧烈运动，呼吸变得不均匀，没有节律，使呼吸变得表浅，频率过快，从而造成呼吸肌疲劳，甚至痉挛。同时呼吸短浅，胸内压较高，也会妨碍下腔静脉的回流，造成肝、脾淤血性肿大或肝、脾被膜紧张而引起疼痛。

肝、脾悬重韧带紧张牵扯，亦能引起疼痛，多发生在运动中后期。

（3）腹直肌痉挛。主要是由于运动时大量排汗，盐分丧失，水盐代谢失调所致。

（4）腹部慢性疾病。运动者原有慢性阑尾炎、溃疡病、慢性盆腔炎或肠道寄生虫等，参加激烈活动时，由于受到震动和牵扯即可产生运动中疼痛。

3. 处理

（1）在运动中发生腹部疼痛时，不单是运动性疾病的运动中腹痛，要迅速准确地做出鉴别，停止训练送医院急救。

（2）腹痛在没有明确诊断前，不能服用止痛药，因为会掩盖病情造成误诊。

（3）一般运动过程中腹痛时，可适当减速，调整呼吸，并以手按压疼痛部位。

（4）如属胃肠痉挛，可针刺和手指点揉内关、足三里、大肠俞、阳陵泉、承山等穴，亦可用阿托品 0.5 mg 即刻注射，或口服“十滴水”。

4. 预防

锻炼要讲科学，运动量的增加应循序渐进，并应合理安排膳食，饭后 1～2 h 才可参加剧烈运动，不吃冷饮和难以消化的食物。

准备活动要做得充分、合理，要由一般的慢的身体练习开始，逐渐加大运动量和强度。运动过程中应注意呼吸节奏，失水较多时应注意及时补充水和盐。

（九）运动性中暑

1. 释义

它是指肌肉运动时产生的热量超过身体能散发的热量而造成运动员体内的过热状态。

2. 征象

高热，中枢神经系统障碍，皮肤发热、干燥或呈粉红色。

3. 原因

先天性原因，如慢性特发性无汗症；功能性原因，低体能水平、低工作效率、皮肤表面积减少；后天性原因，汗腺功能紊乱、传染病、X 线照射、皮肤烧伤后大疤痕、药物影响等。

4. 处理

场地急救要保持呼吸道畅通（必要时气管内插管），测量血压、脉搏、直肠温度，点滴输液，对严重者要及时送往医院抢救。住院治疗包括降温、心脏监护、输液，必要时透析等。

5. 预防

夏天炎热季节时避免在一天中最热时间进行运动。每运动 50 min 后至少休息 10 min。运动前、运动中、运动后及时补充水和盐。

(十)运动性昏厥

1. 释义

在运动过程中,脑部突然血液供给不足,并达到一定程度时,发生暂时性知觉丧失现象,称之为"运动性昏厥"。

2. 征象

开始时可能是感到头昏眼花、心悸气促、恶心想呕、出冷汗,继而面色苍白、手脚发凉、呼吸缓慢,眼睛发黑,失去知觉而昏倒。

3. 原因

因为长时间剧烈运动,四肢回流血液受阻,或突然进入激烈运动状态(如疾跑、冲刺),或在极度疲劳下继续勉强地锻炼,或久蹲后骤然站起,或疾跑后急停,或空腹状态下锻炼出现低血糖等,都可引起运动性昏厥。

4. 处理

如一旦出现运动性昏厥,应及时将患者平卧,松解衣领和腰带,使脚高于头部,并由小腿向大腿、心脏方向推摩,促进血液快速回流到心脏,也可点按人中、合谷穴。

如发生呼吸障碍,即进行人工呼吸。轻微患者可同伴搀扶慢走,并协助做伸展运动和深呼吸等。

5. 预防

平时应经常参加体育锻炼,以增强体质。运动时要控制运动负荷,防止过度疲劳。

第六节　按摩与取穴

一、穴位按摩的概念

穴位按摩是刺激人体特定的穴位、激发人的经络之气来防病治病的一种手段。

二、穴位按摩的作用

疏通经络,行气活血;理筋整复,滑利关节;调整脏腑功能,增强抗病能力。

三、穴位按摩手法的基本要求

按摩手法的基本要求是持久、有力、均匀、柔和与渗透。持久是指单一手法能够持续操作,有一定时间不间断,不乏力;有力即有力量,不可以用蛮力和暴力,是一种很有技巧的力量;均匀是指手法操作的节律、速率、压力等能够保持均匀一致;柔和是指手法轻而不浮、重而不滞、刚中有柔、柔中有刚;渗透是指手法具备了渗透力,这种渗透力可透皮入内,能深达深层组织及脏腑。

四、穴位按摩的几种常用方法

(一)揉法

以指、掌的某一部位在体表施术部位上做轻柔灵活的上下、左右或环旋揉动，称为揉法。揉法是常用手法之一，根据肢体操作部分的不同而分为掌揉法、指揉法等。其中掌揉法又分为大鱼际揉法、掌根揉法等，指揉法分为拇指揉法、中指揉法等多种揉法。

1. 大鱼际揉法

以手掌大鱼际部着力于施术部位上。沉肩，屈肘成120°～140°，肘部外翘，腕关节放松，呈微屈或水平状，使大鱼际在治疗部位上进行轻柔灵活的揉动，手法频率为每分钟120～160次(图7-6-1)。

2. 掌根揉法

肘关节微屈，腕关节放松并略背伸，手指自然弯曲，以掌根部附着于施术部位上进行柔和的连续不断的旋转揉动，手法频率每分钟120～60次(图7-6-2)。

3. 拇指揉法

以拇指罗纹面置于施术部位上，其余四指置于其相对或合适的位置以助力，腕关节微屈或伸直做连续不断地旋转揉动，手法频率每分钟120～160次(图7-6-3)。

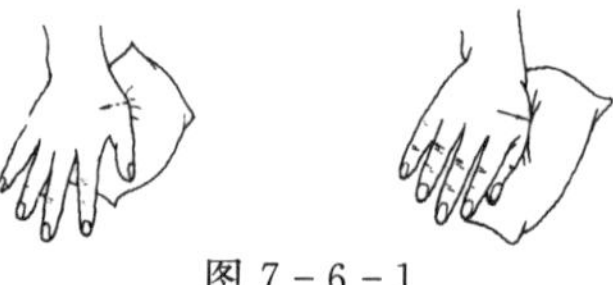
图7-6-1

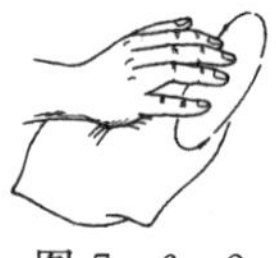
图7-6-2

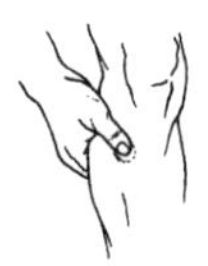
图7-6-3

4. 要求及注意事项

(1)所施压力要适中，以受术者感到舒适为度。揉动时要带动皮下组织一起运动，动作要灵活而有节律性。

(2)要掌握好揉动频率。揉法的揉动频率一般情况下是每分钟120～160次，但亦有特例情况，比如指揉法在面部操作时可以缓慢操作。

(3)大鱼际揉法前臂有推旋动作，腕部宜放松，而指揉法则腕关节要保持一定的紧张度，掌根揉法则腕关节略有背伸，松紧适度。

(4)不可在体表形成磨擦运动。

5. 适应症

指揉法接触面小、力弱，适用于头面部腧穴；大鱼际揉法因其腕部的旋动、摆动，而使大鱼际部产生揉压动作，适用于腹部、面部、颈项部及四肢部；掌根揉法面积较大，力沉稳适中，多用于背、腰、臀、躯干部。

(二)摩法

用指或掌在体表做环形或直线往返摩动，称为摩法。分为指摩法和掌摩法两种。

1. 指摩法

指掌部自然伸直，食指、中指、无名指和小指并拢，腕关节略屈。以食指、中指、无名指及小指指面着于施术部位做环形或直线往返摩动(图 7－6－4)。

2. 掌摩法

手掌自然伸直,腕关节略背伸,将手掌平置于施术部位上,其操作过程同指摩法(图 7－6－5)。

图 7－6－4　　图 7－6－5

3. 要求及注意事项

指摩法在操作时腕关节要保持一定的紧张度,而掌摩法则腕部要放松。摩动的速度、压力宜均匀。一般指摩法宜稍轻快,掌摩法宜稍重缓。

4. 适应症

指摩法接触面较小,适于颈项、面部、四肢等部位,而掌摩法接触面大,多适用于胸腹、背腰等部位。

(三)推法

以指或掌、肘等着力于施术部位上,做单向直线推动,称推法,又名平推法。推法一般分为指推法和掌推法两种。

1. 指推法

以拇指端着力于施术部位或穴位上,其余四指置于对侧或相应的位置以固定助力,腕关节略屈并偏向尺侧。拇指及腕臂部主动施力,向拇指端方向呈短距离单向直线推进(图 7－6－6)。

2. 掌推法

以掌根部着力于施术部位,腕关节背伸,肘关节伸直向前做单向直线推进(图 7－6－7)。

图 7－6－6　　图 7－6－7

3. 要求及注意事项

着力部要紧贴体表,推进的速度宜缓慢均匀,压力平稳适中,要单向直线推进。不可推破皮肤。为防止推破皮肤,可使用滑石粉等介质。

4. 适应症

指推法接触面小,推动距离短,施力柔中含刚,故常用于足部、手部、项部和面部,亦可用于局部穴位;掌推法接触面大,推动距离长,力量柔和而沉实,多用于背腰部、胸腹部及四肢部。

(四)擦法

用指掌贴附于施术部位,做快速的直线往返运动,使之磨擦生热称为擦法。

1. 要求及注意事项

(1)着力部分要紧贴体表,直接接触皮肤操作,不宜过度施压,须直线往返运行,往返的距离应尽力拉长，力量要均匀，动作要连续不断，有如拉锯状。

(2)擦法产生的热量应以透热为度。即术者在操作时感觉擦动所产生的热已徐徐进入受术者的体内，此时可称为“透热”。透热后，结束手法操作。

(3)压力不可过大，也不可过小。操作时如压力过大，则手法重滞，且易擦破皮肤。施术时，手掌与受术者体表的接触必须平实，否则在擦动时，会时滞时浮。

(4)不可擦破皮肤。长时间的操作或擦后又使用了其他手法易致皮肤破损，故应避免。为保护皮肤，常结合使用红花油等介质进行操作。

2. 适应症

擦法具有较好的温经散寒作用，一般均可用于胸腹部、两胁部、背腰部及四肢部。

(五)按法

以指、掌部位节律性地按压施术部位，称按法。可分为指按法和掌按法两种。

1. 指按法

以拇指端或罗纹面置于施术部位或穴位上，其余四指张开，置于相应位置以支撑助力，腕关节悬屈与施术部位相垂直的按压。当所按压力达到所需的力量后，要稍停片刻，即所谓的“按而留之”(图 7－6－8)。

2. 掌按法

以单手或双手掌面重叠置于施术部位垂直向下按压(图 7－6－9)。

图 7－6－8　　图 7－6－9

3. 要求及注意事项

用力宜由轻到重，稳而持续，使刺激充分到达机体组织的深部；按压的用力方向多为垂直向下或与受力面相垂直；手法操作要有缓慢的节奏性，不可突施暴力。按法用力的原则是由轻而重，结束时则由重而轻。尤其掌按法，手法操作忌暴起暴落，同时一定要掌握好患者的骨质情况，诊断必须明确，以避免造成骨折。

(六)捏法

用拇指和其他手指在施术部位作对称性的挤压，称为捏法。

1. 要求及注意事项

(1)捏法要求拇指与其余手指间要具有持久的对合力。

(2)施力时拇指与其余手指双方力量要对称，用力要均匀而柔和，动作要连贯而有节奏性。

(3)操作时要用指面着力，而不可用指端着力。

2. 适应症

捏法具有较好的舒松肌筋的作用，因而常用于颈项部、四肢部。如颈椎病、疲劳性四肢酸痛等病症。

(七)拍法

用虚掌拍打体表,称拍法。拍法可单手操作,亦可双手同时操作。

1. 要求及注意事项

(1)操作时动作要平稳,要使整个掌、指周边同时接触体表。腕部要适度放松,上下挥臂时,力量通过有一定放松度的腕关节传递到掌部,使刚劲化为柔和。

(2)拍打操作时如直接接触皮肤,以皮肤轻度充血发红为度。

(3)拍打时力量不可有所偏移,否则易拍击皮肤而疼痛。对结核、严重的骨质疏松、骨肿瘤、冠心病等病症禁用拍法。

2. 适应症

双掌拍法因双手同时操作,力量较弱,主要作用于肌表浅层组织,多用于脊柱两侧及两下肢后侧;单掌拍法力量集中而强,适于脊柱正中,沿脊柱自上而下重拍。如腰背筋膜炎,腰椎间盘突出症等病证。

第八章

营养与健康

第一节　运动与营养

合理营养与体育锻炼是维持和促进健康的两个重要条件。体育锻炼造成的各种消耗，要在运动结束后通过合理的膳食营养进行补充。如果缺乏合理营养保证，消耗得不到补充，机体会处于一种亏损状态。久而久之，对机体健康不利，会使锻炼者生理功能及运动能力下降，出现乏力、疲劳甚至疾病状态。因此，以科学合理的营养为物质基础，以体育锻炼为手段，用锻炼的消耗过程换取锻炼后的超量恢复过程，从而提高人体各器官系统的功能。此时获得的健康，较之单纯以营养获取的健康上升了一个新的高度。

一、健身运动者的膳食营养需求

（一）运动与蛋白质

蛋白质与人体的运动能力有密切的关系，运动时体内蛋白质代谢加强，蛋白质的需要量也会增大。特别是进行系统力量训练时，人体肌肉蛋白质的代谢率会加速，分解变多了，则需要从食物中摄入的蛋白质量增加，以便来合成自己的肌肉，因此肌肉很发达的举重运动员、健美运动员对蛋白质的需求量比普通人几乎多一倍。

（二）运动与脂肪

很多人谈“脂”变色。脂肪的坏处，相信大家已知道很多，如肥胖、心脑血管疾病等。其实，脂肪还有很多的好处，脂肪可以保护内脏，减少内脏被外界突然的冲力所伤害，防止内脏下垂等。肾脏周围的脂肪是不能少的，卵巢里的脂肪也是不能少的。

（三）运动与维生素

虽然维生素在体内的含量很少，但对人体的作用却是不可忽视的，它们可以促进代谢，调节正常的生理机能。一般人体内的维生素必须从食物中摄取。

（四）运动与碳水化合物

人体活动能量的来源应该是碳水化合物，就是我们所说的糖。糖是构成机体的重要物质，也是人体最主要的热量来源。

(五)运动与矿物质

矿物质也是人体必需的营养素。不同的运动,对各种矿物质的要求也是不同的。

(六)运动与水

当我们做剧烈运动时,身体温度升高,而排汗是人体调节体热平衡的重要方式。但排汗后如果没有合理、及时地补充水分,就会造成代谢紊乱,使人体温升高,脉搏加快,心输出量减少,电解质紊乱,机能下降同时伴有疲劳感,严重时甚至晕厥或死亡。

二、健身运动者的合理营养要求

合理的营养,指的是一日三餐给予身体提供的热量和营养元素能和日常运动训练中的能量与营养需求保持平衡。从营养素来讲,要有充足的热能,蛋白质、脂肪、碳水化合物的含量和比例要适当,有充足的无机盐、维生素、微量元素和水分,也就是说每日各种食物的种类和数量的选择要得当、充足。

无论运动员还是健身者,要注意以下几个问题。

(1)从思想上高度重视一日三餐的合理营养。

(2)运动者要加强自我营养知识的学习,根据自己每天的训练量,合理选择三餐食物种类和数量,而不是单单根据自己的喜好选择食物。

(3)选择主食方面最好为米、面和馒头,主食需要含有碳水化合物,从而给予身体能量补充,使得锻炼的时候更有活力。

(4)要避免选食过多的肉类,目前国内的运动者蛋白质缺乏已很少见,吃过多的肉食不仅不会给人能量,相反会对人体带来许多危害,如过多的蛋白质摄入可同时带入过多的脂肪,长期下去会引起高血脂、冠心病等。

(5)动物蛋白和植物蛋白的比例要适宜,应多食牛奶和豆制品以代替部分肉类。吃各种各样的蔬菜和水果,特别应强调增加生食的蔬菜,以减少营养素的损失。少吃或不吃油炸食物、肥猪肉、烤鸭、腊肉、奶油等,它们可能带入体内过多的脂肪,引起肥胖。

例如,一名体重 70 kg 的篮球运动者,每天需要的热能为 4200 kJ,每天应吃主食 500～600 g、牛奶 500 g、豆制品 50～100 g、蔬菜 500～750 g、水果 300～500 g,鸡、鸭、鱼、肉等合计 100～200 g、植物油 25～30 g。

三、常见健身项目锻炼者的膳食营养特点

(一)跑步

短跑时间短、强度大,要求有较好的爆发力。在膳食中要有丰富的动物性蛋白质,以增大肌肉体积,提高肌肉质量。另外,在膳食中增加磷和糖的含量,为脑组织提供营养。还应在膳食中增加矿物质如钙、镁、铁及维生素 B_1 的含量,以改善肌肉收缩质量。

长跑要求有较高的心肺功能及全身的抗疲劳能力。虽强度较小但时间较长,体力消耗较大。膳食中要突出碳水化合物、铁、钙、磷、钠、维生素 C、维生素 B_1 和维生素 E 的含量,以利于

提高有氧耐力。

(二)体操

健美操以及竞技体操、艺术体操动作复杂而多样,要求有较强的力量与速度素质以及良好的灵巧与协调性,对神经系统有较高的要求。因此,应着重补充高蛋白质、高热量、低脂肪、维生素、矿物质,突出铁、钙、磷的含量及维生素 B_1、维生素 C 的含量。

(三)球类

球类项目对力量、速度、耐力、灵敏度、柔韧性等素质有较高的要求。食物中要含丰富的蛋白质、糖以及维生素 B_1、维生素 C、维生素 E、维生素 A。球的体积越小,对运动者的视力要求越高,所以,在食物中维生素 A 的含量应更高些。足球运动时间较长且在室外,矿物质、水分丢失较多,应及时补充。

(四)游泳

游泳作为水中项目,使机体散热较多、较快,冬泳更是如此。游泳锻炼要求一定的力量与耐力素质,要求在膳食中含有丰富的蛋白质、糖和适量脂肪。老年人及在水温较低时出于抗寒冷需要,可再增多脂肪摄入。维生素以 B_1、C、E 为主。增加碘的含量,以适应低温环境甲状腺素分泌增多的需要。

(五)棋牌类

棋牌类是以脑力活动为主的项目。当血糖降低时,脑耗氧量下降,工作能力下降,随之产生一系列不适症状,所以棋牌类项目对糖类有着特殊的需求。此外,膳食中增加蛋白质和维生素 B_1、维生素 C、维生素 E、维生素 A 的供给,提高卵磷脂、钙、磷、铁的含量。膳食中应减少脂肪摄入,以降低机体耗氧,保证脑组织的氧供应。

四、不同运动阶段营养需求有别

(一)运动前

空腹或刚进食完就开始运动对人体健康是非常不利的。在运动之前最好食用少量食物,但至少要在开始运动之前半小时食用,这样不但可以避免因为体力活动而导致的消化功能紊乱,同时还可以增强运动效果。晨练者早餐一定要避免食用难以消化的食物,比如多汁的菜、油炸食品等,最好食用奶制品、谷类、水果、饮料。

(二)运动中

肌肉运动会导致身体大量流汗,因此及时补充水分是非常必要的。一般人日常每天需要喝 1.5 L 水,而运动时就必须依照运动量的大小给身体“补水”。如果是少于一个小时的体力活动,需要每 15 min 喝 150～300 mL 水;如果运动持续一到三个小时,最好及时给身体补充糖分以免出现低血糖,因此需选择甜的饮料,为身体补充糖分。运动中一定要避免喝冰水,因为在剧烈运动时喝冰水很有可能引起消化系统方面的问题。

(三)运动后

运动后的进食要科学搭配,以满足人体各方面的需求,这样才能够令身体的支出与摄入达到平衡,从而达到运动的真正目的。在运动结束后马上补充含碳的汽水、果汁或蔬菜汁、牛奶(依照运动时间长短适量补充)。平时的食谱一定要搭配均衡,包含新鲜的蔬菜、水果、面包、奶制品、含淀粉的食物(米饭、土豆),要保证每天至少有一餐有肉或鱼。

第二节 运动与膳食平衡

一、合理膳食的基本要求

(一)膳食平衡,满足人体所需的热能与营养素

合理膳食或称膳食平衡,是由多种食物构成,能提供足够的热能和营养素,并且保持各种营养素之间的平衡,以利于吸收和利用,达到满足人体需要的动态过程中的最佳状态。膳食平衡包括食物的构成与数量的动态平衡。人体对食物的反应与适应,食物被机体利用的后果等的平衡。人体需要多种营养物质,任何一种单一的物都不能完全满足人体的需要,因而必须有多种食物来源,才能达到膳食平衡。

(二)对人体无毒无害

食物中有害因素很多,包括有毒动植物、微生物病原体、化学毒物、残留农药、食品添加剂、细菌、霉菌、病毒等,它们对人体健康危害很大,甚至危及生命。因此,应重视食品的卫生状况,凡不符合卫生标准,腐败变质,不清洁的食品均不能食用。

(三)易于消化吸收

合理的加工与烹调可提高食物的消化率,有利于人体吸收利用。烹调加工过程中还要注意减少食物中营养素的损失。

(四)正确的膳食制度

正确的膳食制度可使热能与各种营养素的摄入适应人体的消耗,提高生理功能,同时也能保证进食与食物消化过程的协调一致,使摄入的食物被充分消化吸收利用。膳食制度要根据不同人群的生理和劳动状况制定,主要包括进食时间与食物分配。

二、平衡膳食的组成与调配

平衡膳食要求食物中含有的营养素种类齐全,数量与比例适当。平衡膳食是指选择多种食物,经过适当搭配做出的膳食,这种膳食能满足人们对能量及各种营养素的需求,因而叫平衡膳食。我们知道食物可分两类,一类是动物性食物,包括肉、鱼、禽、蛋、奶及其奶制品;另一类是植物性食物,包括谷类、薯类、蔬菜、水果、豆类及其制品,食糖类和菌藻类。不同种类食物的营养素不同:动物性食物、豆类含优质蛋白质;蔬菜、水果含维生素、矿物盐及微量元素;谷

类、薯类和糖类含碳水化合物;食用油含脂肪;肝、奶、蛋含维生素 A;肝、瘦肉和动物血含铁。

三、运动与膳食平衡

体育运动与营养都是维持和促进人体健康的重要因素,营养素是构成机体组织的物质基础,运动可以增强机体的代谢功能,营养与运动的科学配合,可以更有效地促进身体的生长发育和提高健康水平。

体育运动促进糖、蛋白质、脂肪等营养素的利用和消耗,反过来也促进了人体对糖、脂肪、蛋白质等营养素的需求,这种供需转换关系以及代谢速度要比不运动快很多。体育运动可以增强骨的坚固性,加强肌肉力量,增加关节的稳定性和灵活性,提高运动系统的工作效率;可以提高心肺功能,使机体细胞获取充足的营养物质和氧气,使各器官系统的结构和生理功能更加完善合理;可以改善神经系统的兴奋性和灵活性,从而提高对外界环境的适应能力,当病菌侵入时,能很快的把体内各防御机构动员起来抵御疾病。因此,体育运动与膳食平衡是提高健康水平的基本手段,适宜的体育运动与膳食平衡可以改善机体的各器官系统功能,提高人体的健康水平。

第三节　科学减肥

一、科学减肥的概念

科学减肥指的是用科学的方法来减肥。科学饮食计划:早上吃的营养,中午吃的丰富,晚上少吃或只吃水果和蔬菜。每周坚持运动 5～6 次,每次最少 40 min,如慢跑、健身操、跳绳、快走、瑜伽。

一定要注意制定科学减肥计划,包括药物调理计划、饮食计划、锻炼计划和时间计划等。

二、成年人标准体重计算方法

可用体重、标准体重和肥胖度三个指标判断是否肥胖。体重是人体骨骼、关节、肌肉、韧带和脂肪组织等各部分以重量为单位的总和。标准体重是以身高为基准,常用来评价肥胖。我国成年人标准体重参考计算公式如表 8-3-1 所示。

表 8-3-1　我国成年人标准体重参考计算公式

身高/cm	年龄/岁	性别	标准体重/kg
低于 165	成年人	男	身高 −105
		女	身高 −110
高于 165	<30	男	身高 −100
	>50	女	身高 −100−2.5
	30～50	男	身高 −105
		女	身高 −105−2.5

(引自全国体育学专业研究生系列通识教材.运动生理学导论.北京:北京体育大学出版社,2007.)

以标准体重作参照，可以计算肥胖度，即体重超过标准体重的百分比，肥胖度=（实际体重/身高标准体重－1）×100%，肥胖度在10%～20%，为超重；超过20%（男性）和25%（女性）为肥胖。

三、科学减肥的内容

科学减肥是一个综合的过程，包括药物调理计划、饮食计划、锻炼计划和时间计划等。主要分为以下九个方面。

（一）科学安排一日三餐

早餐对机体而言至关重要，由于胃经过一夜消化早已排空，如果不吃早饭，那么整个上午的活动所消耗的能量完全要靠前一天晚餐提供，这就远远不能满足营养需要。午餐是一天中的主餐，经过一上午体内的热量和各种营养消耗都很大，因此中午需要提供充足的能量和营养。晚餐要少吃，在睡前三小时以内不要吃任何东西，特别注意不要喝酒、吃肉类食物。

（二）调整饮食结构

肥胖的主要原因是能量摄入超过身体所需，多余的能量以脂肪的形式贮存在体内，导致体重增加。调整饮食结构就是一种科学有效的减肥方法，包括调整食物摄入的总量、营养素构成和改善饮食习惯。根据每个人的实际情况不同，用一些简便的方法可以很快地算出每日的进食总量和各种营养元素的需要量，在此基础上，有选择地挑选食物，使之既能满足身体的需要，又不会过多地摄入。

（三）控制主食和限制甜食

如果原来食量较大，主食可采用递减法，一日三餐减去50 g。对含淀粉过多和极甜的食物尽量少吃或不吃。

（四）膳食纤维

纤维在胃内吸水膨胀，可形成较大的体积，使人产生饱腹感，有助于减少食量，对控制体重有一定作用。人吃含纤维多的食物就能在一定时间内很好的进行消化吸收而后将废物排泄。

（五）适量饮水或喝汤

饮水是人们日常生活中必不可少的需要。适量饮水，可以补充水分，调节脂类代谢。

（六）保证充足的睡眠

保证充足的睡眠是这九种科学有效的减肥方法中最简单的减肥方法之一。充足的睡眠会给人带来饱足感，也能使人更自觉地减肥。相反，睡眠不足会破坏内分泌平衡，减少体内有助于瘦身的生物碱，增加体内加速饥饿感的生物碱。

（七）在最佳减肥运动时段减肥

运动健身就像减肥的一个加速器，不仅能够快速减肥，提高新陈代谢加速脂肪燃烧，还能很好地塑造体形。最佳的运动减肥时段为上午早餐后 3 h 至午餐前；下午午餐后 3 h 至晚餐前；晚间晚餐后 3 h 至睡前。

(八)选择正确的减肥运动

运动大体上分为有氧运动和无氧运动两大类。无氧运动具有很好的增强骨骼肌的效果，但是对于减肥人士来说，想要分解体内的脂肪更需要有氧运动，因为有氧运动能够帮助提高人体新陈代谢效率，要求每次锻炼的时间不少于 30 min，每周坚持 3～5 次。

(九)适当的药物调理

这个可以根据个人的体质与要求的不同，去专业医院找医生咨询后再按方案进行。

三、运动与减肥

运动尤其是有氧运动是最有效、最健康的减肥方法。以有氧代谢为主的耐力性运动，提高人体新陈代谢，促进能量的消耗，避免机体能量过剩而转化为脂肪积聚，同时也可以使机体已积聚的脂肪得以分解。

有氧运动包括慢跑、步行(散步和快走)、游泳、骑自行车、原地跑、打球、爬山、健身操、练瑜伽和打太极拳等。每次运动最好一次持续做完，保证每天累计 40 min 以上，且每次运动总消耗热量须达 300 kJ。以下列举数种能消耗 300 kJ 的运动以便参考：

慢跑 40～50 min；骑自行车 60～75 min；散步 1～1.5 h；快走，走步机(6 km/h)40～50 min；游泳 30～40 min；爬楼梯 2000 级(不计时间)；跳绳 30～40 min；有氧健身操 40～50 min。

运动减肥的时间适宜在早晨和下午进行，并且坚持每天锻炼，至少也要每周锻炼 4～5 天才能达到一定的瘦身效果。

四、科学减肥的注意事项

(一)饮食

运动前：勿空腹运动，空腹运动可能会出现低血糖的问题。

运动后：运动后 30 min 内应尽快补充快吸收蛋白，可以帮助修复受损肌肉，同时为了保证蛋白质吸收，应该同时吃些碳水化合物。推荐食物：鸡胸肉、水煮蛋、蛋白粉冲剂、坚果等。

(二)运动

跑步减肥只需要保证持续 30 min 以上、心率每分钟 130 次以上。在跑步过程中会不同程度的冲击膝关节、踝关节，所以为了保护膝关节、踝关节建议每周跑步 3～4 次，体重较大的同学则建议游泳、使用椭圆机等器械完成有氧训练。

(三)补水

在运动前两三小时就饮水，让身体储存水分；运动中则应每 10～15 min 补充 200 mL 的水分，如果大量流汗，还可以补充淡盐水或低糖饮料；运动后还应补充 500 mL 的水分，但大量出汗的话，则应饮用淡盐水或运动饮料，防止水中毒。

注意，剧烈运动后不要饮用冷水、冰水，应喝温水。

（四）放松

当我们跑步后，身体内会有一定的乳酸堆积，拉伸可以减少肌肉的粘连。

（五）睡眠

每天必须保证 8 h 的睡眠，这样会让我们的基础代谢保持在一个较高的水平，如果睡眠不足 8 h，人体会有应急机制，使人的基础代谢降低，那样减肥效果就事倍功半了。

第九章

运动竞赛

第一节　运动竞赛的种类与方法

运动竞赛是以运动项目为主要内容，在特定的场地范围内，在裁判员的主持下，依据统一的规则，为争取优胜而专门组织与实施的运动员个体或运动队伍之间的竞技较量比赛。

一、运动竞赛的种类

运动竞赛的种类很多，由于分类的原则不同，分类的方法也不相同。本章介绍学校类体育运动竞赛和竞技类体育运动竞赛。

(一)学校类体育运动竞赛活动

学校体育运动竞赛活动是指在学校范畴内所开展的体育运动竞赛活动。参赛者主要是学生和教师，学校体育运动竞赛以育人为宗旨，突出教育特色。其目的是增强学生的体质，推动体育健身活动的开展，为培养新一代建设人才服务。学校体育运动竞赛活动应根据学校教学工作计划安排和学校体育设施条件以及传统性项目来组织进行。同时学校体育运动竞赛还应注意到本校学生的特点和开展体育活动的情况，有针对性地安排比赛活动。

1. 单项赛

单项赛是指为广泛吸引学生参加某项运动(如篮球、足球、排球、乒乓球等)，检查和总结该项运动开展的情况，交流教学、训练经验，促使该项运动提高而组织的比赛。一般可按年度、学期来安排比赛活动。

2. 对抗赛

对抗赛是指在两个或两个以上的学校或班级联合组织的比赛。一般是在邻近的学校之间或年级、班级之间进行。其目的是互相学习，共同提高，增进友谊。可以有双边、多边、定期、不定期的比赛。

3. 选拔赛

选拔赛是为了发现和挑选运动员，组织或补充代表队，准备参加高一级的比赛而举行的竞赛活动。

4. 友谊赛(又称邀请赛)

友谊赛是由一个或几个学校、班级,邀请其他学校、班级进行的体育竞赛活动。目的是为了增进友谊和团结,互相学习和提高某项目的运动水平,以推动和普及学校体育活动。一般均属非正式的比赛活动。

5. 测验赛(又称达标赛)

为了检查学生是否达到规定的成绩标准,了解其成绩提高的情况而组织的比赛。例如,国家学生体质健康标准、身体素质、基本技术测验比赛等。还包括优秀运动员争取通过大赛参赛标准的达标赛。这种比赛一般不计名次,但必须按比赛规则和测验的要求进行,并记录测验的成绩。

6. 表演赛

表演赛是为举行庆祝或纪念活动,或宣传某体育运动项目的意义、锻炼价值,或对某运动项目的技术、战术进行演示、介绍而组织的比赛。参加者重在表演运动技巧,而不过分追求胜负,一般不计名次,比赛时间也可适当延长或缩短。表演赛可安排在节假日进行。

7. 运动会

运动会是指有若干不同运动类别或项目的规模较大的竞赛大会,如全国大学生运动会等。田径运动的竞赛习惯上也叫运动会,如陕西省大学生田径运动会。在学校或基层单位举行较多的是田径运动会。目前,很多学校把田径运动会通过增加项目、延长时间等方式逐渐改为体育运动会,这也是综合性运动会。

(二)竞技类体育运动竞赛

竞技类体育运动竞赛活动是指国际、国内高水平竞技和职业竞技运动竞赛,包括世界、洲际、全国、省(市)的比赛活动。如国际奥委会组织的奥林匹克运动会(简称“奥运会”)、国际各单项运动协会或联合会(国际足联、篮联、田联等)组织的世界杯赛,以及洲际杯赛等。这类竞赛也叫社会性竞赛,主要包括如下。

1. 奥林匹克运动会

奥林匹克运动会是在奥林匹克主义指导下,以体育运动和四年一度的奥林匹克运动会庆典为主要活动内容,以促进人的生理、心理和社会适应能力全面发展,增进各国人民之间的相互了解,在全世界普及奥林匹克主义,维护世界和平为主要目的的国际社会运动。有关奥林匹克运动请参阅第二章第五节。

2. 世界杯赛

世界杯赛是由国际各单项运动协会组织的单项运动竞技比赛,如由国际足联组织的四年一度的世界杯足球赛等,世界杯赛是世界上单项运动第一流的运动竞技比赛。

3. 洲际杯赛

洲际杯赛是由洲际各单项运动联合协会(如欧洲足联、亚洲篮联等)组织的单项运动竞技比赛,如洲际足联组织的洲际足球赛等。

4. 冠军赛

冠军赛是指进行一个运动项目的比赛,并以确定个人或团体冠军为竞赛目的的活动,又称“单项锦标赛”。

5. 联赛

联赛是根据运动队的运动等级水平分别举办的比赛，一般以集体性项目为主，如足球、篮球等运动项目的等级联赛（比如美国职业篮球联赛、中超联赛等），通常是一年举行一次。每届联赛比赛结束后，按竞赛规程规定的将成绩较好或较差的队，实行升降级，即乙级优胜队可晋升甲级队，而甲级队中失败者则下降为乙级队，分别参加下一次所属级别的联赛。

6. 等级赛

等级赛是按不同运动等级水平或年龄分别举办的竞赛活动。如田径、体操等项目中分别按运动员的技术等级（健将、一级、二级、三级）进行比赛。

7. 锦标赛

锦标赛通常是举行一个运动项目的比赛，故又称“单项锦标赛”。一般由各单项运动协会或主管体育运动的政府机关举办。地方和基层单位也可组织各项运动的锦标赛。

8. 杯赛

杯赛属锦标赛性质，是以某种奖杯命名的单项运动竞赛活动，如“丰田杯”足球赛。获得奖杯的方式、方法在竞赛规程中予以规定。根据竞赛目的不同，其规定的方法也各有不同，有的在奖杯上刻上优胜者名字，有的保存奖杯至下届比赛归还再颁发给本届比赛优胜者，有的获得复制品等。

9. 公开赛

公开赛是凡愿意参加比赛的个人或集体均可自由报名参赛的一种群众性竞赛活动。参赛者不限单位或体协，可以自由组合。公开赛中的运动项目一般群众基础好，开展比较普及，并利用节假日举行，以丰富广大群众的娱乐生活。

10. 综合性运动会

综合性运动会是一系列单项锦标赛的综合形式，即包括若干个运动类别或项目的规模较大的竞赛大会。其任务与运动会相同，综合性运动会的特点是项目多、规模大（参加单位较全面，竞赛时间长）、组织工作复杂，如世界性的奥林匹克运动会、亚洲运动会等。我国举办最大规模和最高水平的综合性运动会是每四年一届的全运会。有各省、市、自治区和中国人民解放军的代表队参加，竞赛项目多达几十项。

二、运动竞赛的方法

运动竞赛的方法包括循环赛法、淘汰法和混合法三种，通常也被称为“赛”或“制”，如循环赛、循环制、淘汰赛、淘汰制。

（一）循环赛法

1. 循环赛法的种类

循环赛法是指参赛队（或个人，下同）之间，都要互相比赛，最后按照各参赛队在全部比赛中的胜负场数、得分多少排定名次的比赛方法。它在对抗性项目比赛中经常被采用。运动竞赛采用循环赛法进行比赛，优点是所有参赛队机会均等，进行比赛和互相观摩学习的机会多，能准确地反映出参赛队之间真正的技术水平的高低，客观地排定参赛队的名次，比赛结果的偶然性和机遇性小。

循环赛法包括单循环、双循环和分组循环三种类型。单循环是所有参赛队（人）相互轮赛一次；双循环是所有参赛队（人）相互轮赛二次；分组循环是参赛队（人）较多时，根据参赛队（人）的基本情况，采用相应的"种子法"，把强队（人）分散在各组，先进行小组单循环赛，再根据小组名次来组织第二阶段的比赛。

2.循环赛法的轮数与场数计算

（1）循环赛法的轮数。当所有参赛的队都赛完一场（轮空队除外），称为循环赛的一个轮数。正确地计算循环赛法轮数，是科学、合理地安排整个比赛所需时间或期限，合理安排比赛日程的主要依据。

当 N 为偶数时：$Y=N-1$　即：轮数＝参赛队数－1（N＝参赛队数，Y＝轮数）。

例如，8 个队参加单循环赛，比赛总轮数为：8－1＝7 轮。

当 N 为奇数时：$Y=N$　即：轮数＝参赛队数。

例如，7 个队参加单循环赛，比赛总轮数为 7 轮。

（注：双循环比赛的轮数是单循环轮数的加倍）

（2）循环赛法的场数。循环赛法的场数是指参赛队之间互相轮流比赛全部结束的总场数。计算循环赛法的比赛总场数，目的在于提前安排好人力、物力、比赛日程与场地。

单循环赛场数的计算公式：总场数＝$N(N-1)/2$，N 为参赛队数或人数。

例如，8 支队参加单循环赛，比赛的总场数是：8×（8－1）/2＝28。

双循环赛场数的计算公式：总场数＝$N(N-1)$，N 为参赛队数或人数。

例如，8 支队参加单循环赛，比赛的总场数是：8×（8－1）＝56。

（二）淘汰法

1.淘汰法的种类

淘汰法，即参赛各方按照排定的竞赛次序，两两之间组对比赛，比赛的负者失去继续比赛资格，胜者进入下一轮比赛。比赛逐轮进行，直至最后一场。最后一场比赛的胜者为整个竞赛的冠军。

淘汰法可分为单淘汰、双淘汰、交叉淘汰三种。淘汰赛一般有两种情况：一种是按一定顺序，让参赛者（队或组）一个接一个地表现其成绩，可以不同时、同地进行，通过及格赛、预赛、复赛、决赛来淘汰差的，比出优胜名次。这在田径、游泳和举重等项目中采用较普遍，因为这些项目均属计量性项目。另一种是对抗性项目，如球类、摔跤、拳击、击剑等比赛，必须一对对地按淘汰表的顺序进行比赛，每次胜者进入下一轮，直到最后一对决定冠军。

淘汰法最为明显的特点有二：其一是比赛的容量大，它能在最短的时间内、较少数量的场地条件下，安排大量的选手进行比赛；其二，比赛具有强烈的对抗性，比赛双方没有妥协的可能性，非胜即败，败一次将失去进入下一轮比赛的资格。一般来说，比赛双方既不受第三者影响，也不会影响其他选手的成绩，能较充分地体现出运动竞赛的竞争特性。

淘汰赛也存在着一系列缺陷。例如，除第一名外，很难合理地排定其他参赛者的名次；强者之间很可能在前几轮就遭遇，一次失败即被淘汰，造成名次排列上的不合理现象；参赛者之间互相交流、学习、比赛的机会少。

为弥补上述缺陷，在实际竞赛中，人们已经运用一些对策和措施，使之能部分或基本上克服淘汰赛的不合理现象。

（1）运用"种子"、分区、抽签和定位等方法，使强者或同一单位参赛者之间避免过早相遇。

(2)采用补赛法(又称附加赛),以帮助确定第2名以后的名次(图9-1-1)。

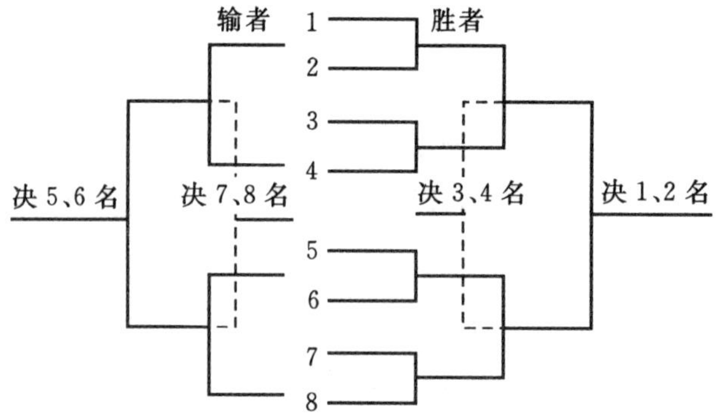

图9-1-1 附加赛示意图(虚线为补赛)

(3)增设双淘汰赛。失败两场方被淘汰。

2.淘汰法的轮次、场数计算与号码位置的选择

(1)单淘汰的轮次、场数计算。所谓单淘汰,就是运动员(队)按排定的秩序由相邻的两名参赛者进行比赛,胜者进入下一轮,负者淘汰,直到唯一一名未被淘汰的参赛者,就成为这次竞赛的冠军。

单淘汰赛轮次和场数计算方法:若参加比赛队数等于2的乘方数,则比赛轮次等于2的指数,若参加比赛队数不是2的乘方数,则比赛轮次为略大于参加队数的2的指数。

单淘汰赛的比赛场数=参赛者(队)数-1

例如,8支队参加比赛,比赛场数为8-1=7。轮次因$8=2^3$,即比赛为3轮(图9-1-2)。

又如,7支队参加比赛,比赛场数为7-1=6。轮次是略大于7的2的乘方数,即8,而$8=2^3$,所以比赛也为3轮(图9-1-3)。

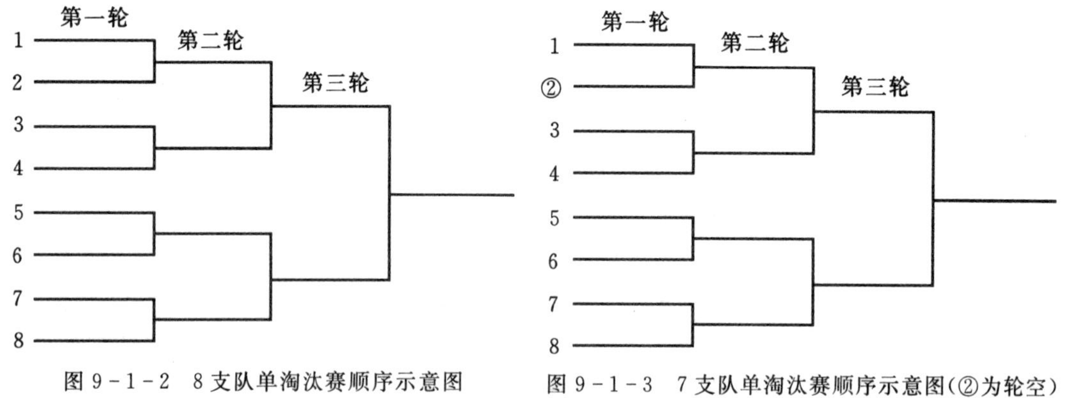

图9-1-2 8支队单淘汰赛顺序示意图　图9-1-3 7支队单淘汰赛顺序示意图(②为轮空)

(2)双淘汰的轮次、场数计算。运动员按编排的秩序进行比赛,失败两场即被淘汰,最后一场失败为亚军,胜利为冠军,这种比赛方法称为双淘汰。

胜方轮次与单淘汰赛相间,负方轮次为参赛者数对2的乘方数的2倍减2;双淘汰比赛场数为参赛者数的2倍减3。

例如,8支参赛队进行双淘汰赛,需7轮、13场比赛,其排列如图9-1-4所示。

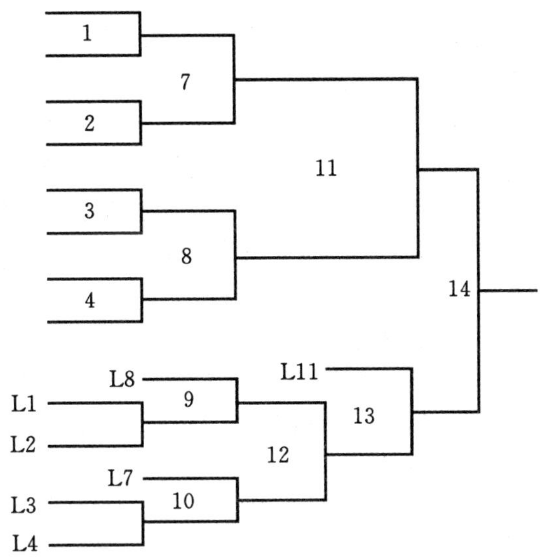

图 9－1－4　双淘汰比赛秩序

（引自体育院校通用教材.运动竞赛学.北京：人民体育出版社，2008.）

(3)淘汰赛号码位置的选择。在淘汰赛中安排参赛者(队)位置的号码称“号码位置”。由于参赛者的人数不一定恰好是 2 的乘方数，在确定淘汰赛的号码位置时，应根据参赛队数(或人数)，选择最接近的、较大或较小的 2 的乘方数作为号码位置数。

例如，123 人参赛，使用较大的 128(2^7)个号码位置，则出现轮空号码。129 人参赛，选样较小的 128 个号码位置，则出现有的号码要抢号。

(三)混合法

混合法比赛是循环法和淘汰法混合运用的一种竞赛方法。它在球类集体项目的竞赛中采用较多。当参赛队在 12～18 个时，选用混合法比赛最为适宜。一般比赛分两个阶段，第一阶段用分组循环进行预赛，后一阶段采用交叉淘汰进行决赛；或者预赛采用分组淘汰赛(排出名次)，决赛使用循环法。

第二节　运动竞赛的组织与编排

一、运动竞赛的组织

比赛主办单位应根据竞赛性质和规模的大小，召集各有关部门成立比赛领导机构——组织委员会(或筹备委员会)，并就比赛的组织方案、竞赛规程、工作计划、组织机构等主要文件，提交领导机构审定。

1. 讨论和确定组织方案

根据上级主管部门的竞赛工作计划和竞赛的性质来确定组织方案。一般包括以下内容：竞赛的名称、目的和任务；竞赛的规模；竞赛的组织机构；竞赛的经费预算。

2. 制定竞赛规程

竞赛规程是为组织和参与运动竞赛者制定的各种政策条文的总称，是运动竞赛得以顺利进行的重要保证，是竞赛组织者、裁判员、工作人员和运动员必须共同遵守的准则，是组织运动竞赛的依据。竞赛规程是在竞赛前由主办单位制定，并提前发给有关单位以便做好准备工作。竞赛规程一般包括的内容有：①竞赛的名称；②运动会的目的、任务；③竞赛日期、地点；④参加单位及组别；⑤竞赛项目；⑥参加办法（包括参加条件、参加人数、报名和报到日期）；⑦竞赛方法和采用的竞赛规则；⑧计分及奖励办法；⑨参加单位的注意事项。

3. 竞赛期间的工作

竞赛组每天应及时公布成绩；场地组应经常对比赛场地、器材和设备进行检查和管理，以便保证竞赛顺利进行；后勤保卫组应经常注意比赛场地的安全和秩序；大会各部门应经常与各队取得联系，听取意见，改进工作，必要时召开领队、教练员和裁判长联席会议，及时处理和解决比赛中发生的问题。

二、运动竞赛的编排

（一）循环法比赛的编排

1. 轮次表的安排方法

单循环比赛的轮次、顺序的安排方法具有可变性的特征，不同的竞赛项目应根据其不同的特点和需要进行安排，通常采用具有一定规律的“逆时针”“顺时针”轮转法。特殊情况下还可采用特殊性的编排调整方法。在循环比赛顺序的编排方法中，比赛顺序的变化和调整是多种方式的。

(1)逆时针轮转法。如果参赛队数（或个人）为偶数时，一般都采用此法来安排各轮的比赛轮次表。以 8 支队参加比赛为例，其第一轮比赛表是先将 1、2、3、4 号自上而下依次排列在左侧，再将 5、6、7、8 号自下而上与 4、3、2、1 号对应排列在右侧，而后用横线分别将左右两个对着的号码连起来，即为第一轮的比赛轮次表（表 9－2－1）。第二轮的编排将第一轮比赛轮次表中的 1 号固定不动，其余号码按逆时针方向依次轮转一个位置，即为第二轮比赛轮次表。以后各轮次依此类推。

表 9－2－1　逆时针轮转法比赛轮次表

第一轮	第二轮	第三轮	第四轮	第五轮	第六轮	第七轮
1——8	1——7	1——6	1——5	1——4	1——3	1——2
2——7	8——6	7——5	6——4	5——3	4——2	3——8
3——6	2——5	8——4	7——3	6——2	5——8	4——7
4——5	3——4	2——3	8——2	7——8	6——7	5——6

如参赛队数（人）是奇数时，编排方法同上。如 7 支队参赛，比赛轮次表如表 9－2－2 所示。

表 9－2－2 逆时针轮转法比赛轮次表(0 为轮空)

第一轮	第二轮	第三轮	第四轮	第五轮	第六轮	第七轮
1——0	1——7	1——6	1——5	1——4	1——3	1——2
2——7	0——6	7——5	6——4	5——3	4——2	3——0
3——6	2——5	0——4	7——3	6——2	5——0	4——7
4——5	3——4	2——3	0——2	7——0	6——7	5——6

从表 9－2－2 中可以看出此法编排存在问题：当参赛队为较大的奇数时，号码为“$n-1$”的参赛者或参赛队从第四轮起，每一轮将与上一轮比赛的轮空队进行比赛，直至比赛结束。显然，在对抗激烈、体能要求较高的项目比赛中，从第四轮开始，“$n-1$”号队的对手均为以逸待劳，对“$n-1$”号队明显有失公平。

(2)左上角固定“1 号位”的逆时针轮转法。首先确定最后一轮的比赛，再固定 1 号位，其他位置按“顺时针”轮转一个号位，倒推出各轮的比赛秩序，如表 9－2－3 所示。

表 9－2－3 顺时针轮转法比赛轮次表

第一轮	第二轮	第三轮	第四轮	第五轮	第六轮	第七轮
1——4	1——6	1——8	1——7	1——5	1——3	1——2
2——6	4——8	6——7	8——5	7——3	5——2	3——4
3——8	2——7	4——5	6——3	8——2	7——4	5——6
5——7	3——5	2——3	4——2	6——4	8——6	7——8

(3)左上角固定“轮空”号位的逆时针轮转法。在此法中，当参赛队为奇数时，“轮空”号位即“0”号位被固定在左上角，其他号位每轮逆时针方向轮转一个位置，即排出下一轮全部轮次的比赛秩序。表 9－2－4 为 7 支队参赛的比赛轮次表。

表 9－2－4 左上角固定“轮空”号位的逆时针轮转法比赛轮次表

第一轮	第二轮	第三轮	第四轮	第五轮	第六轮	第七轮
0——7	0——6	0——5	0——4	0——3	0——2	0——1
1——6	7——5	6——4	5——3	4——2	3——1	2——7
2——5	1——4	7——3	6——2	5——1	4——7	3——6
3——4	2——3	1——2	7——1	6——7	5——6	4——5

此方法的缺点是如果 1 号是强队，可能最精彩的比赛不在最后一轮。

(4)右上角固定“轮空”号位或“最大”号位的逆时针轮转法。参赛队数是偶数(奇数)时，将最大号(“0”号)固定在右上角，采用逆时针轮转依次排出后面的比赛秩序。表 9－2－5 为 8 支队参赛的比赛轮次表。

表 9-2-5 右上角固定"最大"号的逆时针轮转法比赛轮次表

第一轮	第二轮	第三轮	第四轮	第五轮	第六轮	第七轮
1——8(0)	7——8(0)	6——8(0)	5——8(0)	4——8(0)	3——8(0)	2——8(0)
2——7	1——6	7——5	6——4	5——3	4——2	3——1
3——6	2——5	1——4	7——3	6——2	5——1	4——7
4——5	3——4	2——3	1——2	7——1	6——7	5——6

(5)"贝格尔"编排法。从 1985 年起,世界性排球比赛多采用"贝格尔"编排法。目前我国正式比赛也多采用此种方法进行编排。其优点是单数队比赛时可避免第二轮的轮空队从第四轮起每场都与前一轮的轮空队比赛的不合理现象。轮转方法有两种:

①上提法:最大号(或"0"号)左右摇摆,第二轮是将第一轮右下角号数提上来,如表 9-2-6、表 9-2-7 所示。

表 9-2-6 贝格尔轮转编排法轮次表 1

第一轮	第二轮	第三轮	第四轮	第五轮	第六轮	第七轮
1——8(0)	5——8(0)	2——8(0)	6——8(0)	3——8(0)	7——8(0)	4——8(0)
2——7	6——4	3——1	7——5	4——2	1——6	5——3
3——6	7——3	4——7	1——4	5——1	2——5	6——2
4——5	1——2	5——6	2——3	6——7	3——4	7——1

表 9-2-7 贝格尔轮转编排法轮次表 2

第一轮	第二轮	第三轮	第四轮	第五轮	第六轮	第七轮
1——8(0)	8(0)——5	2——8(0)	8(0)——6	3——8(0)	8(0)——7	4——8(0)
2——7	6——4	3——1	7——5	4——2	1——6	5——3
3——6	7——3	4——7	1——4	5——1	2——5	6——2
4——5	1——2	5——6	2——3	6——7	3——4	7——1

②间隔法:根据参赛队队数的多少来确定轮转(间隔)位置的数目。首先确定最大号(或"0"号),左右摇摆。其次根据间隔数(表 9-2-8)逆时针排定 1 号位置(不论多少队,第一轮后将"1"逆时针移到左下角,其间隔数就是该队数编排时的移动间隔数),其他号按逆时针依次排定。表 9-2-9 是 9 支队参赛的贝格尔编排轮次表。

表 9-2-8 间隔移动数目表

参赛队数	间隔数
4 队以下	0
5～6 队	1
7～8 队	2
9～10 队	3
11～12 队	4

1 号进行间隔移动时，凡遇到“0”或最大号时应越过，不作间隔计数。

表 9-2-9 9 支队参赛贝格尔轮转编排法轮次表

第一轮	第二轮	第三轮	第四轮	第五轮	第六轮	第七轮	第八轮	第九轮
1——0	0——6	2——0	0——7	3——0	0——8	4——0	0——9	5——0
2——9	7——5	3——1	8——6	4——2	9——7	5——3	1——8	6——4
3——8	8——4	4——9	9——5	5——1	1——6	6——2	2——7	7——3
4——7	9——3	5——8	1——4	6——9	2——5	7——1	3——6	8——2
5——6	1——2	6——7	2——3	7——8	3——4	8——9	4——5	9——1

2. 单循环的抽签及编排竞赛日程

(1)单循环比赛的抽签定位方法。单循环赛根据队数及相应的轮转方法编排好轮次后，应将比赛队具体安排进轮次表里，通常情况下把比赛队安排进轮次表，可以采用以下两种方法。

①抽签的方法：在对参加比赛队的实力情况全然不知或竞赛规程规定抽签时必须采用该方法，抽签时按参赛队数做好相应的号签，抽到相应号码的队则对号入座，按抽签结果排入轮次表内。

②成绩顺序法：如果知道各参加比赛队的实力情况(即各参赛队或个人近期竞赛成绩的排名顺序)，一般将各参赛队年度比赛的名次排列作为各队进入名次表的代号。

(2)单循环比赛的比赛日程表。单循环轮次表填好后，把各轮次的比赛编成比赛日程表(比赛的日期、场地等)印发给各队(表 9-2-10)。

表 9-2-10 比赛日程表

日期	时间	组别	比赛队	场地

3. 双循环比赛的编排

双循环赛比赛轮次表的排法与单循环相同，只要排出第一循环，第二循环可按第一循环重复一次即可。

4. 分组循环比赛的编排

参加比赛的队较多而竞赛时间较短时，为了比较合理地确定名次，可采用分组循环的比赛方法。将参赛的队平均分成若干个小组，在各小组内进行单循环比赛，然后根据需要和实际情况，再使各组的优胜队或同名次队进行单循环比赛，排出最后名次。

(二)淘汰法比赛的编排

1. 轮空的方法

在淘汰赛中，当参赛者(队)人数小于选用的号码位量数时，没有安排参赛者(队)的号码为轮空号码。轮空数的计算方法是：

轮空数＝号码位置数－参赛者(队)人数

轮空号码的定位，应查照“轮空位置表”(表 9-2-11)。

查表方法：根据参赛者(队)数，选择最接近的，较大的乘方数作为号码位置数，用该号码位置数减去赛者(队)数,即为轮空数。然后,记轮空数目,在轮空位置表中逐行横向由左向右依次摘出小于比赛号码位置数的号码,即为轮空号码。

例如有123人参加比赛,应选用128个号码位置,128－123＝5轮空数,从表内由左向右逐行依次摘取小于128的5个号码数:2、127、66、63、34即为轮空号码位置。

表9-2-11 轮空位置表

2	225	130	127	66	191	194	63
34	223	162	95	98	159	226	31
18	239	146	111	82	175	210	47
50	207	178	79	114	143	242	15
10	247	138	119	74	183	202	55
42	215	170	87	106	151	234	23
26	231	154	103	90	167	218	39
58	199	186	71	122	135	250	7
6	251	134	123	70	187	198	59
38	219	166	91	102	155	230	27
22	235	150	107	86	171	214	43
54	203	182	75	118	139	246	11
14	243	142	115	78	179	206	51
46	211	174	83	110	147	238	19
30	227	158	99	94	163	222	35
62	195	190	67	126	131	254	3

2.抢号的方法

淘汰赛中,当两个参赛者(队)用同一个号码位置时,就出现"抢号"。抢号的运动员(队),实际上就是不轮空的运动员(队)。由于参赛者(队)的人数稍大于2^n,采用安排轮空的方法,就可能出现太多的轮空位置,给编排、竞赛等带来很大麻烦。因此,可采用抢号的方法进行编排。抢号的方法是选用最接近的、较小2^n作为号码位置数,超过号码位置数的参赛者(队)安排抢号。抢号的号码亦可查"表9-2-11 轮空位置表"。

例如,有34位运动员参加比赛,选用32($32=2^5$)个号码位置,则应有2个号码位置进行抢号(34－32＝2)。由轮空位置表上查得2个轮空号码是2、31,即为抢号号码。

3.分区的方法

把全部号码位置分成几个相等的部分,称为"分区"。例如,将全部号码位置分成两半,称为上半区和下半区;将上、下半区的号码位置再各分成两半,称为1/4区;将各1/4区的号码位置再各分成两半,称为1/8区,依次类推。

在淘汰赛中,为使同一单位的参赛者不过早相遇,要把他们合理地分开,安排在不同的区内。例如,同一单位的第1、2号运动员分别排在上、下半区;第3、4号运动员则应分别排在没有第1、2号运动员的另外两个1/4区;第5、6、7、8号运动员,应分别安排在没有第1至4号运动员的另外四个1/8区内，依此类推，如图9-2-1所示。

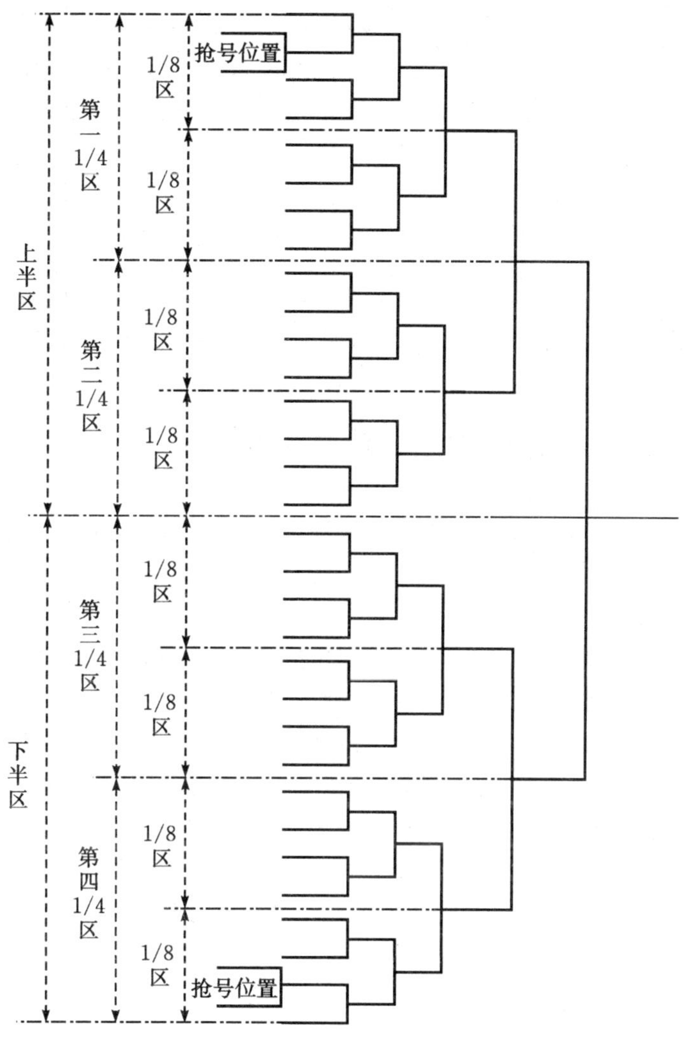

图9-2-1 单淘汰赛抢号和分区示意图

4.种子的安排方法

在淘汰赛中，由于参赛者(队)人数较多，为避免强手或强队过早相遇，可以把他们确定为“种子”。“种子”的数目应根据参赛者人数的多少来确定，一般采用2^n，以8到16个号码位置设一名种子为宜。种子的号码位置，可查“种子位置表”(表9-2-12)。

“种子位置表”的查法：按比赛所设的种子数目，从表中依次(逐列由左向右)摘出小于或等于比赛号码位置数的号码，这些号码就是种子定位的号码。

例如，有123名参赛者，就要用128个号码位置。假如设8名种子，那么从表中依次可摘出小于或等于128的8个号码位置是1、128、65、64、33、96、97、32，这些就是种子的定位号码。

种子的位置应合理分开，若同一单位有两个运动员(队)参赛时，既要考虑种子合理分开的原则，又要考虑同单位运动员(队)合理分开的精神。

表 9-2-12 种子位置表

1	256	129	128	65	192	193	64
33	224	161	96	97	160	225	32
17	240	145	112	81	176	209	48
49	208	177	80	113	144	241	16
9	248	137	120	73	184	201	56
41	216	169	88	105	152	233	24
25	232	153	104	89	168	217	40
57	200	185	72	121	136	249	8

5. 抽签的方法

抽签确定参赛者在淘汰赛中号码位置的一种方法。基本要求是将种子和同单位的参赛者合理分开,均匀分布,这是组织编排工作中的重要环节之一。一般比赛的抽签工作通常由主办单位代抽,有时可由裁判长、各参赛单位代表或该运动项目中德高望重的专家和权威人士参加。

抽签的具体实施方法:

(1)种子的抽签与定位。种子队员的抽签与定位除按种子的号码位置抽签与定位外,也可按种子选手实力水平的排列顺序,直接将全部种子定位。

(2)非种子的抽签与定位。按抽签方案确定的顺序,将各单位运动员先分区,后定位。

(3)各单位的运动员也要分批进行抽签。如先抽该单位 1、2 号运动员,分别进入上、下半区(1/4,2/4 和 3/4,4/4);再抽该单位的 3、4 号运动员,分别进入没有 1、2 号运动员的另外两个 1/4 区;再将 5～8 号运动员分别抽入没有 1～4 号运动员的另外 4 个 1/8 区,依此类推。

(4)控制平衡与复核检查。为使各单位的运动员都能合理分开,抽签时需要进行必要的控制来保持平衡,检查种子选手是否做到了合理分开。

(三)混合法比赛的编排

混合法比赛过程中既有循环赛又有淘汰赛的竞赛方法,是循环法和淘汰法混合运用的一种竞赛方式。它在球类集体项目的竞赛中采用较多。当参赛队在 12～18 个时,选用混合法比赛最为适宜。一般比赛分两个阶段,第一阶段采用分组循环进行比赛,第二阶段采用交叉淘汰进行比赛。或者第一阶段采用分组淘汰赛(排出名次),第二阶段比赛使用循环法。例如,某运动竞赛项目参赛队有 12 个,采用混合法进行比赛,具体安排如下:

1. 分 A、B 两组单循环赛(第一阶段)

各组的竞赛及编排方法在单循环赛中已作介绍,请参阅本章单循环赛的方法与编排有关内容。

2. 交叉淘汰赛(第二阶段)

在预赛阶段分组比赛结束后,即采用交叉淘汰赛的比赛形式确定最后比赛名次。在交叉淘汰赛阶段,每场比赛都必须决出胜负。

首先将分组比赛 A、B 两组的前两名 4 个队编成一组,争夺 1～4 名;两组的 3、4 名编为一组，争夺 5～8 名；两组的 5、6 名编为一组，确定 9～12 名。

在第一组的比赛中，先由 A 组的第 1 名对 B 组的第 2 名、A 组的第 2 名对 B 组的第 1 名进行比赛，然后由这两场比赛的胜队决出冠、亚军，负队决出 3、4 名。其他各组对阵方法相同。

第三节　运动竞赛成绩与名次的评定方法

一、单项成绩的评定方法

体育竞赛中的单项，既可指一个运动员，也可指一个参赛队，它是从项目意义上讲的。常见的单项成绩评定方法有三种。

(1)以客观的时间、距离、高度、重量、中靶环数等实际计量来评定参赛者(队)的成绩和名次。例如，田径、游泳、举重、射箭等运动项目，按参赛者(队)成绩的优劣，依次排定名次。

(2)按完成规定动作和自选动作的质量来评定。例如，体操、跳水、武术等项目，由裁判员根据动作质量和编排好坏等内容来评定分数。评分通常以一定分值为满分进行打分，最后以裁判组评定的分值高低来确定名次。

(3)根据比赛总积分多少、战胜对手的情况或其他特定因素来进行评定。如各种球类比赛、摔跤、击剑等项目，在单独评价时，以双方的进球多少、胜负局数和得失分来决定成绩和名次。在总体评定时，根据积分多少排列名次。例如，球类项目，常采取胜一场得 2 分，负一场失 2 分，弃权得 0 分，积分多者名次列前；若两个以上队积分相等，则按他们之间得失分情况排列名次，以失分少、净胜分多者名次列前。

二、团体名次的计算方法

体育竞赛中的团体，是指若干个不同的运动类别和项目的综合，也是指较大规模竞赛活动的总体。团体名次计算经常采用的办法有下列四种。

(1)大型综合性运动会，如奥运会、全运会等，有两种团体名次排列方法：一种是按金牌数和奖牌数排名；另一种是按团体总分来排名。在按团体总分排名时，对各项前八名以 9、7、6、5、4、3、2、1 的分值计算在各单位的总分里。

(2)田径、游泳等比赛分男、女团体，以男、女团体总分来衡量各队的实力，计分方法为：取前六名时，采用 7、5、4、3、2、1 计分；取前八名时，则按 9、7、6、5、4、3、2、1 计分。以各单位得分总和多少排出名次，分数高者，团体名次列前。也有在竞赛规程上事先规定集体接力、破纪录等可加倍计算，鼓励创造优异成绩。若总分相等，则可采取第一名多者或破纪录多的团体名次列前。

(3)体操、武术、跳水等项目，以参赛队(个人)各项得分的总和来决定团体名次者。

(4)拔河、乒乓球、羽毛球、网球等项目，可采用获胜场数或局数多少来决定团体名次。

第十章

学生体质健康评价

第一节　体质概述

一、体质的概念

体质主要是在人类学、医学和体育学三个领域中进行研究。因为目的、视角等方面的差异，对体质定义不同，基本内容大同小异。

在人体体质学中，匡调元教授认为“人类体质是人群及人群中的个体在遗传的基础和环境的影响下，在生长、发育和衰老的过程中形成的功能、结构和代谢上相对稳定的特殊状态”。

在中医体质学中，王琦教授认为“人体生命过程中，在先天禀赋和后天获得的基础上所形成的形态结构、生理功能和心理状态方面的综合的、相对稳定的固有特质，是人类在生长发育过程中所形成的与自然、社会环境相适应的人体个性特征”。

在体育界中，体质是指人体的质量，是在遗传性和获得性基础上表现出来的人体形态结构、生理功能和心理因素的综合的、相对稳定的特征。

二、体质的内容

在不同的环境中，不同人的体质会有明显的个体差异和阶段性，所以体质应包括以下五个方面：

(1)身体形态，是人体生命活动的物质基础。即体格、体型、姿势、营养状况以及身体成分(皮脂厚度、体脂比重、去脂体重等)，也是人体生长发育水平、营养状况和锻炼程度的外在状态。

(2)生理功能水平，即机体新陈代谢水平与各器官系统达到的工作效能。安静心率、血压、肺功能及心血管运动试验等身体机能是指机体新陈代谢水平以及各器官系统的效能。

(3)身体素质和运动能力的发展水平，是指人体在运动中表现出的速度、力量、耐力、灵敏度及柔韧性等方面的机能和走、跑、跳、投、攀登、负重等身体活动能力。

(4)心理素质发展水平，即人体的本体感知能力、个性特征、意志品质等。

(5)对内外环境的适应能力，包括对自然环境、社会环境、各种生活紧张事件的适应能力，对疾病和其他有碍健康的不良应激原的抵抗能力等。

第二节　学生体质健康评价的意义

一、进行《国家学生体质健康标准》测试的意义

《国家学生体质健康标准》是《国家体育锻炼标准》的一个组成部分，是《国家体育锻炼标准》在学校中的具体应用。《国家学生体质健康标准》测试的目的是为了贯彻落实第三次全国教育工作会议提出的“学校教育要树立‘健康第一’的指导思想”的精神，促进学生积极地参加体育锻炼，上好体育课，增强学生的体质和提高健康水平，把学生培养成为德、智、体美全面发展的高素质人才。

通过《国家学生体质健康标准》的测试，学生可以清楚地了解自己体质与健康的状况，还可帮助监测自己的体质与健康状况的变化程度。这些都有助于在新的一年里有的放矢地设定自己的锻炼目标，有针对性的选择锻炼策略，制定切实可行的锻炼计划。

二、《国家学生体质健康标准》的测试项目及评价要求

根据《国家学生体质健康标准》的要求，大学生需要完成以下测试，分别是身高、体重、肺活量、50 米跑、立定跳远、引起向上（男生）/仰卧起坐（女生）、坐位体前屈、1000 米（男生）/800 米（女生）。

三、测试与评价的理念与内容

（1）测试和评价涉及到身体形态和身体成分、心血管系统功能、肌肉的力量和耐力以及身体的柔韧性这四个方面。

（2）测试和评价所涉及的四个方面都与个人终生健康的每个特定状况有密切联系，而每一项测试内容又都反映了个人身体健康素质的一个或多个要素。

（3）测试和评价标准根据个人的年龄、性别不同而有所差异。

（4）测试和评价的结果是自己的事，不要同其他同学比，应着眼于自己的进步和提高。

（5）测试和评价结果的最终解释不只是个人得了多少分，更是对个人身体健康素质现状的分析。

（6）测试和评价的结果是可信的，它可作为个人设定锻炼目标的依据和自我评价的基点。

第三节　国家学生体质健康标准(2014 年修订)

一、说明

（1）《国家学生体质健康标准》（以下简称《标准》）是国家学校教育工作的基础性指导文件和教育质量基本标准，是评价学生综合素质、评估学校工作和衡量各地教育发展的重要依据，是《国家体育锻炼标准》在学校的具体实施，适用于全日制普通小学、初中、普通高中、中等职业学校、普通高等学校的学生。

（2）本标准的修订坚持健康第一，落实《国家中长期教育改革和发展规划纲要（2010—2020

年)》、《国务院办公厅转发教育部等部门关于进一步加强学校体育工作若干意见的通知》(国办发〔2012〕53号)和《教育部关于印发〈学生体质健康监测评价办法〉等三个文件的通知》(教体艺〔2014〕3号)有关要求,着重提高《标准》应用的信度、效度和区分度,着重强化其教育激励、反馈调整和引导锻炼的功能,着重提高其教育监测和绩效评价的支撑能力。

(3)本标准从身体形态、身体机能和身体素质等方面综合评定学生的体质健康水平,是促进学生体质健康发展、激励学生积极进行身体锻炼的教育手段,是国家学生发展核心素养体系和学业质量标准的重要组成部分,是学生体质健康的个体评价标准。

(4)本标准将适用对象划分为以下组别:小学、初中、高中按每个年级为一组,其中小学为6组、初中为3组、高中为3组。大学一、二年级为一组,三、四年级为一组。

(5)小学、初中、高中、大学各组别的测试指标均为必测指标。其中,身体形态类中的身高、体重,身体机能类中的肺活量,以及身体素质类中的50米跑、坐位体前屈为各年级学生的共性指标。

(6)本标准的学年总分由标准分与附加分之和构成,满分为120分。标准分由各单项指标得分与权重乘积之和组成,满分为100分。附加分根据实测成绩确定,即对成绩超过100分的加分指标进行加分,满分为20分;小学的加分指标为1分钟跳绳,加分幅度为20分;初中、高中和大学的加分指标为男生引体向上和1000米跑,女生1分钟仰卧起坐和800米跑,各指标加分幅度均为10分。

(7)根据学生学年总分评定等级:90.0分及以上为优秀,80.0~89.9分为良好,60.0~79.9分为及格,59.9分及以下为不及格。

(8)每个学生每学年评定一次,记入《〈国家学生体质健康标准〉登记卡》(附表1-6)。特殊学制的学校,在填写登记卡时可以按规定和需求相应地增减栏目。学生毕业时的成绩和等级,按毕业当年学年总分的50%与其他学年总分平均得分的50%之和进行评定。

(9)学生测试成绩评定达到良好及以上者,方可参加评优与评奖;成绩达到优秀者,方可获体育奖学分。测试成绩评定不及格者,在本学年度准予补测一次,补测仍不及格,则学年成绩评定为不及格。普通高中、中等职业学校和普通高等学校学生毕业时,《标准》测试的成绩达不到50分者按结业或肄业处理。

(10)学生因病或残疾可向学校提交暂缓或免予执行《标准》的申请,经医疗单位证明,体育教学部门核准,可暂缓或免予执行《标准》,并填写《免予执行<国家学生体质健康标准>申请表》(附表7),存入学生档案。确实丧失运动能力、被免予执行《标准》的残疾学生,仍可参加评优与评奖,毕业时《标准》成绩需注明免测。

(11)各学校每学年开展覆盖本校各年级学生的《标准》测试工作,《标准》测试数据经当地教育行政部门按要求审核后,通过“中国学生体质健康网”上传至“国家学生体质健康标准数据管理系统”。测试和数据上传时间由教育行政部门确定。

(12)本标准由教育部负责解释。

二、单项指标与权重

表 10-3-1 单项指标与权重表

测试对象	单项指标	权重%
大学各年级	体重指数(BMI)	15
	肺活量	15
	50 米跑	20
	坐位体前屈	10
	立定跳远	10
	引体向上(男)/1 分钟仰卧起坐(女)	10
	1000 米跑(男)/800 米跑(女)	20

注:体重指数(BMI)=体重(kg)/身高^2(m^2)。

三、评分表

(一)单项指标评分表

表 10-3-2 男生、女生体重指数(BMI)单项评分表 (kg/m^2)

等级	得分	男生	女生
正常	100	17.9～23.9	17.2～23.9
低体重	80	≤17.8	≤17.1
超重		24.0～27.9	24.0～27.9
肥胖	60	≥28.0	≥28.0

表 10-3-3 男生单项评分表

等级	单项	肺活量/mL		50 米/s		坐位体前屈/cm		立定跳远/cm		引体向上/次		1000 米	
	年级	大一	大三	大一	大三	大一	大三	大一	大三	大一	大三	大一	大三
	得分	大二	大四	大二	大四	大二	大四	大二	大四	大二	大四	大二	大四
优秀	100	5040	5140	6.7	6.6	24.9	25.1	273	275	19	20	3′17″	3′15″
	95	4920	5020	6.8	6.7	23.1	23.3	268	270	18	19	3′22″	3′20″
	90	4800	4900	6.9	6.8	21.3	21.5	263	265	17	18	3′27″	3′25″
良好	85	4550	4650	7.0	6.9	19.5	19.9	256	258	16	17	3′34″	3′32″
	80	4300	4400	7.1	7.0	17.7	18.2	248	250	15	16	3′42″	3′40″
及格	78	4180	4280	7.3	7.2	16.3	16.8	244	246			3′47″	3′45″
	76	4060	4160	7.5	7.4	14.9	15.4	240	242	14	15	3′52″	3′50″
	74	3940	4040	7.7	7.6	13.5	14	236	238			3′57″	3′55″

续表 10－3－3

等级	单项	肺活量/mL		50 米/s		坐位体前屈/cm		立定跳远/cm		引体向上/次		1000 米	
	年级	大一	大三	大一	大三	大一	大三	大一	大三	大一	大三	大一	大三
	得分	大二	大四	大二	大四	大二	大四	大二	大四	大二	大四	大二	大四
及格	72	3820	3920	7.9	7.8	12.1	12.6	232	234	13	14	4′02″	4′00″
	70	3700	3800	8.1	8.0	10.7	11.2	228	230			4′07″	4′05″
	68	3580	3680	8.3	8.2	9.3	9.8	224	226	12	13	4′12″	4′10″
	66	3460	3560	8.5	8.4	7.9	8.4	220	222			4′17″	4′15″
	64	3340	3440	8.7	8.6	6.5	7	216	218	11	12	4′22″	4′20″
	62	3220	3320	8.9	8.8	5.1	5.6	212	214			4′27″	4′25″
	60	3100	3200	9.1	9.0	3.7	4.2	208	210	10	11	4′32″	4′30″
不及格	50	2940	3030	9.3	9.2	2.7	3.2	203	205	9	10	4′52″	4′50″
	40	2780	2860	9.5	9.4	1.7	2.2	198	200	8	9	5′12″	5′10″
	30	2620	2690	9.7	9.6	0.7	1.2	193	195	7	8	5′32″	5′30″
	20	2460	2520	9.9	9.8	－0.3	0.2	188	190	6	7	5′52″	5′50″
	10	2300	2350	10.1	10.0	－1.3	－0.8	183	185	5	6	6′12″	6′10″

表 10－3－4 女生单项评分表

等级	单项	肺活量/mL		50 米/s		坐位体前屈/cm		立定跳远/cm		仰卧起坐/次		800 米	
	年级	大一	大三	大一	大三	大一	大三	大一	大三	大一	大三	大一	大三
	得分	大二	大四	大二	大四	大二	大四	大二	大四	大二	大四	大二	大四
优秀	100	3400	3450	7.5	7.4	25.8	26.3	207	208	56	57	3′18″	3′16″
	95	3350	3400	7.6	7.5	24	24.4	201	202	54	55	3′24″	3′22″
	90	3300	3350	7.7	7.6	22.2	22.4	195	196	52	53	3′30″	3′28″
良好	85	3150	3200	8	7.9	20.6	21	188	189	49	50	3′37″	3′35″
	80	3000	3050	8.3	8.2	19	19.5	181	182	46	47	3′44″	3′42″
及格	78	2900	2950	8.5	8.4	17.7	18.2	178	179	44	45	3′49″	3′47″
	76	2800	2850	8.7	8.6	16.4	16.9	175	176	42	43	3′54″	3′52″
	74	2700	2750	8.9	8.8	15.1	15.6	172	173	40	41	3′59″	3′57″
	72	2600	2650	9.1	9	13.8	14.3	169	170	38	39	4′04″	4′02″
	70	2500	2550	9.3	9.2	12.5	13	166	167	36	37	4′09″	4′07″
	68	2400	2450	9.5	9.4	11.2	11.7	163	164	34	35	4′14″	4′12″
	66	2300	2350	9.7	9.6	9.9	10.4	160	161	32	33	4′19″	4′17″
	64	2200	2250	9.9	9.8	8.6	9.1	157	158	30	31	4′24″	4′22″

续表 10-3-4

等级	单项	肺活量/mL		50米/s		坐位体前屈/cm		立定跳远/cm		仰卧起坐/次		800米	
	年级	大一	大三	大一	大三	大一	大三	大一	大三	大一	大三	大一	大三
	得分	大二	大四	大二	大四	大二	大四	大二	大四	大二	大四	大二	大四
及格	62	2100	2150	10.1	10	7.3	7.8	154	155	28	29	4′29″	4′27″
	60	2000	2050	10.3	10.2	6	6.5	151	152	26	27	4′34″	4′32″
不及格	50	1960	2010	10.5	10.4	5.2	5.7	146	147	24	25	4′44″	4′42″
	40	1920	1970	10.7	10.6	4.4	4.9	141	142	22	23	4′54″	4′52″
	30	1880	1930	10.9	10.8	3.6	4.1	136	137	20	21	5′04″	5′02″
	20	1840	1890	11.1	11	2.8	3.3	131	132	18	19	5′14″	5′12″
	10	1800	1850	11.3	11.2	2	2.5	126	127	16	17	5′24″	5′22″

第四节　国家学生体质健康标准测试方法

一、身高和体重

（1）测试目的：测试学生身高，与体重测试相配合，评定学生的身体匀称度，评价学生生长发育的水平及营养状况。

（2）测试器材：身高体重仪。

（3）测试方法：受试者赤足，身着轻装立正姿势站在身高体重仪的底板上（上肢自然下垂，足跟并拢，足尖分开成60°）。足跟、骶骨部及两肩胛区与立柱相接触，躯干自然挺直，头部正直，耳屏上缘与眼眶下缘是水平位。

二、肺活量

（1）测试目的：测试学生的肺通气功能。它是指人体尽全力深吸气后，再尽全力呼出的气体总量，即一次深呼吸的气量，是呼吸动态过程中的一部分。

（2）测试器材：电子肺活量计。

（3）测试方法：受试者面对仪器站立，手持吹气口嘴；面对肺活量计站立深吸气（避免耸肩提气，应该象闻花式的慢吸气）；吸气后屏住气再对准口嘴吹气，防止此时从口嘴处吸气；测试中不得二次吸气、吹气，向口嘴处慢慢呼出至不能再呼为止；吹气完毕后，液晶屏上最终显示的数字即为肺活量毫升值。测试时不必紧张，要尽全力，以中等速度和力度吹气效果最好。

三、坐位体前屈

（1）测试目的：测试学生身体柔韧素质的发展水平。

（2）测试器材：坐位体前屈测量计。

（3）测试方法：受试者坐姿，腿伸直，两脚平蹬测试纵板上，脚尖分开约10～15 cm，上体前屈，两臂前伸直，用两手中指尖逐渐向前推动游标，直到不能前推为止，测试计的脚蹬纵板内沿平面为0点，向内为负值，向前为正值。

四、仰卧起坐

（1）测试目的：测试学生腹肌耐力。

（2）测试器材：垫子。

（3）测试方法：受试者全身仰卧于垫上，两腿稍分开，屈膝呈90°度左右，两手指交叉于脑后，另一同学压住其踝关节，以便固定下肢；测试人员目测受试者完成上述动作要领后，开始仰卧起坐；动作应规范至90°方为有效；受试者躯干超过90°完成一次，测试时间1分钟。

五、引体向上

（1）测试目的：测试男性上肢肌肉量的发展水平。

（2）测试器材：单杠。

（3）测试方法：受试者跳起双手正握杠，两手与肩同宽成直臂悬垂。静止后，两臂同时用力引体（身体不能有附加动作），上拉到下颌超过横杠上缘为完成一次，然后放松背阔肌让身体下降直到完全下垂，然后重复再做。

六、立定跳远

（1）测试目的：测试学生下肢爆发力及身体协调能力的发展水平。

（2）测试器材：立定跳远电子测试仪或沙坑、丈量尺。

（3）测试方法：受试者两脚自然分开站立；站在起跳线后，脚尖不得踩线；两脚原地同时起跳，不得有垫步或连跳动作；测量起跳线后缘至最近落地点后缘的垂直距离。

七、50米跑

（1）测试目的：测试学生的灵敏性和下肢爆发力。

（2）测试仪器：秒表。

（3）测试方法：站立起跑，受试者听到“跑”的口令后开始起跑。发令员在发出口令同时要摆动发令旗。计时员视旗动开表计时，受试者躯干到达终点线的垂直面停表。以秒为单位记录测试成绩，精确到小数点后一位，小数点后第二位数按非0进1原则进位，如10.11 s读成10.2 s记录之。

八、耐力跑（女生800米/男生1000米）

（1）测试目的：衡量学生心肺机能的发展水平。

（2）测试仪器：耐力跑测试仪或秒表。

（3）测试方法：受试者站立式起跑。当听到“跑”的口令后开始起跑。计时员看到旗动开表计时，当受试者的躯干部到达终点线垂直面时停表。以分、秒为单位记录测试成绩，不计小数。

下篇

运动实践与体育健身篇

第十一章

田径运动

第一节　田径运动概述

田径(track and field)或称田径运动，是田赛、径赛和全能比赛的全称。“田”是指广阔的空地，在跑道所围绕的中央或临近的场地上举行的跳跃、投掷类比赛项目，统称为田赛。田赛是用米尺丈量所跳的高度、远度和所投器械的远度的项目。“径”是指跑道，在跑道上举行的竞走和各类形式的赛跑项目都属于径赛，是以时间计算成绩的比赛项目。简单来说，田赛用距离来衡量，径赛用时间来衡量。此外，田径运动还包括田径全能运动，它是由若干跑、跳、投项目组合而成的。田径比赛由田赛、径赛、公路路跑、竞走和越野跑组成，此外还包括部分田赛和径赛项目组成的“十项全能”。现代田径运动的分类不同，多数将田径运动分为径赛、田赛、全能三大类，或分为竞走、跑、跳跃、投掷、全能五大类。

田径运动具有个体性和广泛的群众性。田径运动除接力跑外，都是以个人为单位参加比赛的运动项目，团体成绩和名次大都是由个人成绩和名次及接力跑成绩和名次的计分相加决定的。田径运动是体育运动中最大的一个项目，它包括五大类的很多单项，是任何大型运动会中比赛项目最多、参赛运动员最多的项目，经常参加田径运动的人也最多。田径运动中各单项和全能项目，对人体形态、主要身体素质水平和心理机能等有不同的要求，运动员要从个人实际和特点出发，选择运动项目，掌握具有个人特点的先进、合理的运动技术。

最早的田径比赛，是公元前776年在希腊奥林匹克村举行的第一届古代奥运会上进行的。

第二节　跑

一、短跑

(一)短跑基本技术

短跑技术全程包括起跑、起跑后的加速跑、途中跑和终点跑四个部分。

1.起跑

起跑的任务是获得向前冲力，使身体迅速摆脱静止状态，为起跑后加速跑创造有利条件。

(1)起跑器的安装。规则规定短跑的起跑必须使用起跑器并采用蹲踞式起跑。安装起跑器的目的是使脚有牢固的支撑,形成良好的用力姿势,便于快速起跑和加速,有利于获得较快的起跑速度。起跑器的安装方法常用的有普通式和拉长式两种(图 11－2－1)。

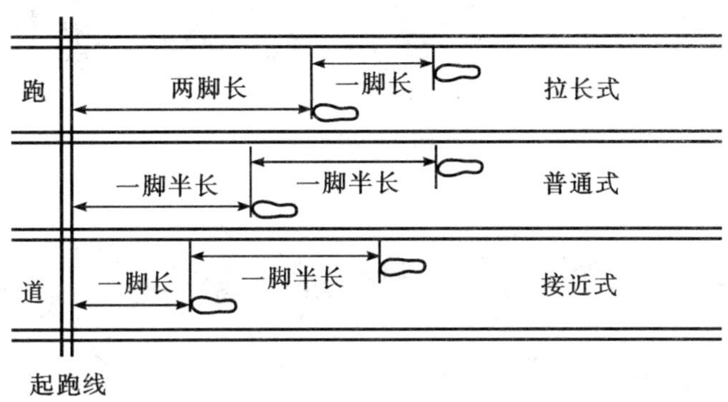

图 11－2－1

“普通式”的前起跑器安装在距离起跑线一脚半(40～46 cm)处,后起跑器距离前起跑器一脚半。前后起跑器的支撑面与地面的夹角分别为 40°～45°和 70°～80°,两个起跑器的中间线间隔约 15 cm。“拉长式”两起跑器的前后距离为一脚长,前起跑器安装在起跑线两脚长处。

两种安装办法各有优缺点,运动员采用哪种起跑器的安装方法应根据个人的身高、体型、身体素质和技术水平等情况来选择,其目的是使运动员能充分发挥肌肉最大力量,获得最大初速度,有助于加速跑的完成。

(2)起跑技术。起跑的任务是使身体迅速摆脱静止状态,为起跑后加速跑创造条件。田径规则规定,在短跑比赛中运动员必须采用蹲踞式起跑,必须使用起跑器,运动员要按发令员的口令完成起助动作。

起跑过程包括“各就位”、“预备”和“鸣枪”三个阶段。听到“各就位”口令后,运动员稳定一下自己的情绪,走到起跑器前,俯身,两手撑地,两脚依次踏在前后起跑器的抵足板上,将有力脚放在前面,后腿跪地。然后两手收回到起跑线后,两臂伸直,两手间距离与肩同宽或比肩稍宽,四指并拢或稍分开和拇指成“人”字形。身体重心稍前移,肩约与起跑线齐平,头与躯干保持在一条直线上,颈部自然放松,身体重量均匀地落在两手、前腿和后腿之间,注意听“预备”口令。

听到“预备”口令后,逐渐抬起臀部。臀部要稍高于肩部 10～20 cm,同时使身体重心向前上方移动。此时,身体重心落在两臂和前腿上,前腿膝角为 90°～100°,后腿膝角为 110°～130°。两脚贴紧在前后起跑器抵足板上,集中注意力听枪声。

听到枪声后,两手迅速推离地面,屈肘做有力的前后摆,同时两腿快速用力蹬起跑器。后腿快速蹬离起跑器后,便迅速屈膝向前上方摆出。摆出时腿不应离地面过高,这有利于摆动腿迅速着地并过渡到下一步。前腿有力地蹬伸,后蹬角为 42°～45°(图 11－2－2)。

2.起跑后的加速跑

加速跑是起跑与途中跑之间的一段疾跑技术,任务是在较短距离尽快地获得最高速度进入途中跑。起跑后两臂加快摆速,两腿交替用力蹬冲,步长逐渐加大,步频逐渐加快,并逐渐加大后蹬角度。两脚的着地点逐渐形成一条直线,上体逐渐抬起进入途中跑,加速跑过程(图 11－2－3)。

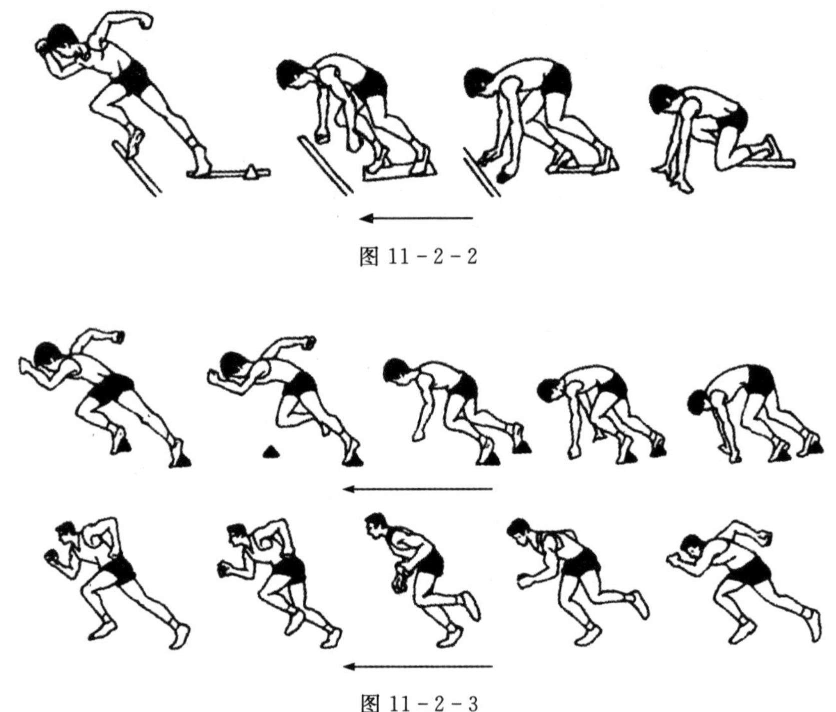

图 11-2-2

图 11-2-3

3.途中跑

途中跑是短跑全程中距离最长、速度最快的一段，其任务是继续发挥和保持高速度跑，其动作特点是腿的摆动幅度大，大腿高抬，频率快，扒地动作积极明显，其完整动作如图11-2-4所示。

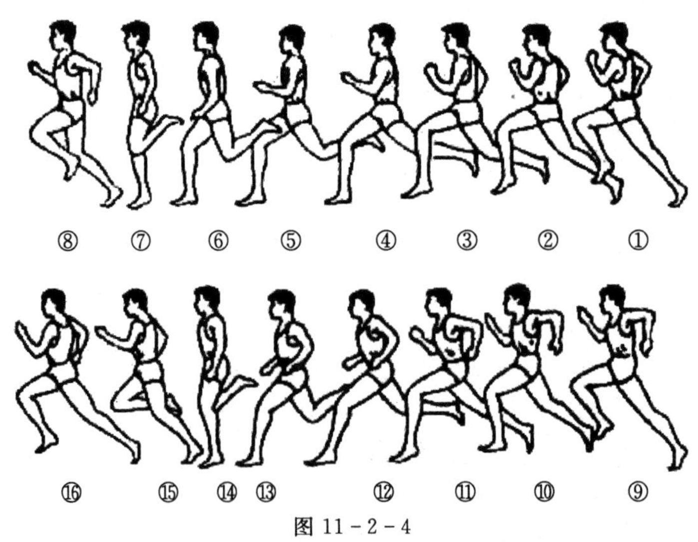

图 11-2-4

跑是周期性运动，在一个跑的周期内，由后蹬和前摆、腾空、着地后缓冲三个阶段构成。

(1)后蹬与前摆阶段。当身体重心移过支撑点垂直面时，一条腿经后蹬后进入前摆，另一条腿由前摆后着地，支撑腿开始后蹬。前摆时以大腿带动小腿并以折叠的姿势用力向前上方摆动，使身体重心向前移动。后蹬时应快速有力地依次伸直髋、膝、踝关节，前摆时以髋为轴向前上方摆动。后蹬角为50°左右(图11-2-4)。

(2)腾空阶段。支撑腿蹬离地面后,身体即进入腾空阶段,小腿随惯性迅速向大腿靠拢形成摆动、折叠的动作。同时,以摆动腿的髋关节为轴大腿积极下压,膝关节放松,形成摆动腿着地前的积极下压和“扒地”动作。

(3)着地缓冲阶段。摆动腿的前脚掌着地瞬间即进入着地缓冲阶段。当前脚掌接触地面时,髋、膝、踝关节依次适应弯曲进行缓冲,脚跟不着地面,形成“压紧待发”的姿势,为后蹬创造有利条件。支撑腿脚着地过程中,摆动腿迅速折叠脚跟接近臀部,形成后摆动作。摆动腿折叠越好,越能缩小摆动半径,减少阻力,加快摆动速度(图11-2-4之⑨)。

途中跑时,面部要正对前方,两眼向前平视,上体保持正直或微向前倾。两臂要以肩关节为轴,轻松而有力地前后摆动。正确的摆臂动作不仅能保持跑进中的身体平衡,而且有助于加快两腿动作频率和增大步幅,有利于蹬摆送髋动作。

4.终点跑

终点冲刺跑是指全程跑的最后一段距离。这时要以全身的力量、顽强的毅力加强后蹬和两臂的摆动,以最快的速度跑过终点。在离终点最后一步时,上体迅速前倾,用胸部或肩部做撞线动作跑过终点。

(二)短跑练习方法

(1)速度练习:主要有短距离的加速跑、行进间跑、反复跑、斜坡跑、让距追逐跑、让距接力跑等。

(2)力量练习:各种跳跃练习,如立定跳、立定三级跳、立定十级跳、单足跳、蛙跳,杠铃挺举、抓举、半蹲和深蹲,负重沙袋跑或跳等。

二、接力跑

(一)接力跑基本技术

1.起跑技术

(1)持棒起跑(以右手持棒为例),第一棒运动员采用蹲踞式起跑,用右手的中指、无名指和小指握住棒的末端,大拇指和食指分开撑地,接力棒不能触及起跑线或起跑线前的地面,如图11-2-5所示。

(2)接棒人的起跑。4×100米接力第二、三、四棒队员一般采用半蹲踞式起跑姿势,两脚前后开立,两腿弯曲,上体前倾(第二、四棒位于跑道的外侧,第三棒位于跑道的内侧),目视传棒队员,待传棒队员跑到标记线时,接棒人应迅速起跑(图11-2-6)。

图11-2-5

图11-2-6

2. 传接棒技术

传接棒的方法有上挑式、下压式和混合式三种。

(1)上挑式。接棒队员的手臂自然向后伸出，掌心向后，四指与拇指分开，虎口朝下，传棒队员将棒由下向前上方送入接棒队员手中(图 11－2－7)。

(2)下压式。接棒队员的手臂自然向后伸出，四指与拇指自然分开，手腕内旋，掌心向上，虎口朝后，传棒队员将棒的前端由上向下传到接棒人手中(图 11－2－8)。

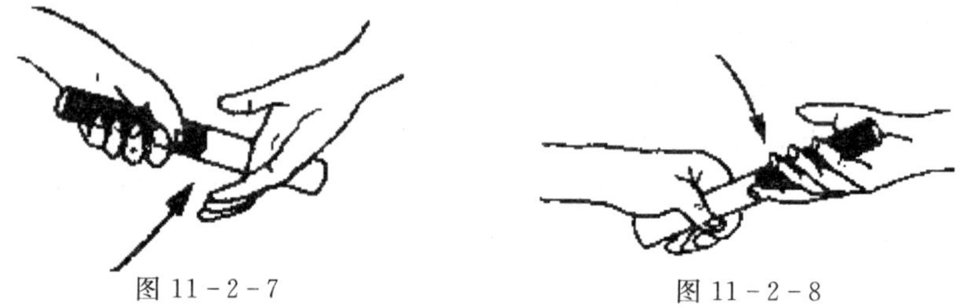

图 11－2－7　　图 11－2－8

(3)混合式。这种方法是综合以上两种的优点，在 4×100 米接力中，第一棒队员以右手持棒，用“上挑式”将捧传给第二棒队员的左手，第二棒队员沿跑道外侧跑进，用“下压式”将棒传给第三捧队员的右手，第三棒队员沿跑道内侧跑进，用“上挑式”将棒传给第四棒队员的左手。

3. 传接棒的时机和标志线的确定

(1)传接棒的时机。接捧人站在预跑区内或接力区后端，待看到传棒人跑到标志线时迅速起跑，当传棒人跑进接力区离接棒人 1.50 m 左右时，立即向接棒人发出“嘿”或“接”的传接棒信号，接捧人听到信号后迅速向后伸手接棒(图 11－2－9)。

图 11－2－9

(2)标志线的确定。标志线离接棒人起跑处的距离是根据传接棒人的跑速和传接技术而定的。

4. 4×100 米和 4×400 米接力各棒队员的配合

(1)4×100 米接力第一棒队员要求起跑好，并善于跑弯道；第二棒队员要求速度好、善于传接棒；第三棒队员除应具备第二棒的长处外还应善于跑弯道；第四捧队员一般是冲刺能力强，在全队成绩最好的。

(2)4×400 米接力，第一棒队员是分道跑，第二棒队员先分道后不分道，通过抢道标志线切入里道，第三、四棒队员按先后次序在距终点线前后 10 m 处接力区内接捧，不分道跑完各自的距离。4×400 米接力整个过程，一般是根据队员跑速决定传接棒的方法，也可采用换手传接棒。

(二)接力跑练习方法

(1)各棒次分别练习起跑。

(2)两人一组原地持棒(交替持棒)听信号做出上挑式、下压式和迎面式的传接棒练习。

(3)两人一组,相距 20～30 m,在行进间慢跑中听信号做传接棒练习。

(4)两人一组,相距 40～50 m,在行进间快跑中听信号做传接棒练习。

(5)四人一组,在短程行进间快跑中听信号做传接棒练习。

(6)四人一组,做全程 4×100 米接力练习。

三、越野跑

(一)越野跑基本技术

越野跑时,由于跑的地点和环境在变化,所以跑的技术也要因条件的改变而随之变化。下面介绍几种常见地形上的越野跑技术:

(1)在道路上时,采用基本上与中、长距离跑相同的技术,并尽量注意在路面平坦的地方奔跑。

(2)在草地上时,用全脚掌着地,同时留心向前下方看,以免陷入坑洼或碰在石头上。

(3)上坡时,上体应前倾,大腿抬高一些,并用前脚掌着地,小步跑上去。遇到较陡的斜坡,可改用走步的方法或用之字形跑法(走法)。必要时可用单手或双手辅助攀登。

(4)下坡时,上体应稍后倾,并以全脚掌或脚跟着地的方法行进,遇到较陡的下坡或坡面很滑的斜坡,可用侧脚掌着地,甚至可采用蹲状并用手在体后牵拉(草、树)、撑(地)方式行进。到达下坡的末端(一般 8～10 m),便顺坡势疾跑至平地。

(5)从稍高的地方(1.50 m 以下)往下跳时,可用跨步跳的动作,踏在高处的腿(支撑腿)必须弯屈,另一腿则向前下方伸出,跳下,两脚着地并以深屈膝来缓和冲击的力量。同时,在落地时,两脚应稍微前后分开,以便继续前跑。从很高的地方往下跳时,应设法降低下跳的高差,根据情况采用坐地双手撑跳下或侧身单手撑跳下的方法,落地时要注意两腿深屈。

(6)在树林中奔跑时,注意不要被树枝、树叶、藤蔓等剐伤,特别要防止被树枝戳伤眼睛。此时一般都用一手或两手随时护住脸部。

(7)遇到小的沟渠、壕坑、矮的灌木丛或倒伏树木时,要增加跑速,大步跨跳而过;在落地的同时,上体稍向前倾,以便保护腰部与便于继续前跑。在通过较宽的(2.5～4 m)的沟渠时,需用 15～25 m 的加速跑,采用大跨步跳和跳远的方法越过。应注意做好落地动作,防止后倒。遇到大的倒伏树木、其他矮障碍物,可以用踏过它们的方法越过。遇到较高的障碍物(不超过 2 m),如矮围栏、土垣等,可用正面助跑蹲跳和一手或双手支撑的方法翻越。

(二)越野跑练习方法

越野跑同其他长跑项目一样,要求一方面能够尽可能地减少人体能量的消耗,维持一定的跑速,另一方面又能根据比赛的情况,具有加速度的能力。因此,下述要求应使运动员在训练阶段努力掌握,在比赛过程中始终注意。

(1)姿势。主要采用身体微向前倾或正直的姿势。要尽量使身体的各部分的动作协调配合，并且善于利用跑中产生的支撑反作用力与惯性不断前进，使身体保持平稳，提高跑的效果。

(2)呼吸。最好利用鼻子与半张开的嘴(用舌尖舔住上颚)共同呼吸。一般情况下应自然、有适当的深度并有节奏的呼吸。

(3)体力分配。体力分配或者按选择的路段，或者按比赛的阶段(起点、途中、终点)，或者以自身体能状况的不同确定。通过工作阶段(肌肉的紧张)和休息阶段(肌肉的放松)适时交替的方法，达到既跑得快，又跑得省力的目的。

(4)速度。一般来讲速度不宜过快，过快或在途中加速太猛不仅会影响体力的正常发挥，而且会严重地影响判断力。

(5)节奏。根据实验资料表明，人感受的最适宜节奏是每分钟 70～90 次(即每步时值为 0.67～0.85 s)，过快的节奏不易感受，过慢则会起抑制作用。有节奏的动作不仅能节省身体能量的消耗，而且能达到最适宜的动作协调。协调而富有节奏的动作，能给人以轻松自如的感觉和美的享受。

(6)距离感。在越野跑中保持一定的距离感是必要的，它不仅可以帮助提高平均速度，也有利于体力的计划与分配。

在野外，尽量用同样的步速节奏奔跑，但由于地形的变化，步长(距离)的区别却较大。如果没有测量过自己的步长，可参考常规慢跑测出的数据。

第三节　跳跃

一、立定跳远

(一)立定跳远基本技术

(1)预摆：两脚左右开立，与肩同宽，两臂前后摆动。前摆时，两腿伸直，后摆时，屈膝降低重心，上体稍前倾，手尽量往后摆。要点是上下肢动作协调配合，摆动时一伸二屈降重心，上体稍前倾。

(2)起跳腾空：两脚快速用力蹬地，同时两臂稍曲由后往前上方摆动，向前上方跳起腾空，并充分展体。要点是蹬地快速有力，腿蹬和手摆要协调，空中展体要充分，强调离地前的前脚掌瞬间蹬地动作。

(3)落地缓冲：收腹举腿，小腿往前伸，同时双臂用力往后摆动，并屈膝落地缓冲。要点是小腿前伸的时机把握好，曲腿前伸臂后摆，落地后往前不往后。整个动作过程见图 11-3-1。

图 11-3-1

(二)立定跳远练习方法

(1)蹲跳起:双脚左右开立,脚尖平行,屈膝向下深蹲或半蹲,两臂自然后摆,然后两腿迅速蹬伸,使髋、膝、踝三个关节充分伸直,同时两臂迅速有力向前上摆,最后用脚尖蹬离地面向上跳起,落地时用前脚掌着地屈膝缓冲,接着再跳起。

(2)单脚交换跳:上体正直,膝部伸直,两脚交替向上跳起。跳时主要是用踝关节的力量,用前脚掌快速蹬地跳起,离地时脚面绷直,脚尖向下。原地跳时,可规定跳的时间(30 s~1 min)或跳的次数(30~60 次)。行进间跳时,可规定跳的距离(20~30 m)。

(3)跑跳步:用右(左)腿直膝向前上方跳起,同时左(右)腿屈膝向上举,右腿落地,然后换腿,用同样方法跳,两臂配合前后大幅度摆动。跳时踝关节和前脚掌要用力,整个动作连贯轻快。

(4)纵跳摸高:两脚自然开立成半蹲预备姿势,一臂或两臂向上伸直,接着两腿用力蹬伸向上跳起,单手或双手摸高。

(5)蛙跳:两脚分开成半蹲,上体稍前倾,两臂在体后成预备姿势。两腿用力蹬伸,充分伸直髋、膝、踝三个关节,同时两臂迅速前摆,身体向前上方跳起,然后用全脚掌落地屈膝缓冲,两臂摆成预备姿势。

(6)障碍跳:地上放小海绵垫 6~10 块,每块距离 1 m 左右。练习者站在垫后,两脚左右开立,脚尖平行,屈膝向下,两臂自然后摆,用脚掌力量向前上方跳过障碍,两臂配合向前上方摆动,落地时屈膝缓冲,落地后迅速做下次跳跃。

(7)跳台阶:两手背在身后,两脚平行开立,屈膝半蹲,用前脚掌力量做连续跳台阶动作。

(三)注意事项

(1)尽量选平坦但不过于坚硬的地面进行练习,如踉道、土地、地板地、沙坑等。过滑的地面不宜练习。

(2)提高爆发力的练习,重复次数一般不超过 10 次。提高力量耐力的练习,重复次数必须在 10 次以上,并尽可能增加重复次数。

二、跳远

(一)跳远基本技术

跳远的基本技术包括助跑、起跳、空中动作、落地四个连续完成动作的技术。决定跳远成绩的主要因素是助跑速度(即水平速度)和起跳高度(即垂直速度)。

1. 助跑技术

助跑是根据个人的训练水平和特点,采用一定的步数、距离和节奏的加速跑,其目的是为了在起跳前获得较高的水平速度,并为准确的踏板和起跳创造良好的条件。助跑时采用一定的步数、距离和节奏,一般男子助跑距离是 35~45 m,助跑步数 18~24 步;女子助跑距离 30~35 m,助跑步数 16~18 步。一般采用站立式、半蹲式或行进间起跑。站立式或半蹲式起动姿势第一步的幅度和速度变化小,有利于提高助跑的准确性;行进间助跑起动,先走几步,后慢跑或垫步,再加速助跑。

全程跑的技术，开始几步上体适当前倾，两腿的蹬摆和两臂的摆动积极有力，然后上体逐渐抬起接近垂直，上下肢的摆动幅度加大，蹬摆配合协调有力；最后几步身体重心平稳地前移，保持稳定的快速节奏；最后一步由于加快起跳腿的换脚动作，步长比倒数第二步稍短（短 20～40 cm），以便快速有力地起跳。总之，助跑动作要轻松、自然、连贯，节奏积极稳定。

全程助跑距离的测量方法：用适合个人特点的加速跑方法，从起跳板开始向助跑方向跑进，反复跑 30～45 m，从中找出能充分发挥助跑和起跳动作的助跑距离和步数，反复练习，经过调整最后确定全程助跑的实际距离和步数。

2. 起跳技术

起跳动作主要包括起跳脚着板、有关部位关节弯曲和起跳腿蹬伸起跳的动作过程。起跳脚上板着地后，因受助跑惯性力和水平速度等因素影响，使起跳腿髋、膝、踝关节被动弯曲缓冲，且迅速过渡到全脚掌支撑，使身体迅速前移至起跳腿支撑点上方，然后起跳腿及时蹬伸，充分伸展髋、膝、踝三关节，上体向上方抬起，摆动腿屈膝快速向前上方摆动。起跳腿同侧臂屈肘向前上方摆动，异侧臂屈肘经体侧向侧后方摆动，完成起跳动作。

3. 空中动作

腾空的作用是保持身体的平稳，推迟着地时间，并为落地创造有利条件。起跳腾空后上体应正直，起跳腿自然向后伸展，摆动腿屈膝前摆，大腿高抬保持水平姿势，臂向前上方、向后摆动至侧后上方，形成腾空阶段。跳远的腾空姿势有蹲踞式、挺身式和走步式三种，以下重点介绍挺身式跳远。

挺身式：起跳腾空后，摆动腿伸展膝关节，小腿向前、向下、向后弧形摆动，并后摆与起跳腿靠拢，挺胸展髋成展体挺身姿势，两臂经前向下、向后摆动，收腹举大腿，然后前伸小腿，两臂向上、向前摆动准备落地（图 11－3－2）。

图 11－3－2

4. 落地技术

当脚跟接触沙面后，两腿屈膝缓冲，髋前移，两臂继续积极前摆，使身体重心迅速移过支持点，身体保持向前移动，上体前倾，完成落地动作。

（二）跳远练习方法

1. 练习快速助跑与正确起跳相结合的技术

（1）原地模仿起跳动作。以摆动腿支撑，膝微屈，随着身体重心的前移，起跳腿屈膝前摆，然后从上向下做“扒地”动作。同时摆动腿前摆，两臂前后摆动体会蹬与摆、上下肢的协调配合。要求起跳脚快落、摆动腿向前上方摆出，随着加大摆动的速度和幅度，由不离地起跳模仿过渡到起跳蹬离地面跳起。

(2)在 20～30 m 距离行走中连续完成起跳技术模仿练习。注意力集中在上、下肢的配合和蹬摆动作的配合上。

(3)短距离助跑的“腾空步”练习。利用俯角斜板完成此练习，有利于完成快速的起跳和体会起跳中的向前用力。

(4)在快跑过程中，听口令立即完成一次起跳。注意起跳前不破坏跑的速度，保持放松的动作和落地的弹性。

(5)在 40～50 m 距离内连续三步助跑起跳成腾空步练习。重点提示：向前上方起跳，上体保持正直；起跳时要加速助跑，快速起跳；随着加大摆动速度、幅度和力量，相应加大腾空步的高度和远度。

2. 学习挺身式空中动作和落地动作

(1)原地的挺身式跳远模仿练习。此练习可分几部分：模仿起跳结束时的姿势；放下摆动腿，同时送髋挺胸，两臂向下，向后摆动；模仿落地前的收腹举腿。

(2)行进间挺身式空中动作模仿练习。

(3)从高处跳下，完成挺身式空中动作。

(4)原地起跳，空中抱膝。

(5)短距离助跑，挺身式完整跳远练习。重点提示：空中动作注意摆动腿的下放，挺胸展髋，下肢放松，防止仰头挺腹。

三、跳高

(一)跳高基本技术

跳高是由助跑、起跳和过杆落地三个紧密衔接的运动阶段组成的整体。不同的跳高姿势，各个阶段的动作形式和要求不同。这里只介绍背越式跳高的技术动作和练习方法。

背越式是通过弧线助跑，起跳后背对横杆腾起，而后依次越过横杆的一种跳高技术，见图 11-3-3。其技术动作如下：

1. 助跑(以左脚起跳为例)

背越式跳高的助跑，通常采用前段为直线，后段为弧线的助跑形式。助跑的步数一般为 8～12步(弧线段一般跑 4 步)，用远离横杆的腿起跳。助跑的最后一步，约与横杆成 30°角。助跑的前几步为直线助跑，重心高而平稳，后蹬充分有力，前摆积极富有弹性，进入弧线段的前一步，身体开始向内倾斜。人体沿弧线跑进时，具体要求与弯道跑技术相似，但向前迈步的大腿不要高抬，适当缩小后蹬角，并把内倾的姿势保持到最后一步。为了充分利用助跑速度，顺利地完成起跳和越过横杆，助跑时需要有一个合理的助跑弧线和准确的步点，其丈量的方法有多种，常采用的是“走步丈量法”。具体方法如下：

(1)确定起跳点的位置。起跳点一般在离近侧跳高架立柱水平距离约 1 m，距横杆投影线的垂直距离约 60～100 cm 处。

(2)从起跳点沿横杆的平行方向走 5 自然步，然后右转向前走 6 自然步，并做一转折标记，

图 11-3-3

继续向前走 7 自然步,最后一步落点即为助跑的起跑点(图 11-3-4)。

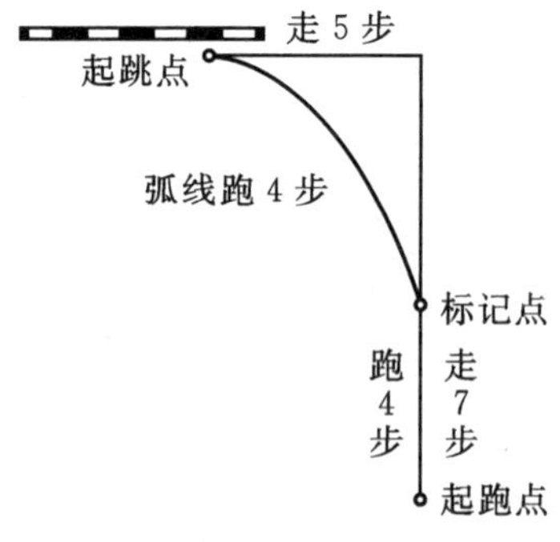

图 11-3-4

(3)由转折标记向起跳点划一弧线,这一弧线即为助跑弧线。

助跑弧线的丈量方法是直线段与弧线段各跑 4 步。无论采用何种方法丈量的助跑路线,都要反复练习,不断调整与校正,最后确定下来。

助跑技术要求:助跑动作轻松自如,逐渐加速,节奏明显,尽量发挥助跑速度;助跑的直、弧线衔接连贯、平稳、自然、圆滑;弧线助跑要向内倾斜,最后一步不能倒向横杆。

2.起跳

助跑最后一步摆动腿支撑过垂直部位后,起跳腿积极踏向起跳点,此时要依靠摆动腿的有力蹬伸,保持身体内倾姿势向前送髋和前移躯干,并使起跳的一侧的髋超越摆动腿一侧的髋,以及保持肩轴几乎与横杆垂直的位置，形成肩轴与髋轴的扭紧状态。接着，起跳腿以大腿带动小腿积极下压做向下扒地动作。着地时以起跳脚的外侧跟部接触地面，继而通过脚外侧滚动至全脚掌，脚尖朝向弧线的切线方向，随着身体由内倾转为垂直，迅速地完成缓冲和蹬伸动作。蹬伸结束时，髋、膝、踝三关节充分蹬直。在起跳过程中，摆动腿和两臂应协调配合摆动，用力一致。

起跳技术要求：

(1)起跳腿放脚要快，放脚位置要沿助跑弧线的切线方向，放脚时身体达到最大内倾；

(2)摆动腿最后一步要积极蹬伸和快速有力地摆动，同时两臂协调配合摆动，提高起跳效果；

(3)起跳腿缓冲快、蹬伸快，蹬摆协调配合，做到顶头、提肩、拔腰垂直起跳。

3. 过杆与落地

在起跳时，由于摆动腿向异侧肩积极摆起和骨盆的转动，身体获得了绕纵轴旋转的动力，使腾起后身体逐渐转为背对横杆的姿势(图 11－3－3⑧)，这时摆动腿的膝关节放松并自然下垂。当肩背高于横杆时倒肩、抬头、挺胸，身体向水平方向伸展，同时提臀挺髋，两膝弯曲稍向外分开，小腿放松下垂，身体成反弓形(图 11－3－3⑨～⑬)。头与肩过杆后下沉，两膝升至最高点(图 11－3－3⑭)，臀部过杆后，及时低头收腹，小腿向上甩起，使整个身体越过横杆(图 11－3－3⑮⑯)，身体过杆以后，背部落于海绵垫上(图 11－3－3⑰)。

过杆与落地技术要求：过杆时动作顺势、连贯、自然；过杆时倒肩仰头的时机要适宜，过早或过晚都影响过杆；杆上挺胸、小腿下放要主动，身体反弓要明显；要甩腿过杆，背部落地。

(二)跳高练习方法

1. 了解背越式跳高的技术特点

(1)利用录像、技术图片等直观方法，建立暂时的感观印象；

(2)做完整的背越式跳高动作体会练习。

2. 练习背越式跳高技术

(1)练习起跳技术。

①原地起跳和摆臂练习。起跳腿在前，摆动腿在后，摆动腿积极蹬地，以髋带腿，大小腿折叠，屈腿向上摆动，同时两臂由后向前向上摆起。摆腿结束时，带出同侧髋，提起身体重心；摆臂结束时，提起两肩，使摆动腿一侧肩高于起跳腿一侧肩，躯干伸直，起跳腿充分蹬直，整个身体成起跳结束姿势。

②上一步和三步起跳练习。摆动腿在前，起跳腿向前跳上起跳点时，摆动腿积极蹬离地面起摆，然后完成起跳动作。

③沿圆圈或弧线做一步或三步助跑起跳练习。

(2)学习助跑与起跳结合技术。

①沿圆圈跑的练习(圆圈直径 15 m 左右)；由直线进入圆圈跑的练习。

②沿圆圈做三步或五步的起跳练习。

提示：跑时控制身体向内倾斜，注意后两步加快节奏，做好起跳动作，积极向上跳起。

③3～5 步助跑起跳坐上海绵垫；3～5 步助跑起跳背部着垫躺在海绵垫上。

提示：在海绵垫前选好起跳点，用白粉画上弧线，在弧线上进行练习。

3. 练习过杆技术

(1)仰卧在垫上或两脚跟放在高物上,做髋部向上顶动作。

(2)原地倒肩挺髋练习;原地起跳倒肩挺髋模仿练习。

(3)背对垫子站立提脚跟、挺髋、仰头和挺胸,向后倒肩做背越式过杆动作。

(4)3～5 步助跑起跳背卧上较高的海绵垫,成杆上背弓姿势,两小腿在垫子下方。

提示:起跳积极向上跳起,起跳腾起后,随身体转向背对海绵垫,依次完成仰头、倒肩、展体、挺髋成背弓动作。

(5)背对垫子,原地跳起挺髋后做向上向后甩腿练习。

(6)背对海绵垫做跳起过皮筋练习。

(7)3～5 步助跑,借助于起跳板起跳做过杆练习。

4. 练习背越式跳高完整技术

(1)全程节奏跑练习。

用走步测量法,即"5 - 6 - 7"丈量法或"4 - 7 - 7"丈量法,也就是通常所说的 8 步助跑,测量全程助跑点,通过反复全程节奏跑练习跑点的准确性。

(2)全程助跑起跳上高海绵垫练习。

(3)全程助跑过杆练习。

提示:逐渐加快助跑速度和提高练习强度。

第四节 投掷

一、投掷项目简介

投掷运动是一项体育运动项目,起源于古希腊。大约在公元前 450 年古希腊著名雕塑家米隆完成代表作《掷铁饼者》,说明了投掷运动的历史源远流长。在古代奥运会上投掷比赛所用的器材都是扁圆的石块,重量没有统一的标准。比赛时,运动员站在一个石台上,做几次预摆后将石块掷出,用距离和姿势来确定优胜者。投掷在远古时代有着巨大的实用意义,作为狩猎最主要的手段,投掷考验人类的力量与勇气。现代运动中,投掷项目更考验人类技术运用的合理性。奥运会正式竞赛项目有铅球、铁饼、标枪、链球,学校开展的投掷项目还有抛实心球、掷垒球等。

二、抛实心球

(一)抛实心球基本技术

1. 动作技术环节

(1)握球和持球。握球的方法:两手十指自然分开把球放在两手中间,两手的食指、中指、无名指和小指放在球的两侧将球夹持(男生两食指接触,女生两食指中间距离为 1～2 cm),两大拇指紧扣在球的后上方成"八"字,以保持球的稳定。握球后,两手下垂自然置于身体前下方,这样可以节省力量,在预摆时增大摆动幅度。握球和持球时应注意:①球应握稳,两臂肌肉放松;②在动作过程中能控制好球并有利于充分发挥两臂、手指和手腕的力量(图 11 - 4 - 1)。

(2)预备姿势。两脚前后开立,前脚掌离起掷线约 20～30 cm,前后脚距离约一脚掌,左右脚间距离半脚掌,后脚脚跟稍微离地,两手自然持球,身体肌肉放松,重心落在两脚中间偏前,眼睛看前上方。然后再抛出去。

图 11-4-1

(3)预摆。预摆是为最后用力提高实心球的初速度创造良好条件,预摆次数因人而定,一般是 1～2 次。当最后一次预摆时,此时球依次是从前下方经过胸前至头后上方,加速球的摆速,此时上体后仰,身体形成反弓形,同时吸气。

(4)最后用力。最后用力是投掷实心球的主要环节,动作是否正确直接影响球的初速度及抛球角度。最后用力动作是当预摆结束时两手握球用力积极从后上方向前上方前摆,此时的动作特点是蹬腿、送髋、腰腹急震用力,两臂用力前摆并向前拨指和腕,旨在提高手臂的鞭打速度。

(5)掷球后的缓冲。实心球出手后,后脚可向前迈出一步,缓冲向前的力量,以维持身体的平衡。

动作要领:面对投掷方向,两脚前后开立,力量大的一条腿在后,身体重心落在后腿上,两膝微屈,双手举球至头的后上方,两臂自然伸直,然后利用双脚蹬地,收腹,挥臂的力量将球用力由头后向前上方(斜上方 45°)掷出。用力顺序:由下往上,先是两腿用力蹬地,送髋收腹,两臂用力挥出掷球。出手速度要快,用力要猛,出手角度要掌握好。易犯错误:没有充分利用蹬腿收腹的力量,仅仅靠双手的力量将球掷出。练习方法:每天坚持做俯卧撑、仰卧起坐、引体向上、徒手模仿练习等等,增加上肢及腰腹力量和上下肢协调用力的能力。

2.错误动作及纠正方法

(1)投掷实心球时腕指未用力。原因:持球手指完全放松,手指、手腕力量差。纠正方法:要求持球握球时两手手指应适度紧张,可以用铅球进行抓握练习;注意发展手指、手腕力量。

(2)投掷实心球时两个肘关节过早下降或摔小臂现象,造成出手角度过小。原因:球出手时肩部前移过早,上臂用力不当,使球出手点低,投掷近。纠正方法:两个肘关节不能过早弯屈,投球时不能低头,眼看前上方。

(3)投掷实心球时腰腹收缩与两臂用力不协调。原因:投掷时单纯用两臂力量将球投出,而腰腹没有协调做动作。纠正方法:先进行徒手练习,注意蹬地,收腹,投球协调,再由轻球到重球进行练习。力量训练:由于投掷实心球是属于力量型运动,要想提高投掷实心球的成绩,需发展投掷实心球的爆发力,可以从下列几方面进行训练:①发展肩部肌群力量:俯卧撑、引体向上、卧推、举重物练习或爬竿。②发展腿部肌群力量:负重蹲立、蹲跳。③发展躯干肌群力量:仰卧起坐,俯卧收背,转体练习。④用哑铃或重物做上举后仰前摆的模仿练习。

(二)抛实心球练习方法

(1)前抛练习:将学生分成两组迎面站立,距离 15～20 m,学生将 1 kg 重实心球双臂举过头顶置于脑后,两脚自然分开平行站立或前后站立,利用腰腹力量及上肢力量用力向前抛出,看谁抛的远。

(2)后抛练习:学生背向抛掷方向,两脚自然分开平行站立,双手持球双臂伸直,体前屈,挺胸展体,双腿双臂同时用力,将球从头顶向后抛出。

(3)旋转练习:学生两脚自然分开,持球于体前,两臂伸直,以左(右)腿为轴,旋转一周约

360°从体前抛出(如同抛链球方法),或单手持球用抛掷铁饼的方法抛出。

(4)下抛练习:背向抛掷方向,两脚自然分开,比肩稍宽,双手将球举起到头顶,屈体,收腹,用力将球从两腿中间向后抛出。

(5)比赛时,两脚前后开立,相距约50~80 cm,两手将实心球高举头后,身体稍后仰,有稍微背弓。投掷时,将实心球由头后经头顶至体前,预摆1~2次,当第二次预摆开始时,由肩带动上肢蹬地和前臂,摆速加快,利用下肢蹬地和腰腹的力量,快速将实心球摆到大约上肢与身体成45°夹角方向时,用力将球抛离双手同时下肢及两脚交换位置。

三、体育锻炼与身体健康

(一)体格健壮,体型健美

经常进行投掷练习,可以使人的体格变得健壮,体形变得更健美。

因为投掷项目要通过人体肌肉收缩来实现对器械产生作用力,通过投掷锻炼,人体的肌肉会发生明显的变化,原有的肌纤维变得更加粗壮、结实、肌肉块增大,肌肉力量得到增强,从而使人的体格变得更加健壮。体型健美是任何年龄的人所向往的,人人都需要体态匀称健康。而衡量体型健美的主要标志是胸围、腰围、臀围之比。人体的肩、胸、腹、臀部是脂肪最容易堆积的地方,而各种投掷练习手段,都是用来发展人体各部位肌肉活动能力的,它可以消耗脂肪,降低体脂占体重的百分比,使肌肉质量得到提高。

(二)改善肌肉的协调能力

投掷练习时,为了提高器械出手的初速度,要求加大对器械的作用力。作用力来源于肌肉相互间的协调能力,各部位肌肉产生的力量必须通过投掷臂集中到器械上。经常刺激神经肌肉快速冲动,使大脑皮层的兴奋和抑制过程快速转变,肌肉的紧张和放松也相应的交替迅速,加快单个动作的完成速度。同时,肌肉对神经刺激所产生的反应,使身体的各部位肌肉协调配合能力得到提高。竞技性的投掷项目大多是用单手完成动作,两侧肌肉协调用力的能力有一定的差距,如果我们改变投掷练习形式,单手和双手投掷交替进行,必然使神经肌肉的协调能力得到充分的提高。

(三)增强关节的灵活性和稳固性

经常从事投掷练习,可使髋关节、骨密质增厚。因为投掷练习需要髋关节、肩关节、肘关节、手关节的活动来完成动作。它可以使肌腱和韧带增粗,在骨附着点处直径增大,胶原含量增加,单位体积内细胞数目增多。投掷练习增强了关节周围的肌肉力量,加上肌腱和韧带的增粗,关节软骨的增厚,加大了关节的稳固性。另外,投掷练习可以增大关节囊周围肌腱、韧带和肌肉的伸展性,从而使关节活动幅度增加,增大投掷用力工作距离。

(四)增强肌肉力量,预防身体技能能力迅速退化

肌肉力量是维持全身活动的基本动力,可以帮助人们很好的完成日常生活中很多重要的活动。投掷练习可以明显地使神经系统的调节机能得到改善,肌肉中的毛细血管网增多,肌纤维数量增加,肌肉中蛋白质含量增加,从而增加肌肉的力量,特别能增加肩膀和腰背肌的力量。

第五节　田径运动与健身

一、田径运动的健身价值

（一）田径运动的生理健康价值

田径运动的生理健康价值主要表现在五个方面：

（1）有助于改善呼吸系统功能。田径运动大多在户外进行，空气新鲜，氧气充足，对呼吸系统有良好的促进作用。

（2）有助于改善消化系统。经常参加田径运动可以增加人体物质的消耗，提高消化和吸收功能，运动时胸廓和腹部有节奏地扩大和缩小对消化系统起到按摩作用。

（3）有助于改善神经系统功能。经常参加田径项目的锻炼，可以使锻炼者机体的神经系统得到很好的控制和协调，使神经兴奋、抑制、传导及反应明显改善，人体的灵活性协调性和神经系统的支配能力加强，对外界刺激的适应能力增强。

（4）有助于改善心血管系统功能。经常参加田径项目锻炼，可以改善人体的心血管系统机能水平。

（5）有助于改善运动系统的功能。经常从事田径运动可以促进骨质增强，使管状骨变粗，骨质增厚，骨小梁的排列产生适应性变化，使骨骼更加结实，提高骨骼抵抗损伤的机械性能，还加快了血液循环，促进物质代谢，增加了骨骼生长所需要的营养物质，对身体的长高有一定的促进作用。人体的关节由关节囊、韧带和肌肉所包围，韧带具有加固关节的作用，肌肉不仅加固关节，还能牵引关节运动，因此田径运动对少年儿童的骨骼发育畸形等疾病，都有康复和预防的作用。

（二）田径运动的心理健康价值

世界卫生组织对心理健康的标准如下：智力正常；能适应环境；热爱人生；情绪稳定；意志健全；行为协调；人际关系适应；心理年龄与生理年龄相一致；反应适度；能面向未来。经常从事田径项目锻炼身体，可以使大脑的兴奋和抑制保持平衡，增加去甲肾上腺素和内啡肽的分泌，减少人体的压力，使人愉悦，消除忧郁，改善情绪，降低人的压力，保持大脑兴奋和抑制的平衡。

（三）田径运动的社会适应价值

社会适应能力既包括集体对自然环境的适应，也包括机体对社会环境的适应。“冬练三九、夏练三伏”，不同环境条件的变化，对锻炼者都是不同的刺激，从而提高人体神经系统对外界环境的适应和调节能力，同时，通过锻炼，机体生理健康水平提高，也会增加机体对外界环境的适应能力。此外，经常锻炼，能够形成良好的竞争价值观念，加深对成功失败荣辱等情感的体验，促进人际交流，改善人际关系，增加个体对社会环境的适应能力。

二、田径运动项目的健身特点与注意事项

(一)田径运动项目的健身特点

1. 田径运动的运动动作简单、易学,便于学生开展,符合广大学生健身的需要

田径运动中许多项目的技术动作是人的自然本能动作,如走、跑这一类动作,只要在某些技术环节上稍加指点,掌握一定的健身原则就能够自己进行锻炼,节省时间、人力,锻炼效果也好。

2. 田径运动项目多,锻炼形式多样,选择面广

田径运动项目多,锻炼形式多样,选择面广,是其他运动项目不能比的。仅跑步就有几十种锻炼方法,如慢跑、快跑、加速跑、变速跑、行进间跑、追逐跑、上坡跑、越野跑、接力跑、往返跑等多种锻炼方法。

3. 田径项目锻炼不受场地器材限制,开展范围较为广泛

大部分田径项目不受场地器材限制,在简易条件下就可以开展。不像乒乓球等项目,必须有球拍、球台等设施才能开展。

(二)田径运动项目健身的注意事项

坚持运动负荷适宜原则。运动负荷安排是否得当,直接影响健身效果。负荷过小,对机体的刺激强度不够,达不到强身健体的目的;负荷过大,机体超载运转,不但不能增强体质,反而会损害身体。所以,设计项目时要认真安排运动负荷,合理安排锻炼与休息之间的交替,避免过度疲劳情况的发生。

注意安全性。首先,所设计的田径健身项目的内容必须符合人体运动的生物力学规律,技术动作不能违反常规,危险性较大的项目坚决不予采用。其次,要考虑健身环境的安全性,如场地的平整、适宜的器材、便于运动的服装等。

三、田径项目的锻炼方法介绍

(一)跑步的锻炼方法

跑步是最方便的运动。一个跑步健身计划能让人有效率地达到健身的目的。

(1)慢速放松跑:就是不加任何努力的慢跑。一般慢跑时感到轻松舒服,无疲劳感,心率控制在每分钟 110～130 次左右,呼吸自然,稍有气喘。动作无要求。一般每周练习 2～3 次,每次练习 20 min 左右。坚持经常锻炼,对呼吸系统、心血管系统等有明显的健身效益。

(2)中速跑步方法:是用一定的意志努力,速度在每秒 5 米或心率在每分钟 140～150 次左右的跑步方法。这种跑步法是较流行的中等强度健身法,已被国内外公认。这种方法对增强心脏功能,调节内脏平衡等有显著的效果。但练习中应注意做好准备活动,放松活动,练习感到明显疲劳,就要停止跑步,做一些放松练习。每周练习 1～2 次,每次练到疲劳为止。

(3)快速跑步方法:是用较大意志力,较快的速度向前跑进的方法,练习时心率一般都在人体最高水平,每分钟 170～180 次左右。这种跑法运动强度较大,持续时间较短,一般几秒钟,但可以重复练习。每周练习 1～2 次就可以了,每次重复 3～6 次。练习中应循环渐进,做好准

备活动和放松整理活动，防止过度疲劳。这种方法对提高人体无氧耐受力，肌肉功能，以及心脏功能有一定作用。患有内脏慢性病、心血管、肝、肾病者不能练习，防止重病发生。

(4)变速跑步法：就是采用快慢结合、走跑结合的交替练习方法。这种跑步法适用于中年中后期人，由于运动量变化较大，练习时可根据个人锻炼水平，控制练习的时间和跑速。一般来说，体质较好的中年人，可快跑与慢跑交替进行；体质较差的中年人，可慢跑与走步交替练习，练习时间控制在感到疲劳明显时结束练习，做一些放松活动，并循序渐进提高练习要求。

(5)定时跑步法：就是限定一定时间，进行跑步移动距离，或限定一定距离，缩短跑步时间的练习方法。比较有名的定时跑是 12 分钟跑、6 分钟跑，用来评价自我锻炼的效果和身体功能水平。经常进行定时跑练习，可以帮助自我了解身体状况，锻炼中如出现难以跑下去的疲劳极点现象，应逐步放慢跑速，甚至停止练习，以防发病现象出现，做好放松活动。

(6)原地跑练习法：就是在固定的一小块地方做原地跑步动作的练习方法，如在房间里、阳台上、跑台上做跑的动作，持续练习的方法。这种方法不受场地、气候、设备条件限制，是一种较方便的锻炼方法。但练习时间应较长，重复步数应较多，一般要练习 10 min 以上，才相当于跑进 800 m 距离的慢跑运动量。因此，要求练习较长，练习时大腿抬高一些，重复次数加快些，锻炼效果就好些。这方法适用户外无法练习时或有疾病做康复保健练习时。

(二)跳跃练习方法

(1)慢蹲起：双脚分开，与肩同宽。慢慢蹲下，到了深蹲的位置，然后慢慢起身。起身和蹲下都是 4 s 为佳。同时，保持头抬起和背直立。

(2)平行跳：最好有条标准线，把线摆在身侧，选一个合适的长度，开始的时候不要太长，0.5～1 m 即可，然后平行跳，来回算一次。

(3)换腿蹲跳：身体站直，往前跨一步，这是开始姿势。然后最大限度的跳，在空中换腿。

(4)不屈膝跳：站立跳跃，但在跳跃的过程中，不弯曲膝关节。

(5)正方形四边跳：在身前标记一个正方形，边长 0.5 m 即可。随后身体保持一个朝向，跳正方形的四个点，跳完一个正方形算一次。

(6)高抬腿跳：蹲跳，跳的同时把腿尽量高地往上抬。

(7)极限蹲跳：蹲跳，跳到极限高度。可以在篮板下做，每次都尽量摸到同一个高度。

(8)跳绳练习：借助绳子做跳跃的相关练习。

弹跳力是全身力量、跑动速度、反应速度、身体协调性、柔韧性、灵活性的综合体现，所以不可以认为提高弹跳力就只是跳跳就行了，必须坚持每天拉伸自己全身各部位的肌腱、韧带、肌肉，扩大关节的活动范围，同时，做各种复杂的有利于提高身体协调性的体操。动作要准确、优美、既有力又放松。

第十二章

球类运动

第一节　篮球

一、篮球运动概述

(一)篮球运动的起源

篮球起源于美国马萨诸塞州，在1891年由美国马萨诸塞州斯普林菲尔德基督教青年会训练学校（现译名为美国春田大学，Springfield College）体育教师詹姆士·奈史密斯发明创造（图12-1-1），是奥运会核心比赛项目，是以手为中心的身体对抗性体育运动。

全球主要的国际性篮球组织是成立于1932年，总部设在瑞士日内瓦的国际篮球联合会（国际业余篮球联合会）。当今世界篮球水平最高的联赛是美国篮球职业联盟（NBA）比赛。代表中国的水平最高的联赛是中国职业篮球联赛（CBA）比赛。

(二)篮球运动的发展历程

1892年，篮球运动首先从美国传入墨西哥，并很快在墨西哥各地得到开展。这样，墨西哥成为除美国外，第一个开展篮球运动的国家。此后，这项运动先后传入法国、英国、中国、巴西、捷克斯洛伐克、澳大利亚、黎巴嫩等国家，在世界范围内得到了开展、普及和发展。

图12-1-1

图12-1-2

1895年，美国人鲍勃盖利（图12-1-2）将篮球传入中国，1896年天津基督教育青年会举行了我国第一次篮球游戏表演。之后篮球在天津、北京等城市青年会中开展起来。在1910年中国首届全国运动会上，篮球首次被列为表演项目。在1914年的第二届全运会上篮球被列为男子正式竞赛项目，在1924年的第三届全运会上被列为女子正式竞赛项目。篮球自1951年起一直是亚运会的正式比赛项目。

1932年国际业余篮球联合会成立，男子篮球被国际奥委会承认为奥运会正式比赛项目。1976年，女子篮球被列为奥运会正式比赛项目。

二、篮球基本技术

篮球技术是篮球运动的基础，它是篮球教学的重点。本节主要介绍移动、传接球、运球、投篮、持球突破、个人防守、抢球、断球、抢篮板球等各项基本技术的动作要领。

(一)移动

移动，是队员为了改变位置、方向、速度和争取高度、空间所采用的各种脚步动作方法的总称。

1. 移动的基本技术

(1)基本站立姿势。两脚前后或左右开立，两脚与肩同宽或稍宽，两膝微屈，重心保持在两脚之间，上体略向前倾，两臂自然屈肘下垂，置于体侧，抬头、收腹、含胸，两眼注视场上情况。

(2)起动。起动是队员在球场上由静止状态变为运动状态的一种动作，是获得位移初速度的方法。

动作要领：向前起动是用后脚的前脚下掌短促有力地蹬地，重心前移，上体前倾，迅速向前迈步。向侧起动是用异侧脚的前脚掌用力蹬地，同时上体迅速向起动方向侧转并前倾，重心跟随移动，迅速向跑动方向迈步，步法同向前起动。

(3)变向跑。变向跑是队员在跑动中突然改变方向的一种脚步动作。

动作要领：以从右向左变向跑为例，队员跑动中最后一步用右脚下前脚掌制动，同时脚下内侧蹬地、屈膝、脚尖稍向内扣、腰部随之左转、重心左移，上体稍前倾，同时左脚向左前方跨出一小步，右脚再迅速向左腿的侧前方跨出一大步。

(4)侧身跑。侧身跑是跑动时为了观察场上情况并随时准备接侧耳后方传来的球而经常采用的跑动方法。

动作要领：脚尖和膝盖对着跑动方向，头和腰部向球的方向扭转，侧肩，上体和两臂放松，随时观察场上情况。

(5)急停。急停是队员在跑动中突然制动速度的一种动作方法，是衔接其他技术动作和摆脱对手的有效方法。急停包括跨步急停和跳步急停。①跨步急停：急停时的第一步跨出稍大，脚跟先着地滚动到前脚掌撑地，脚尖由向前方转为向侧前方，同时重心下降，并先落在后脚上，身体稍向后坐，以减缓向前的冲力。第二步着地时，前脚下掌内侧用力蹬地，两膝弯曲并内收，重心落在两脚之间。②跳步急停：队员在跑动时用单脚起跳，两脚向下同时落地(略比肩宽)，前脚掌用力蹬地，两膝迅速弯曲，重心下降。两臂屈肘张开，保持身体平衡。

(6)转身。转身是利用一只脚做中枢脚，另一只脚蹬地向不同方向跨移，改变原来身体方向的一种方法。①前转身：转身时移动脚向自己身前(中枢脚前的方向)跨出的同时，中枢脚碾地旋转使身体改变方向。动作要点：屈膝提踵，重心平稳。②后转身：移动脚蹬地向自己身后

(中枢脚后的方向)跨出的同时,中枢脚碾地旋转使身体改变方向。动作要点:两脚用力蹬碾地,重心平稳不起伏。

(7)滑步。滑步是队员防守时移动的主要步法。滑步一般分为侧滑步和前、后滑步。①侧滑步:两脚左右开立,两臂张开。向左侧滑步时,右脚前脚掌内侧用力蹬地的同时,左脚向左跨出一步,右脚在左脚落地的同时紧随滑动,重心保持在两脚之间。向右侧滑步时动作相反。动作要点:蹬、跨、滑。②前、后滑步:前、后滑步的动作方法和要点与侧滑步相仿,只是方向不同。

2.移动技术的练习方法

听信号或看信号向不同方向起动;原地运球,听、看信号做运球起动;在球场上按规定路线练习变速跑、变向跑、侧身跑、各种滑步等。

(二)传接球

进攻队员在原地或移动中,用手将球相互传递,称为“传接球”。

1.双手胸前传球

动作要领:两手五指自然张开,两大拇指成八字形,用指根以上部位持球,掌心空出。传球时,目视传球方向,两臂前伸,手腕由下向上转动,再由内外翻,急促抖腕,同时拇指用力下压,食、中指用力弹拨,将球传出。出球后手心和拇指向下,其余四指向前。远距离传球,则需增大蹬地和腰腹的协调用力。

2.单手肩上传球

动作要领:(以右手为例)双手胸前握球,两脚前后站立,左脚在前,左肩对传球方向,将球引至右肩,右手执球,肘关节外展,右手腕后仰,指根以上托球,掌心空出,重心落在右脚上。传球时,右脚蹬地,转体,前臂迅速向前挥摆,手腕前屈,通过拇指、食指、中指拨球,将球传出。球出手后身体重心随之移到左脚上。

3.接球

接球分双手接球和单手接球两种。不论哪种接球,眼睛都要注视球,肩臂放松,手臂要半屈迎向球,手指自然分开、放松。当手指触球时手臂立即随球后引,缓冲来球力量,将球握于胸前,保持身体平衡,并做好投篮、传球、突破的准备。

4.传接球技术的练习方法

(1)二人一组,相对站立,做各种传接球练习。

(2)三人一组成等边三角形站立,相距3～5 m,采用各种方法传球。

(3)二人一组,一人原地向另一人前、后、左、右方向传球,另一人移动接球。

(三)投篮

投篮是进攻队员为了将球投入球篮而采用的各种专门动作方法的总称,是篮球运动的主要进攻技术,是得分的唯一手段。

1.原地双手胸前投篮

双手持球在胸部以上(高度在肩部附近),持球手法与双手胸前传球相同,肘关节自然下垂,上体稍前倾,两脚前后或左右站立,两膝微屈,重心落在两脚之间,目视投篮目标。投篮时,两脚前脚掌蹬地,腰腹伸展,同时两臂向前上方伸出,两臂即将伸直时两手腕同时外翻,拇指向前压送,指端拨球将球投出,最后腿、腰、臂自然伸直(图12-1-3)。

图 12-1-3

2. 原地单手肩上投篮

(以右手为例)右手五指自然分开(手心空出),指根以上部位触球,向后屈腕、屈肘持球于肩上耳部左右,左手扶球的左侧,重心放在两脚之间,两膝微屈,目视投篮目标。投篮时,两脚前脚掌用力蹬地,伸展腰腹,抬肘,手臂上伸,即将伸直时,手腕用力前屈,手指拨球,球最后以中指和食指的指端投出。球出手后,腿、腰、臂自然伸直(图 12-1-4)。

图 12-1-4

3. 行进间投篮

(1)行进间单手低手投篮。

动作要领:(以右手投篮为例)右脚跨出一大步,在落地前按球,左脚紧接跨出,步幅稍小,不要减速,用力蹬地向前上方起跳,同时双手持球移至体右侧耳上举,左手离球,右手掌心向上托球,向球篮方向伸出,接着向上屈腕,食指、中指、无名指向上拨球投出(图 12-1-5)。

(2)运球、接球急停跳起投篮。运球急停或接球急停跳起投篮时,可采用跳步或跨步急停动作方法,停步同时双手随起跳持球上举,当身体至最高点时辅助手离球投篮臂向前上方伸直,手腕前屈,食、中指用力拨球将球投出。

动作要点:急停突然重心稳,起跳举球紧相随,最高点出手要记准(图 12-1-6)。

4. 投篮技术的练习方法

(1)徒手做各种投篮动作的模仿练习。

(2)二人相互对投,练习原地单手肩上投篮。

(3)原地单手肩上投篮,距离由近到远。

图 12-1-5

图 12-1-6

(4)半场运球行进间单手肩上投篮和低手投篮。

(5)行进间接传球单手肩上投篮和低手投篮。

(6)原地跳起单手肩上投篮,距离由近到远。

(四)运球

持球队员在原地或移动中,用单手连续按拍借助地面反弹起来的球的技术,称为"运球"。

1. 运球的基本技术

(1)高运球。多用于快速运球,提高运球高度加大反弹距离,与快速奔跑相结合。

动作要领:膝微屈,上体稍前倾,目视前方,手按球的后半部,球落点在人的侧耳前方,球的反弹高度在腰胸之间,手脚要协调配合,这种运球身体重心较高,便于观察场上情况。

(2)低运球。如果运球接近防守队员或防守队员来抢球时,运球队员应改用低运球突破对手,用身体保护球,并善于运用假动作摆脱防守。

动作要领:运球高度在膝关节以下,为了保护球,运球者应该使球、自己和防守者三者保持一条线,不运球的手臂要抬起。

(3)体前变向运球。(以从对手右侧突破为例)当快速直线运球即将接近对手时,先向对方左侧运球,使对手误认为向其左手突破,当对手堵截左方或重心稍有移位,运球队员立即向左侧变向,右手按球的右后上方,将球由自己的右侧运至左侧前方,同时右脚迅速向左前方跨出,脚下落点在对手右脚侧面，脚下尖向前，右脚跨步的同时上体向左转，用肩背挡住对手，然后换左手按球后上方，同时左脚用力蹬地、加速，超越对手（图 12－1－7）。

图 12－1－7

（5）运球后转身。（以右手运球为例）当对手逼近自己的右侧时，左脚上步置于对手两腿之间，左脚为轴脚，左脚脚内侧蹬地，同时，后转身将球拉引向自己身体左侧，用身体背部挡住对手，左脚迅速上步加速。依据场上情况左手与右手均可运球以从对手右侧突破（图 12－1－8）。

动作要点：上步快，转体稳，转引变向球近身。

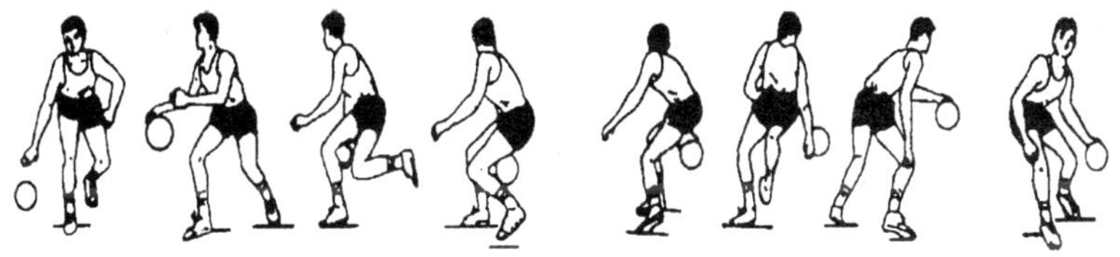

图 12－1－8

2. 运球技术的练习方法

（1）一人一球，原地做高、低运球，侧身做体前换手变向运球、运球转身等练习。

（2）一人一球，做侧身体前换手变向运球、运球转身突破障碍物等练习。

（五）持球突破

持球突破是持球队员运用脚步动作与运球技术相结合，达到超越对手的一种进攻技术。

1. 持球突破技术

（1）交叉步持球突破。（以右脚做中枢脚为例）两脚左右开立，两膝弯曲，两手持球于胸腹间。突破时，左脚前脚掌内侧用力蹬地，上体向右转移，左肩向前下压，左脚向右侧前方跨出，在右脚离地前，运球在左脚的右侧前方，右脚迅速蹬地跨步超越对手。

动作要点：转体、侧肩、加速（图 12－1－9）。

（2）顺步持球突破。也称同侧步持球突破。以左脚做中枢脚为例，两脚左右开立，两膝弯曲，两手持球于胸腹间。突破时右脚向右前方跨出一步，同时向右转体侧肩，重心前移，右手运球，左脚前脚掌用力蹬地向右前方跨出（图 12－1－10）。

动作要点：转体、侧肩、加速。

图 12-1-9

图 12-1-10

2. 持球突破技术的练习方法

(1)二人一球，一攻一守做持球突破练习。

(2)原地持球突破练习，掌握交叉步突破和同侧步突破的动作方法。

(3)向前、侧方抛球，然后做跳步接球突破练习。

(六)防守对手

防守对手，是指队员在防守时，为了阻挠和破坏对手的进攻，达到夺球反攻的目的所采取的各种专门动作方法的总称。

1. 防守无球队员

在篮球比赛中，防守队员大部分时间是防守无球队员，防守无球队员的主要任务是不让或少让对手在有效攻击区内接到球。尽可能抢、断传给自己对手或穿越自己防守区域的球。

(1)防守无球队员的基本要求。①防守队员必须随时占据“人球兼顾”的位置。②及时堵卡对手的传球移动路线，随时做好抢断传给对手球的准备。

(2)防守无球队员基本位置选择。防守队员要根据对手、球篮、球的位置和距离，以及对手的身高、速度、进攻特点、战术需要和自己的防守能力来确定防守位置和距离。①防守外围无球队员时，应站在对手与球篮之间偏向有球一侧的位置上。②防守篮下高大中锋时，应根据实际情况和战术需要采用贴近对手一侧或绕前、绕后的防守。

(3)防守无球队员的移动。比赛中，无球队员会不断向各个方向移动，静止站立是极短暂的。因此，对无球队员的防守大部分时间是在移动中进行防守的。在移动防守过程中，经常采取的移动步法有各种滑步、撤步、上步、转身、侧身跑等，并且都是在随时变化中运用，其目的为积极抢占有利位置，不让对手在有威胁的位置上接到球。

2. 防守有球队员

进攻队员一旦接到球，防守者要及时调整与对手的位置和距离。根据对手不同的进攻位置和特点，采用有所侧重的防守方法。

(1)防投篮。一只手轻贴对手身体，一只手抬起，扰乱对手的投球注意力，必要时跳起盖帽，但不要轻易起跳，防止被对方假动作欺骗。

(2)防突破。身体保持好重心，稍微与对手拉开距离，一手向前平伸，全力注意对手的移动及时封住对手的突破路线。

(3)防运球。与防守突破一样，当防守时多前后移动，做抢球的动作，给对手压力。

3. 防守对手的练习方法

(1)半场四攻四守。

(2)半场一对一攻防练习。

(3)一攻一守，练习防投篮、防突破技术。

(4)全场一攻一守，练习防运球技术。

(5)半场二攻二、三攻三。

(七)抢球、打球、断球

抢球、打球、断球是攻击性很强的防守技术，是积极防守战术的基础。

1. 抢球、打球、断球的基本技术

(1)抢球。抢球是带有攻击性防守的重要技术之一，在对方动作迟缓，精神不集中或球保护不好的情况下，防守者都可以大胆地抢球。

动作要领：抢球时要突然上步，靠近对手，同时伸出右臂右手迅速按在球上方(对方的两手之间)，左手立即握住球的下方，右手下按球并将球向对方怀内旋转，左手用力协助转动。当球在对方手中转动时，右手加向回拉球动作，球即脱开对方双手，将球抢到手。

(2)打球。当队员持球、运球、投篮时，防守队员都可以出其不意地突然打球，也可以在集体防守的配合过程中，通过堵截、夹击、关门等方法打掉持球队员手中球。

(3)断球。断球分为横断球和纵断球两种。

①横断球。动作要领：要准确判断对方的传球意图和球的飞行路线，要与对手有一定距离，使其同伴感到可以传球。准备断球时要降低重心，要与传球人、接球人保持一定角度，位置要靠近传球一侧。注意观察持球队员的动作，当持球者传球出手时，迅速向来球方向起跳。充分伸展腰腹和手臂，当截获来球，立即收腹双脚落地保持平衡及时与运球、传球相接。

②纵断球。动作要领：以从对手右侧断球为例。纵断球时，右脚应向右前方(从对手侧后绕出断球时)或右侧前方(从对手身后绕出断球时)跨出，左腿从侧面绕过对手，同时右脚用力蹬地(或两脚蹬地)侧身向来球方向迅速跃出，两臂伸直将球断获。其他动作要领同横断球。

2. 抢球、打球、断球技术的练习方法

(1)两人一组，相距 1.5 m，面对站立，一人双手持球于腹前，另一人按抢球要求，突然上步将球抢夺回来，攻守交换。

（2）三人一组，二人相距 1 m，中间一人持球向两侧摆动，两侧队员根据球的部位，伺机抢球，持球队员做转身跨步和摆脱护球动作，攻守轮换练习。

（3）二人一组，相距 1.5 m，面对站立。持球人把球传给另一队员后，上步打球，二人轮流练习。

（八）抢篮板球

比赛中双方队员争抢投篮未中的球所采用的技术统称为“抢篮板球技术”。

1. 抢篮板球的基本技术

（1）抢进攻篮板球。当同队队员投篮出手后，及时判断球反弹的方向和落点，快速起动抢占有利位置，或利用假动作绕到对手的面前，用单脚或双脚起跳，在最高点时进行补篮或抢球，落地时缓冲并保护球。

（2）抢防守篮板球。在抢防守篮板球时，保持正确的站立姿势，两膝弯曲，上体稍前倾，重心放在两脚之间，两肘外展以占据较大的空间，正确判断球的反弹方向，并注意对手的动向。一般运用上步、撤步、转身、侧跨步等步法抢占有利的位置，把进攻队员挡在身后。

2. 抢篮板球的练习方法

（1）采用自抛自抢，体会抢球动作、抢球时机和得球后落地的动作。

（2）两人一组，一人向篮板或篮圈抛球，另一队员开始面向持球人，然后转身跨步（上步）起跳用单或双手抢球，数次后交换练习。

（3）攻守双方按罚球时的位置站好，罚球队员投篮后，双方抢位争抢篮板球。

三、篮球基本战术

篮球战术是指在篮球比赛中两人之间有目的、有组织、协调行动的简单攻守配合方法。篮球战术基础配合包括进攻战术基础配合和防守战术基础配合两个部分。

（一）进攻战术基础配合

进攻战术基础配合包括传切配合、突分配合、策应配合和掩护配合。

1. 传切配合

传切配合包括一传一切和空切配合。在配合过程中，切入队员的动作要突然，要利用速度和假动作摆脱防守，持球队员则要有攻击性，能够以投篮和突破动作吸引防守队员的注意力，以便能及时、准确地用不同的传球方式，从防守空隙中将球传给切入的同伴。

（1）如图 12－1－11 所示，④传球给⑤后利用速度和假动作摆脱△4的防守，切入篮下接⑤的回传球上篮。⑤接球前，用假动作摆脱防守，接球后做投篮或突破的动作吸引△5的防守，并及时将球传给切入的④上篮。

（2）如图 12－1－12 所示，④传球给上移接球的⑤，⑤接球后以假动作吸引防守△5，此时另一侧⑥做假动作摆脱△6，空切篮下接⑤传球上篮，⑤去冲抢篮板球。

2. 突分配合

进攻队员持球或运球突破，遇到对方协防时，及时将球传给插入防守空隙地带接应的同伴，这种突破中根据情况及时传球的配合叫突分配合。突分配合主要用于对方采用缩小盯人和松动盯人防守战术，而己方外围投篮又不准的情况下使用。

(1)如图 12－1－13 所示，④运球突破△4的防守，△5上移补防，④将球传给插入篮下的⑤，⑤立即投篮，如遇△5的回防，由于已抢占篮下有利位置，应该强攻。

(2)如图 12－1－14 所示，④传球给⑤，⑤突破△5进入篮下，△6进行补防，⑤可将球传给从不同方向插入的⑥，⑥接到⑤的传球后立即投篮，如遇到△6的回防，争取强攻。

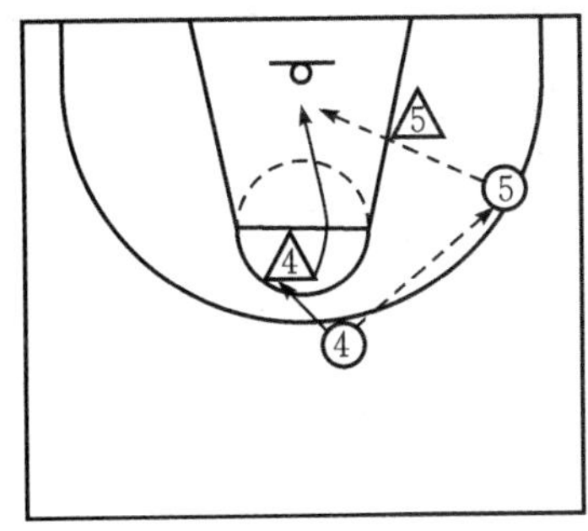

图 12－1－11 传切配合示意图

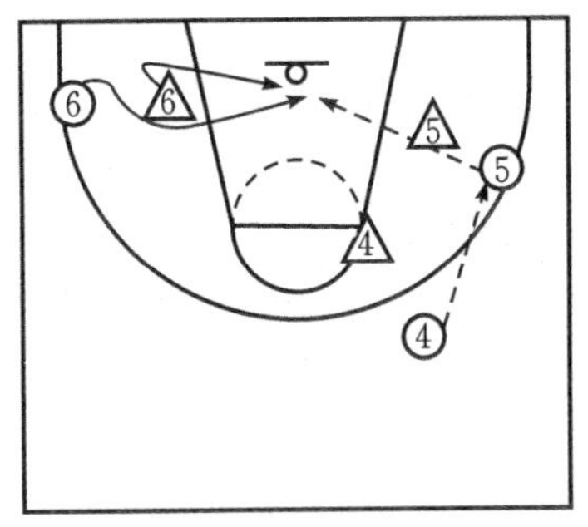

图 12－1－12 传切配合示意图

图 12－1－13 突分配合示意图

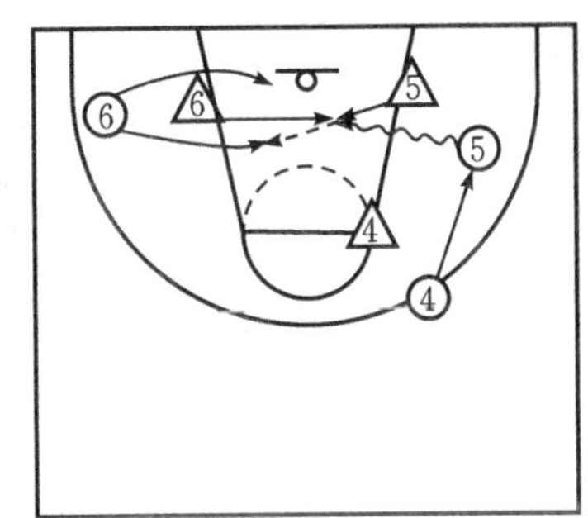

图 12－1－14 突分配合示意图

3. 策应配合

策应配合是内线队员背对或侧对球篮接球，并作为进攻的枢纽，与同伴的切入、急停跳投等技术相结合，以摆脱防守传给外线同伴投篮的一种配合形式。

(1)如图 12－1－15 所示，④传球给插上策应的⑤，④用假动作摆脱△4的防守插入篮下要球，⑤可视情况将球回传④或自己运球进攻篮下，或转身跳投。

(2)如图 12－1－16 所示，④传球给插上策应的⑤后切入篮下要球或抢篮板球，⑤接球后准备进攻△5，△6此时去补防④，⑤将球传给出现更好机会的⑥进攻投篮。

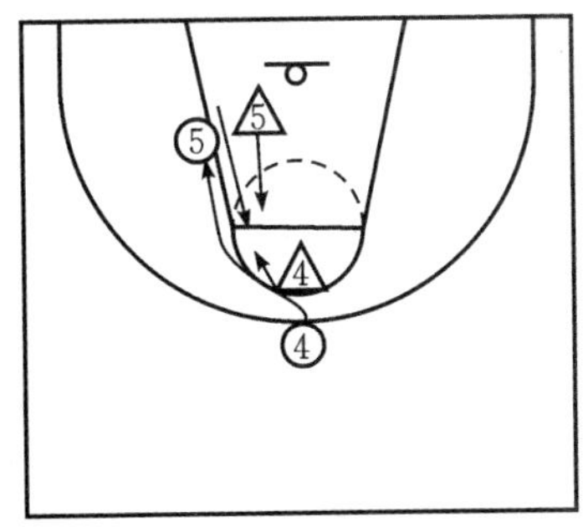

图 12－1－15 策应配合示意图

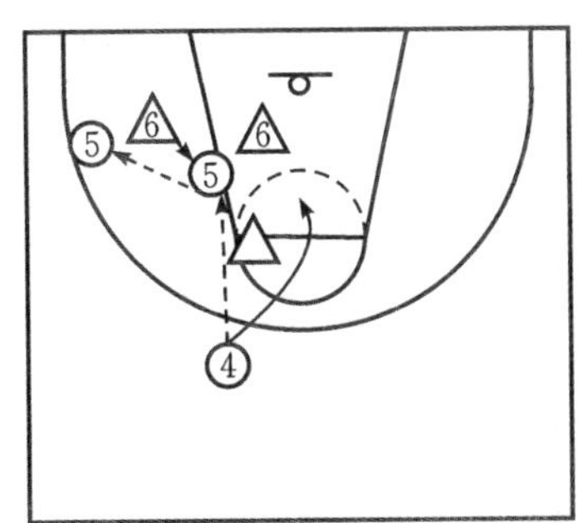

图 12－1－16 策应配合示意图

4. 掩护配合

掩护是进攻队员利用合理的技术动作，用自己的身体挡住对方防守队员的移动路线，使对方防守的队员被阻挡，己方同伴借此摆脱防守，从而创造一种有效的进攻配合。根据掩护者的不同位置和掩护方向，掩护可分为前掩护、侧掩护和后掩护。

(1)前掩护。如图 12－1－17 所示⑥传球给⑤，先向左做要球的假动作，然后快速向篮下插去，如△6也随之插向篮下，则利用△4和④做掩护，到限制区外接球；⑤接到⑥传球后，见⑥从限制区内跑出要球，则传球给⑥，这时⑥借④前掩护接球跳投。

(2)侧掩护。如图 12－1－18 所示⑥传球给⑤，先向右做假动作，然后向左插去，到△5左侧停住，给⑤做侧掩护，⑤借⑥的掩护快速从△5的左侧运球上篮。

(3)后掩护。如图 12－1－19 所示⑥传球给⑤，④插上给⑤做后掩护，⑤借④掩护从△5右侧运球上篮。

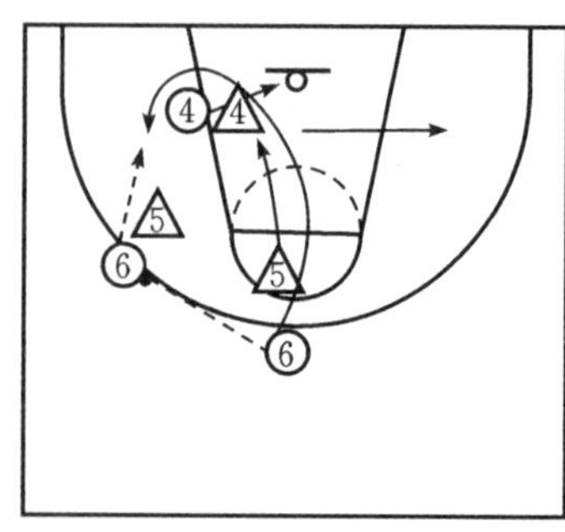

图 12－1－17 前掩护投篮示意图

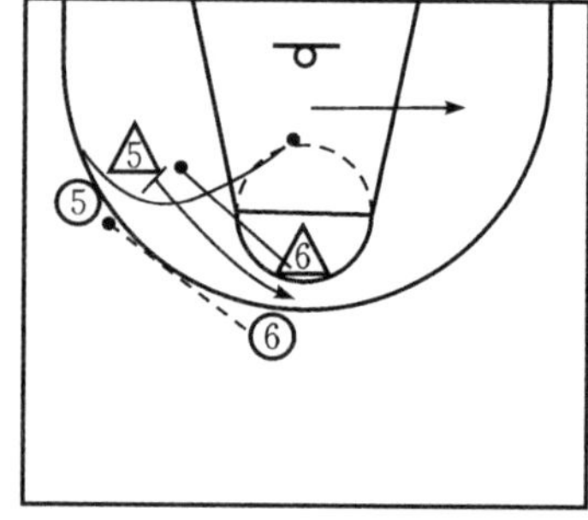

图 12－1－18 侧掩护示意图

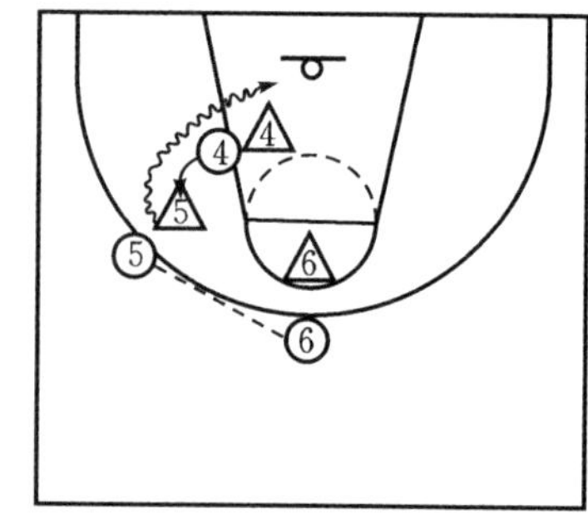

图 12－1－19 后掩护示意图

(二)防守战术基础配合

防守战术基础配合包括：抢过配合、穿过配合、绕过配合、交换防守配合。

1. 抢过配合

防守者在掩护队员临近自己时，要积极向前跨出一步，贴近自己的防守对手，从掩护者前面抢过去，继续防住自己的对手。防守对方掩护队员的同伴，要及时呼应，并配合行动，以备补防。抢过时，要贴近进攻者，迅速抢前一步的动作要及时、突然、有力。发现对方掩护，一定要提醒同伴。要选择好有利协防的位置，密切注意两名进攻者的行动，及时做好补防(图 12－1－20)。

2. 穿过配合

当进攻队员进行掩护时，防守去做掩护的队员要及时提醒同伴并主动后撤一步，让同伴及时从自己和掩护队员之间穿过，以便继续防住各自的对手。防掩护的队员及时提醒同伴并主动让路，穿过队员要迅速穿过，并调整防守位置和距离(图 12－1－21)。

3. 绕过配合

当进攻队员进行掩护时，防守作掩护的队员主动贴近对手，让同伴从自己的身旁绕过，继续防住各自的对手。防掩护者要及时提醒同伴，并贴近自己的对手，绕过队员要及时调整位置和距离，继续防住对手(图 12－1－22)。

4. 交换防守配合

防守队员之间及时的合应呼应交换自己所防守的对手。交换防守时，防守掩护者的队员要主动发出换人信号，二人准备换防。原防守队员要到位交换，及时换防。运用交换防守后，应在适当时机再换防，以免在个人防守力量对比上失衡(图 12 - 1 - 23)。

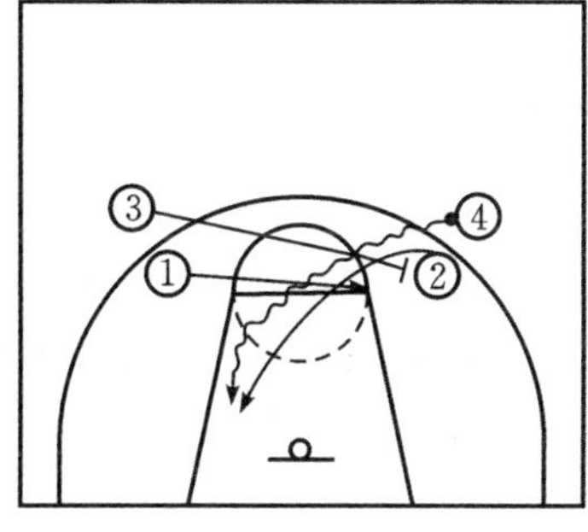

图 12 - 1 - 20　抢过配合示意图

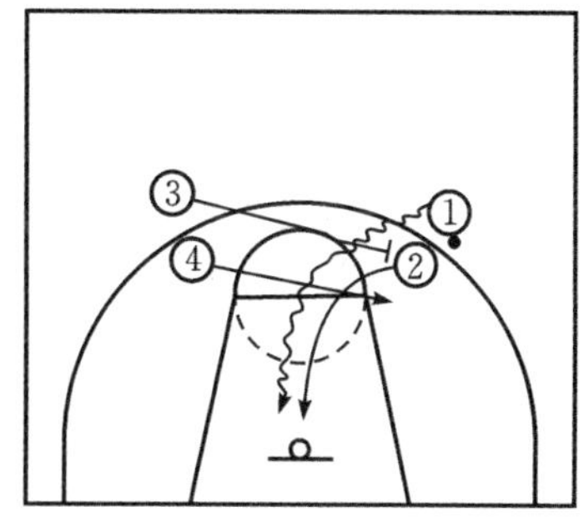

图 12 - 1 - 21　穿过配合示意图

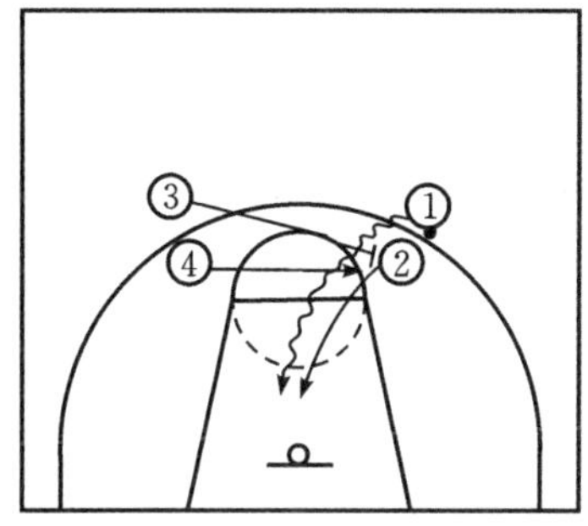

图 12 - 1 - 22　绕过配合示意图

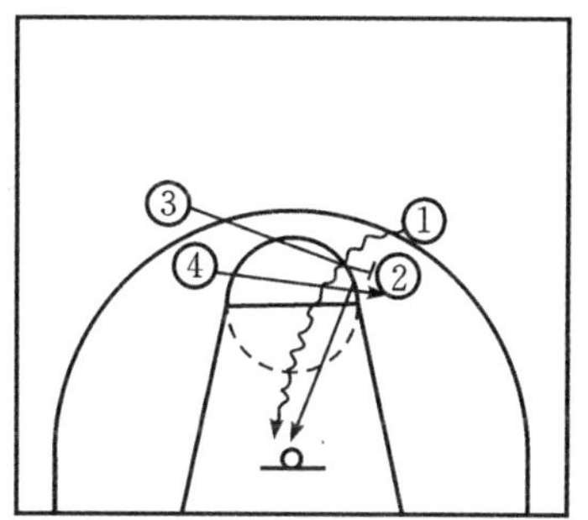

图 12 - 1 - 23　交换配合示意图

(三)快攻与防守快攻

1. 快攻战术

由防守转入进攻时，全队以最快的速度、最短的时间，乘对方防守立足未稳，力争造成人数上或位置上的优势，或创造以多打少或无人防守或人数相等的有利攻击时机，果断而合理地进行快速攻击的一种进攻战术。快攻在组织形式上分为长传快攻、短传结合运球快攻、运球突破快攻三种。

2. 防守快攻战术

(1)全队首先要积极防守，保持攻守平衡，进攻投篮后既要有人积极拼抢篮板球，又要有人迅速退守。

(2)积极封截和破坏对方的一传接应，抢占对方习惯的接应点并堵截接应队员，堵截、干扰、延误对方的推进速度。

(3)要具有积极拼抢的意识，当对方形成快攻时，应快速退守，在以少防多的情况下，大胆出击，赢得时间和力量上的均衡。

(4)要随机变换防守战术，在失去球后，立即采取前场紧逼防守，退回后场，采用半场人盯人防守，使对方不适应，破坏其快攻。

四、篮球竞赛规则简介

(一)五人制篮球基本规则一

1.比赛方法

1队5人,其中1人为队长,候补球员最多7人,但可依主办单位而增加人数。比赛分4节,每节各10 min,NBA为12 min,每节之间休息5 min,NBA为130 s,中场休息10 min,NBA为15 min,另在NBA中在第4节和加时赛之间和任何加时赛之间休息100 s。比赛结束两队积分相同时,则举行延长赛5 min,若5 min后比分仍相同,则再次进行5 min延长赛,直至比出胜负为止。

2.得分种类

球投进篮筐经裁判认可后,便算得分。三分线内侧投入可得2分;三分线外侧投入可得3分,罚球投进得1分。

3.进行方式

比赛开始由两队各推出一名跳球员至中央跳球区,由主审裁判抛球双方跳球,开始比赛。

4.选手替换

每次替换选手要在20 s内完成,替换次数则不限定。交换选手的时间选在有人犯规、争球、叫暂停等。裁判可暂时中止球赛的计时。

5.罚球

每名球员各有4次被允许犯规的机会,第5次即犯满退场(NBA中为6次),且不能在同一场比赛中再度上场。罚球是在谁都不能阻挡、防守的情况下投篮,是作为对犯规队伍的处罚,给予另一队的机会。罚球要站在罚球线后,从裁判手中接过球后10 s内要投篮。在投篮后,球触到篮筐前均不能踩越罚球线。

6.违例

(1)普通违例:如带球走步、两次运球(双带)、脚踢球(脚球)或以拳击球。

(2)跳球违例。

(3)跳球时的违例:除了跳球球员以外的人不可在跳球者触到球之前进入中央跳球区。

(二)五人制篮球基本规则二

(1)24秒钟规则:进攻球队在场上控球时必须在24 s内投篮出手(NBA、CBA、CUBA、WNBA等比赛均为24 s,全美大学体育联合会比赛为35 s)。

(2)14秒钟规则:抢到前场篮板球后,二次进攻的时间为14 s。

(3)8秒钟规则:球队从后场控制球开始,必须在8 s内使球进入前场(对方的半场)。

(4)5秒钟规则:持球后,球员必须在5 s钟之内掷界外球出手,FIBA规则规定罚球也必须在5 s钟内出手。

(5)3秒钟规则:分为进攻3 s和防守3 s。进攻3 s:进攻方球员不得滞留于三秒区3 s以上;防守3 s:当某防守方球员对应的进攻方球员不在三秒区或者三秒区边缘、且彻底摆脱防守球员时,防守方球员不得滞留禁区3 s以上。

(6)侵人犯规:与对方发生身体接触而产生的犯规行为。

(7)技术犯规：队员或教练员因表现恶劣而被判犯规，比如与裁判发生争执等情况。

(8)取消比赛资格的犯规：球员做出了不体现运动员精神的犯规动作，比如打人。发生此类情况后，球员应立即被罚出场外。

(9)队员5次犯规：无论是侵人犯规，还是技术犯规，一名球员犯规累计达5次(NBA规定为6次)必须离开球场，不得再进行比赛。

(10)违例：既不属于侵人犯规，也不属于技术犯规的违反规则的行为。主要的违例行为是：非法运球、带球走、三秒违例、使球出界、用脚踢球。

(11)队员出界：球员带球或球本身触及界线或界线以外区域，即属球出界。在球触线或线外区域之前，球在空中不算出界。

(12)干扰球：投篮的球向下落时，双方队员都不得触球。当球在球篮里的时候，防守队员不得触球。球碰篮板后对方不得碰球，直到球下落。

(13)被紧密盯防的选手：被防守队员紧密盯防的球员必须在5 s之内传球、运球或投篮，否则其队将失去控球权(NBA规则中无此规定)。

(14)球回后场：球队如已将球从后场移至前场，该球队球员便不能再将球移过中线运回后场。

(三)三人篮球规则

1. 场地

标准的半个篮球场地(14 m×15 m)，或按半场比例适当缩小(长度减2 m，宽度减1 m)，地面坚实，场地界线外有1.5～2 m的安全地带。

2. 除下列特殊规则外，比赛均按照最新国际篮球规则执行

(1)比赛办法：双方报名为5人，上场队员为3人。每队必须有两套颜色深浅不同且号码清晰的比赛服装(深色：蓝、绿、黑，浅色：红、黄、白)。

(2)比赛时间。比赛分2节进行，每一节比赛用时10 min，全场比赛总共20 min。比赛进行到8 min时计时员各宣布一次时间。10 min内双方都不得暂停(遇有球员受伤，裁判员有权暂停比赛1 min)。一节结束之后休息3min再进行下节比赛。

(3)比赛开始，双方以掷硬币的形式选发球权。

(4)比赛开始和投篮命中后，均在发球区(中圈弧线后)掷球入场算做发球。

(5)每次投篮命中后，由对方发球。所有犯规、违例及界外球均在发球区发球，发球队员必须将球传给队友，不能直接投篮或运球，否则处以违例。

(6)守方队员断球或抢到篮板球后，必须迅速将球运(传)出三分线外，方可组织反攻，否则判违例。

(7)24秒违例的规则改为20秒。

(8)双方争球时，争球队员分别站在罚球线上跳球。

(9)比赛中，每个队员允许3次犯规，第4次犯规罚出场。任何队员被判夺权犯规，则取消该队比赛资格。

(10)每个队累计犯规达5次后，该队出现第6次以后的侵人犯规由对方执行2次罚球。前5次犯规中，凡对正在做投篮动作的队员犯规：如投中，记录得分，并判给攻方1次罚球；若未投中，则判给攻方2次罚球。对未做投篮动作的队员犯规，则由攻方继续发球重新开始比

赛。

(11)只能在死球的情况下进行替换,被换下场的队员不能重新替换上场(场上队员不足 3 人时除外)。

(12)比赛中,队长是场上唯一发言人。

(13)比赛时间终了,以得分多者为胜方。如出现平局,初赛及复赛阶段执行一对一的依次罚球,只要出现某队领先 1 分时即为胜方,比赛结束。如果在决赛阶段,比赛时间终了,双方打成平局,则加赛 3 min,发球权仍以掷硬币的形式决定。如果加时赛仍打成平局,则以一对一依次罚球的形式决胜,某队领先 1 分即为胜方,比赛结束。

(14)比赛中应绝对服从裁判,以裁判员的判罚为最终决定。

五、篮球运动与健身

篮球运动自问世起,以其独特的娱乐性、可观赏性、竞争性、健身性,得以广泛开展,迅速传播。经过了百年的风雨沧桑,篮球运动已经成为世界三大球之一,为世界人民所喜爱,特别是在青少年当中更为普及。篮球运动在高校体育中占重要地位,通过篮球运动可以促进大学生身心的全面发展,培养其运动能力和良好的社会适应能力,增进学生的身心健康。

(一)篮球运动对身体健康发展的促进作用

篮球运动持续时间可长可短,但需要参与者快速奔跑、突然与连续起跳、敏捷反应与力量抗衡。经常参加篮球运动,可使身体各部分肌肉坚实、发展匀称、体格健壮。篮球运动可以促进力量、速度、耐力、弹跳、灵敏等运动素质的发展。篮球运动也是一项高强度的对抗性运动,要求机体的代谢能力旺盛,体内能源物质的转换快速,因而能使心脏、血管、呼吸、消化等器官的功能增强,促进机体内各系统的工作能力提高。篮球技术、比赛的综合复杂,要求参与者具有良好的分配与集中注意力能力,以及对空间、时间和定向的感知能力,要有高度精细的立体感觉能力。如果经常参加篮球运动,在篮球运动过程中经常变换技术动作,对提高神经中枢的灵活性、提高神经中枢协调支配各器官的能力,具有很好的作用。

(二)篮球运动对心理健康发展的促进作用

篮球运动不仅是技术与身体的对抗,也是意志与智慧的较量,是一场心理交锋。运动员的智慧、胆略、意志、活力与创造力,决定着比赛的成败和运动水平。篮球运动是一项把变换、结合、转移、持续融为一体的集体攻守对抗项目。要求运动员反应快速、判断正确、随机应变、有勇有谋、机智善断,从而能够促进大脑功能与智力的发展。在篮球运动中,通过多种感觉知觉的参与可以发展学生的运动记忆,经过长期的学习可形成运动技能的动力定型和高度的自动化,这有利于学生在快速、复杂的情况下做出迅速、正确的判断。通过篮球比赛,学生的个性、自信心、情绪控制、意志力、进取心、自我束缚能力都有很好的发展。

(三)篮球运动对社会适应能力的培养作用

大学是一个浓缩的社会,在其中拥有与真实社会相似的人际关系、学习和工作压力。篮球运动对培养大学生团队精神有积极作用,学生之间团结合作、相互协同、默契配合,一切为团队,一切为大局,才能保证比赛的胜利。学生通过和同伴的相互合作,共同完成篮球的技术、战术学习过程，共同体验胜利的喜悦和失败的痛苦，有助于拉近学生与学生之间的关系，建立良好的群体关系。良好的人际关系有助于学生建立良好的学习、生活和工作环境，减少学习和工作上的压力。

第二节　排球

一、排球运动概述

排球运动于 1895 年起源于美国，是由美国人威廉·廖根首创。排球运动在美国问世后，通过在宗教、文化、军队中的基督教青年会中开展相应活动，逐渐向世界传播。由于在世界许多国家中都有美国基督教青年会的干事，这些干事在自己娱乐的同时，吸引了所在国国民的好奇，随之他们也都模仿起来，随着时间的推移，到 20 世纪 30 年代排球运动传遍了世界各地。

20 世纪 50 年代苏联男排身高体壮，弹跳力好，摸高达 3.30 m 以上，成为各队学习的榜样。在 1956 年的世界锦标赛上，捷克斯洛伐克男排以技术动作细腻和变化扣球，打破了苏联男排一统天下的格局。60 年代，日本女排创造了“勾手飘球”“前臂垫球”和“测滚防守”技术，为女子排球技术、战术的发展做出了贡献。70 年代，男排中发展和运用了“位置差”“空间差”等打法，中国男排又创造了“夹塞”战术。波兰男排以攻守全面、战术多变的特点连获两次世界冠军，中国女排创造了“串平”战术。古巴女排以惊人的弹跳力获得世界冠军，被称为“黑色橡胶人”。80 年代，中国女排以技术全面、攻守兼备、高快结合、快速多变的战术称雄世界，连续荣获“五连冠”，开创了女子排球运动的新纪元。90 年代，具有“黑色橡胶人”之称的古巴女排，以得天独厚的体型、超人的弹跳，凶猛的网上攻势，又一次刮起了加勒比海黑旋风。而意大利、荷兰、美国、巴西的男排也平分秋色，轮流登上世界冠军的宝座。目前世界排球正朝着全面、高度、快速、多变、创新方向发展。

排球比赛是两队各 6 人，每球得分制，25 分为一局，正式比赛 5 局 3 胜制，一般基层比赛 3 局 2 胜制。

二、排球基本技术

排球的基本技术分为六大项：准备姿势和移动、发球、垫球、传球、扣球、拦网。

(一)准备姿势和移动

1.准备姿势

两脚开立，略比肩宽，脚尖适当内扣，脚后跟抬起，膝关节弯曲，上体前倾，重心在两脚掌之间，两臂自然弯曲置于胸腹之间，两眼注视来球。有稍蹲姿势、半蹲姿势和深蹲姿势三种(图 12-2-1)。

2.移动

移动是队员根据来球的方向、速度、力量等所采用的各种脚步动作的通称。

(1)并步和滑步。并步是近球一侧的脚向来球方向跨出一步，另一侧脚迅速有力地蹬地，并迅速并上做好接球的准备姿势；连续的并步为滑步。当来球距离身体一步左右时可采用并步移动。当来球与身体的距离较远，用并步无法接近来球时，可采用滑步(图 12-2-2)。

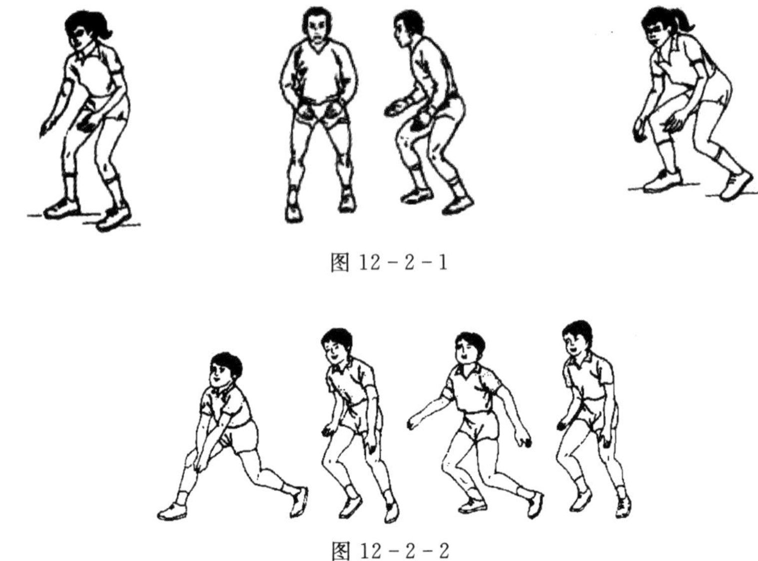

图 12-2-1

图 12-2-2

(2)跨步和跨跳步。跨步动作用于来球较低的情况,向移动方向跨出一大步,深屈膝,上体前倾(图 12-2-3)。跨步可向前、向侧或向侧前方。跨步过程中有跳跃腾空即为跨跳步。

图 12-2-3

(3)交叉步。向右侧交叉步移动时,上体稍向右转,左脚从右脚前向右交叉迈出一步,然后右脚再向右侧方向跨出一大步,同时重心移至右脚,身体转向来球方向,保持击球前的姿势(图 12-2-4)。交叉步主要用于体侧 2~3 m 左右的来球,或二传手和拦网者在网前移动及防守两侧来球时运用。

图 12-2-4

(4)跑步。跑步时一脚蹬地起动,另一脚迅速向前跟上,二脚交替进行,两臂配合摆动,不要过早做击球动作的准备,以免影响跑步速度。球在侧方或后方时,应边转身观察球边跑。跑步移动经常与交叉步、跨步等结合起来用(图 12-2-5)。

练习方法:根据手势徒手进行左右滑步移动、前后跨步跳步、远距离的跑步练习。

图 12－2－5

(二)发球

发球是排球技术中唯一不受别人制约的技术。准确而有攻击性的发球，不仅可以直接得分，还可以破坏或削弱对方的战术进攻。排球分为正面下手发球、正面上手发球、正面上手飘球、勾手发球、勾手飘球和跳发球等。

1. 下手发球

正面下手发球：面对球网站立，左脚在前(以右手发球为例)，两膝稍弯曲，上体前倾，左手持球于腹前下方将球平稳抛起在腹前右侧，离手高度约 30 cm 左右。在抛球同时，右臂由后向前加速挥臂，用全掌或掌根击球的后下方(图 12－2－6 中①～⑥)。

侧面下手发球：队员左肩对着球网(以右手击球为例)，两脚左右开立，约与肩同宽，两膝微屈，上体稍前倾，重心落在两脚之间。左手将球平稳抛送至胸前，距身体约一臂距离，离手高度约 30 cm。在抛球的同时，右臂引向侧后方，利用右脚蹬地、转体的力量，带动手臂向前摆动，重心随之移向左腿，在腹前用掌根击球的后下方，击球后随即入场。同样，挥臂速度应快一些，以增加击球的力量(图 12－2－6 中⑦～⑪)。

图 12－2－6

2. 正面上手发球

发球时(以右手发球为例),左手将球抛至右肩前上方,高度适中。在抛球的同时,右臂屈肘抬起并后引,肘关节与肩部齐平,手掌自然张开,呈勺形,上体稍向右侧转动,抬头,挺胸,展腹,身体重心移至左脚。击球时,五指自然分开,利用蹬地、转体、收腹,带动手臂加速挥动,击球点在右肩前上方,以全手掌击球的后中下部。手臂要充分伸直,手掌和手腕要迅速明显做推压动作,使球向前呈上旋飞行(图 12-2-7)。

图 12-2-7

(三)垫球

垫球是排球运动中运用最多的击球动作。可分为正面垫球、侧面垫球、低姿垫球、倒地垫球、背垫球和挡球六种基本技术。

(1)正面垫球。正面双手垫球是各种垫球技术的基础,适合接速度快、弧度平、力量大、落点低的各种来球。目前常用的垫球手型有两种:一种是叠指法。两手手指上下重叠,掌根紧靠,合掌互握,两拇指朝前相对平行靠压在上面一手的中指第二指节上。两臂伸直夹紧,注意手掌部分不能相叠。另一种是抱拳法。两手抱拳互握,两拇指平行朝前,两掌根和两前臂外旋紧靠,手腕下压,使前臂形成一个垫击平面(图 12-2-8)。正面双手垫球的击球点一般应尽量保持在腰腹前的一臂距离,由两小臂腕关节以上 10 cm 左右桡骨内侧平面击球为宜(图 12-2-9)。

图 12-2-8

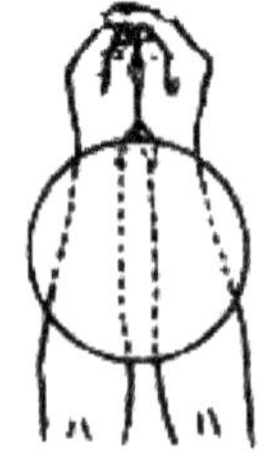

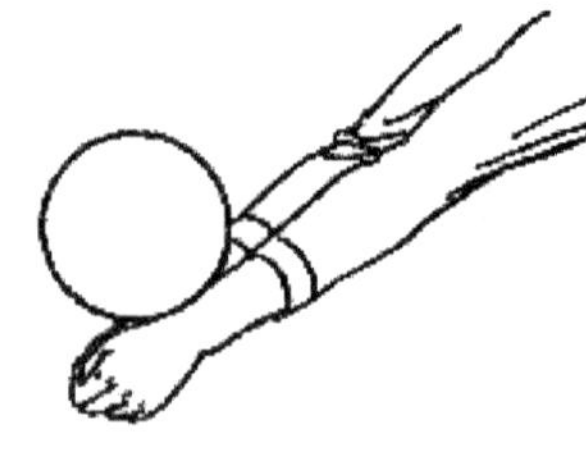

图 12-2-9

正面双手垫球是在准备姿势的基础上,判断来球的路线与落点,迅速移动取位,把来球保持在腹部的正前方,两臂插入球下并对准来球。垫球时,利用蹬腿、腰腹发力和提肩抬臂的协调动作,以两前臂所组成的平面击球的后下方,同时身体重心伴随击球动作前移,将球向前上方垫出(图 12-2-10)。

(2)侧面垫球。在接发球或防守时,身体来不及移动正对来球,则用双手在身体两侧垫击球的技术动作。为体侧垫球。以左侧为例,当球向左侧飞来,左脚跨出一步,重心左移,两臂夹紧组成垫球手臂形向左伸出,右臂向下倾斜,用向右转腰和提左肩的动作配合两臂自左后下方

图 12-2-10

向前截住球飞行路线，垫击球的后下部。但注意不要随球摆臂以免球从侧面飞出，在能正对来球情况下尽可能通过移动正对来球(图 12-2-10)。

(3)练习方法。

①徒手模仿练习自垫球；对墙进行连续传、垫球。

②2 人一组，一抛一垫或对垫练习；3 人一组，两人抛球，另一人移动垫球练习。

③利用球网进行垫球练习。

(四)传球

传球是排球运动的基础技术之一，主要用于衔接防守和进攻。传球主要有正面传球、背传球、侧传球等。

1. 正面上手传球

采用稍蹲准备姿势，抬头目视来球，双肘弯曲自然抬起，双手置于脸前。触球时，两手自然张开成半球形，使手指与球吻合，手腕稍后仰，拇指相对成一字型，击球部位一般在球的后下方(图 12-2-11)。传球时用拇指内侧、食指全部、中指的二、三指节触球，无名指和小指在球的两侧辅助控制出球方向，两肘适当分开，自然下垂。击球点应保持在额前上方约一球远，充分利用蹬地、伸膝、伸臂，从脸前向前上方主动迎击来球(图 12-2-12)。

图 12-2-11　　图 12-2-12

2. 背传球

背对传球目标的传球称背传球。背传球是传球技术中的一种基本方法，在比赛中运用较多。背传球时，上体后仰，将上臂抬起，手腕后仰，掌心向上，双手自然抬起置于脸前，迎球时击球点在头上方，比正面传球略偏后，击球的下部，利用蹬腿、展体、抬臂、伸肘和指腕的弹力，把球向后上方传出(图 12－2－13)。

图 12－2－13

3.*练习方法*

(1)徒手模仿传球动作，自传练习。

(2)两人一组，一抛一传，对传练习。

(3)两人一组，移动传球练习。

(4)三人站直线，两人正面传球，中间者背传。

(五)扣球

扣球是排球的基本技术之一，也是排球技术中攻击性最强的一项技术，是得分的主要手段，在比赛中占有十分重要的地位。扣球技术分为正面扣球、勾手扣球、扣快球和个人战术扣球等。

我们主要学习正面扣球(以右手扣球为例)(图 12－2－14)。

图 12－2－14

(1)准备姿势：助跑前稍蹲，两臂自然下垂，站在离网 3 m 左右处，身体转向来球方向。

(2)助跑：一般采用两步助跑，左脚先向前迈出一步，紧接着右脚再快速跨出一大步，左脚及时并上，踏在右脚之前，两脚尖稍向右转，两臂向上引摆准备起跳。

(3)起跳：在右脚落地时，左脚迅速跟上，落于该脚的侧前方，两腿弯曲缓冲，随即迅速蹬地起跳。两臂由后向前向上猛摆，并做好扣球准备。

(4)击球：身体腾空后，上体稍后仰，并向右侧转体，右臂屈肘上举后引，身体成反弓形，收腹转体带动肩、肘关节，手臂尽量向前上方快速挥动伸直，以全手掌猛力扣球，手腕有扣压动作(图 12－2－15)。

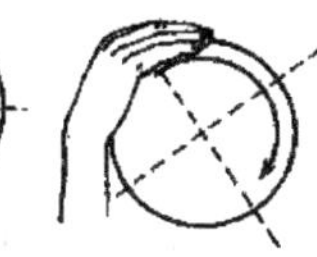

图 12－2－15

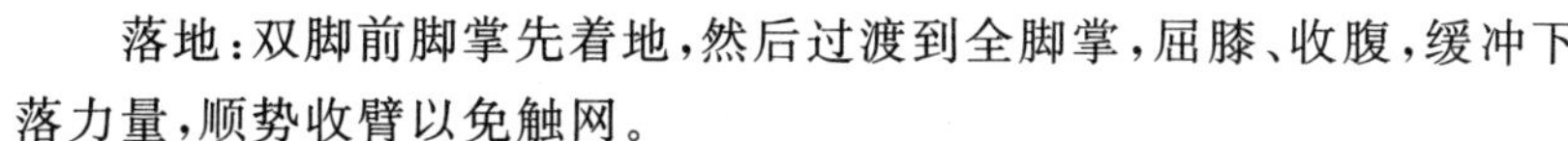

落地：双脚前脚掌先着地，然后过渡到全脚掌，屈膝、收腹，缓冲下落力量，顺势收臂以免触网。

(5)练习方法：

①对墙做击打反弹扣球练习。

②打防练习、上网扣一般高球或各种快球等，其中又以 4 号位扣球练习为主。

(六)拦网

拦网是排球运动基本技术之一，指队员在球网上空拦阻对方击来的球，是防守反击的第一道防线，有单人拦网和集体拦网两种。

1. 单人拦网

队员面对球网，两脚左右开立约与肩宽，距网 30～40 cm，两膝微屈，两臂在胸前自然屈肘。移动时可采用并步、交叉步、跑步，向前或斜前移动。原地起跳后要用力蹬地，使身体垂直起跳。如果是移动后起跳，制动时，双脚尖要转向网，同时利用手臂摆动帮助起跳。拦网时两手从额前平行球网向网上沿前上方伸出，两臂平行，两肩尽量上提，两臂尽力过网伸向对方上空，两手接近球，自然张开，手触球时两手要突然紧张，用力屈腕，主动盖帽捂住球(图 12－2－16)。

图 12－2－16

2. 集体拦网

集体拦网是指排球比赛中，由两名或三名队员彼此靠近实施拦网，当其中一名队员触到球时即完成集体拦网。集体拦网分双人拦网和三人拦网。

双人拦网指两名队员在球网上空拦阻对方击来的球。常由 2、3 号位或 3、4 号位队员组成双人拦网。

三人拦网是在对方主要扣球手进攻实力很强，不善吊球的情况下采用 3 人后排接球的防守阵形。

3. 练习方法

(1)沿网移动做拦网练习。

(2)两人隔网站立,原地起跳和移动起跳做网上击掌练习。

(3)两人一组和三人一组分别在2、3、4号位做拦网练习。

三、排球基本战术

排球基本战术是指队员在比赛中,根据排球的规则要求和排球运动规律,以及双方当时的情况,合理运用技术,所采用的有意识、有目的、有组织的个人和集体配合行动。包括阵容配备、进攻阵型与进攻战术、拦网战术和接发球战术。

(一)阵容配备

在排球比赛中常用的有"四二"配备和"五一"配备。

1."四二"配备

"四二"配备即4个进攻队员和2个二传队员。4个进攻队员中有2个是主攻队员,2个是副攻队员,他们都站在对角位置上。这种配备方法主要在初学和一般水平队中采用较多(图12-2-17)。

优点:前排每一轮总能保持1名二传手和2名攻手,便于组织"中一二""边一二"进攻,战术配合稳定。

缺点:前排进攻点相对较少,隐蔽性差。

2."五一"配备

"五一"配备即5个进攻队员和1个二传队员。其目的是为了加强进攻的拦网力量,为了弥补在主要二传队员来不及传球时所出现的被动局面,可以在二传队员的位置上,配备1名有进攻能力的队员的接应二传队员(图12-2-18)。这种配备方法目前在水平较高的队中被普遍采用。

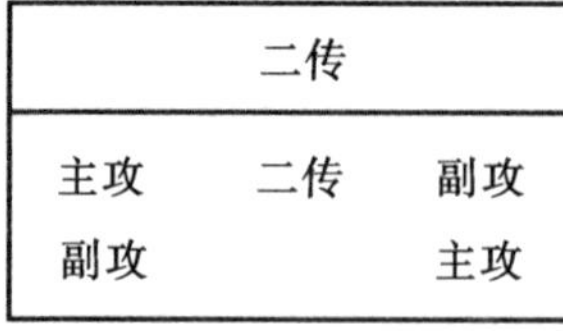

图12-2-17 四二配备

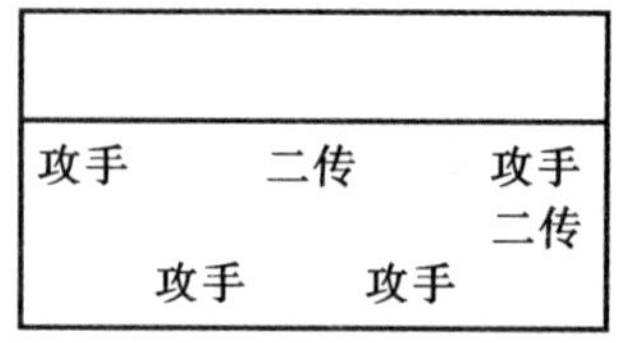

图12-2-18 五一配备

优点:加强了拦网和前排的进攻力量,使全队只需要适应1个二传,有利于配合,统一指挥,使战术富于变化。

缺点:当二传轮到前排,有3轮次前排只有2个进攻队员,进攻点过于暴露,影响前排进攻威力。

(二)进攻阵型与进攻战术

进攻阵型与进攻战术主要有"中一二"和"边一二"、后排插上、两次球及其转移(简称"两次转移”)三种形式。

1.“中一二”和“边一二”

所谓“中一二”和“边一二”战术，即前排中间 1 名队员(3 号位)或者是前排旁边 1 名队员(2 号位或 4 号位)作二传，由他把球传给前排另 2 名队员扣球的一种进攻形式。简单地说，即作为二传手的人的位置是在前排的中间，或是在前排的一边。在中间的叫“中一二”(图 12 - 2 - 19)，在旁边的叫“边一二”(图 12 - 2 - 20)。

“中一二”和“边一二”的进攻形式是进攻战术中最基本、最简单的形式，其特点是分工明确，容易组织，但一般只能保持两点进攻，战术意识容易被对方识破，战术变化、攻击性和突然性较小。为了增加这种战术的攻击效能，可灵活运用跑动换位、快球掩护、拉开、集中、围绕、交叉，并配合远网进攻与两次转移等战术变化。

2. 后排插上

“后排插上”由后排队员插到前排 2、3 号位之间担任二传，将球传给前排 3 名队员或后排队员进攻的组织形式，由 1、5、6 号位插上，这是现代排球战术的主要形式，为一般强队所普遍采用。这一战术的优点是保持前排三人进攻，能充分利用球网的全长，有利于突破对方防线，同时，采用这种形式战术变化多，进攻突然性大(图 12 - 2 - 21)。

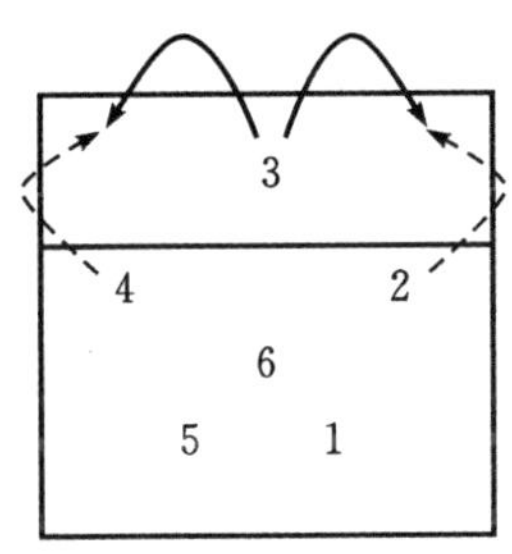

图 12 - 2 - 19　中一二

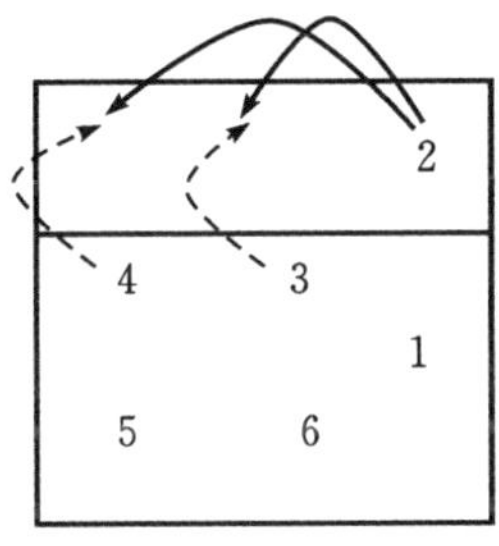

图 12 - 2 - 20　边一二

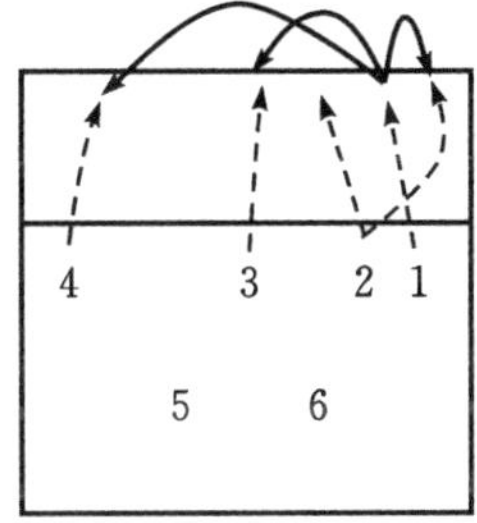

图 12 - 2 - 21

四、软式排球简介

(一)基本介绍

软式排球是日本在 20 世纪 80 年代末推出的。软式排球的设计与开展主要是以中、老年和儿童为对象的群众体育项目。软式排球具有重量轻、体积大、制造材料柔软、不伤手指等特点。因此，软式排球是深受广大体育爱好者欢迎的一项健身运动。

(二)特点

软式排球由柔软的橡胶制成，球的重量在 210 g 左右，周长 66 cm，在玩耍时，可采用排球技术和多样化击球动作。其特点有三：

(1)因其球体柔软、重量轻、气压小，所以不会挫伤手指，有安全感；

(2)击出的球飞行速度较皮制排球慢，因此不易落地，玩起来趣味性强；

(3)软式排球规则以及场地都比较简单，具有很强的可操作性。

因此，开展软式排球运动不受年龄、性别、体质和技能的约束，人人都可以参与，既可丰富健身的方法,又可扩大排球项目的体育人口。

(三)组成

它由"软排游戏"和"软排竞赛"两大类组成。

软排游戏丰富多彩,有六种:

(1)定时计数赛:计参加者击球累计总数或最高次数,多者或高者名次列前;

(2)传球投篮赛:计参加者在规定的次数内投进篮圈多少,多者名次列前;

(3)发球得分:计参加者在规定次数内,发入对方场区的次数,多者名次列前;

(4)移动传垫球赛:计参加者用传垫方法在规定区域内的移动速度,快者名次列前。

(5)另外还有击球过障碍赛和移动垫球接力赛等。

(6)软排竞赛:如同室内六人制排球一样。其正式比赛分为 A 制(四人)和 B 制(六人),采用三局两胜制、每球得分制。比赛规则与室内六人制排球规则略有不同。

五、排球竞赛规则简介

软式排球与室内六人制排球竞赛规则的异同:

(一)比赛用球

1. 软式排球

(1)由柔软的橡胶制成。

(2)圆周:成人组,60~67 cm;青少年组,63~65 cm。

(3)重量:成人组,220~240 g;青少年组,200~220 g。

(4)比赛用球的弹性标准:在 2m 高处自由落下反弹高度不低于 50cm。

2. 室内排球

(1)球用皮制。

(2)圆周:65~67 cm。

(3)重量:260~280 g。

(4)比赛用球的弹性标准:在 2 m 高处自由落下反弹高度不低于 100 cm。

(二)比赛球网

软式排球球网高度为:男子 2.35 m、女子 2.20 m。青少年组球网高度可适当降低。

室内排球球网高度为:男子 2.43 m,女子 2.24 m。

(三)比赛区域

1. 软式排球

比赛的区域包括比赛场区和无障碍区。

(1)软式排球(A)制:比赛场区为长 16 m、宽 9 m 的长方形。其四周至少有 3 m 宽的无障碍区。从地面向上至少有 7 m 高的无障碍空间。

(2)软式排球(B)制:比赛场区为长 18 m、宽 9 m 的长方形。其四周至少有 3 m 宽的无障碍区。从地面向上至少有 7 m 高的无障碍空间。

2. 室内排球：

(1)非正式比赛的场地面积与软式排球(B)制一致。

(2)国际比赛场地的面积与软式排球(B)制一致。但无障碍区至少宽 5 m,端线外至少宽 8 m,上空无障碍空间至少高 12.5 m。且地面要求较高,室内温度与照明要求较高。

(四)球队的组成和服装号码

1. 软式排球

一个队由 8 名队员组成。A 制上场队员 4 名,B 制上场队员 6 名。可设 1 名教练员,1 名领队。队员上衣号码序号为 1～12 号。

2. 室内排球

一个队最多有 12 名队员组成。1 名教练员,1 名助理教练员,1 名训练员和 1 名医生,队员上衣号码序号为 1～18 号。

(五)比赛方法

1. 软式排球

每球得分制;三局两胜制。比赛前两局与室内排球前四局同;决胜局与室内排球决胜局同。

2. 室内排球

每球得分制;五局三胜制。

(六)上场阵容与场上位置

1. 软式排球

(1)上场阵容 A 制:场上必须始终保持 4 名队员进行比赛;B 制:场上必须始终保持 6 名队员进行比赛。

(2)场上位置 A 制:1 号位为后排队员,2、3、4 号位为前排队员;B 制:1、5、6 号位为后排队员,2、3、4 号位为前排队员。前后排队员位置不能颠倒;同排队员位置不能交叉(发球队员除外)。

2. 室内排球

与软式排球 B 制阵容和场上位置相同。

(七)替换

1. 软式排球

每一局每队最多可替换 4 人次,可同时替换 1 人或多人。

2. 室内排球

每队每局比赛最多可以请求 6 人次的换人。

六、排球运动与健身

(一)改善生理健康状况

经常参加排球训练,可以提高个人协调力、力量、耐力、速度、弹跳力、灵敏度和柔韧性等身体素质和运动能力，改善人体中枢神经系统和内脏器官的机能。

(二)促进心理健康

排球比赛需要队员之间相互理解、相互支持、默契配合、机智灵活和顽强拼搏，能培养人团结协作的精神和竞争意识，培养优良的体育道德作风，经常参与排球运动，在增进健康的同时也提高了人的心理素质和心理适应能力。

(三)增强社会适应能力

排球运动是集体性项目，参与也是一种人际交往的过程；场上的变化可以培养人瞬时的应变能力；技术动作和变化组合能培养创造思维能力。这些都是增强社会适应能力的关键。

第三节 足球

一、足球运动概述

足球比赛是以脚为主、除手和臂以外的身体其他部位支配球(守门员在本方罚球区内和队员掷界外球时除外)，在长方形的、平坦的、两端各有一个球门的场地上两队相互攻守、激烈对抗，以射门进球多少决定胜负的球类运动项目，被誉为“世界第一运动”。

(一)足球运动的起源

古代足球运动起源于中国。据史料记载，早在战国时代(公元前 475 — 221 年间)《墩焦戈齐策》上记载着苏秦到齐国游说时对齐宣王说：“临淄甚富而实，其民无不吹竽、鼓瑟、弹琴、击筑、斗鸡、走犬、六博、踏鞠者。”其中“踏”是用脚踢的意思，“鞠”则指球。

现代足球运动起源于英国。据史料记载，1848 年，足球运动的第一个文字形式的规则《剑桥规则》诞生。1857 年，英国成立了世界上第一个足球俱乐部。现代足球运动兴起后，通过英国的海员、士兵、商人、工程师、牧师等传播到欧洲大陆和世界各地。

(二)足球运动的主要特点

1.足球运动是一项富有战斗性的、激烈对抗的项目

在比赛中双方为了把球踢进对方球门，而且又不让球进入自己的球门，展开了短兵相接的斗争，尤其是在两个罚球区附近争夺得更为激烈。一场高水平的比赛，双方因争夺或冲撞倒地近百次，可见其激烈程度。

2.技术、战术复杂，掌握动作难度大

足球是一项非周期性运动项目，它的技术、战术受对手直接的干扰、限制和抵抗。技战术是依临赛情况灵活机动地运用和发挥。足球比赛参加人数多，行动不易协调和统一，故攻、守战术的配合相对要比篮球、排球困难些。比较而言，足球运动是用人体最笨拙的部位——脚去支配和控制球，因此，技术动作比较难掌握。

3.比赛时间长、场地大，体能消耗大

正式足球比赛时间为 90 min，有的比赛还要加时 30 min 甚至还要以互踢罚球点球决定胜

负。一场激烈的比赛，一名优秀运动员的跑动距离高达 10000 m 以上，少则也有 6000～7000 m，而且还要做上百个有球和无球动作，身体能量消耗很大。据不完全统计，一场激烈的比赛，能量消耗达 2000 J 左右，体重下降 3～5 kg。

二、足球基本技术

足球技术是指运动员在规则规范下所采取的合理动作方法的总称，是足球运动的基础。主要有踢球、接停球、运控球、头顶球、抢截球、掷界外球和守门员技术等。

1. 踢球

踢球是指运动员有目的地用脚的某一部位把球击向预定目标的动作方法。踢球主要用于传球和射门。

(1)脚内侧踢球：脚接触球的面积大，出球平稳准确，适用于短传、踢地滚球或射门。

动作方法：踢球时，直线助跑，支撑脚踏在球的侧方 15 cm 左右，膝关节微屈，踢球腿以髋关节为轴屈膝后摆，前摆时膝外展，脚尖微翘，脚掌与地面平行，以脚内侧正对出球方向，击球的后中部，击球后、脚随球前摆(图 12－3－1、12－3－2)。

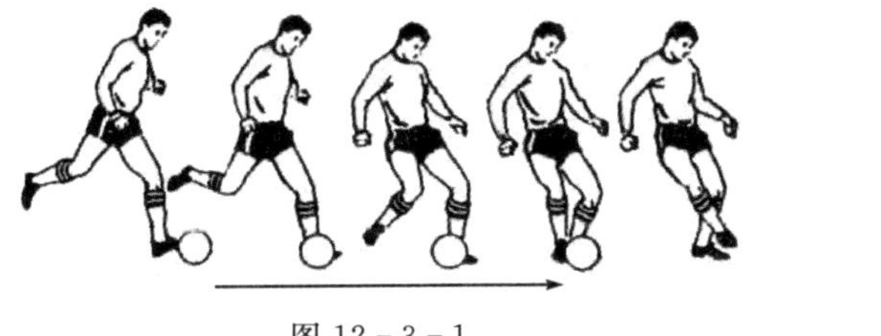

图 12－3－1　　图 12－3－2

(2)脚背正面踢球：踢球腿的摆幅大、摆速快，击球强劲有力，适用于中、远距离的传球和射门。

动作方法：直线助跑，最后一步较大，支撑脚踏在球的侧方约 15 cm 处，脚尖正对出球方向并微屈膝；踢球脚在支撑脚前跨的同时屈膝后摆，在支撑脚落地的同时，踢球腿以髋关节为轴，大腿带动小腿前摆，当膝关节摆到接近球的正上方时，小腿爆发式前摆、脚跟提起，脚背绷直，脚趾扣紧，以脚背正面击球的后中部，踢球腿随球继续提膝前摆。该脚法主要踢定位球、反弹球、空中球及倒勾球等(图 12－3－3)。

图 12－3－3

(3)脚背内侧踢球：助跑与支撑脚选位灵活，摆幅大、摆速快、出球平稳且富于变化。常用于中、长、短距离传球和射门。

动作方法：斜线助跑，助跑方向与出球方向一般呈 45°角。支撑脚踏在球的侧后方约 25cm 处，脚尖指向出球方向，身体稍向支撑脚一侧倾斜。在支撑脚着地同时，踢球腿以髋关节为轴屈膝前摆。当身体转向出球方向、膝关节摆到球的内侧正上方的瞬间，小腿加速前摆，脚尖稍外转，脚面绷直，脚趾扣紧，脚尖斜下指，以脚背内侧踢球的后中部，击球后踢球腿随势前摆(图

12－3－4)。

图 12－3－4

(4)脚背外侧踢球:具有突然性和隐蔽性,富于变化。常用于踢定位球、弧线球或弹拨球进行传球或射门。

动作方法:基本上与脚背正面踢球相同,只是触球时,脚尖内斜下指,以脚背外侧踢球的后中部(图 12－3－5)。

图 12－3－5

(5)脚尖踢球:它是用脚尖部位接触球的踢球方法。常用于搓球和捅球。

(6)脚后跟踢球:它是用脚跟部位将球踢到身体后面的踢球方法。一是踢支撑脚内侧的球,二是踢支撑脚外侧的球。

2. 接停球

接停球是指运动员有目的地用身体的合理部位,把运行中的球停挡在所需要的控制范围内的动作方法,是为传球、运球、过人和射门服务的。

(1)脚内侧接球:接球动作自然,触球面积大,易停稳,便于改变方向和结合下一个动作。常用来接地滚球、反弹球、空中球。

动作要领:接球时,判断好来球的速度、方向与落点,支撑脚正对来球,膝微屈;停球腿屈膝外转并前迎,脚尖微翘。当脚与球接触前的瞬间开始做相应的引撤缓冲或推、切压变向动作,将球控制在衔接下一个动作所需要的位置上(图 12－3－6、12－3－7、12－3－8)。

图 12－3－6 图 12－3－7 图 12－3－8

(2)脚底停球:触球面积大,易将球停稳。常用于接地滚球和反弹球。

动作方法:支撑脚站位于球的侧后方,屈膝,脚尖正对来球;停球脚提起,脚尖勾翘略高于球，脚后跟低于前脚掌，踝关节自然放松，用脚前掌触压球的中上部（图 12－3－9、12－3－10）。

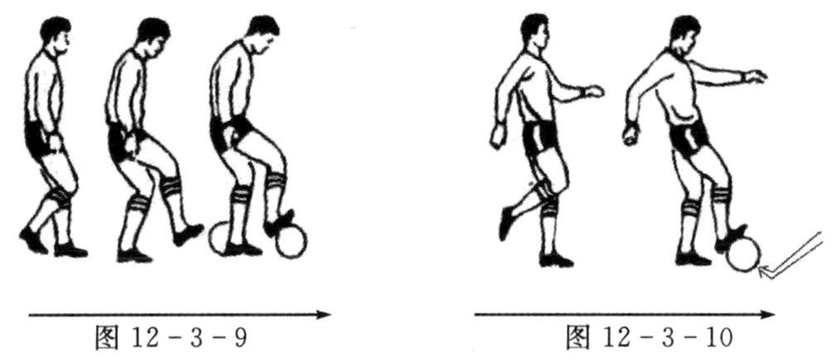

图 12－3－9　　图 12－3－10

（3）脚背正面接球：简便易学，掌握动作快，常用于接空中下落的球。

动作方法：接球前判断好球的落点，正对来球，停球脚提起迎球，以脚背正面触球的底部。当脚背触球的瞬间，下撤缓冲，使球落在体前需要的位置上（图 12－3－11）。

图 12－3－11

（4）大腿停球：接球动作简便，接球面大，控球平稳，适于接大腿高度的平直球或弧度高的来球。

动作方法：接球时要面对来球，接球腿屈膝上抬，以大腿中部对准迎球，触球刹那，大腿迅速引撤缓冲，将球控制在所需要的位置上。

（5）胸部停球：胸部面积大，有弹性，位置高。常用于接齐胸球和高球。胸部停球有收胸停球与挺胸停球两种。

动作方法：齐胸的平直球多用收胸接球，即面对来球，两脚前后开立，两臂自然张开挺胸迎球，当胸部触球的刹那，迅速收胸收腹缓冲来球力量（图 12－3－12）。高于胸部的弧线来球多用挺胸接法，其准备姿势同收胸法，只是重心稍偏后，上体略有后抑，当胸部触球的瞬间，展腹挺胸、蹬地上挺，使球上弹落在所需要的位置上（图 12－3－13）。

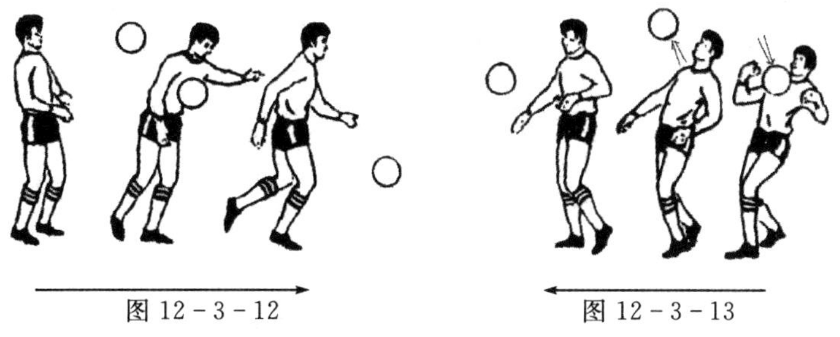

图 12－3－12　　图 12－3－13

3. 运控球

运控球是运动员在跑动中用脚连续推拨球，使球始终处于自己控制范围之内的触球动作。

(1)脚背正面运球:多用于前方纵深距离较长、快速直线运球时。

动作方法:跑动自然放松,上体稍前倾,步幅不易大。运球脚提起时,膝关节弯曲、脚跟提起,脚尖下指,在迈步前伸着地前,用脚背正面推拨球的后中部。推球后自然落步。

(2)脚背外侧运球:运球变化灵活,常用于直线快速运球和向外变向时。

动作方法:与脚背正面运球相近,只是运球脚提起时,脚尖稍内转,用脚背外侧推拨球前进(图 12-3-14)。

图 12-3-14

(3)脚内侧运球:脚内侧运球,多在改变方向并需要用身体掩护球时使用。

动作方法:运球时,支撑脚踏在球的侧前方,上体稍前倾并向有球一侧转身,运球脚提起脚尖外转,用脚内侧推球前进(图 12-3-15)。

图 12-3-15

运球和控球时常用的动作有:拨球、拉球,扣球、挑球和捅球等。在熟练掌握运球方法的基础上,配以控球动作便可进行运球过人。

4. 头顶球

头顶球是指运动员用头的合理部位,有目的地顶击空中球的动作方法。常用的顶球方法有原地顶球、跳起顶球、鱼跃顶球。顶球时头的部位一般在前额正面和前额侧面。

(1)原地前额正面顶球。

动作方法:身体正对来球,两腿前后开立,微屈膝,上体稍后仰,重心落在后脚上,两臂自然张开,收紧下颌,注视来球。当球运行到身体垂直部位前的瞬间,蹬地、上体前摆,收腹、甩头,用前额正面顶球的后中部。顶球后身体应随球前移(图 12-3-16)。

图 12-3-16

(2)跳起前额正面顶球。

动作方法：起跳前判断准来球的落点，用双脚或单脚奋力向上跳起，跳起后身体后仰成背弓形。当球与身体垂直时，迅速收腹折体，前屈甩头，在最高点将球顶出。顶球后应屈膝降重心缓冲落地(图 12-3-17、12-3-18)。

图 12-3-17

图 12-3-18

三、足球基本战术

(一)个人进攻战术

个人进攻战术是局部进攻战术和全队进攻战术的基础。个人进攻战术水平的高低直接影响着局部和全队进攻战术的质量，同时，个人进攻战术必须服从于局部和全队进攻战术。

(二)局部进攻战术

局部进攻战术是指在进攻中两名或几名队员之间的配合行动，其目的是把各种传球、运球和跑动组合在一起，再局部突破对方的防线。局部进攻配合的基本形式有传切配合、交叉掩护配合、二过一战术配合和三过二战术配合。

(三)整体进攻战术

整体进攻战术是指为完成进攻任务所采用的全局性的进攻配合方法。一次完整的整体进攻由发动(开始)阶段、发展阶段和结束阶段构成。发动阶段(开始阶段)：当一支球队获得控球权即进入了发动阶段，一般指在本方半场开始的进攻。

整体进攻的方式有两种：一种是快速攻击，另一种是逐步推进。当获得控球时，对方未能及时进行攻守转换，防守队员未能完全回到防守位置时，应采用快速攻击的进攻配合。在现代足球中，快速攻击的配合是得分的重要手段。当获得控球权时，如果对方退守较快或后防较稳固时，则应采取逐步推进的配合方式，放慢进攻节奏，寻找对方的弱点进行攻击。

(四)整体防守战术

整体防守战术是指全队所采取的防守战术。整体防守战术方法有区域盯人防守、人盯人防守和混合盯人防守。

1. 区域盯人防守

由攻转守时,根据场上队员位置的分工和职责,每名防守队员负责防守一定的区域,一旦对方进攻队员进入该区域时,就进行积极的防守,限制对方的进攻活动,当该队员离开时,就不再进行盯防。区域盯人防守较节省体能,但是,进攻队员可以随意交叉换位,容易造成局部地区以多攻少的局面,不利于防守。并且采用这种防守战术时,在不同区域的结合部容易出现盯人混乱,形成漏洞。因此,目前在比赛中较少采用这种防守战术。

2. 人盯人防守

人盯人防守是每名防守队员都有明确的防守对象,当由攻转守时,就盯住该队员,无论对手在场上的任何位置,无论对手是否控制球。人盯人防守的优点是分工明确、责任具体、盯防效果较好。其缺点是体能消耗大和防守队形容易被拉乱。一旦对手突破,很难形成有效的保护和补位。因此,目前在比赛中较少单纯地采用人盯人防守战术。

3. 混合盯人防守

混合盯人防守是区域防守和人盯人防守相结合的防守方法。混合盯人防守是目前足球比赛中最常采用的防守战术,它集中了人盯人防守和区域盯人防守的优点。混合防守是对控球队员及控球队员所在局部区域进行紧逼盯人,而对距球远的其他进攻队员进行区域防守,同时,针对对手的情况,对特别有威胁的进攻队员使用专人进行盯防。

四、足球竞赛规则简介

(一)比赛场地

(1)球场:球场必须是长方形,在长 90～120 m,宽 45～90 m 范围内均可。国际比赛的长度范围为长 100～110 m,宽 64～75 m,基层比赛场地可因地制宜,但边线必须长于球门线。场内各区域尺寸不变。

(2)边线:当球的整体从地面或空中全部越过边线为界外球。比赛中,除裁判员和助理裁判员外,任何人未经允许不得擅自出入此线。

(3)球门线:球出球门线后,以角球或是球门球恢复比赛。两门柱间的球门线长 7.32 m,从地面到球门横木下沿是 2.44 m。

(4)中线:开球时,双方队员的限制线;队员在本方半场内无越位犯规。

(5)角球弧:踢角球时,球必须放定在角球弧内。

(6)罚球点:罚球点球时,球必须放定在该点上并向前踢出。

(7)中点:开球时,球必须放在该点上并向前踢出。

(8)中圈:开球时,守方队员须站在中圈以外的本方半场内。

(9)罚球弧:罚球点球时,除主罚队员和守门员外,其他队员应退到此弧以外。

(10)球门:门框直径不超过 12 cm,两立柱内沿相距 7.32 m,横梁下沿垂直地面距离为 2.44 m,立柱与横梁直径应相等。

(二)球

球用皮革或其他适当的材料制成。周长在 68～70 cm 之间,比赛开始时不少于 410 g 或多于 450 g,压力在 58.8～107.9 kPa 之间(世界杯一般采用 88.2 kPa)。比赛用球由裁判员审定,正式的比赛应有备用球,目前多采用 10 个备用球。比赛中球发生破裂或损坏,裁判员应停止比赛,更换球后在停止比赛时球所在的地点坠球恢复比赛,如已成死球则发球恢复比赛。

(三)队员人数

(1)每队应为 7～11 人,其中 1 人必须为守门员。

(2)正式比赛提名替补队员为 7 人,但最多可以替换 3 人,位置不限。被换下场的队员不可以在本场比赛中重新上场。

(3)场上队员与守门员互换位置前要通知裁判员,在死球时互换,并且服装颜色必须符合规定,场下替补队员替换时,也应通知裁判员,在死球时从中线处先下后上进行替换。

(4)开赛前被罚令出场的队员可以由替补队员替补,并不算一次换人,但不得再增加替补队员名额。比赛开始后(包括死球或中场休息时)被罚令出场的队员不得被替补。凡被提名的替补队员无论何时被罚令出场,均不得替换。

(5)踢球点球决胜负时,守门员受伤可以由未换足的替补队员替补,除此之外,一律不得替换。

(四)比赛时间

正式的比赛时间为 90 min,上、下半场各 45 min,除经裁判员同意外中场休息不得超过 15 min,如规程规定有加时赛,则再进行 30 min 的决胜期比赛,每半场 15 min,中间立即交换场地不再休息。如果采用"金球制胜"法,则在 30 min 内,先进球队为胜,比赛立即结束。若决胜期双方仍平局,则以踢球点球方式决胜负。

(五)比赛开始和重新开始

(1)通过掷币,猜中队选择场区,另一队开球。

(2)将球放在中点上开球时,当球被踢并向前移动时比赛即为开始。球未向前移动或球动之前队员越过中线或防守队员进入中圈,则重新开球。

(3)开球队员不得连踢。

(4)开球可以直接射入对方球门得分。

(5)比赛中因规则中没有提到的原因而停止比赛后,应用坠球恢复比赛。如果坠球时,遇球未着地前,队员触球、犯规、球破裂、球漏气或着地后未能触及任何人而出界,均应重新坠球。

(六)计胜方法

(1)当球的整体从球门柱间及横木下越过球门线,而此前未违反竞赛规则,即为进球得分。

(2)判断球是否进门应根据球的位置,而不是以守门员接球或队员触球时所站的位置来决定。

(3)如有观众进场,企图阻球入门,但未触及球而球进门,应算进一球。如触及或妨碍比赛,裁判员应停止比赛,坠球恢复比赛。

(4)罚球点球时,在球到球门线前,有外来因素干扰,应重罚。如已触及守门员、门框弹回场内,又被外来因素触及,则坠球恢复比赛。

(5)其决胜方法和计分方法应在规程中规定。

(七)越位

1.处于越位位置的条件

(1)该队员在对方半场内;

(2)该队员较球更接近于对方球门线;

(3)在该队员与对方球门线之间,对方队员不足两人。

上述三个条件中,若缺少任何一条,队员均不属于越位位置。

2.不是越位犯规

处于越位位置的队员,直接接到同队队员的球门球、界外球和角球时,则不是越位犯规。

3.关于越位与否的判罚

(1)一队员因处于越位位置而暂时跑出球场,向裁判员表明他不参与比赛,这是不犯规的。但是,如裁判员认为该队员出于战术目的,或出场后又随即参与比赛,应判为越位。

(2)守方一队员故意退出场外造成攻方一队员越位,在这种情况下,该攻方队员接得球并射入门内,应判进球有效。而后,裁判员应警告该守方队员。

(3)攻方某队员处于与球平行的位置上,不属于处于越位位置。

(4)攻方某队员处在与对方倒数第二名队员平行的位置上,不属于处于越位位置。

(5)攻方某队员有一只脚跨过了中线,该队员即处于越位位置。如果队员一只脚或两只脚踩在中线上,则该队员不处于越位位置。

(6)处于越位位置的队员接到守方队员有意回传球,不应判罚越位犯规。

(7)攻方队员带球射门进球或发直接任意球,直接射中的同时,同队队员处于越位位置,只要该队员不干扰守门员接球或防守,应判进球有效。如果射出的球从门框或守门员身上弹回到越位队员的脚下而触球,应判越位犯规。

裁判员如果判罚越位犯规以后,由对方在犯规发生地点踢间接任意球恢复比赛。

(八)犯规与不正当行为

足球比赛对抗性强,又允许身体接触与碰撞,裁判员要准确掌握规则精神,善于识别和区分合理动作犯规、勇猛顽强与动作粗野、良好风格与不正当行为。坚持严格执法,把判罚重点放在对人不对球、不正当行为及报复行为上。

1.直接任意球和点球判罚

裁判员认为,如果队员违反下列10种的任意一种,将判给对方踢直接任意球。

(1)踢或企图踢对方球员。

(2)绊摔或企图绊摔对方球员。

(3)跳向对方球员。

(4)冲撞对方球员。

(5)打或企图打对方球员。

(6)推对方球员。

(7)为了得到对球的控制而抢截对方队员时，于触球前触及到对方球员。

(8)拉扯对方球员。

(9)向对方球员吐唾沫。

(10)故意手球(不包括守门员在本方罚球区)。

2. 间接任意球的判罚

(1)如果守门员在本方罚球区内违反下列 4 种犯规中的任何一种，都将判给对方踢间接任意球。

①守门员用手控制球后，在发出球之前持球超过 6 s。

②在发出球之后未经其他队员触及，再次用手触球。

③用手或臂部触及同队队员故意用脚传给他的球。

④用手触及同队队员直接掷入的界外球。

(2)裁判员认为，队员有下列情况任何一种的。

①动作具有危险性。

②阻挡对方队员。

③阻挡对方守门员从其手中发球。

④违反规则第十二条以前未提及的任何其他犯规，而停止比赛被警告或罚令出场。

(3)如果队员在比赛中被判有开球、球门球、角球、界外球、任意球、点球连踢、越位犯规，也将在犯规地点以间接任意球恢复比赛。

3. 纪律制裁

裁判员对队员进行纪律制裁的方式包括警告和罚令出场。

(1)可警告的犯规(黄牌)。①犯有非体育道德行为。②以言语或行动表示异议。③持续违反规则。④延误比赛重新开始。⑤当以角球或任意球重新开始比赛时，不退出规定距离 9.15 m。⑥未得到裁判员许可进入或重新进入比赛场地。⑦未得到裁判员许可故意离开比赛场地。

(2)罚令出场的犯规(红牌)。①严重犯规。②暴力行为。③向对方或其他任何人吐唾沫。④用故意手球破坏对方的进球或明显的进球得分机会。⑤用可判为任意球或点球的犯规破坏对方向本方移动着的明显进球得分机会。⑥使用无礼的、侮辱的或辱骂性语言及行动。⑦在同一场比赛中得到第二次警告。

此外，比赛中如果守门员在本方罚球区内用球掷击或企图掷击对方队员，将被判罚球点球。

(九)任意球

1. 任意球的种类

(1)直接任意球：可以直接射入对方球门得分(直接射入本方球门，不算进球，应由对方踢角球)。

(2)间接任意球：不能直接射门得分，必须经场上其他队员触及后进入球门内才算进一球(直接射入对方球门，由对方踢球门球)。

2. 判罚任意球必须具备的四个条件

(1)犯规队员是场上队员。

(2)队员违反规则的有关规定。

(3)犯规地点是在比赛场地内。

(4)犯规时间是在比赛进行中。

3. 踢任意球时应注意

(1)在犯规地点罚球。

(2)踢球时必须将球放稳。

(3)罚任意球时对方球员距球至少 9.15 m。

五、足球运动与健身

足球是对抗性很强的集体竞赛项目，在这个既需要激烈竞争，又需要团结协作的环境中，球员的意志品质和竞争意识会得到磨练，有利于培养积极向上、勇于拼搏、不怕困难、吃苦耐劳的精神。

足球运动是全面锻炼和健全体魄的良好手段，是全民健身活动中一项行之有效的体育运动项目。经常从事足球运动，可以提高人们的力量、速度、灵敏、耐力、柔韧等身体素质，并能使人的高级神经活动得到改善，尤其能增强人体的心血管系统、呼吸系统等内脏器官的功能，从而促进人体的健康。长期进行足球活动，心脏功能可大大提高，机能明显得到增强，心肌肥厚，心动徐缓、血压降低。正常人安静时每分钟心率约 72 次，每次输出 50～60 mL 血液，足球运动员安静时每分钟心率可达 60 次左右，每博输出量可达 80～100 mL。安静时心率减慢，比正常人每分钟低 15～22 次，说明心脏肌肉强壮有力，收缩一次血液排出量大大超过一般人，这是心脏功能良好的表现。据测定，一名优秀足球运动员的肺活量比正常人要大 2000～3500 mL。长期进行足球活动，可以改善中枢神经系统对心血管系统的调节功能，增强迷走神经的紧张性，动脉血压降低，心血管系统机能提高，使心脏的休息时间增多，因而工作可以更加持久。

第四节 乒乓球

一、乒乓球运动概述

(一)乒乓球起源

乒乓球(table tennis)，起源于英国，因其打击时发出“Ping Pong”的声音而得名，在中国以“乒乓球”作为它的官方名称。1926 年，在德国柏林举行了国际乒乓球邀请赛，后被追认为第一届世界乒乓球锦标赛，同时成立了国际乒乓球联合会。

乒乓球是一种世界流行的球类体育项目，包括进攻、对抗和防守。比赛分团体、单打、双打等数种；2001 年 9 月 1 日前以 21 分为一局，现以 11 分为一局，采用五局三胜(团体)或七局四胜制(单项)。

(二)场地器材

1. 球台

乒乓球台的上层表面叫做比赛台面,应为与水平面平行的长方形,长 2.74 m,宽1.525 m,离地面高 0.76 m。

2. 球网装置

乒乓球比赛所用的球网装置包括球网、悬网绳、网柱及将它们固定在球台上的夹钳部分。整个球网的顶端距离比赛台面 15.25 cm(球网高:15.25 cm)。

3. 场地

赛区空间应不少于 14 m 长、7 m 宽、5 m 高;挡板应为 75 cm 高,且为同一深色。目前国际重大乒乓球比赛场地是长 17.8 m,宽 8.4 m。

4. 器材

2000 年 10 月 1 日起,也就是在悉尼奥运会之后,乒乓球比赛使用直径 40 mm、重量 2.7 g 的大球,取代 38 mm 小球。乒乓球为圆球形状,白或橙色,用赛璐珞或塑料制成。

(三)乒乓球运动在中国的发展历程

乒乓球在我国有很高的地位,被誉为“国球”。

1959 年容国团获得世乒赛单打冠军,这是新中国的第一个世界冠军,非常振奋人心,当时中国体育只有乒乓球一枝独秀,乒乓球就成为了人们热衷讨论的运动,加之乒乓球器材简单,所以从国家领导人到普通人都在打乒乓球,乒乓球逐渐确立了国球地位。

1961 年世乒赛在北京举办,中国队取得了好成绩,男团五虎将勇夺男团冠军。团体冠军最能体现一个国家的乒乓球实力。1961 年、1963 年、1965 年中国连续三次获得世乒赛团体冠军,而且出现了乒乓球界的传奇人物庄则栋,因为他也连续三次获得世乒赛男子单打冠军,获得了圣勃莱德杯的复制杯,只有连续三次或者不连续四次获得过乒赛单打冠军才能获得世乒赛奖杯的复制杯。

中国队至此开始了长盛不衰,中间有几年的低谷但都很快重登巅峰,成为世界绝对强队,变得不可战胜。

二、乒乓球基本技术

(一)握拍方法

乒乓球拍的握拍法,基本上分为直握法(小刀)和横握法(大刀)两种,横握法很像欧洲人在用刀叉。

1. 直拍握拍法

(1)拍前:以食指第二指节和拇指第一指节扣拍。拇指与食指之间的距离要适中。

(2)拍后:其他三指自然弯曲,中指第一指节贴于拍的背面(图 12-4-1)。

2. 横拍握拍法

(1)中指、无名指和小指自然地握住拍柄。

(2)拇指在球拍的正面轻贴在中指旁边,食指自然伸直,斜放于球拍的背面。

(3)浅握时,虎口轻微贴拍,深握时,虎口紧贴球拍(图 12-4-2)。

图 12-4-1　　图 12-4-2

(二)发球技术

发球技术有反手平击发球和正手平击发球两种。

(1)反手平击发球:站位左半台离台 30 cm,右脚稍前身体略向左转,左手掌心托球,右手持拍于身体左侧。持球手轻轻向上抛球,同时持拍手向后引拍,上臂自然靠近身体右侧,待球下落低于球网时,持拍手以肘关节发力,由左后向右前挥拍击球中部,拍面稍前倾,第一落点在本台中区。

(2)正手平击发球:站位中近台偏右,左脚稍前,身体稍右转,球向上抛起,持拍手由右后向前挥动。其余同反手平击发球。

(三)推挡球技术

1. 挡球

(1)特点与运用:球速慢,力量轻,动作较简单,初学者容易掌握。它可以帮助初学者熟悉球性,认识乒乓球的击球规律,提高控制球的能力。

(2)要点:①挡球是推挡球技术的基础,初学者应形成正确的动作手法。②引拍时,上臂应靠近身体。③前臂前伸近球,手腕手指调节拍形,食指用力,拇指放松。

2. 快推

(1)特点与运用:快推的特点是站位近,动作小,借力还击,速度快,线路变化多。适用于回击一般的拉球、推挡球和中等力量的攻球;在相持中能发挥回球速度快的优势,推压两大角或袭击对方空档,为自己的进攻创造条件。它是推挡球最常用的一项技术。

(2)要点:①击球前靠近身体,前臂适当后撤引拍。②在前臂向前推送的过程中,完成外旋动作。③转腕动作不宜过大,关键是时机要恰当。

3. 加力推

(1)特点与运用:回球力量重,速度快,击球点较高,充分发挥手臂的推压力量。比赛中运用加力推可迫使对方离台,陷于被动局面(如侧身正手攻前一板,加力推底线或大角度),与减力挡搭配使用,能有效地调动对方,获得主动。它适用于对付速度较慢、旋转较弱的上旋球或力量较轻、着台后弹起比网稍高的来球。

(2)要点:①球拍后撤上引是为了增大用力距离。②击球点适当离身体远一点。③击球时间不宜过早或过迟。④要有效地把身体各部分的力集中在击球的一瞬间。

(四)攻球技术

1. 正手快攻

(1)特点作用。站位近、动作小、出手快,借来球的反弹力还击,与落点变化相结合,可调动对方为扣杀创造条件。是近台快攻打法的一项主要技术。

(2)动作要领。手臂自然弯曲并作内旋使拍面稍前倾，前臂横摆引至身体右侧后方。右脚稍用力蹬地，髋关节略向前转动，腰向左转，上臂带动前臂快速向左前方挥动迎球。当来球跳至上升期(或高点期)，拍面稍前倾击球中上部，触球瞬间前臂迅速收缩，向前打为主、略带摩擦，手腕辅助发力，并可借助手腕调节拍面角度、改变击球部位来变化回球的落点。

2. 正手快点

(1)特点作用。动作小、出手快、线路活，回球带有突击性。用于进攻台内球，以打破对方的小球控制，在前三板中争取更多的主动。

(2)动作要领。站位靠近球台，右方大角度来球时上右脚，中间或偏左方向来球时上左脚。手臂自然弯曲迎前，前臂伸向台内，根据来球旋转程度手臂相应地作内旋或外旋调整拍面角度。当来球跳至高点期时触球；来球下旋强时，拍面稍后仰，击球中下部，前臂、手腕向前上方发力；下旋弱时，拍面垂直，击球中部，前臂、手腕向前为主，适当向上用力；来球上旋时，拍面稍前倾，击球中上部，直接向前用力。

3. 反手快拨

(1)特点作用。动作小、出手快、线路活，借来球反弹力量还击。具有一定的速度和力量，但突然性和攻击性不足，多为横拍选手用以对付强烈的上旋来球、直拍推挡或反手进攻。

(2)动作要领。两脚平行开立，站位较近。手臂自然弯曲并作外旋使拍面前倾，手腕内收和屈，将球拍引至腹前偏左的位置。当来球跳至上升期，前臂加速挥动并外旋，手腕迅速前伸和外展，拍面稍前倾击球中上部，借来球反弹力量向右前方拨回来球。

4. 正手扣杀

(1)特点作用。动作较大、出手较快、力量重、攻击性强，是还击正手位半高球的有效方法，也是得分的重要手段之一。

(2)动作要领。右脚稍前，站位离台稍远。腰、髋向左转动，整个手臂尽可能向左后方引拍，以便拉开球拍与来球间的距离，引拍应稍高。当来球跳至高点期，腰、髋向右转动，肘关节内收，上臂带动前臂在身前横摆，向前向下加速挥动，拍面稍前倾击球中上部，触球瞬间用力要集中，手腕控制拍面角度以提高命中率。

5. 正手弧圈球

两脚开立，左脚在前，右脚稍后，收腹、含胸、屈膝，身体稍前倾，重心落在两脚之间。腰、髋略向右转动，重心置于右脚掌略靠前外侧，右肩略下沉，左肩自然转向来球方向，右腿屈膝程度加大，腰腹部收住，保持一定的紧张状态。用腰控制上臂，前臂自然下垂，球拍经腹前向右斜后下方移动，通常引至身体右侧腰部下方稍后处，转腰的速度快于拉手。

(五)搓球技术

1. 慢搓

(1)特点作用。动作较大、速度较慢，主动发力回击，因此有利于增强回球的下旋强度，是学习其他搓球技术的基础。

(2)动作要领。①正手慢搓：手臂外旋使拍面后仰，前臂向右后上方引拍，当来球跳至下降前期，前臂带动手腕加速向前下方用力摩擦球，触球中下部。②反手慢搓：与正手相同，但方向相反。

2.快搓

(1)特点作用。动作较小、速度较快,且有一定的旋转,与其他搓球技术结合,能主动改变击球节奏,为力争主动创造条件。

(2)动作要领。①正手快搓:肘部自然弯曲,手臂外旋使拍面角度稍后仰,后引动作较小。当来球跳至上升期,利用上臂前送的力量,前臂与手腕配合,借力结合发力,触球中下部并向前下方用力摩擦。②反手快搓:与正手基本相同,但方向相反。

(六)削球技术

1.远削

(1)特点作用。动作较大、球速较慢、弧线长、击球点低,以旋转变化为主,配合落点变化。远削主要用于在远台回接旋转强烈的弧圈球,是削球运动员最基本的入门技术。

(2)动作要领。①正手远削:两脚分开,右脚稍后,身体略向右转,手臂向右后上方移动,前臂提起,球拍上举。当来球跳至下降后期,随着身体的向左转动,上臂带动前臂同时向左前下方用力,拍面后仰,触球中下部,手腕有一摩擦球的动作。②反手远削:基本同正手削球,但方向相反。反手削球因受身体的限制,引拍动作要有节奏。

2.近削

(1)特点作用。站位较近、动作较小、击球点高、回球速度快、配合落点变化可调动对方,伺机反攻或直接得分。主要在对手拉球旋转不强或攻球力量不大时使用。

(2)动作要领。①正手近削:与远削相同处不再复述。与远削动作不同之处有,向上引拍为主,拍形近似垂直或稍稍后仰,整个动作以向下为主,略带向前向左,在来球的上升后期或高点期触球的中下部(比远削偏中部),动作速度比远削要快。②反手近削:与正手近削相同,但方向相反。引拍动作应适当加快,否则有来不及的感觉。

三、乒乓球基本战术

(一)发球抢攻战术

发球抢攻是我国直板快攻打法的“杀手锏”,是力争主动、先发制人的主要战术。各种类型打法的运动员都普遍采用发球抢攻来抢占每个回合的上风。发球战术运用的效果主要取决于发球的质量和第三板进攻的能力。发球抢攻战术因打法的类型不同而有所差异,常用的发球抢攻战术:正手发转与不转、侧身正手(高抛或低抛)发左侧上(下)旋球、反手发右侧上(下)旋球、反手发急球或急下旋球、下蹲式发球。

(二)接发球战术

接发球战术与发球抢攻战术同样重要,在某种意义上讲,接发球水平的高低可以反映运动员的实战能力以及各项基本技术的应用程度。事实上,接发球者只是暂时处在被控制状态,如果你破坏了发球者的抢攻意图或者为他制造了障碍,减弱了对方抢攻的质量,也就意味着已经脱离被控制状态,变被动为主动了。常用的接发球战术:稳健保守法;接发球抢攻;盯住对方的弱点处,寻找突破口;控制接发球的落点;正手侧身接发球。

(三)搓攻战术

搓攻战术是进攻型打法的辅助战术之一,主要利用搓球旋转的变化和落点的变化为抢攻创造机会。这一战术在基层比赛中被普遍采用,搓攻战术也是削球型打法争取主动的主要战术之一。常用的搓球战术有慢搓与快搓结合、转与不转结合、搓球变线、搓球控制落点、搓中突击、搓中变推或抢攻。

(四)对攻战术

对攻战术是进攻型打法在相持阶段常用的一项重要战术。对攻类打法主要依靠反手推挡(或反手攻球)和正手攻球(或正手拉弧圈球)的技术,充分发挥快速多变的特点来调动对方。常用的对攻战术:紧逼对方反手,伺机抢攻或侧身抢攻和抢拉;压左突右;调右压左;攻两大角;攻追身球;变化击球节奏,加力推和减力挡结合,发力攻、拉与轻打轻拉结合,也可造成对手的被动局面;改变球的旋转性质,如加力推后、推下旋;正手攻球后,退至中远台削一板对方往往来不及反应,可直接得分或创造机会球。

(五)拉攻战术

拉攻战术是以攻为主的选手对付削球的主要战术。为了发挥拉攻的战术效果,首先要具备连续拉的能力,并有线路、落点、旋转、轻重等变化,其次要有拉中突击和连续扣杀的能力。常用的拉攻战术:拉反手后,侧身突击斜线或中路追身球;拉中路杀两角或拉两角杀中路;拉一角或杀另一角;拉吊结合,伺机突击;拉搓结合;稳拉为主,伺机突击。

(六)削中反攻战术

我国乒坛名将陈新华以及第 43 届世乒赛男单冠军丁松成功地运用削中反攻的战术创造了辉煌,令欧洲选手手足失措,无以应对。这种战术主要靠稳健的削球,限制对方的进攻能力,为自己的反攻创造有利条件。它不仅增强了削球技术的生命力,也促进了攻防之间的积极转化。常用的削中反攻战术:削转与不转球,伺机反攻;削长短球,伺机反攻;逼两大角,伺机反攻;交叉削两大角,突击对方弱点;削、挡、攻结合,伺机强攻。

(七)弧圈球战术

由于弧圈球战术把速度和旋转有机地结合起来,稳健性好,适应性强,许多著名选手已用它替代攻球或扣杀。常用的战术有发球抢攻、接发球果断上手、相持中的战术运用。

四、乒乓球的练习方法

(一)乒乓球速度素质训练方法

1. 提高练习者的反应速度

(1)动作反应练习:练习前教练员告诉练习者有多种徒手动作,如正、反手攻、拉、扣等动作。教练员任意喊其中一个动作,要求运动员做出应答反应,也可连续喊一连串动作。可原地进行,也可在行进间练习。

(2)多球变换练习:有规律变换成无规律,如正手接右半台近网小球后结合推、攻、拉的练习,然后变换成无规律的全台推、攻、拉等动作练习。

2.提高练习者的动作速度

(1)持乒乓球拍快速徒手动作练习:计时 30 秒正手攻、拉、扣等动作练习。一般采取以慢—快—最快的动作速度节奏进行练习。

(2)原地 30 秒提踵动作练习:两脚站立与肩同宽,要求练习者按教练员口令去完成快速提踵练习,慢还原。20～25 次为一组,一般为 5 组,每组 30 s,看谁做得快。

3.提高练习者的移动速度

(1)步法移动练习:以球台边线距离为准,要求学生在 30 s 内尽最快速度完成滑步、跨步、交叉步组练习,每次 3～4 组。

(2)快速移动挥臂击球练习:把两个乒乓球悬吊在距离 1 m 处,高度因人而异。脚步移动,连续挥臂用球拍击碰反弹回来的球,击球移动速度越快越好。练习 3～4 组,每组 30～35 次。

(二)乒乓球力量素质训练方法

(1)持轻重量(1～2 kg)快速屈伸前臂,练习 2～3 组,每组 15～20 次。

(2)蛙跳练习:身穿沙背心,带沙绑腿,全蹲。两脚蹬地,腿蹬直向前上方跳起,腾空后挺胸收腹,快速屈腿前摆,双脚掌落地后不停顿地连续做,6～10 次为一组。

(三)乒乓球耐力素质训练方法

(1)1 分钟多球练习:要求练习者按照教练员所安排的教学内容进行反复练习,直至疲劳为止。

(2)1 分钟立卧撑练习:由直立姿势开始,下蹲两手撑地,伸直腿成俯撑,然后收腿成蹲撑,再还原成直立。每次做 1 min,4～6 组,间歇 6 min,强度为中等强度。

(3)快速移动捡球练习:将 20 个乒乓球放置于不同方位的筐内,距离为 1.5 m,要求练习者将球从有球的筐捡向没有球的筐,反复进行一个来回,每次 20 个球,做 4～6 组,每组间歇 6 min。

(四)乒乓球灵敏素质训练方法

(1)教练员以多球形式变换旋转练习:连续供 3～5 个上旋球,突然供 1 个下旋球或 1 个不转球。

(2)连续供不同旋转性质与不同旋转强度的练习:以多球形式为主,要求练习者命中 35 球为一组,每次练习 2～5 组。

(3)以非常规姿势完成的练习:各种侧向或倒退方向的练习,如侧向或倒退跳远、跳高等。

(五)乒乓球柔韧素质训练方法

(1)压肩练习:身体面向球台或肋木,双手手扶球台或肋木做双手压肩或单手压肩练习。

(2)双人背向拉肩练习:双人背向两手头上拉住,同时做弓箭步前拉。

(3)双人压肩练习:两人面对面站立,距离适中,手扶对方肩,做体前屈压肩练习。

(4)侧向肋木压肩练习:侧向肋木,一手上握一手下握肋木侧拉。

(5)正、侧压腿练习:前后左右劈腿练习;可独立前后振压,也可以将腿部垫高,由同伴帮助下压。

五、乒乓球竞赛规则简介

(一)乒乓球发球

(1)选择发球、接发球和场地的权力应通过选择硬币的正反面来决定。选对者可以选择先发球或先接发球,或选择先在某一方。

(2)当一方运动员选择了先发球或先接发球或选择了场地后,另一方运动员应有另一个选择的权力。在每获得2分之后接发球方即成为发球方,依此类推,直到该局比赛结束,或者直至双方比分都达到10分实行轮换发球法,这时发球和接发球次序仍然不变,而且每人只轮发1分球。

(3)一局中在某一方位比赛的一方,在该场的下一局应换到另一方位。单打决胜局中当有一方满5分时应交换方位。

(二)发球、接发球次序和方位的错误处理

(1)裁判员一旦发现发球、接发球次序错误应立即暂停比赛,并按该场比赛开始时确立的次序,根据场上的比分由应该发球或接发球的运动员发球或接发球;在双打中,则按发现错误时那一局中首先有发球权的一方所确立的次序继续进行比赛。

(2)裁判员一旦发现运动员应交换方位而未交换时,应立即暂停比赛,并按该场比赛开始时确立的次序,根据场上比分纠正运动员所站的方位后再继续比赛。在任何情况下,发现错误之前的所有得分均有效。

(3)当发球者发出的球触碰到网,叫"擦网",裁判应令发球者重新发球,若连续擦网两次则是犯规,计分者给予扣分。

(三)合法还击

对方发球或还击后,本方运动员必须击球,使球直接越过或绕过球网装置,或触及球网装置后,再触及对方台区。凡属上述情况,均为合法还击。

(四)重发球

不予判分的回合出现下列情况,应判重发球:

(1)如果发球员发出的球,在越过或绕过球网装置时触及球网装置,此后成为合法发球或被接发球员或其同伴阻挡。

(2)如果发球员或同伴未准备好时球已发出,而且接发球员或其同伴均没有企图击球。

(3)由于发生了运动员无法控制的干扰,如灯光熄灭等原因,而使运动员未能合法发球、合法还击或未能遵守规则。(运动员与同伴相撞或者被挡板绊倒而未能合法回击,则不能判重发球。)

(4)裁判员或副裁判员宣布的暂停比赛。例如:①由于要纠正发球、接发球次序或方位错误;②由于要实行轮换发球法;③由于警告或处罚运动员;④由于比赛环境受到干扰以致该回合结果有可能受到影响(例如外界球进入赛场或者是足以使运动员大吃一惊的突然喧闹)。

(五)判一分

回合中出现重发球以外的下列情况,应判失一分:

(1)未能合法发球。

(2)未能合法还击。

(3)阻挡。

(4)连续两次击球(如执拍手的拇指和球拍连续击球)。

(5)除发球外,球触及本方台区后再次触及本方比赛台面。

(6)用不符合规定的拍面击球。

(7)双打中,除发球或接发球外运动员未能按正确的次序击球。

(8)裁判员判罚分。

(9)其他已列举的违例现象。

(六)一局比赛

在一局比赛中,先得 11 分的一方为胜方;比分出现 10 平后,先多得 2 分的一方为胜方。

(七)一场比赛

(1)一场比赛应采用三局两胜制或五局三胜制。

(2)一场比赛应连续进行,但在局与局之间,任何一名运动员都有权要求不超过 2 min 的休息时间。

六、乒乓球运动与健身

乒乓球球小速度快,变化多,趣味性强,设备简单,不受年龄性别和身体条件的限制,比较容易开展和普及,集健身、竞技、娱乐于一体,深受众人的喜爱。

(一)可以有效地提高人的身体素质

长期参加乒乓球运动,随着水平的不断提高,活动范围加大,运动量加大,不仅相应地提高了速度素质、力量素质和身体的灵活性、协调性,而且使肌肉发达、结实、健壮,关节更加灵活稳固。

(二)可以调节改善神经系统灵活性

增强中枢神经系统对其他系统与器官的调节能力,提高反应速度。打乒乓球时,球在空中飞行的速度是很快的,正手攻球只需 0.15 s 就可到达对方台面。在这样短暂的时间内,要求运动员对高速运动的来球方向、旋转、力量、落点等进行全面观察,迅速作出判断,并及时采取对策,速度移动步法,调整击球的位置与拍面角度,进行合理的还击,而这一切活动都是在大脑指挥下进行的,经常从事乒乓球练习,可大大提高大脑神经系统的反应速度。

(三)可以改善心血管和呼吸系统的功能

经常参加乒乓球运动,能使心血管系统的结构和机能得到改善,心肌变得发达有力,心容量加大,心搏输出量增大。一般健康成年男子安静时心率在每分钟65～75次,成年女子为每分钟75～85次;而受过乒乓球训练的运动员,安静时,男子心率为每分钟55～65次,女子为每分钟70次左右。心搏徐缓和血压降低提高了心脏的工作效率,有利于身体的新陈代谢,提高整个身体机能水平。

(四)可以提高心理素质

乒乓球是竞技运动,由于激烈的竞争,成功和失败的条件经常转换,参赛者情绪状态也非常复杂,参赛者经受这些变幻莫测、胜负难料的激烈竞争的锻炼,体验了种种情绪。同时,在比赛中要对对方战术意图进行揣摩,把握自己的战术应用,因此使练习者的心理素质得到了很好的锻炼。

(五)可以促进交流,增加友谊

通过参加乒乓球运动,可以相互交流经验,切磋球技,达到相互学习,共同提高,建立良好的人际关系的目的。

(六)可以使人心情舒畅,精神愉快

打乒乓球是一种文化娱乐活动,能使人们在精神上得到一种乐趣和享受,具有锻炼意志、调节心情之作用,给人们提供了一个减压的途径。不管学习还是工作,每天都或多或少有点压抑,打球能使大脑的兴奋与抑制过程合理交替,避免神经系统过度紧张。

对于那些希望保持青春、健美、避免不幸事故发生的人,如果能够提高他们对乒乓球运动的兴趣,将无疑是一件乐事。乒乓球运动越来越多地作为增强智力、提高工作效率以及保健、医疗和康复的极佳手段而引起人们的重视。如果时间允许,又有一位合适的对手作为陪练,那么打乒乓球是提高手、眼配合的最好途径。该运动需要敏捷、节奏感、计谋,对头脑及体能均有很高的要求。在期待和压力并存时,竞赛将充分反应出打球者非凡的自我完善及自律精神,打乒乓球是开动脑筋的好办法。

(七)预防治疗近视和颈腰椎疾病

打乒乓球能使眼球内部不断运动,血液循环增强,眼神经机能提高,因而能使眼睛疲劳消除或减轻,起到预防治疗近视的作用。打乒乓球能很好地锻炼眼睛和颈椎,适合现代人的需要。我们正处在工业化和信息化的时代,各种资讯纷至沓来,不可回避,报刊、书籍、电视、手机信息看不完,电脑面前一待就是几个小时。这些长时间、定距离的用眼的结果,只能使得我们的眼睛疲惫不堪,颈椎腰椎病痛的人与日俱增。参加乒乓球运动,眼睛跟着银色的乒乓球不断调节距离,很好地缓解了眼睛肌肉的僵硬不适,在眼睛感觉疲劳时打上一盘乒乓球,眼睛会感觉很清爽。颈椎、腰椎也随着乒乓球拍的挥舞,得到锻炼,因此乒乓球运动对影响现代人生活质量的几大病症都具有针对性的效果。

(八)可健脑益智

乒乓球的球体小,速度快,攻防转换迅速,技术打法丰富多样,既要考虑技术的发挥,又要考虑战术的运用。乒乓球运动中要求大脑快速紧张地思考,这样可以促进大脑的血液循环,供

给大脑充分的能量，具有很好的健脑功能。打乒乓球是脑力体力结合的运动，要想在乒乓球竞争中取得主动，不仅要基本技术好，打球还要不断地观察分析，观察对方的站位，分析对手的球路、特长和漏洞，发球前不仅要两眼紧紧盯着对手，还需要不断变化手上的动作，控制球的落点，把球打到对方最难受的地方，寻找创造杀机，要在最短的时间里作出应对。

(九)可提高协调性

乒乓球运动中既要有一定的爆发力，又要动作高度精确，要做到眼到、手到和步伐到，提高了身体的协调和平衡能力。

总之，乒乓球运动方便，简单，锻炼全面，运动量合适，有趣，综合锻炼效果好，还应对了很多病症的侵扰，对肢体、心肺、反应、灵敏、协调及大脑起到很好的锻炼作用。

第五节　羽毛球

一、羽毛球运动概述

现代羽毛球运动起源于英国。1873 年，在英国格拉斯哥郡的伯明顿镇，一位叫鲍弗特的公爵在他的领地开游园会时，有几个从印度回来的退役军官向大家介绍了一种隔网用拍子来回击打毽球的游戏。人们对此游戏产生了浓厚的兴趣，因这项活动极富趣味性，很快就在上层社会社交场上风行开来。“伯明顿”(Badminton)即成为英文羽毛球的名称。1893 年，英国 14 个羽毛球俱乐部组成羽毛球协会，即全英公开赛的前身。自 1992 年起，羽毛球成为奥运会的正式比赛项目。

二十世纪八十年代，中国羽毛球开始崭露头角，冲击印度尼西亚世界羽毛球领军地位，一度独领风骚。但是昙花一现之后，中国羽毛球跌落低谷。1992 年巴塞罗那奥运会羽毛球首次列入比赛项目，中国队铩羽而归。世界大奖赛的冠军与中国运动员极少有缘。1993 年，退役后的世界羽毛球冠军李永波临危受命，担任中国羽毛球队总教练。李永波雷厉风行、治队严明，从零开始，励精图治。慢慢地中国羽毛球队东山再起、重振雄风，最终走向辉煌，成就羽坛霸主地位。

目前，世界羽坛顶级(七星级)羽毛球赛事有 5 个，即国际羽联主办的汤姆斯杯、尤伯杯、苏迪曼杯、世界锦标赛，以及奥运会羽毛球赛。

(1)汤姆斯杯，即世界羽毛球男子团体锦标赛，是世界上最高水平的男子羽毛球团体赛。

(2)尤伯杯，即世界羽毛球女子团体锦标赛，是世界上最高水平的女子羽毛球团体赛。

(3)苏迪曼杯，即世界羽毛球混合团体锦标赛，是代表羽毛球整体水平的最重要的世界大赛，与汤姆斯杯和尤伯杯齐名。比赛规定双方进行男子单打、女子单打、男子双打、女子双打、男女混合双打共 5 盘比赛，采用五盘三胜制。

(4)世界羽毛球锦标赛，即世界羽毛球单项锦标赛，是世界上最高水平的羽毛球单项锦标赛，奥运年不举办。设有男子单打、女子单打、男子双打、女子双打、男女混合双打 5 个比赛项目。

(5)奥运会羽毛球比赛，是世界上最高荣誉的羽毛球赛事，奥运会羽毛球赛冠军是世界羽坛的至高荣誉。

(6)全英羽毛球锦标赛。1899年由英格兰羽毛球协会创办,是世界历史上最悠久的羽毛球赛事。最初由英国和英联邦国家选手参加,现在已成为全球性的羽坛大会战。

(7)世界杯羽毛球赛,属于邀请性比赛,由国际羽联邀请当年成绩最优异的选手参加。创办于1981年,第一、二届设男、女单打比赛。自1983年起增设了男子双打、女子双打和混合双打3个项目。从1998年起,改为主办有世界顶尖选手参加的明星赛,并准备尝试奖金丰厚的羽毛球大满贯赛事。

二、羽毛球基本技术

羽毛球运动的基本技术分为两大类:一是基本手法,二是基本步法。基本手法又分为握拍、发球、接发球和击球四个部分。

(一)基本手法

1. 握拍技术

羽毛球的握拍技术分为正手握拍和反手握拍,但握拍方法不是一成不变的,可视具体情况而调整握拍。

(1)正手握拍法。虎口对着拍柄窄面的小棱边,拇指和食指贴在拍柄的两个宽面上,食指和中指稍分开,中指、无名指和小指并拢握住拍柄,掌心不要紧贴,拍柄端与近腕部的小鱼际肌平,拍面基本与地面垂直(图12-5-1)。正手发球、右场区各种击球及左场区头顶击球等,一般都采用这种握法(以右手握拍者为例)。

(2)反手握拍法。在正手握拍的基础上,拇指和食指将拍柄稍向外转,拇指顶点在拍柄内侧的宽面上或内侧棱上,中指、无名指和小指并拢握住拍柄,柄端靠近小指根部,使掌心留有空隙。球拍斜侧向身体左侧,拍面稍后仰(图12-5-2)。一般说来,击身体左侧的来球,大都先转体(背对网),然后用反手握拍法击球。

图12-5-1

图12-5-2

2. 发球技术

发球大致可分为正手发球和反手发球。基本的发球技术有:发高远球、发平球和发网前球。一般来说,发高远球、平球、网前球,均可以用正手发球和反手发球,而发高远球较多采用正手发球法。

(1)发高远球。发高远球是把球发的又高又远,使球向对方后场上方飞去,球的飞行路线与地面形成角度,使球在对方场区底线附近垂直下落。

(2)发平高球。动作过程大致与发高远球相同,只是在击球的一刹那,前臂加速带动手腕向前上方挥动,拍面要向前上方倾斜,以向前用力为主。注意发出球的弧线以对方伸拍击不着球的高度为宜,并应落到对方场区底线。

(3)正手发高平球。姿势、动作和发正手高远球一样,只是发力方向和击球点不同,发高平球时球运行的抛物线不大使球迅速地越过对方场区上空而落到底线附近。

(4)正手发网前球。发网前球就是把球发到对方发球区内的前发球线附近,球拍触球时,拍面从右向左斜切击球,使球刚好越网而过,落在对方前发球线附近。

(5)反手发网前球。反手发网前球就是运用反手发球技术把球发至对方发球区内前发球线附近,击球时球拍由后向前推送击球,使球运行的弧线最高点略高于网顶,球拍触球时,拍面呈切削式击球,使球落到对方场区的前发球线附近。

(6)反手发平球。反手发平球与发正手球的球路、角度、落点一样。发球时,球拍的挥动方向也与反手发网前球一样,只是在击球的一刹那,手腕有弹性的击球,拍面与地面的角度接近垂直,将球击到双打后发球线以内的区域。

3. 接发球技术

接发球技术是一项被动技术,受发球方的牵制,因此只有做好了充分准备才能接好来球,如果判断准确、启动快、还击及时,就能在对方发球质量稍差时,杀、扑得分或取得主动,从而达到后发制人的目的。

接发球站位有单打和双打之分,两者站位有所不同:

(1)单打站位一般是在离发球线 1.5 m 处。站在右发球区靠近中线的位置,在左发球区则站在中间的位置,这样站的目的主要是防备对方直接进攻反手部位。一般左脚在前,右脚在后,双脚微曲,收腹含胸,身体重心放在前脚上,后脚脚跟稍抬起,身体半侧向球网,球拍举在身前,双眼注视对方。

(2)双打站位由于双打发球区比单打发球区短 0.76 m,接发球时要站在靠近前发球线的地方。双打接发球准备姿势和单打姿势基本相同,只是身体前倾较大,身体重心可前可后,球拍举得高些,在球飞行到网上最高点时击球,争取主动。

4. 击球技术

羽毛球击球技术方法包括击高球、吊球、杀球、放网、搓球、挑球、推球、扑球、勾球、拨球、抽球、挡网及封网等,每一种技术又可分为正手或反手击球法。依据战术球路的需要,又可击出直线和斜线球来。

(二)基本步法

羽毛球步法是一项很重要的基本技术,它和手法相辅相成,取长补短,不可分割。没有正确的步法,必然会影响各种击球技术的完成。而在比赛中如没有快速、准确的到位步法,手法就会失去其尖锐性与威胁性,所以学习和掌握熟练的、快速而准确的步法是打好羽毛球、提高运动水平的重要环节。

根据场上移动的方向和场区的位置,通常将羽毛球步法分为上网步法、后场步法、中场步法。根据动作的结构,羽毛球步法在实践中由以下一些基本步法组成:跨步、垫步、蹬步、并步、交叉步、蹬跳步。

(1)跨步:指向击球点迈出较大步幅的移动方法。通常在上网步法的最后一步时使用。

(2)垫步:在移动到最后一步,与击球点尚有较短的一段距离时,用另一脚再加一小步的移动方法。这一种步法比较轻捷、灵巧,不但能使移动的步数比较经济,而且还能保持移动中身体重心的稳定,有利于协助击球动作的完成。

(3)蹬步：以一脚为轴，另一脚作向后或向前蹬转步。

(4)并步：离击球点方向远侧的一个脚，向前一个脚垫一小步，同时前脚在其尚未落地时，又马上向前跨出的一种移动方法。这种步法较多地运用在上网、接杀球和正手后退突击扣杀时。

(5)交叉步：侧对击球点方向，两脚采用前、后交叉的移动方法。这种步法的步幅较大，移动中身体重心比较稳定。

(6)蹬跳步：在移动到最后一步时，采用单脚或双脚起跳击球的一种移动方法。

三、羽毛球基本战术

羽毛球战术是指运动员在比赛中为表现出高超的竞技水平和战胜对手，而采取的计谋和行动。在羽毛球比赛中，双方都想要控制对手，力争主动。以己之长，克彼之短；抑彼之长，避己之短，控制与反控制的竞争是十分激烈的。能够根据不同对手的特点，采取相应变化的技术手段战而胜之，这便是战术的意义。

(一)单打战术

1.发球抢攻战术

发球不受对方干扰，发球者可以根据规则，随心所欲地以任何方式将球发到对方接球区的任意一点。善于利用多变的发球术，能先发制人，取得主动。以发平快球和网前球配合，争取创造第三拍的主动进攻机会，组成了发球抢攻战术。

(1)攻后场战术。攻后场战术要求把球发到对方场地的端线或两底脚处，给对方后退进攻击球制造难度，然后寻找机会进攻。此战术用来对付初学者，后场还击能力差、后退步法较慢者以及急于上网的对手是很有效的。

(2)攻前场战术。攻前场战术要求先发制人，以快速、凶狠、凌厉的特点进攻，从速度、力量压制对方，速战速决。这种战术对付个头高、步法移动慢、网前出手慢、接下手球吃力的选手较为有效。

2.拉、吊结合杀球战术

拉、吊结合杀球战术是把球准确地打到对方场区的四个角上，使对方每次击球都要在场上来回奔跑。先在后场以轻杀、点杀、劈杀配合吊球把球下压，落点要选择在场地两边，使对方被动回球。对方还击网前球时，迅速上网以贴网的搓球或勾对角或快速平推创造半场扣杀机会。使用这种战术时，对不同特点的对手要采用不同的拉、吊方法。对后退步法慢的可以多打前、后场；对盲目跑动满场飞的可使用重复球和假动作；对灵活性差的应多打对角线，尽量使对方多转身；对后场反手差的可通过拉开后攻反手；对体力不好的可用多拍拉、吊来消耗其体力，然后战胜对方。

3.防守反攻战术

防守反攻战术是对付那种盲目进攻而体力又差的对手。比赛开始，先以高球诱使对方进攻，在对方只顾进攻而疏于防守时，即可突击进攻，或者在对方体力下降、速度减慢时再发动进攻。

4.打四点球突击战术

以快速的平高球、吊球准确地打到对方场区的四个角落，迫使对方前后左右奔跑，当对方来不及回中心位置或失去重心时，抓住空当和弱点进行突击。

(二)双打战术

双打从发球开始就形成短兵相接的局面，由于进攻和防守都加强了，这就更加要求运动员技术全面，能攻善守，反应灵敏。特别是对发球、接发球、平抽、挡、封网、扑、连续扣杀、接杀挑高球及防守反击等诸多技术要求更高。两名队员配合默契，相互信任，打法上攻守衔接及站位轮转协调一致，是打好双打的关键。

1. 攻人战术

攻人战术是双打中常用的一种战术，是以人为攻击目标。对付两名技术水平高低不一的对手时，一般都采用这种战术。对付两名实力相当的对手时也可采用这一战术。用几种攻势于对方一名队员，常能起到“集中优势兵力打歼灭战”的作用；如另一队员过来协助时，又会暴露出空档，可在其仓促接应、立足不稳时偷袭他。

2. 攻中路战术

攻中路战术是把球打在防守方两人的中间。这种战术可以造成守方两人同时抢接球或同时让球，彼此难于协调；限制对手在接杀球时挑大角度高球；有利于攻方的封网，由于打对方中路，对方回球的角度也小，网前队员封网的难度就小了。

3. 攻直线战术

攻直线战术即杀球路线和落点均为直线，没有固定的目标和对象，只依靠杀球的力量和落点来取得得分效果。当对方的来球靠边线时，攻球的落点在边线上；当对方的来球在中间区时，就朝中路进攻。这个战术在使用上较易记住和贯彻。杀近线球虽然难度高一些，但效果不错，便于网前同伴的封网。

4. 攻后场战术

攻后场战术常用来对付后场扣杀能力较差的对手，把对方弱者调动到后场后也可以使用。此战术多采用平高球、平推球、挑底线把对方一人紧逼在底线，使其在底线两角移动击球，在其还击出半场高球或网前高球时即可大力扣杀，取得该球的胜利或主动。

5. 后攻前封战术

后攻前封战术，是后场队员积极大力扣杀创造机会，在对方接杀放网、挑高球或企图反击抽球时，前场队员以扑、搓、勾、推控制网前，或拦截吊、点封住前半场，使整个进攻连贯而又有节奏变化，使对方防不胜防。

6. 守中反攻战术

防守时，对方攻直线球，己方挑对角平高球；对方攻对角球，己方挑直线平高球，以达到调动对方移动的目的。

四、羽毛球竞赛规则简介

(一)羽毛球比赛用球

(1)应由 16 根羽毛固定在球托上。

(2)每根羽毛从球托面至羽毛尖的长度，统一为 62～70 mm。

(3)羽毛顶端围成圆形，直径为 58～68 mm。

(4)羽毛应用线或其他适宜材料扎牢。

(5)球托底部为球形,直径为 25～28 mm。

(6)球重 4.74～5.50 g。

(二)羽毛球场地标准尺寸(图 12－5－3)

(1)羽毛球场地是一个长方形,用宽 40 mm 的线画出。

(2)场地线的颜色最好是白色、黄色或其他容易辨别的颜色。

(3)所有的线都是它所界定区域的组成部分。

(4)从球场地面起,网柱高 1.55 m。

(5)网柱必须稳固地同地面垂直,并使球网保持紧拉状态。

(6)网柱应放置在双打边线上。

(7)羽毛球球网应由深色优质的细绳编织成,网孔为均匀分布的方形,边长 15～20 mm。

(8)羽毛球球网上下宽 760 mm。

(9)绳索或钢丝须有足够的长度和强度,能牢固地拉紧并与网柱顶部取平。

(10)场地中央网高 1.524 m,双打边线处网高 1.55 m。

(11)球网的两端必须与网柱系紧,它们之间不应有空隙。

(12)长 13.40 m,双打宽 6.10 m,单打宽 5.18 m。

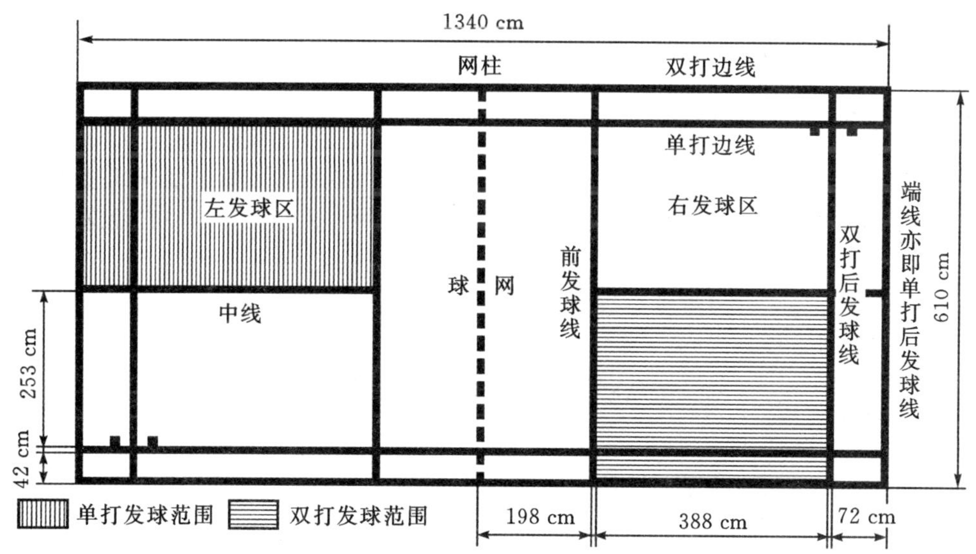

图 12－5－3

(三)羽毛球比赛规则定义

(1)运动员:参加羽毛球比赛的人。

(2)一场比赛:双方各一名或两名运动员是决定胜负的最基本的单位。

(3)单打:双方各一名运动员进行的一场比赛。

(4)双打:双方各两名运动员进行的一场比赛。

(5)发球方:有发球权的一方。

(6)接发球方:发球的对方。

(四)羽毛球比赛规则计分

(1)21 分制,三局两胜。

(2)每球得分制。

(3)每回合中,取胜的一方加 1 分。

(4)当双方均为 20 分时,领先对方 2 分的一方赢得该局比赛。

(5)当双方均为 29 分时,先取得 30 分的一方赢得该局比赛。

(6)一局比赛的获胜方在下一局率先发球。

(五)羽毛球团体赛规则

按照苏迪曼杯的规则是男单、女单、男双、女双、混双。顺序可以双方协议定,但是选手不能兼项,就是不能一人参加两项。每项都是三局两胜,每局 21 分,五场三胜制。

(六)赛间休息与换边规则

(1)在一局比赛中,当领先的一方达到 11 分时,双方有 60 s 休息时间。

(2)在两局比赛间,双方有 2 min 的休息时间。

(3)在决胜局的中,当领先的一方达到 11 分时,双方交换场地。

(七)羽毛球比赛单打规则

(1)发球员的分数为 0 或双数时,双方运动员均应在各自的右发球区发球或接发球。

(2)发球员的分数为单数时,双方运动员均应在各自的左发球区发球或接发球。

(3)如“再赛”,发球员应以该局双方总得分数来确定站位。若总分为单数,双方运动员均应在各自的左发球区发球或接发球;若总分为双数,双方运动员均应在各自的右发球区发球或接发球。

(4)球发出后,双方运动员击球就不再受发球区的限制,运动员的站位也可以在自己这方场区的界内或界外。

(八)羽毛球比赛双打规则

(1)一局比赛开始,应从右发球区开始发球。

(2)只有接发球员才能接发球,如果他的同伴接球或被球触及,发球方得 1 分。

①在发球方得分为 0 或双数时,应该由发球方站在右侧的运动员发球,接发球方站在右侧的运动员接发球;发球方得分为单数时,则应站在左发球区的运动员发球或接发球。

②每局开始首先接发球的运动员,在该局本方得分为 0 或双数时,都必须在右发球区接发球或发球;得分为单数时,则应在左发球区接发球或发球。

③发球方的非发球运动员和接发球方的非接发球运动员站在另一发球区内。

(3)任何一局的接发球方得 1 分时,接着由接发球方运动员之一发球,如此交换发球权。注意,交换发球权时双方 4 位运动员都不需要变换站位。

(4)运动员不得有发球错误和接发球的错误，或在同一局比赛中有两次发球。

(5)一局胜方的任一运动员可在下一局先发球，负方中任一运动员可先接发球。

(6)球发出后，双方运动员击球就不再受发球区的限制，运动员的站位也可以在自己这方场区的界内或界外。

(九)合法发球

(1)一旦发球员和接发球员作好准备，任何一方都不得延误发球。发球时发球员球拍的拍头做完后摆，任何迟滞都是延误发球。

(2)发球员和接发球员应站在斜对角的发球区内，脚不得触及发球区和接发球区的界线。

(3)从发球开始至发球结束前，发球员和接发球员的两脚，都必须有一部分与场地的地面接触，不得移动。

(4)发球员的球拍，应首先击中球托。

(5)发球员的球拍击中球的瞬间，整个球应低于发球员的腰部。

(6)发球员的球拍击中球的瞬间，球拍杆应指向下方。

(7)发球开始后，发球员必须连续向前挥拍，直至将球发出。

(8)发出的球向上飞行过网，如果未被拦截，球应落在规定的接发球区内(即落在线上或界内)。

(9)发球员发球时，应击中球。

(十)违例

1.发球违例

(1)未将球发在相应的区域内。

(2)球挂在网上或停在网顶。

(3)球过网后挂在网上。

(4)双打时，接发球员的同伴接到球或被球触及。

2.比赛进行中违例

(1)球落在场地界线外。

(2)球从网孔或网下穿过。

(3)球未从网上方越过。

(4)球触及天花板或四周墙壁。

(5)球触及运动员的身体或衣服。

(6)球触及场地外其他物体或人。

(7)球被击时停滞在球拍上，紧接着被拖带抛出。

(8)球在一个回合中被同一方队员多次击中。

(9)运动员的球拍、身体或衣服，触及球网或球网的支撑物。

(10)过网击球(击球时，球拍与球的最初接触点在击球者网这一方，而后球拍随球过网的情况除外)。

(十一)重发球

由裁判员宣判“重发球”，用于中断比赛。

(1)遇不能预见或意外的情况。

(2)除发球外,球过网后挂在网上或停在网顶。

(3)发球时,发球员和接发球员同时违例。

(4)发球员在接发球员未做好准备时发球。

(5)比赛进行中,球托与球的其他部分完全分离。

(6)司线员未看清,裁判员也不能作出决定时。

(7)“重发球”时,最后一次发球无效,原发球员重新发球,发球区错误除外。

五、羽毛球运动与健身

(一)对心理健康的影响

羽毛球运动因其竞争性、对抗性、大强度等诸多因素,要求运动员能够揣摩对方的战术意图,对各种战机灵活把握,对自己运用的战术灵活选择等。因此,经常进行羽毛球运动,可以使人思维敏捷,对培养学生的意志品质、坚定信念,具有显著作用。羽毛球运动由于比赛的紧张,竞争的激烈,对学生的心理素质能够得到很好的锻炼。在竞争中,强化进取精神,使人的智、勇、技在竞争对抗中得以升华,使人临危不乱,泰然处之,以良好的心态、正确的人生观面对荣辱、得失。

(二)独特地娱乐性

羽毛球作为一种娱乐活动,参与者在球的对击过程中,通过不停的奔跑和身体的移动变化,努力地去把球击到对方的场地。每当击球者在击出一个好球或赢得一个球时都能使自己兴奋并得到一种成功的喜悦。同时,球的飞翔有快慢、轻重、高低、远近、狠巧、飘转等变化,使这种运动本身充满了丰富的乐趣。

(三)健身性

由于羽毛球动作技术中上肢动作多,特别是经常伸展扩胸,因而使呼吸肌力量增强,胸廓扩大,有利于肺组织的生长发育和肺的扩张,使肺活量增加,肺通气量增加。因此,羽毛球运动是一种有氧代谢运动,长期锻炼可以提高机体利用氧的能力,从而提高练习者的耐力素质。青少年参加羽毛球运动,可以刺激骨组织的生长,增长身高,提高关节的稳定性,增加关节的运动幅度和灵活性,增加肌肉定量和肌肉弹性,从而有效的促进身体的生长发育,塑造良好的体型。

(四)培养意志力、陶冶情操

羽毛球运动具有竞争性、对抗性、大强度等诸多因素的要求,使意志品质在该项运动中占有重要的地位。羽毛球比赛在大强度对抗下运动员会出现“极点”感觉自己再也坚持不下去了。这时就看谁能再坚持一下,胜利往往存在于再坚持一下之中,此时就要靠顽强的意志品质和坚定的信念。运动员经此磨练,既增长了智慧又陶冶了情操,不仅能在羽毛球活动中应付自如,而且能以良好的心态,正确的人生观,去面对学业、事业、工作、家庭等。

第十三章

操舞类运动

第一节　第九套广播体操

一、第九套广播体操基本动作

预备节：原地踏步(2×8 拍)。第一节：伸展运动(4×8 拍)。第二节：扩胸运动(4×8 拍)。第三节：踢腿运动(4×8 拍)。第四节：体侧运动(4×8 拍)。第五节：体转运动(4×8 拍)。第六节：全身运动(4×8 拍)。第七节：跳跃运动(4×8 拍)。第八节：整理运动(2×8 拍)。

二、第九套广播体操全套动作

1. 预备节：原地踏步(2×8 拍)

预备姿势，两脚立正，手臂垂直于体侧，抬头挺胸，眼看前方。口令至原地踏步时，半握拳。

第一拍，左脚向下踏步，右脚抬起，膝盖向前，脚尖离地 10～15 cm，同时，左臂前摆至身体中线，右臂后摆，第二拍与第一拍动作相同，方向相反。

2. 第一节：伸展运动(4×8 拍)

第一拍，左脚向左侧一步，与肩同宽，同时两臂侧平举，掌心向下，头向左转 90°。

第二拍，右脚并于左脚，两腿微屈成半蹲，同时含胸，两臂屈肘竖于胸前，两手握拳，拳心相对，低头 45°。

第三拍，两腿伸直，同时两臂侧上举，拳心相对，抬头 45°。

第四拍，两臂经体侧(掌心向下)向下还原成站立姿势。

5～8 与 1～4，动作相同，方向相反(出右脚，头向右转)。第二至第四个八拍动作同第一个八拍。

作用：加入头部的左右转，对长期伏案工作学习的锻炼者可以有效地改善头部血液循环、减轻颈椎疾病的症状。

3. 第二节：扩胸运动(4×8 拍)

第一拍，左脚向前一步成前弓步，同时两手握拳，两臂经前举至侧举向后扩胸一次，拳眼向上。

第二拍，两脚以前脚掌为轴向右转体 90°成分腿直立，同时两臂经交叉前举(左臂在上，拳心向下)屈臂向后扩胸一次。

第三拍,两脚以前脚掌为轴向左转体 90°成前弓步,同时两臂经交叉前举(左臂在上,拳眼向上)至侧举向后扩胸一次。

第四拍,收左脚还原成站立姿势。

5～8 与 1～4,动作相同,方向相反。第二至第四个八拍同第一个八拍。

作用:双臂向后扩胸、挺胸动作,锻炼背部肌肉、加强背部的力量。

4. 第三节:踢腿运动(4×8 拍)

第一拍,左腿侧踢 45°,同时两臂侧平举,掌心向下。

第二拍,左腿并于右腿,屈膝半蹲,同时两臂至体侧,掌心向内。

第三拍,左腿向后踢,脚尖离地 10～20 cm,同时两臂经前摆至侧平举,掌心相对,抬头 45°。

第四拍,两臂经前至体侧,还原成站立姿势。

5～8 与 1～4,动作相同,方向相反。第二至第四个八拍同第一个八拍。

作用:采用了侧踢和后踢,有利于腰部、臀部及腿后部肌肉群的锻炼,预防臀部下垂。

5. 第四节:体侧运动(4×8 拍)

第一拍,左脚向侧一步,比肩稍宽,同时左臂侧平举,右臂胸前平屈,掌心向下。

第二拍,上体向左侧屈 45°,同时左手叉腰,右臂由下经侧摆至上举,掌心向内。

第三拍,左脚并于右脚,屈膝半蹲,同时左臂伸直经侧摆至上举,掌心向内,右臂经侧还原至体侧。

第四拍,两腿伸直,同时左臂经侧向下还原至站立姿势。

5～8 与 1～4,动作相同,方向相反。第二至四个八拍同第一个八拍。

作用:锻炼身体两侧不常用到的腰肌。

6. 第五节:体转运动(4×8 拍)

第一拍,左脚向左侧一步,比肩稍宽,同时两臂侧平举,掌心向下。

第二拍,下体保持第一拍姿势,上体向左转 45°,同时两手胸前击掌两次。

第三拍,上体向右转 180°,同时两臂伸至侧上举,掌心向内。

第四拍,上体向左转 90°,左脚还原成立正姿势,同时,两臂经侧还原至体侧。

5～8 与 1～4,动作相同,方向相反。第二至第四个八拍同第一个八拍。

作用:增加了一个击掌动作,增强了广播体操的活力,激发了锻炼者的兴趣。

7. 第六节:全身运动(4×8 拍)

第一拍,左脚向左侧一步,比肩稍宽,同时两臂经侧摆至上举交叉,掌心向前,抬头,眼看手。

第二拍,上体前屈,同时两臂经侧摆至体前交叉,掌心向内,眼看手。

第三拍,左脚并于右脚成全蹲,同时两手扶膝(两肘向外,虎口向内,手指相对),低头 45°。

第四拍,还原成站立姿势。

5～8 与 1～4,动作相同,方向相反(出右脚做)。第二至第四个八拍同第一个八拍。

作用:全身各关节参与,幅度最大,体现出动作的动与静、高与低的结合,使全身得到了充分、全面的锻炼。

8. 第七节：跳跃运动(4×8 拍)

第一拍，跳成左脚成前弓步(前腿全脚着地、后腿前脚掌着地)，同时两手叉腰，虎口向上。

第二拍，跳成并腿站立(稍屈膝)。

第三拍，跳成右脚在前的前弓步。

第四拍，跳成并腿站立(稍屈膝)。

第五拍，跳成分腿站立(稍屈膝)，脚尖微微向外膝盖向脚尖方向缓冲，同时两臂侧平举，掌心向下。

第六拍，跳成并腿站立(稍屈膝)，同时两臂至体侧。

7～8 与 5～6，动作方向相同。第二至第四个八拍同第一个八拍。

作用：两次弓步跳、两次开合跳，强度增加，增强心肺功能。

9. 第八节：整理运动(2×8 拍)

第一至四拍，左脚开始做原地踏步，两臂前后摆动，第四拍成站立。

第五、六拍，左脚向左侧一步，与肩同宽，同时两臂经侧至侧平举，掌心相对，抬头 45°。

第八拍，收左脚，同时手臂经体侧还原成站立姿势。

第二个八拍同第一个八拍，但方向相反(换右脚开始做)。

三、广播体操与健身

广播体操是采用徒手的形式进行的身体活动，不受场地器材的限制，其动作可以刚劲有力，也可以柔和优美，是适合多种人群练习的体育健身项目。从第九套广播体操练习部位看，延续了以往广播体操全面锻炼身体的原则，预备节、伸展运动、扩胸运动、踢腿运动、体侧运动、体转运动、全身运动、跳跃运动、整理运动分别从远端到近端，从头颈、上肢、躯干、下肢到全身运动；动作方向有左、右、前、后；动作掺有力量、速度、柔韧、协调、灵活等变化因素。经常坚持广播体操练习，可使头颈、躯干和四肢灵活，动作变得有力、协调，练就良好身体姿态，对增强神经系统功能，促进血液循环，加速新陈代谢，消除工作疲劳，振奋精神等有积极的作用。

尽管广播体操不能与专项运动相比，但其参与运动的部位全面，有多种变化因素，具有健身的安全性和广泛的群众性，是其他专项运动不能相提并论的。

第二节　健美操

一、健美操概述

(一)健美操概念

健美操是在音乐伴奏下，以身体练习为基本手段，以有氧运动为基础，以健、力、美为特征，融体操、音乐、舞蹈于一体，达到增进健康、塑造形体和娱乐目的的一项体育运动。

健美操起源于传统的有氧健身运动，是有氧运动的一种，它通常采用徒手或轻器械进行练习，是在有氧供应充足的情况下，以人体有氧系统提供能量的一种运动形式，其运动特征是持续一定时间的、中低强度的全身性运动，主要锻炼练习者的心肺功能，是有氧耐力素质的基础。

健美操的特征是音乐伴奏、有氧运动、操化动作和节奏鲜明。

(二)健美操分类

1. 健身性健美操

健身性健美操按练习形式分可分为徒手健美操、器械健美操和特殊场地健美操三大类。

健身性健美操练习的主要目的是锻炼身体、增强体质、保持健康。它可以提高心肺功能，改善身体有氧代谢能力，塑造美好身材，培养良好气质形象，保持肌肉外形，防止肌肉退化等。

2. 竞技性健美操

竞技性健美操是在健身性健美操的基础上发展起来的，其主要目的是“竞技比赛”，属于高水平竞技范畴。竞技性健美操以成套动作作为形式，在成套动作中必须展示连续的动作组合、柔韧性、力量与七种基本步伐的综合使用并结合难度动作的完美完成。动作设计上严格避免重复动作和对称性动作。

3. 表演性健美操

表演性健美操的主要练习目的是“表演”，是事先编排好的、专为表演而设计的成套健美操，时间一般为 2～5 min。表演性健美操的动作较健身性健美操动作复杂，音乐速度可快可慢，动作较少重复，也不一定是对称性的，参与人数不限，并可在成套动作中加入队形变化和集体配合的动作。表演者可以利用轻器械，还可以采用一些风格化的舞蹈动作，以达到烘托气氛、感染观众、增加表演效果的目的。

(三)健美操运动的功能

1. 对内脏器官的功能

长期坚持锻炼，可以使心肌增厚，心脏容量增大，血管弹性增强，进而提高心脏的功能，使心搏有力，心输出量增加，改善自身循环，从而提高全身供养能力。

经常从事健身操锻炼，能使呼吸强壮有力，吸气时胸廓充分扩展，使更多的肺泡张开而吸入更多氧气；呼气时胸廓尽量压缩，排出更多的二氧化碳。

经常从事健美操锻炼，还可提高消化系统的机能，改善肾脏的血液供应，提高肾脏排除代谢废物的能力，从而提高人体对疾病的防御能力及抵抗能力。

2. 对肌肉、骨骼系统的功能

经常从事健美操锻炼，可提高关节灵活性，增强肌肉和结缔组织的弹性；改善骨骼的血液循环及代谢，使骨外层的密质增厚，骨质更加坚固，从而提高了抗折断、弯曲、压拉、扭转的能力；还可加强关节的韧性，提高关节的弹性和灵活性。

3. 对塑形健美的功能

健美操的独到之处，是它可以对身体比例的均衡产生积极的影响，特别是能增加胸背肌肉的体积，消除腰腹部沉积的多余脂肪，使体态变得丰满、线条优美、秀丽动人。此外，通过经常性正确的形体训练，能矫正不正确的身体姿势，培养正确端庄的体态，使锻炼者的形体和举止风度都发生良好的变化。

4. 对心理状态的调节功能

健美操作为一项体育运动，动作优美、协调，能全面锻炼身体，同时有节奏强烈的音乐伴奏，是缓解精神压力的一剂良药。在轻松优美的健美操锻炼中，练习者的注意力从烦恼的事情上转移开，忘掉失意与压抑，尽情享受健美操运动带来的欢乐，获得愉快的情绪。

5.对神经系统的功能

健美操是在中枢神经系统的支配调节下进行的，反过来，通过健美操锻炼也能提高中枢神经系统的机能水平，使人的视野开阔，感觉敏锐，分析综合能力增强，生命力旺盛。

二、健美操基本动作

（一）基本手型

健美操基本手型是从芭蕾舞、现代舞、迪士科、爵士舞中吸收和发展而来的，常用的手型有并掌、开掌、立掌、花掌、拳和指。

（二）基本步法

基本步法是健美操动作中最小的单元，是健美操练习的一个重要部分，通过基本步法的练习，能培养练习者的协调性、韵律感。

健美操基本步法根据人体运动时对地面的冲击力大小分为低冲击力步法、高冲击力步法和无冲击力步法三大类。

1.低冲击力步法

（1）踏步类。

动作描述：此类动作两脚依次抬起，在下落时膝、踝关节有弹性地缓冲。

动作变化：踏步、走步、一字步、V字步、曼步。

（2）点地类。

动作描述：此类动作两腿有弹性地伸屈，点地时，主力腿稍屈，另一腿伸直（脚尖或脚跟点地）。

动作变化：脚尖前点地、脚尖后点地、脚尖侧点地、脚跟前点地。

（3）迈步类。

动作描述：此类动作是指一脚先迈出一步，同时移动身体重心，另一脚点地、并步或抬起的动作。

动作变化：并步、迈步点地、迈步屈腿、迈步吸腿、侧交叉步、迈步弹踢。

（4）单脚抬起类。

动作描述：此类动作支撑腿有控制地稍屈膝弹动，另一腿以各种形式抬起，同时收腹、立腰。

动作变化：吸腿、踢腿、弹踢、后屈腿。

2.高冲击力步法

（1）迈步跳起类。

动作描述：此类动作是指一脚迈出，重心移动，跳起，单脚或双脚落地。

动作变化：并步跳、迈步吸腿跳、迈步后屈腿跳。

（2）双脚起跳类。

动作描述：此类动作是指双脚起跳、双脚落地的动作。

动作变化：并腿纵跳、分腿半蹲跳、开合跳、并腿滑雪跳、弓步跳。

（3）单腿起跳类。

动作描述：此类动作是指先抬起一腿、另一腿跳起的动作。

动作变化：吸腿跳、后屈腿跳、弹踢腿跳、摆腿跳。

(4)后踢腿跑类。

动作描述：此类动作是指两腿依次蹬地离开地面，轻快跑跳。

动作变化：后踢腿跑、侧并小跳(小马跳)。

3. 无冲击力步法

动作描述：此类动作是指两腿始终接触地面的动作。

动作变化：弹动、半蹲、弓步、提踵。

(三)手臂动作

健美操手臂动作是由举、屈伸、摆、绕、绕环等动作组成的，正确、规范的手臂姿势对整个身体姿态的完美及动作的艺术风格起着重要的作用。健美操手臂动作主要包括前举、前上举、前下举、侧举、侧上举、侧下举、上举、下举、后下举、胸前屈、胸前平屈、肩上屈、肩下屈、头后屈、单臂绕和双臂绕。

三、健美操与健身

(一)姿态练习

所谓姿态，是指一个人在静止或活动过程中所表现的身体姿态，突出反映了一个人的气质和风度。基本姿态训练有以下内容：

1. 站立姿态训练

站立姿态是健美操最简单也是最基本的动作姿态，它是所有专项动作的基础。健美操站立姿态的要求是：躯干挺拔、抬头挺胸、沉肩、控制躯干的稳定性、臀部内收上提、下肢并拢且肌肉收紧，表现出气宇轩昂、富有朝气的良好气质和形态。它的练习方法分为以下几个部分：

(1)颈部练习。颈部自然挺直，下颌微收，眼睛平视前方，头部保持正直。

(2)肩部练习。将两肩垂直向上耸起，直到两肩有酸痛感后再把两肩用力下垂，反复练习。

(3)臀部练习。两脚并拢站立，躯干保持直立。脚掌用力下压，臀部和大腿肌肉用力收紧，并略微向上提髋。

(4)腹部练习。在收紧臀部的同时，使腹部尽量用力向内收紧，并用力向上提气，促使身体向上挺拔，坚持片刻，然后放松。

(5)背靠墙站立练习。两脚并拢，头、肩胛骨和臀部贴紧墙壁，足跟离墙 3 cm 左右。注意用胸式呼吸，在提气中做此动作。做此练习时，双腿夹紧，收腹挺胸，立腰立背，紧臀，肩胛骨下旋，同时双肩下沉，下颌略回收，头向上顶，背部呈一平面。

2. 上肢姿态训练

上肢姿态主要是手臂的表现力，通过手臂的线条、手臂力度的变化以及手臂由静到动的节奏形式体现。在训练中应强调上肢动作的力度、幅度和控制能力，让运动员体会正确的上臂肌肉感觉，动作发力方法和发力顺序。

手臂练习的基本位置包括前、后、上、下侧等，主要分为以下几个部分：

(1)两臂前举练习。两臂由下举向前绕至前举，两臂间距与肩同宽，五指并拢或分开，掌心相对或向上、向下、握拳等。

(2)两臂上举练习。两臂经前绕至上举,双臂间距与肩同宽。

(3)两臂侧举练习。两臂经侧绕至侧举,与地面平行,掌心向上或向下。

(4)两臂后举练习。两臂经前向后绕至后下举,手臂尽量向后,臂距与肩同宽。

(5)两臂前下举练习。两臂经前绕至与前举夹角为45°的位置。

(6)两臂胸前平屈练习。两臂屈肘至胸前,大小臂都与地面平行,前臂平行于额状轴,且距胸10 cm左右。

(二)动作力度练习

动作力度,是运动员在完成动作的过程中,肌肉快速用力和动作变化的速度以及动作熟练程度的外在表现,它是运动员长期从事健美操运动而形成的一种特殊的专门化的运动知觉。力度感是保证运动技术质量的关键内容之一,健美操要求动作刚劲有力,积极快速,力度感强。无论上肢、下肢动作,都要求有明显的“制动”表现,以充分表现动作力度。

运动员需要通过反复多次且有效的练习和亲身体验,尽可能早地把注意力集中在运动感觉上,而不是视觉、听觉上,这样才能建立起准确的力度感。具体的训练方法有:

(1)语言刺激法:在做动作的过程中,教师通过“用力”“控制”“制动”等语言的强化给练习者以刺激,使神经系统和肌肉运动系统协调一致。

(2)对抗练习法:一人练习,另一位练习者使其两臂受阻或动作减慢,使练习者感受肌肉对抗的感觉。

(3)负重练习法:练习者持适宜重量的哑铃在规定的时间内完成一定次数的屈、伸、举、绕环等动作,并依此类推到其他动作中,进而提高肌肉运动的感觉。

(三)拉伸练习

拉伸运动分为主动拉伸和被动拉伸。主动拉伸就是指主要依靠收缩肌肉的力量,而不是其他外力使动作保持在某一个特定的位置上,好处是可以增加动作的柔韧性和收缩肌肉的力量。被动拉伸就是指利用自身的体重或者是器械使肢体保持一定的伸展位置。例如,将腿举起,然后在手的帮助下保持一定的姿势,或者是放在台阶上保持一定的姿势。被动性拉伸是一种缓慢的、放松性的拉伸,是一种运动结束后的放松方法。

(四)基本动作练习方法

基本动作是由基本步法和上肢动作两部分组成的,其中基本步法是组成动作中最小的单位,在不熟悉脚步动作时,双手插腰,先练习脚下步法,熟练之后,再练习组合动作,配合简单的手臂动作和音乐节奏,用于日常锻炼身体的需要。

第三节　体育舞蹈

体育舞蹈,又称“国际标准舞”,它由社交舞转化而来,是融体育、音乐、艺术为一体,以身体运动的舞蹈化为基本内容,以双人配合为主要运动形式的娱乐型体育运动项目。在高校开设体育舞蹈健身课程,对于提高大学生文化的品位和交际能力、丰富文化生活、增进身心健康、培养高雅气质、陶冶情操等方面都具有较高的价值和意义。

一、体育舞蹈概述

(一)体育舞蹈的发展过程

体育舞蹈源于欧美传统的宫廷舞、交际舞和各种民间土风舞,后经不断地发展演变及体育舞蹈权威人士的统一整理规划而日益成熟完善,逐渐形成现在的体育舞蹈。体育舞蹈融艺术、体育、音乐和舞蹈于一体,被人们誉为“健”与“美”相结合的典范。它作为一种艺术形式的体育运动,不仅具有独特的竞技观赏性,同时还具有强烈的艺术感染力。

14—15 世纪,交谊舞在意大利出现,16 世纪末传入法国。1768 年,法国巴黎出现了世界第一家交谊舞厅,由此开始,交谊舞流行至欧美各国,成为一种普遍的社交方式。后来经过不断的提炼、加工,吸取各种舞蹈的成果和精华,甚至借鉴体操技巧和花样划水的一些动作,逐渐发展形成了当今流行的交谊舞。

经历一百多年的发展,“社交舞”从“社交”发展为“竞技”,将单一的舞种发展为摩登舞和拉丁舞两大体系中的十个舞种。英国在 1940 年成立了“英国皇家舞蹈教师协会”,皇家舞蹈教师协会对原“舞种”“舞步”“舞姿”等进行规范整理,制定了有关舞蹈理论、技巧、音乐、服饰等竞技的标准,公布为“国际标准交谊舞舞厅舞”(简称“国标舞”),为世界各国所遵循。英国的黑池甚至成了“国标舞”的比赛圣地。

1959 年,国际交谊舞理事会制定了规则。1960 年,拉丁舞正式成为世界锦标赛比赛项目。1964 年,国际标准舞又增加新的表演和项目——团体舞,从此,国际标准舞发展为三种形式的舞蹈,为标准舞、拉丁舞、团体舞。目前,世界各国将国际标准舞称为“体育舞蹈”。“国际舞蹈运动总会”于 1997 年 9 月 4 日正式成为国际奥林匹克委员会会员,2000 年成为悉尼奥运会表演项目,2008 年成为奥运会正式比赛项目。

体育舞蹈在 1986 年传入我国。1989 年,中国舞蹈家协会正式成立了“中国国际标准舞总会”,后改名为“中国国际标准舞学会”,从 1987 年开始,我国每年至少举办一次全国性的体育舞蹈锦标赛。

(二)体育舞蹈特点

体育舞蹈是由属于文艺范畴的舞蹈演变而来的体育项目,它兼有文艺和体育的特点,是介于文艺和体育之间,以竞赛为目的,具有自娱性和表演观赏性的竞技舞蹈。具有以下三个特点:

1. 严格的规范性

规范性首先表现在体育舞蹈是一个完整的舞蹈系统,如同西方芭蕾舞一样,它是经过数百年历史的锤炼,几代人的加工而成的;其次表现在技术的规范性上,舞步动作严格到多一分嫌过,少一点欠火。

2. 表演观赏性

体育舞蹈融舞蹈、音乐、服装、体态美于一体,既有观赏的价值又有健身参与的可能,被认为是一种“真正的艺术”。

3. 体育性

体育性一方面体现在竞技性,即比赛成绩,拿冠军,为国争光;另一方面表现在锻炼价值上，从20世纪60年代至今，许多科研人员对体育舞蹈的生理和心理做过研究，通过对人体能量代谢、能量消耗和心率变化的测定，显示出：华尔兹和探戈的能量代谢为7.57，高于网球7.30，与羽毛球8.0相近；体育舞蹈的心率为女子每分钟197次，男子每分钟210次。可见，体育舞蹈引起人的生理变化是明显的，它是陶冶情操、锻炼体魄的一种极好形式。

(三)体育舞蹈的分类及特点

体育舞蹈按其对社会的作用分为两大类：大众体育舞蹈和竞技体育舞蹈。大众体育舞蹈又称为交谊舞或舞厅舞，包括时下流行时尚的舞种，竞技体育舞蹈根据其风格特点分为标准舞和拉丁舞两类。

1. 标准舞(摩登舞)

标准舞包括华尔兹舞、探戈舞、快步舞和维也纳华尔兹舞。

(1)华尔兹舞(Waltz)，又称“圆舞”。起源于德国，音乐节奏为3/4拍，音乐速度每分钟30～32小节，音乐的基本节奏为蓬(强)嚓(弱)嚓(弱)。该舞种特点为舞姿雍容华贵，高雅大方，舞步委婉流畅，周旋轻飘，起伏跌宕，具有“舞中之王”的美誉。华尔兹的基本技术主要有升降、摆荡、倾斜、反身等。

(2)探戈舞(Tango)，起源于阿根廷，后传入欧洲。音乐节奏为2/4拍，音乐速度每分钟30～34小节，音乐的基本节奏为慢、慢、快快、慢。该舞种特点为舞姿刚劲顿挫，潇洒奔放，舞步节奏爽快流畅，动静交织，无升降、摆荡。该舞站位要求细腻严谨，其脚法有全脚掌、脚内侧、前脚掌内测、脚跟、脚尖等；头部要求快速左右闪动，目光左右闪视，同时配合上身的转动，这也是该舞种的另一独特的特点。

(3)狐步舞(Slow Foxtrot)，起源于美国黑人舞蹈，音乐节奏为4/4拍，音乐速度每分钟28～30小节，音乐的基本节奏为慢、快快、慢。该舞种特点为舞姿平稳大方，温柔从容，舞步悠闲轻松，富有流动感，给人一种轻松愉悦的感觉，犹如与狐狸跑步般不慌不忙。其脚法几乎与华尔兹相同，上身随着升降而沿S形路线左右转动，下降过程中身体不做转动，上升过程开始转动，以此来保持身体的平衡。

(4)快步舞(Quick Step)，起源于美国，音乐节奏为4/4拍，音乐速度每分钟50～52小节，音乐的基本节奏为慢、慢、快快、慢。该舞种特点为舞姿轻松欢快，舞步跳跃转动，灵活动人，是一种欢快娱乐的舞蹈。快步舞在脚上及身体上融入了华尔兹、探戈和狐步的舞蹈精华所在，使其成为在节奏上富于魅力的舞蹈。

(5)维也纳华尔兹(Viennese Waltz)，起源于奥地利，音乐节奏为3/4拍，音乐速度每分钟50～60小节，音乐的基本节奏为蓬(强)嚓(弱)嚓(弱)。该舞种特点为舞姿华丽优雅，舞步不多，以不停旋转为主，动作舒展大方，连绵起伏、节奏鲜明、潇洒流畅，深受人们所喜爱。

2. 拉丁舞

拉丁舞可分为伦巴舞、恰恰舞、桑巴舞、牛仔舞和斗牛舞。

(1)伦巴舞(Rumba)，起源于古巴，音乐节奏为4/4拍，音乐速度每分钟27～31小节，音乐的基本节奏为蓬、嚓嚓、蓬嚓、蓬嚓。该舞种特点为舞姿柔媚动人，甜美含蓄，舞步涓涓柔美。伦巴是表现爱情的舞蹈，被誉为“拉丁舞之魂”。

(2)恰恰舞(Cha-cha-cha)，起源于墨西哥，音乐节奏为4/4拍，音乐速度每分钟32～34小节，音乐的基本节奏为嚓、蓬蓬嚓、嚓嚓蓬蓬嚓。该舞种特点为舞姿花哨利落，舞步欢快爽朗。

(3)桑巴舞(Samba),起源于巴西,由巴西的摇摆桑巴舞演变而来。音乐节奏 4/2 拍,音乐速度每分钟 48～56 小节,音乐的基本节奏为慢快慢、慢、快、慢。该舞种特点为舞姿活泼动人,甜美生动,舞步风吹摇曳。

(4)牛仔舞(Jive),起源于美国,音乐节奏为 4/4 拍,音乐速度每分钟 44 小节,音乐的基本节奏为每一拍一步。该舞种特点为舞姿豪放、开朗,舞步自由多变,节奏快捷。

(5)斗牛舞(Paso Doble),起源于西班牙,音乐节奏为 4/2 拍,音乐速度每分钟 60～62 小节,音乐的基本节奏为每一拍一步。该舞种特点为舞姿威猛激昂,刚劲有力,舞步坚定、悍厉。

二、体育舞蹈术语

(一)体育舞蹈基本名词

(1)舞场。舞场是整个舞蹈表演的所在区域。

国际标准舞的比赛是在室内平整光滑的长方形场地进行,场地长度为 23 m,宽度为15 m。舞者在场地沿逆时针方向前进,跳完 23 m 长度的 A 线,再转入 15 m 的 B 线,再依次转入 A 线和 B 线为一周(图 13－3－1)。

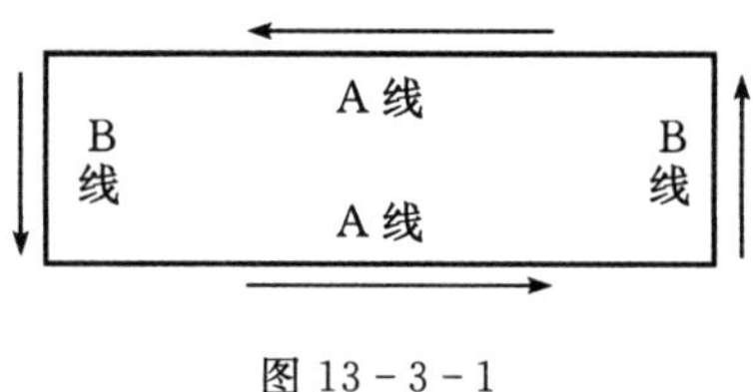

图 13－3－1

(2)舞程线。舞程线是指选手在跳舞时,为了更好地展现各种舞步,防止和避免在跳舞时彼此碰撞,规定选手必须按照逆时针方向前进、行步的一种路线。

(3)方位。方位指在一个舞步刚开始或结束时,双脚在舞池中所指的方向,并非身体所面对的方向。

在体育舞蹈路线中,规定了 8 条线,指向 8 个方位,8 条线则指示着舞蹈者每个舞步的行进方向(图 13－3－2)。其中 1 为面对舞程线;2 为面对斜墙壁;3 为面对墙壁;4 为面对斜中

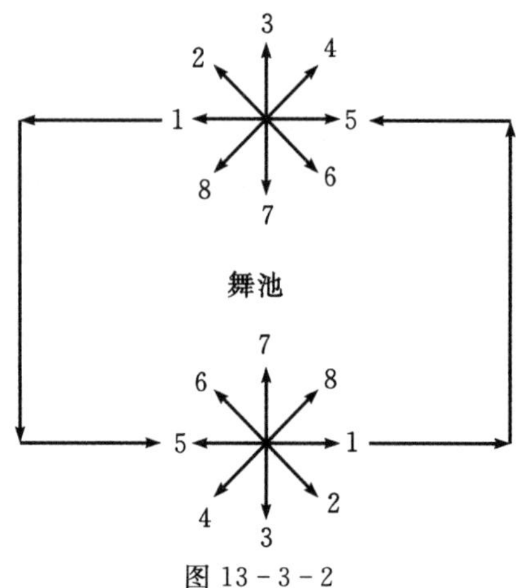

图 13－3－2

央;5 为背对舞程线;6 为背对斜墙壁;7 为面对中央;8 为面对斜中央。

(4)转度。转度指身体向左向右的旋转,旋转一周为 360°,1/8 周为 45°,1/4 周为 90°,3/8 周为 135°,1/2 周为 180°,5/8 周为 225°,3/4 周为 270°,7/8 周为 315°(图 13-3-3)。

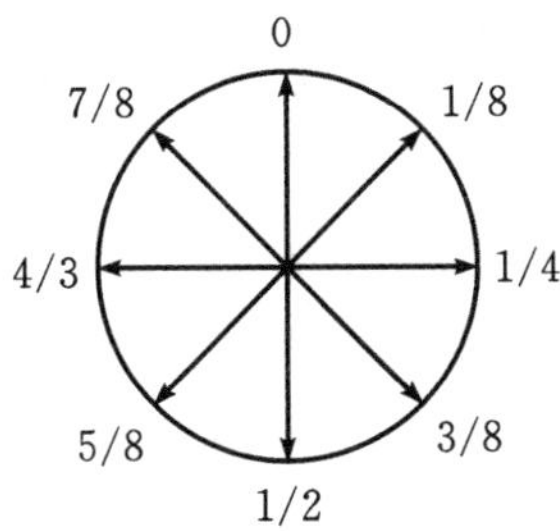

图 13-3-3

(5)节奏。节奏以一定规律的节拍反复出现,赋予音乐独有的特色。

(6)速度。这里指音乐的速度,即每一分钟内所演奏的小节总数。

(7)组合。两个或两个以上的步伐连接形成组合。

(8)套路。套路是由若干个组合串编成一套的完整的舞蹈。

(二)体育舞蹈舞姿

(1)基本舞姿:是指舞蹈者的姿态,是跳体育舞蹈时身体各部位规定的姿势。

(2)闭式舞姿:男女舞伴面对面,男士左手握住女士右手,右手放于女士左肩胛骨下方,女士左手将虎口放于男士右上臂三角肌中央,女士身体向男士右侧微偏,上体稍后倾。

(3)并进舞姿:又称“侧行舞姿”或“P. P 位舞姿”,两人的身体面向同一个方向,男士右侧与女士的左侧紧贴。

(4)外侧舞姿:又称反身位舞姿,是男士走在女士身旁跳舞的姿态,多用于探戈舞中。

并肩位:男女舞伴,男士左肩与女士右肩相并,或男士右肩与女士左肩相并成为并肩位。

影子位:男女舞伴,同时面对一个方向,重叠站立,女士多数在前。

(5)反身动作:一侧前进或后退时,异侧肩和胯位向后或前送,使身体与舞步形成反向配合的身体动作。

(6)反身动作位置:在身体不转动的情况下,一脚在身前或身后形成交叉,以保证俩人身体维持胯部贴位姿态的身体动作位置叫反身动作位置。常用于外侧舞伴姿态,侧行位置姿态的舞步中。

(7)摆荡动作:像钟摆一样的身体摆动动作。

(8)升降动作:是指身体重心的上下起伏。由足踝部上顶,足踵离地,膝盖上升,屈膝下降,保持优美姿态。基本规律是降—升—升。

(9)倾斜动作:是指身体的倾斜,身体向一侧拉长,但始终保持挺拔向上。

(三)体育舞蹈舞步

(1)基本舞步:构成一种特定舞蹈的基调舞步型。

(2)常步:也称为走步,可分为前进步和后退步。做前进步时,首先脚跟着地,过渡到前脚掌,后过渡到脚趾,身体重心过渡至前进腿上。做后退步时,首先脚尖着地,过渡到前脚掌、后过渡到脚跟,重心过渡至后退腿上。例如:华尔兹。

(3)横步:分为左、右横步两种。左横步,左脚向左侧迈步,右脚用前脚掌向左脚内侧靠拢,重心也由迈出的左脚移至靠拢的右腿上。右侧横步,与左侧横步方向相反。例如:伦巴。

(4)并步:分为前、后、侧三种。以前并步为例:左脚向前迈步,右脚前脚掌在左脚内侧点地,重心仍在左腿上。例如:快四。

(5)滑步:指在第二步双脚并拢的三步组成的舞步。

(6)踌躇步:前进暂时受阻的舞步,重心停留于一脚超过一拍。

(7)脚跟转:向后迈出的脚的脚跟转。在动作过程中并上的脚必须与主力脚平行,旋转结束时身体重心移动至并上的脚。

(8)脚跟轴转:不变重心的单脚跟旋转。

(9)锁步:两脚前后交叉的舞步。

(10)轴转:一脚脚掌的旋转,另一脚处于前或后的反身动作位置。

(11)开式转:第三步不并靠而是超越第二步的旋转。

(12)逗留步:身体运动或旋转受阻时的部分舞步,双脚几乎静止不动。

(13)准线:指的是双脚的位置或双脚所指的方向与房间的关系。

(14)平衡:舞蹈中身体重心的平均分配。

三、体育舞蹈舞种及跳法

(一)体育舞蹈基本舞步

1.华尔兹基本舞步

准备姿势:闭式舞姿。

(1)左足并换步,动作与足迹图(13-3-4)。

男士:左脚前进一步;右脚经左脚内侧横步(右脚落点稍前);左脚并于右脚,重心在左脚上。

女士:右脚后退一步;左脚经右脚内侧横步(稍后);右脚并于左脚,重心在右脚。

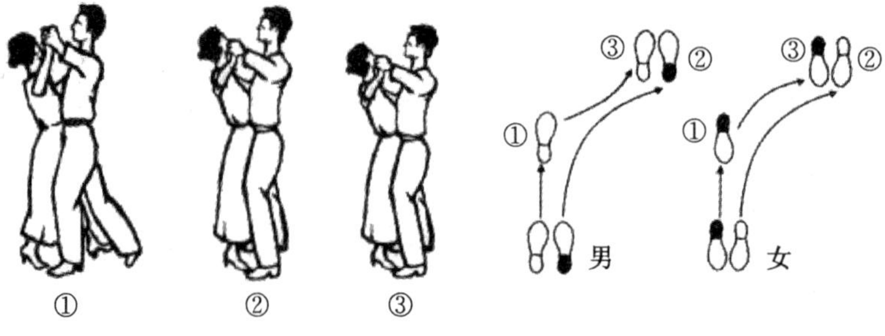

图 13-3-4

(2)右转体,动作与足迹见图 13-3-5。

男士:右脚前进一步;左脚经右脚内侧横步,并向右转体 90°;右脚并于左脚,继续向右转体 45°,重心落于右脚;左脚后退一步;右脚经左脚内侧横步,身体右转 135°;左脚并于右脚,重

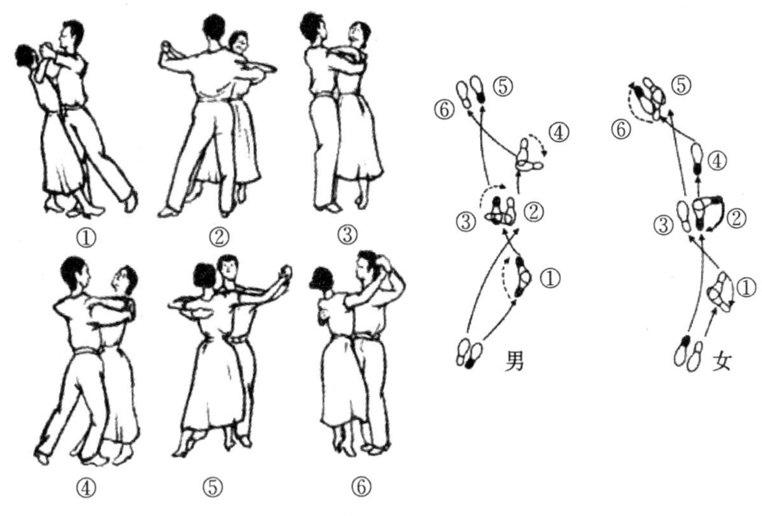

图 13-3-5

心落于左脚。

女士:左脚后退一步;右脚经左脚内侧横步,并向右侧转体 135°;左脚并于右脚,重心至左脚;右脚前进一步;左脚经右脚内侧横步,身体右转 90°;右脚并于左脚,继续右转 45°,重心落于右脚。

(3)右足并换步:动作同左足并换步,方向不同,男士右脚前进,女士左脚后退。动作与足迹见图 13-3-6。

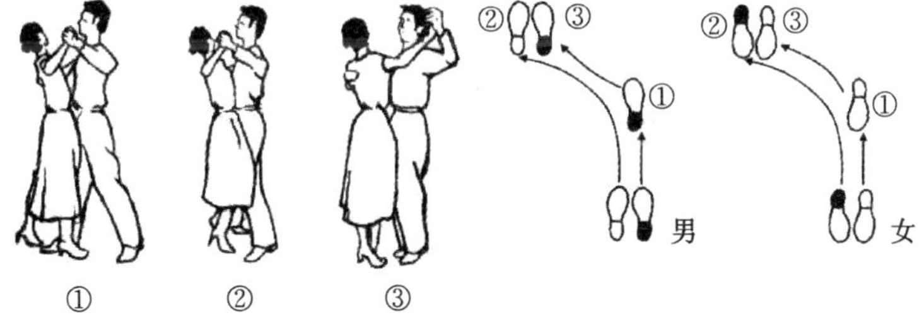

图 13-3-6

(4)左转体:动作与右转体相同,方向不同,男士左脚前进并向左转体,女士右脚后退并向左转体。动作与足迹见图 13-3-7。

2.伦巴基本舞步

准备姿势:闭式舞姿。动作与足迹图见图 13-3-8。

(1)左右基本步(即为腿部在左右移动位置上髋部的摆动)。

男士:左脚前进一步,重心前移,髋部向左侧前摆;重心后移,髋部向右侧后摆;左脚收于右脚内侧并向左侧一步;右脚向后退一步,重心后移,髋部向右侧后摆;重心前移;右脚收与左脚内侧并向右侧一步。

女士:右脚向后退一步,重心后移,髋部向右侧后摆;重心前移;右脚收与左脚内侧并向右侧一步;左脚前进一步,重心前移,髋部向左侧前摆;重心后移,髋部向右侧后摆;左脚收于右脚

图 13-3-7

内侧并向左侧一步。

(2)前后基本步(即为腿部在前后移动位置上髋部的摆动)。

男士:左脚前进一步,重心前移,髋部向左前摆;重心后移,髋部向右侧后摆;左脚经右脚内侧后退一步,重心在左脚;右脚后退一步,重心后移,髋部向右后摆;重心前移,髋部向左前摆;右脚经左脚内侧向前迈一步,中心在右脚。

女士:右脚向后一步,重心后移,髋部向右后摆动;重心前移,髋部向左前摆动;右脚经左脚内侧向前迈一步,重心在右脚;左脚向前一步;重心前移,髋部向左前摆动;重心后移,髋部向右后摆动;左脚经右脚内侧向后迈步,重心在左脚。

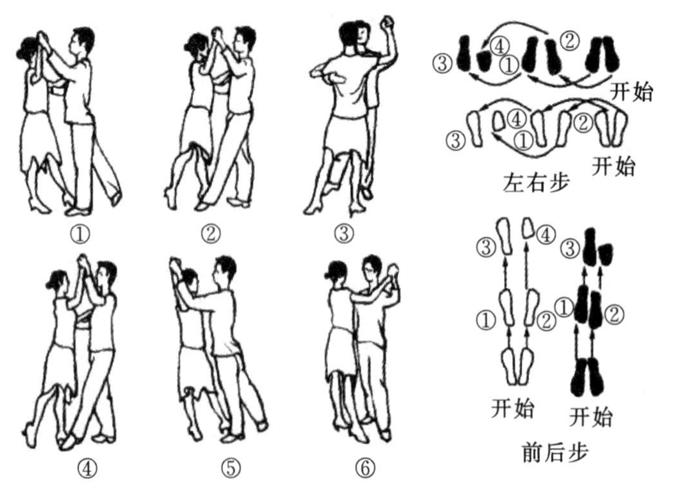

图 13-3-8

(二)大众体育舞蹈套路练习

慢三套路:直行至开式位-侧行左转接外侧左转-闭式左转经盘旋直退成影子位-左外侧行

进-右外侧行进-女右旋转经探海接左旋转成闭式位-右旋转至开式位-迂回步接切克造型-右外侧旋转至开式位-双人套花结束。

1.直行至开式位

男士:左脚前进;右脚前进并左转 45°;左脚前进。

女士:右脚后退;左脚后退并右转 45°;右脚前进。

2.侧行左转

男士:右脚前进;左脚前进;右脚前进。

女士:左脚前进;右脚后退并向左后转 90°;左脚后退。

3.外侧左转

男士:左脚前进;右脚后退并向左转 45°;左脚后退右转 45°。

女士:右脚后退;左脚前进并向右转 45°;右脚前进左转 45°。

4.左外侧行进

男士:左脚前进右转 45°;右脚前进左转 90°;左脚并于右脚。

女士:左脚前进右转 45°;右脚前进左转 90°;左脚并于右脚。

5.右外侧行进

男士:右脚前进左转 45°;左脚前进右转 90°;右脚并于左脚。

女士:右脚前进左转 45°;左脚前进右转 90°;右脚并于左脚。

6.探海

男士:左脚在前,右脚在后的弓步造型。

女士:右脚在前,左脚在后的弓步造型。

7.迂回步

男士:右脚前进;左脚前进左转 45°;右脚横步;左脚沿右脚后退,左转 45°;右脚横步左转 180°;左脚横步成 P.P 位舞姿。

女士:左脚前进;右脚前进左转 135°;左脚横步;右脚外侧前进左转 45°;左脚横步左转 90°;右脚经左脚横步成 P.P 位舞姿。

8.切克造型

男士:右脚前进;左脚前进;右脚从外侧迈至左脚后侧,两腿膝盖叠加,左膝盖在前。

女士:左脚前进;右脚前进;左脚从外侧迈至右脚后侧并左转 45°,两腿膝盖叠加,右膝盖在前。

9.双人套花

(1)男士转圈。

男士:右脚前进;左脚前进并左前转 90°;右脚并左脚。

女士:左脚前进;右脚前进;左脚并右脚。

(2)女士转圈。

男士:左脚前进;右脚前进;左脚并右脚。

女士:右脚前进;左脚前进并左前转 90°;右脚并左脚。

快四套路:直进步-前进换向步接右左外侧前进转步-右外侧后退步成开式位接外侧右转成闭式位-右旋转步-左旋转步(连续)至分式位-水兵步接双手拉握分式位换位-臂下右(左)转换位。

1. 直进步

男士：左脚前进；右脚前进；左脚前进；右脚向左脚并步。

女士：右脚后退；左脚后退；右脚后退；左脚向右脚并步。

2. 前进换向步

男士：左脚向左前 45°前进；右脚前进；左脚前进并向左转 90°；右脚并于左脚。

女士：右脚向右后 45°后退；左脚后退；右脚后退并向右转 90°；左脚并于右脚。

3. 右左外侧后退转步

男士：左脚向左后 45°后退；右脚后退；左脚后退并向左转 90°；右脚并于左脚。

女士：右脚向右前 45°前进；左脚前进；右脚前进并向右转 90°；左脚并于右脚。

4. 右旋转步

男士：左脚后退；右脚后退并向右后转 90°；左脚前进并向左前转 90°；右脚并于左脚。

女士：右脚前进；左脚前进并向左前转 90°；右脚后退并向右后转 90°；左脚并于右脚。

5. 左旋转步与右动作相同，男士进，女士退

男士：左脚前进；右脚前进并向右前转 90°；左脚后退并向左后转 90°；右脚并于左脚。

女士：右脚后退；左脚后退并向左后转 90°；右脚前进并向右前转 90°；左脚并于右脚。

6. 水兵步

男士：左脚前进；右脚前进；左脚前进；右脚并于左脚。

女士：右脚前进；左脚前进；右脚前进；左脚并于右脚。

7. 双手拉握分式位换位

男士：左脚前进并左转 45°；右脚前进并左转 45°；左脚后退并向左后转 45°；右脚并于左脚。

女士：右脚前进并右转 45°；左脚前进并右转 45°；右脚后退并向右前转 45°；左脚并于右脚。

8. 臂下右（左）转换位

男士：左脚前进；右脚前进并向左前转 45°；左脚后退并向左转 45°；右脚并于左脚。

女士：右脚前进；左脚后退并向右后转 45°；右脚前进并向右转 45°；左脚并于右脚。

四、体育舞蹈与健身

体育舞蹈运动是一项新兴的体育项目，是体育和舞蹈的结合，是大众健身和体育竞技的结合，具有运动与艺术的双重性，极富群众娱乐健身性质。

（一）体育舞蹈的健身功能

（1）体育舞蹈对提高心肺功能的促进作用：进行体育舞蹈练习时，人体处于运动状态，可令心跳由每分钟 80 次升到 120 次，有些甚至更高，它的功效等同于任何体力训练或有氧运动，心肌收缩力加强，心输出量增加，血流加快，呼吸加深，加快，对心肺系统是一种很好的锻炼。

（2）体育舞蹈对提高肌肉力量的促进作用：肌肉中有着丰富的毛细血管，在进行体育舞蹈锻炼时，由于肌纤维的主动收缩与放松，肌肉内毛细血管大量开放，这可使肌肉获得更多血液供应，带来更多氧气和养料，使肌肉内代谢过程大大加强，使肌纤维内的蛋白质增加，肌纤维逐渐粗壮，肌肉内功能物质含量增加，肌肉的结缔组织弹性改善，使肌腱弹性、韧性加强。

(3)体育舞蹈对柔韧性的促进作用:体育舞蹈中大量的动作,如基本姿态、倾斜、反身及造型,都以身体不同部位的线条延伸来展示人的形体美。这些主动延伸的动作给关节周围组织的肌肉、肌腱、韧带施加有节奏的牵拉,极大地提高人体的柔韧性。另外体育舞蹈动作使肌肉温度升高,新陈代谢加强,供血增多,肌肉的黏滞性减少,肌肉的弹性和伸展性提高,柔韧性也得以增加。

(4)体育舞蹈对脊柱方面的作用:无论是拉丁舞还是摩登舞都要求舞者身体垂直、挺拔,因此经常练习体育舞蹈,舞者弯曲的脊椎可以归正,椎间盘突出可以得到预防和治疗。

(5)体育舞蹈对关节的好处:据医学报道,避免早期关节炎与治疗关节不适的最好方法是适度的使用关节,跳体育舞蹈可使全身各关节如颈、肩、肘、髋、膝、踝等都能得到有效地锻炼。

(二)体育舞蹈与心理健康

(1)体育舞蹈使学生在有音乐和舞蹈的运动过程中产生良好的情绪与情感体验。

(2)体育舞蹈能增强学生的审美能力。

(三)体育舞蹈与社会适应

(1)体育舞蹈竞赛能提高参与者对遭遇挫折和失败的适应性。

(2)体育舞蹈可以改善自我意识水平和社交能力。

第四节　瑜伽

一、瑜伽概述

(一)瑜伽的起源

瑜伽起源于5000年前的印度,是东方最古老的健身术之一,是一种身体、呼吸与心灵相联动的运动。古代的印度信徒发展了瑜伽体系,因为他们深信通过运动身体和调控呼吸,完全可以控制心智和情感,保持身体长久的健康。公元前3000年左右,在印度河谷发现刻有石心印章的瑜伽体式。大约公元前1400年出现了“博伽梵歌”,上面阐述什么是瑜伽,它是影响印度文化和哲学的一本书。大约公元前500年出现“瑜伽经”,其作者帕坦加利被称为瑜伽之父,他不加偏见地整理了经典时期和后经典时期的瑜伽著作,并指出瑜伽更多的不是在于理论而是存在实践之上。经过几百年的发展,瑜伽已成为一种人体科学的练习法。

(二)瑜伽的主要流派

瑜伽的主要流派有哈达瑜伽、阿斯汤伽瑜伽、阴瑜伽、流瑜伽和高温瑜伽五种。

(1)哈达瑜伽也称阴阳瑜伽,是当今世界最盛行的以调息体式为中心的体育活动,利用瑜伽中的体位呼吸法来强化身体,增强气能,身心相互影响,欲强心,先强身,其注重身体的清洁呼吸和各种身体的体式。

(2)阿斯汤伽瑜伽,该瑜伽可快速提高体力和专注能力,注重动作与呼吸的同步性,这种锻炼可清洁身体各个部位,使它远离病痛,给练习者强壮轻盈的体魄。

(3)阴瑜伽的出现是基于阿斯汤伽过于阳刚，需要入加阴柔的元素平衡，其认为在较剧烈的体式后需要舒缓的动作拉长肌肉与筋腱，一般动作在 5 min，初学者在 3 min 左右，动作基本围绕在伸展、扭转等静态让人平静的过程。

(4)流瑜伽是哈达瑜伽和阿斯汤加瑜伽的混合体，结合更多瑜伽中的不同元素自成一派，姿势优美，强调运动与呼吸的协调性运用，流畅的动作使一系列的瑜伽姿势交织在一起，使整个过程充满活力和情趣，适合有一定基础的练习者。

(5)高温瑜伽也称“热瑜伽或热力瑜伽”，就是在 38～40 ℃的高温环境中做瑜伽。它由 26 种伸展动作组成，属于柔韧性运动，能改善脊椎柔软度。同时，它借助一些扭转、弯曲、伸展的静态动作，直接刺激神经和肌肉系统，可以减轻体重。

二、瑜伽动作

(一)瑜伽的呼吸

1. 腹式呼吸

腹式呼吸在仰望、静坐、站立时均可练习，可将右手轻放于肚脐上，吸气时把空气从鼻吸入，经肺部送到腹部，当吸气正确时手随腹部抬起，吸气越深腹部升起越高，随着腹部扩张，横膈膜向下降；呼气时腹部向内朝脊柱方向收拢，凭着尽量收缩腹部的动作，把所有废气从肺部完全呼出，横膈膜自然向上升。

2. 胸式呼吸

胸式呼吸在仰望、静坐、站立时均可练习，可将双手轻放于肋骨两侧，慢慢吸气时，把气体吸入胸部区域，胸骨、肋骨向外扩张，腹部应保持平坦。当吸气量加深时，腹部应向内收紧。呼气时，缓慢地把肺部浊气排出体外，肋骨和胸骨恢复原位。

3. 完全式呼吸

完全式呼吸就是把腹式呼吸和胸式呼吸结合在一起完成的正确自然的呼吸。每次吸气，先用腹式呼吸的方式让气息充满肺部下叶，然后衔接胸式呼吸，使肺叶的中上部也打开，也就是吸气时先使腹部扩张，然后使胸部肋骨扩张，呼气时先是胸部肋骨回落，然后再使腹部收缩回落。

4. 喉呼吸

喉呼吸是在呼吸时喉部在放松的情况下刺激声带，伴随吸气时发出的“sa”的声音，而呼气时发出“ha”的声音。

5. 呼吸法与体位法结合的基本原则

(1)呼吸和体式是相互渗透的灵活运用最为关键，只有深刻理解和掌握才能活用。

(2)动作是顺地心引力方向呼气，反之吸气。

(3)要在胸腔扩大时吸气，反之呼气。

(4)需要增强力量时吸气，反之呼气。

(5)身体扭转前吸气。

(6)不知该吸还是该呼时采用相同程度和频度的呼吸。

(7)不当的屏息和呼吸会造成身体伤害。

(8)动作必须结合，呼吸动作的期间小于呼吸的期间。

(二)健身瑜伽体式

1.健身瑜伽拜日式

拜日式的12动作代表24个小时,整个拜日式做下来给人一天24小时的精力。

(1)祈祷式。动作:双脚自然并拢身体直立双肩放松,目视前方双手合十胸前自然呼吸。功效:集中宁静思绪。

(2)展臂式。动作:保持双腿伸直不弯曲,伸长缓慢吸气,将双手上举过头顶伸直手肘呼气,脊椎向后缓慢弯曲到极限位置。功效:伸展腹部脏器,促进消化,消除多余脂肪,开阔肺叶,使手臂和肩膀得到充分锻炼。

(3)前屈式。动作:慢慢呼气,双臂带动身体向前弯伸,保持双腿伸直不要弯曲,双手掌尽量按在地面上,上身尽量靠近双腿。功效:促进消化,缓解便秘,柔软脊柱加强肌神经。

(4)骑马式。动作:双手控制力量,抬头微屈双膝,将右脚向后一大步,脚尖点地,呼气放松膝盖、脚背,随着吸气,髋部下压。功效:按摩腹部器官,改善其活动功能,打开髋部,加强两腿肌肉,增强平衡力。

(5)顶峰式。动作:呼气,双脚踩向垫面,伸直双腿重心后移,脚跟踩向地面,臀部抬至最高点。功效:与前一姿势反方向弯曲脊柱,有助于脊柱柔软和脊神经供血。

(6)八体投地式。动作:屈双手肘,将胸部放于两手之间的地面(下颌或前额点地)。手肘内收夹紧身体,肩胛骨内收,脚尖依然保持回钩。将身体力量均匀的放于双手、双膝、双脚、胸部、下颌八个支点上,保持均匀的呼吸。功效:内脏倒置,促进内脏自我按摩和自愈,加强肠道蠕动,强化身体协调能力。血液会流向双肩胛骨区域和胸部,对于喉轮和胸轮有刺激作用,同时加强双臂,双腿的力量。

(7)眼镜蛇式。动作:再次吸气头部带动身体向前向上伸直手肘,大腿耻骨尽量贴于地面,颈部向上仰起带动脊椎后卷。功效:促进消化,缓解便秘,非常有用,锻炼脊椎让脊神经焕发活力。

(8)顶峰式。(9)骑马式。(10)前屈式。(11)展臂式。(12)祈祷式。

2.健身瑜伽拜月式。

拜月式有14个动作,包括拜日式的12个动作,与此同时,在骑马与顶峰式之间加入了新月式动作。

(1)祈祷式。(2)展臂式。(3)前屈式。(4)骑马式。

(5)新月式。动作:骑马式基础上,身体向上伸展,双手置于髋部。左脚紧压地面,右脚伸直向前靠,髋部摆正,保持2～3次呼吸的时间。吸气,双臂上举过头顶,贴紧双耳,扩张肩部和胸部,手臂伸直带动身体向上,继续延伸脊柱,稳固双脚,下沉小腹。右腿膝盖着地后,扩展左右髋部。自然呼吸,眼睛看向前方,保持身体稳定。继续吸气,双臂带动上身往后仰,髋部、腿部保持不动,体会脊椎后侧的挤压感。功效:可以有效强化双脚、脚腕、小腿、膝部和大腿的力量,增强肌肉耐力,锻炼练习者的意志力;增强循环系统的功能,增加肺活量;提高身体的平衡控制能力;舒展髋部和肩部,纠正各种不良体态,使身体变得更轻盈。

(6)顶峰式。(7)八体投地式。(8)眼镜蛇式。(9)顶峰式。(10)骑马式。(11)新月式。(12)前屈式。(13)展臂式。(14)祈祷式。

三、冥想

冥想是瑜伽中最珍贵的一项技法，是实现入定的途径。一切真实无讹的瑜伽冥想术的最终目的都在于把人引导到解脱的境界。一名习瑜伽者通过瑜伽冥想来制服心灵（心思意念），并超脱物质欲念，感受到和原始动因直接沟通。瑜伽冥想的真义是把心、意、灵完全专注在原始之初之中。

冥想是一种对生命系统能量释放、重组、修复、优化的综合过程，经过冥想透彻洗礼的生命会更加平和与宁静，这对整个机体的宁静状态意义深远。简而言之，在宁静中，也只有在宁静中，才能达到自我实现瑜伽。

下面介绍常见的冥想方法：

1. 走动式冥想

(1)动作分解：带着知觉感受当下迈出的脚步，当意识完全专注时，身心达到连结，喜悦、宁静由内而生。

(2)观想：①在大自然中，身心很容易得到平静，一花一草都可以成为我们观和想的对象。停止所有思考，静静地观察花、草、树木、蓝天、白云……感觉自己与观想的对象完全融合为一体，享受大自然的能量。②在家中也可以随时进入观想。只要找一个观想对象就可以了，譬如水晶石、鱼缸、盆栽、图画等，任何喜欢的对象都可以。这些物体能帮助我们集中注意力，渐渐排除外在的干扰，慢慢转向内心世界，体会宁静和安详！

2. 烛光冥想

(1)功效：舒缓眼睛疲劳，促进眼睛周围血液循环，排除毒素，增强视力，使眼睛有神。提升专注能力、充分吸收烛光的能量，使内心光明自信，消除内心的恐惧，心灵更加平静。

(2)动作分解：①选择自己舒适的坐姿坐在瑜伽垫上，挺直脊柱。先闭上眼睛，调整呼吸，放松全身，慢慢睁开双眼，视线由大腿慢慢向上。②开始凝视烛光，专注地观察它的内焰、外焰、颜色、大小、形状。尽量不要眨眼睛，让眼泪自然流下。③慢慢闭上眼睛，观想烛光在眉心处直到对烛光的印象变得模糊时再次睁开眼睛凝视烛光，重复5～8次，保持专注和放松的状态。④让自己平躺下来，全身放松。

3. 语音冥想

在所有的瑜伽冥想体系中，瑜伽语音冥想的功效直接，久经时间考验，广为人们使用。如前所述，瑜伽语音冥想可以和提升生命之气的功法一起配合着练中，也可以单项地练习。

瑜伽语音冥想又称曼特拉(mantra)冥想。梵语词“曼特拉”可以分为两部分，即“曼”(man)和“特拉”(tra)。“曼”的意思是“心灵”，“特拉”的意思是“引开去”。因此，“曼特拉”的意思是能把人的心灵从其种种世俗的思想、忧虑、欲念、精神负担等引离开去的一组特殊语音。一个人只要把注意力集中在他的瑜伽语音上，就能逐渐超越愚昧无知和激情等品质，而处在善良品质的高度上。从这一步，瑜伽冥想更往深处发展，逐渐演变为完美的禅，并最终地进入入定状态。

四、瑜伽练习原则

(一)瑜伽练习的最佳时间：黎明和傍晚

清晨练习会因为身体僵硬有些困难，但是早晨精神振作可以帮助练习者更好的开始一天的工作;傍晚身体比早晨灵活,练习体式更容易,可以轻松消除一天的疲劳和紧张,使练习者更平静平和。

(二)瑜伽练习的环境

练习环境应安静,温度应适宜。如果是在室内练习,应先通风换气,保证空气清新,以便静心和集中注意力。

(三)瑜伽练习的服装要求

宜穿宽松、柔软、舒展、易撑拉的服装,严禁穿紧身内衣练习。在允许的环境中,赤脚练习最好,但是如果太冷可以穿袜子直到身体暖和过来。不配带任何饰品。

(四)瑜伽练习前的心理提示

将瑜伽当作令人快乐的事,放松心情,愉快的练习,不要一味追求高难度的动作,不要强迫自己在短时间内达到演示者的水平。

(五)瑜伽练习的注意事项

(1)练习中要集中注意力,用心体会身体伸展时所产生的感觉,将意识放在自己动作的感觉上。

(2)一定要在极限的边缘温和的伸展身体,不要用力牵扯。

(3)如果练习中和练习完之后发生抽筋或肌肉痉挛或某处感觉特别绷紧要加以按摩。

(4)练习中出现体力不支或身体颤抖应立即收功还原,不要过于坚持。

(5)用鼻子呼吸(另行规定除外),有助于气脉运行。

(6)在每个练习中应动作缓慢,步骤分明,不要匆忙做完,不要使身体出现失控状态。

(7)年龄较大或者颈、背有严重损伤的人,应先征询医生的意见再决定是否做瑜伽练习。

(8)光脚练习,穿宽松有弹性的衣服,去除一切束缚。光脚能防滑,促进血液循环。

(9)饭后如吃太饱则在饭后 3～4 h 后开始练习。一般饭后 1～2 h,流食 0.5 h 后方可练习瑜伽。

(10)练习结束 45 min 后洗澡(把能量带走了),1 h 后吃饭(不绝对,0.5 h 或 45 min 均可)。

(11)清膀胱和胃。

(12)练习瑜伽不能代替医疗治疗。

(13)女性生理周期时应根据自己的体能做适当练习,但应避免倒立、伸展和挤压腹部的动作。

(14)练习时不要攀比,依自己的情况而定。

(15)产妇顺产百天后根据自己的情况练习瑜伽,剖腹产半年后根据自己的情况练习瑜伽,哺乳期妇女不可以练习瑜伽。

五、瑜伽与健身

瑜伽练习通过瑜伽呼吸法、体位法、冥想和放松术等的练习,可达到舒展筋骨,轻松身心、健美形体、通畅经络的独特效果。瑜伽练习可以让做完器械后的肌肉放松下来；可以改善人的体形，使之变得更为匀称；可以安静神经，有利于减少疲劳感等。瑜伽的独特作用就在于，让人在不知不觉中保持优雅的身形、轻盈灵动的姿态，从而塑造自然、健康的身体。实践证明，有针对性地进行瑜伽练习，对塑造身体各个部位的完美体形具有良好的效果。

第五节 健身操舞

一、健身操舞概述

健身操舞一词主要来源于健身操和舞蹈的结合，起初以广场舞的形式展示。广场舞由于步伐简单易学，节奏明快，对场地设施的依赖性不高，深受群众喜欢。而后加入艺术性强的元素，形成了现在所谓的健身操舞。操和舞不一样，操一定是操化动作多，横平竖直，它有它的轨迹。舞更多具备舞蹈功能，艺术性更强，展示艺术表现力，更加优美丰富。由健身操和舞蹈的结合，便形成了健身操舞，健身操舞老少皆宜，对参与者的技能要求相对于其他运动项目而言，是比较低的。开展活动时对器材、场地的要求也很低。健身操舞简单易学，又能满足老百姓的健身要求。

健身操舞具有健身性、表演性，简单易学，容易普及，适合全民健身需要等特征。从分类上，根据我国健身操舞比赛设项来看，可以分为徒手广场健身操、徒手广场健身舞、轻器械广场健身操和轻器械广场健身舞。从比赛角度，有规定动作和自选动作可以选择。截止 2017 年，我国共举行了六届全国性全民健身操舞大赛。

二、健身操舞基本动作

(一)手位动作(图 13－5－1、13－5－2)

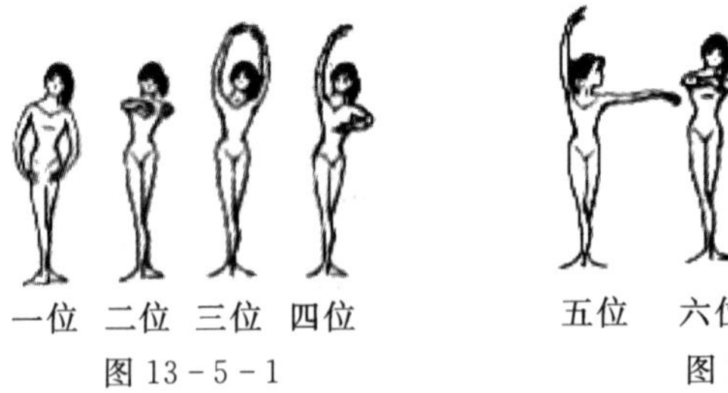

图 13－5－1 图 13－5－2

(二)脚位动作(图 13－5－3)

(三)基本步法

1. 柔软步

动作要领：由绷脚伸出，前脚掌落地并迅速过渡到全脚掌，同时身体重心及时移至前脚(重心在前)，两臂自然摆动。

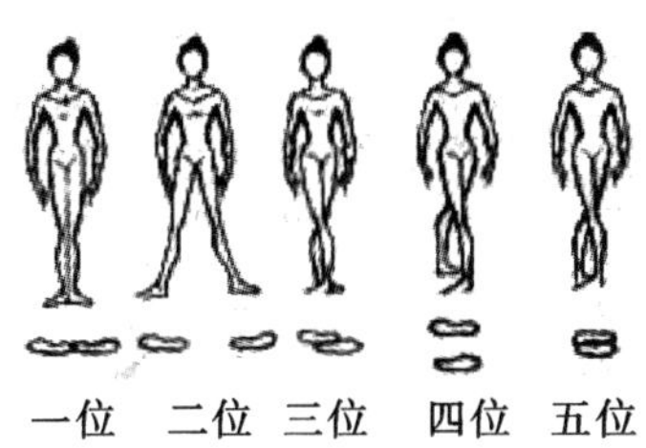

图 13－5－3

要求：自然连贯。

2. 足尖步

动作要领：基本上同柔软步，但是要求尽量立踵，步幅较小，身体重心要平稳。

易犯错误：重心起伏大，耸肩。

3. 弹簧步

动作要领：基本上同柔软步，但是要求落地的同时膝盖有弹性地弯曲，身体重心有节奏地像波浪起伏。要求：从脚尖过渡到全脚掌，步幅较小，身体重心平稳。易犯错误：弹性不足，动作僵硬。

4. 踏步类(同健美操)

动作描述：此类动作两脚依次抬起，在下落时膝、踝关节有弹性地缓冲。

动作变化：踏步、走步、一字步、V 字步、曼步。

5. 点地类(同健美操)

动作描述：此类动作两腿有弹性地伸屈，点地时，主力腿稍屈，另一腿伸直(脚尖或脚跟点地)。

动作变化：脚尖前点地、脚尖后点地、脚尖侧点地、脚跟前点地。

6. 迈步类(同健美操)

动作描述：此类动作是指一脚先迈出一步，同时移动身体重心，另一脚点地、并步或抬起的动作。

动作变化：并步、迈步点地、迈步屈腿、迈步吸腿、侧交叉步、迈步弹踢。

7. 单脚抬起类(同健美操)

动作描述：此类动作支撑腿有控制地稍屈膝弹动，另一腿以各种形式抬起，同时收腹、立腰。

动作变化：吸腿、踢腿、弹踢、后屈腿。

三、健身操舞与健身

(一)健美操舞健身的总体学习方法和流程

健身操舞从大类上看，属于操和舞蹈的结合，在日常的锻炼中，需要先从基本步法开始学起，然后学习手臂动作，按组合学习，同时多听音乐，跟着节奏练习。主要是自练方法，首先是通过录像带、光盘、图解等资料所提供的动作进行模仿，在教练授课过程中，练习者边观察、边模仿练习，加深记忆，熟练动作，最后强化练习，在反复多次自练的基础上，熟练比较复杂多变的成组动作，通过自我强化训练，巩固技能，掌握动作技巧。也可以跟着广场上的锻炼人群一起学习与锻炼，健身操舞在日常的身体锻炼中，比较常见流行。

动作设计上要遵守符合强身健体和人体艺术造型的规律，在编排动作时，不仅要考虑到对身体各个部位的影响与发展力量、柔韧、协调、灵敏以及持久力等各种素质的练习，而且还应在运动形态上有舞蹈造型美、外形美的特点。

(二)健身操舞的力量素质练习的主要方法

练习方法主要分为以下几个方面。

1.上肢和肩带力量练习

(1)推撑力量一般练习：利用体操凳进行一般俯卧撑、推倒立、双杠屈伸、站立推举杠铃、仰卧推举杠铃、俯身提拉杠铃、持亚铃的手臂练习，包括前上举、侧上举、俯身上举、腕屈伸等。

(2)直臂支撑力量一般练习：包括脚位置放高的仰撑、侧撑、俯撑以及靠倒立静力练习、爬倒立、双杠支撑和摆动、双杠支撑移动、鞍马支撑移动。

(3)支撑动作练习：后举腿支撑、分腿支撑、背水平支撑、直角分腿支撑、直角分腿并腿、高直角支撑、支撑转体等。

(4)托举力量：推举杠铃并顶举一定时间。

(5)拉引力量：引体向上，爬绳等。

2.躯干力量练习

(1)腹肌力量。各种仰卧收腹练习：起坐、举腿、两头起、举腿绕环。各种悬垂收腹练习：举腿、举腿绕环、起上体。各种快速踢腿练习：扶肋木前踢腿、原地和移向前高踢腿跑跳。

(2)背肌力量。在高位上的俯卧抬上体、两头起背肌、摆腿；扶肋木的快速后踢腿、原地和移动向后高踢腿跑跳。

(3)侧腰肌力量。侧卧起上体、仰卧体转起坐；扶肋木的快速后踢腿、原地和移动的向侧高踢腿跑跳。

(4)躯干控制力量。仰卧，脚和肩背分别置于体操登上，身体伸直保持一定时间，腹部可负重。俯卧，脚和前臂分别置于体操登上，身体伸直保持一定时间，背部可负重。直角支撑、高直角支撑、背水平支撑下的躯干控制力量练习。

3.下肢力量练习

(1)弹跳力。一般练习：连续深蹲跳练习、连续蹬跳 10～20 m、跳短绳、跳台阶、连续起踵。以上练习可负重，单腿和双腿做，跳绳和跳台阶还可两腿交替做。

大跳动作练习：各种连续双腿和双腿起跳的大跳步包括纵跳、团身跳、分腿跳、屈体跳、横劈叉跳、总劈叉跳、转体跳、交换腿跳、前跨跳、侧跨跳等。各种跑跳和高踢腿组合练习，可负重做。

(2)落地缓冲力量。主要是采用负重半蹲起和静止负重半蹲的交替退让练习，可肩扛杠铃或同伴，练习时并行开立，膝稍内扣，上体直立，下蹲到半蹲姿势(膝关节角度约为 135°)，保持一定时间，然后直立。

(3)控制力量。采用扶肋木和不扶肋木的前、侧、后搬腿和空腿，前屈后控腿平衡等练习，可负重做。

第十四章

武术与搏击类运动

第一节　武术套路

一、武术简介

中国武术是中国传统文化的重要一环，是我国民族体育的主要内容之一，是几千年来我国人民用以锻炼身体和自卫的一种方法。

中国武术的起源可以追溯到原始社会，当时的人类用棍棒等工具与野兽搏斗，逐渐积累了一些攻防经验，而商代所产生的田猎更被视为武术训练的重要手段。

武术流派有少林、武当、峨眉、南拳四大派。

二、五步拳

五步拳：弓步冲拳—弹腿冲拳—马步架打—歇步盖冲拳—提膝仆步穿掌—虚步挑掌。

(一)预备姿势：并步抱拳

两脚并拢，双手抱拳抱于腰间(图 14－1－1)。

(二)弓步冲拳

成左弓步，左手向左平搂收回腰间抱拳，冲右拳，目视前方(图 14－1－2)。

(三)弹腿冲拳

重心前移，右腿向前弹踢，同时冲左拳，收右拳，目视前方(图 14－1－3)。

(四)马步架打

右脚落地，向左转体 90°，下蹲成马步，同时左拳变掌，屈臂上架，冲右拳目视右方(图 14－1－4)。

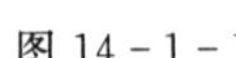
图 14-1-1

图 14-1-2

图 14-1-3

图 14-1-4

(五)歇步盖冲拳

左脚向右脚后插一步,同时右拳变掌向左下盖,掌外沿向前,身体左转 90°,收左拳,目视右掌(图 14-1-5);上动不停,两腿屈膝下蹲成歇步,同时冲左拳,收右拳,目视左拳(图 14-1-6)。

(六)提膝仆步穿掌

两腿起立,身体左转。随即左拳变掌,顺势收至右腋下;右拳变掌,由左手背上穿出,手心向上。同时左腿屈膝提起,目视右手(图 14-1-7)。上动不停,左脚落地成仆步,左手掌指朝前,沿左腿内侧穿至左脚面,目视左掌(图 14-1-8)。

图 14-1-5

图 14-1-6

图 14-1-7

图 14-1-8

(七)虚步挑掌

左腿屈膝前弓,右脚前上成右虚步,同时左手向后划弧成勾手,右手顺右腿外侧向上挑掌,目视前方(图 14-1-9)。

(八)并步抱拳

左脚向右脚靠拢成并步,同时左钩手和右掌变拳,回收抱于腰间,目视前方(图 14-1-10)。

图 14-1-9

图 14-1-10

三、少年拳(第二套)动作图解

预备势:两脚并拢直立,两手握拳屈肘抱于腰侧,两肩后展,拳心向上,下颌微收,头向左转,目视左前方(图 14-1-11)。

(一)抡臂砸拳

(1)左脚向左跨一步,以前脚掌着地,上体右转,左拳变掌向右前下方伸出,掌心向下(图 14-1-12)。

(2)上动不停,向左后方转体 180°,同时左手向上、向左、向下绕环屈臂外旋,使掌心向上置于腹前;右手向右后、向上抡起下砸,以拳背砸击左掌心作响,同时右腿屈膝提起,在砸拳的同时下踩震脚成并步半蹲,上体稍前倾,目视前下方(图 14-1-13)。

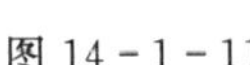

图 14-1-11

图 14　1　12

14-1-13

(二)望月平衡

右脚后撤一步起立,同时右拳变掌,两手左右分开上摆,左手在头左斜上方抖腕亮掌;右手至右侧平举部位抖腕成立掌,掌心向右;左腿屈膝,小腿向右上提贴于右膝窝,脚面向下。眼随左掌转动,在抖腕亮掌的同时向右转头,目向右平视(图 14-1-14)。

(三)跃步冲拳

(1)上体左转前倾,左腿向前提起,左手向左下后摆至体后;右手以掌背向左下后挂至左膝外侧,掌心均向内,目视左下方(图 14-1-15)。

(2)左脚向前落步,右腿屈膝向前上提,左脚随即蹬地向前跃出,两臂向前向上绕环摆动,目视右掌(图 14-1-16)。

图 14-1-14

图 14-1-15

图 14-1-16

(3)右脚落地全蹲,左脚随即落地向前伸直平铺地面成仆步;两臂同时继续由上向右、向下绕环,右掌变拳收抱于右腰侧;左掌屈臂成立掌停于右胸前,目视前方(图 14-1-17)。

(4)左掌经左脚面向外横搂,同时重心前移,右腿蹬直成左弓步;左掌变拳收抱于腰侧,右拳向前冲出,拳心向下,目视右拳(图 14-1-18)。

(四)弹踢冲拳

重心移至左腿,右腿屈膝提起,在膝盖接近水平时,脚面绷平猛力向前弹踢;右掌收抱于腰侧,左拳向前冲出,拳心向下,目向前平视(图 14-1-19)。

(五)马步横打

右脚向前落步,脚尖内扣,左拳收抱于腰侧,右拳臂内旋向右后伸出,在向左转体 90°成马步的同时,向前平摆横打,目视右拳前方(图 14-1-20)。

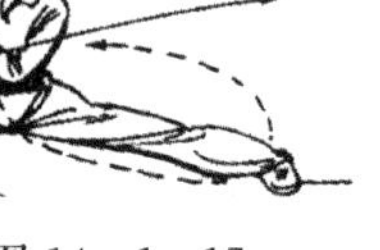
图 14-1-17

图 14-1-18

图 14-1-19

图 14-1-20

(六)并步搂手

右脚向左脚并拢下蹲,右拳变掌直接向右小腿外侧下搂,至右小腿旁变勾手继续后摆停于体侧后方,勾尖向上,目视右方(图 14-1-21)。

(七)弓步推掌

上体向左转体 90°,左脚上前一步成左弓步;同时右手变拳收抱于腰侧,左拳变掌向前推出,掌心向前,目视前方(图 14-1-22)。

(八)搂手勾踢

(1)右拳变掌经后下直臂向上、向前绕环落于左腕上交叉,同时重心移至左腿(图 14-1-23)。

(2)上动不停,两臂向下后摆分掌搂手,至体侧后反臂成勾手,勾尖向上,同时右脚尖上勾,脚跟擦地面,向左斜前方踢出,身体随之半面向左转,目视左前方(图 14-1-24)。

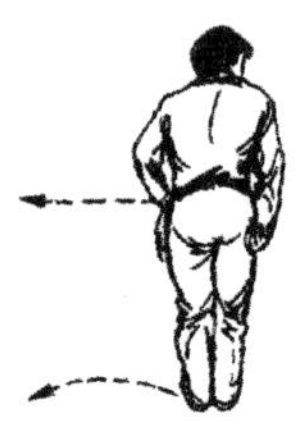

图 14-1-21

图 14-1-22

图 14-1-23

图 14-1-24

（九）缠腕冲拳

（1）两勾手变掌前摆于腹前，左手抓握右手腕，右腿屈膝，小腿自然下垂（图 14－1－25）。

（2）上动不停，右手翻掌缠腕，在向右转体的同时臂外旋用力屈肘后拉于右腰侧抱拳，右脚跺地震脚下蹲，左腿屈膝提起。

（3）左脚向左侧跨一大步，右脚蹬地随之滑动，两腿下蹲成马步，同时左手变拳经左腰侧向左冲出，拳眼向上，目视左掌前方（图 14－1－26）。

（十）转身劈掌

（1）右脚蹬地屈膝上提向右转体 90°，随身体直立两拳变掌直接上举，在头前上方以右手背击左掌心作响，目视前方（图 14－1－27）。

（2）上动不停，继续向右后转体 180°，右脚向前落步成右弓步，同时左掌变拳收抱于腰侧，右掌下劈成侧立掌，小指一侧向前，目视前方（图 14－1－28）。

图 14－1－25

图 14－1－26

图 14－1－27

图 14－1－28

（十一）砸拳侧踹

（1）右脚蹬地屈膝上提，重心移至左腿并向左转体 90°，成提膝直立姿势；同时左拳变掌置与腹前，掌心向上，右掌变拳上举至头前上方，在右脚下踩震脚成并步下蹲的同时，以拳背砸击左掌作响，目视右拳前下方（图 14－1－29）。

（2）右腿直立，左腿屈膝上提，脚尖上勾，以脚跟向左下方踹出与膝盖同高，上体稍向右倾斜；同时左掌变拳收抱于腰侧，右拳上举横架于头前斜上方，拳心向上，目视左方（图 14－1－30）。

图 14－1－29

图 14－1－30

（十二）撩拳收抱

（1）左脚向左落地并向左转体 90°成左弓步；右拳由上、向后、向下，以拳面撩出停于左膝前上方；左拳变掌拍击右拳背作响，目视右拳（图 14－1－31）。

(2)左脚蹬地起立向右转体 90°;两臂上举,两手变掌于头前上方交叉,掌心向前,目视前方(图 14－1－32)。

(3)上动不停,左脚收回与右脚并拢,两掌变拳左右分开后,屈肘收抱于腰侧,头向左转,目视左前方(图 14－1－33)。

(4)还原成立正姿势,目视前方(图 14－1－34)。

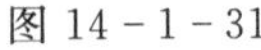

图 14－1－31

图 14－1－32

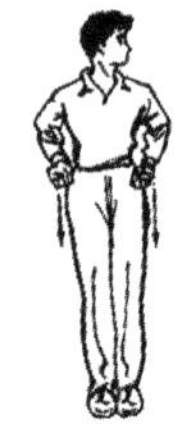

图 14－1－33

图 14－1－34

四、初级长拳第三路

(一)预备动作

1. 预备式

两脚并步站立,两臂垂于身体两侧,五指并拢贴靠腿外侧,眼向前视(图 14－1－35)。

要点:头要端正,颏微收,挺胸,塌腰,收腹。

2. 虚步亮掌

(1)退步砍掌。右脚向右后方撤步成左弓步,右掌向右、左上、向前划弧,掌心向上;左臂屈肘,左掌提至腰侧,掌心向上;目视右掌(图 14－1－36)。

(2)后移穿掌。右腿微屈,重心后移,左掌经胸前从右臂上向前穿出伸直;右臂屈肘,右掌收至腰侧,掌心向上,目视左掌(图 14－1－37)。

(3)转头亮掌。重心继续后移,左脚稍向右移,脚尖点地,成左虚步;左臂内旋向左、向后划弧成勾手,勾尖向上;右手继续向后、向右、向前上划弧,屈肘抖腕,在头前上方成亮拳(即横掌),掌心向前,掌指向左;目视左方(图 14－1－38)。

要点:并步后挺胸、塌腰;对拳、并步、转头要同时完成,三个动作必须连贯,成虚步时,重心落于右腿上,右大腿与地面平行,左腿微屈,脚尖点地。

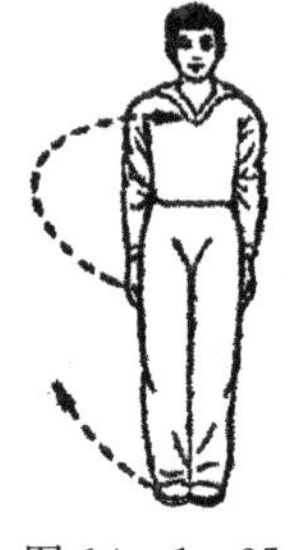

图 14－1－35

图 14－1－36

图 14－1－37

图 14－1－38

3. 并步对拳

(1)提膝亮掌。右腿蹬直,左腿提膝,脚尖里扣,上肢姿势不变(图 14－1－39)。

(2)上步穿掌。左脚向前落步，重心前移，左臂屈肘，左勾手变掌经左肋前伸；右臂外旋向前下落于左掌右侧，两掌同高，掌心均向上(图 14－1－40)。

(3)上步后摆掌。右脚向前上一步，两臂下垂后摆(图 14－1－41)。

(4)并步转头对拳。左脚向右脚并步，两臂向外向上经胸前屈肘下按，两掌变拳，拳心向下，停于小腹前，目视左侧(图 14－1－42)。

要点：并步后挺胸、塌腰；对拳、并步、转头要同时完成。

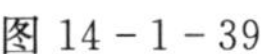

图 14－1－39

图 14－1－40

图 14－1－41

图 14－1－42

(二)第一段

1. 弓步冲拳

(1)上步格挡。左脚向左上一步，脚尖向斜前方；右腿微屈，成半马步；左臂向上向左格打，拳眼向后，拳与肩同高；右拳收至腰侧，拳心向上，目视左拳(图 14－1－43)。

(2)蹬地冲拳。右腿蹬直成左弓步，左拳收至腰侧，拳心向上，右拳向前冲出，高与肩平，拳眼向上，目视右拳(图 14－1－44)。

要点：成弓步时，右腿充分蹬直，脚跟不要离地；冲拳时，尽量转腰顺肩。

2. 弹腿冲拳

重心前移至左腿，右腿屈膝提起，脚面绷直，猛力向前弹出伸直，高与腰平；右拳收至腰侧，左拳向前冲出，目视前方(图 14－1－45)。

要点：支撑腿可微屈，弹出的腿要用爆发力，力点达于脚尖。

3. 马步冲拳

右脚向前落步，脚尖里扣，上体左转；左拳收至腰侧，两腿下蹲成马步；右拳向前冲出，目视右拳(图 14－1－46)。

要点：成马步时，大腿要平，两脚平行，脚跟外蹬，挺胸、塌腰。

图 14－1－43

图 14－1－44

图 14－1－45

图 14－1－46

4. 弓步冲拳

(1)转体格挡。上体右转 90°，右脚尖外撇向斜前方，成半马步；右臂屈肘向右格挡，拳眼向后，目视右拳(图 14－1－47)。

(2)蹬地冲拳。左腿蹬直成右弓步,右拳收至腰侧;左拳向前冲出,目视左拳(图 14-1-48)。

要点:与本节的弓步冲拳相同,唯左右相反。

5. 弹腿冲拳

重心前移至右腿,左腿屈膝提起,脚面绷直,猛力向前伸直弹出,高与腰平;左拳收至腰侧,右拳向前冲出,目视前方(图 14-1-49)。

要点:与本节的弹腿冲拳相同。

图 14-1-47

图 14-1-48

图 14-1-49

6. 大跃步前穿

(1)收腿挂掌。左腿屈膝,右拳变掌内旋,以手背向下挂至左膝外侧,上体前倾,目视右手(图 14-1-50)。

(2)上步后摆掌。左脚向前落步,两腿微屈,右掌继续向后挂,左拳变掌,向后向下伸直,目视右掌(图 14-1-51)。

(3)跃步上摆掌。右腿屈膝向前提起,左腿立即猛力蹬地向前跃出,两掌向前向上划孤摆起,目视左掌(图 14-1-52)。

(4)仆步抱拳。右腿落地全蹲,左腿随即落地向前铲出成仆步,右掌变拳抱于腰侧,左掌由上向右、向下划弧成立掌,停于右胸前,目视左脚(图 14-1-53)。

要点:跃步要远,落地要轻,落地后立即接做下一个动作。

图 14-1-50

图 14-1-51

图 14-1-52

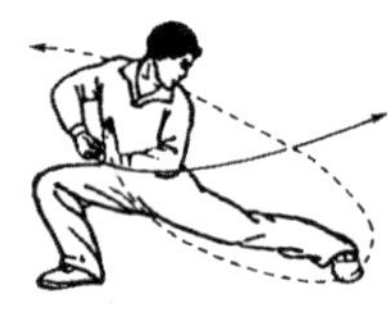
图 14-1-53

7. 弓步击掌

右腿猛力蹬直成左弓步,左掌经左脚面向后划弧至身后成勾手,左臂伸直,勾尖向上,右拳由腰侧变掌向前推出,掌指向上,掌外侧向前,目视右掌(图 14-1-54)。

8. 马步架掌

(1)转体穿掌。重心移至两腿中间,左脚脚尖里扣成马步,上体右转。右臂向左侧平摆,稍屈肘;同时左勾手变掌由后经左腰侧从右臂内向前上穿出,掌心均朝上,目视左手(图 14-1-55)。

(2)转头亮掌。右掌立于左胸前,左臂向左上屈肘抖腕亮掌于头部左上方,掌心向前,头部右转,目视右方(图 14-1-56)。

要点:亮掌抖腕和转头同时,发力干脆,马步同前。

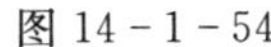
图 14-1-54

图 14-1-55

图 14-1-56

(三)第二段

1. 虚步栽拳

(1)提膝转体。右脚蹬地，屈膝提起；左腿伸直，以前脚掌为轴向右后转体 180°，右掌由左胸前向下经右腿外侧向后划孤成勾手；左臂随体转动并外旋，使掌心朝右，目视右手(图 14-1-57)。

(2)虚步栽拳。右脚向右落地，重心移至右腿上，下蹲成左虚步，左掌变拳下落于左膝上，拳眼向里，拳心向后；右勾手变拳，屈肘向上架于头右上方，拳心向前，目视左方(图 14-1-58)。

2. 提膝穿掌

(1)转头盖掌。右腿稍伸直，右拳变掌收至腰侧，掌心向上；左拳变掌由下向左向上划弧盖压于头上方，掌心向前(图 14-1-59)。

(2)提膝穿掌。右腿蹬直，左腿屈膝提起，脚尖内扣；右掌从腰侧经左臂内向右前上方穿出，掌心向上，左掌收至右胸前成立掌，目视右掌(图 14-1-60)。

要点：支撑腿与右臂充分伸直。

3. 仆步穿掌

右腿全蹲，左腿向左后方铲出成左仆步；右臂不动，左掌由右胸前向下经左腿内侧，向左脚面穿出，目随左掌转视(图 14-1-61)。

图 14-1-57

图 14-1-58

图 14-1-59

图 14-1-60

图 14-1-61

4. 虚步挑掌

(1)弓步前穿。右腿蹬直，重心前移至左腿，成左弓步；右掌稍下降，左掌随重心前移向前挑起(图 14-1-62)。

(2)虚步前挑。右脚向左前方上步，左腿半蹲，成右虚步；身体随上步左转 180°；在右脚上步的同时，左掌由前向上向后划弧成立掌，右掌由后向下向前上挑起成立掌，指尖与眼平，目视右掌(图 14-1-63)。

要点：上步要快，虚步要稳。

5. 马步击掌

(1)搂手抱拳。右脚落实,脚尖外撇,重心稍升高并右移,左掌变拳收至腰侧;右掌俯掌向外搂手(见图 14-1-64)。

(2)上步横击。左脚向前上一步,以右脚为轴向右后转体 180°,两腿下蹲成马步;左拳变掌从右臂上成立掌向左侧击出;右掌变拳收至腰侧,目视左掌(图 14-1-65)。

要点:右手做搂手时,先使臂稍内旋、腕伸直,手掌向下向外转,接着臂外旋,掌心经下向上翻转,同时抓握成拳,收拳和击掌动作要同时进行。

图 14-1-62　图 14-1-63　图 14-1-64　图 14-1-65

6. 叉步双摆掌

(1)转头下摆掌。重心稍右移,同时两掌向下向右摆,掌指均向上,目视右掌(图 14-1-66)。

(2)叉步上摆掌。右脚向左腿后插步,前脚掌着地,两臂继续由右向上向左摆,停于身体左侧,均成立掌,右掌停于左肘窝处,目随双掌转视(图 14-1-67)。

要点:两臂要划立圆,幅度要大,摆掌与后插步配合一致。

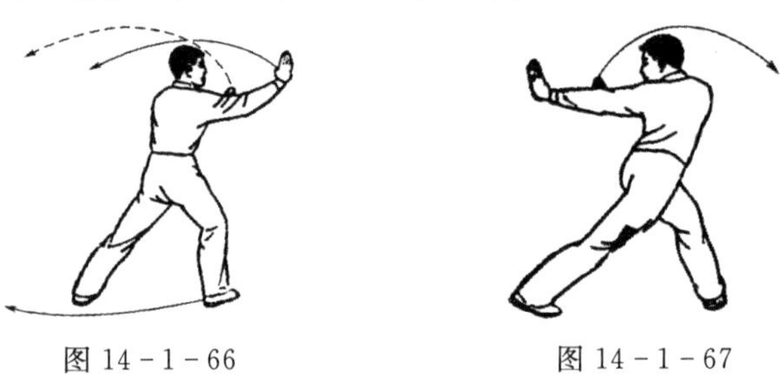

图 14-1-66　图 14-1-67

7. 弓步击掌

(1)转身按掌。两腿不动,左掌收至腰侧,掌心向上;右掌向上向右划弧,掌心向下(图 14-1-68)。

(2)退步击掌。左腿后撤一步,成右弓步。右掌向下向后伸直摆动,成勾手,勾尖向上;左掌成立掌向前推出,目视左掌(图 14-1-69)。

8. 转身踢腿马步盘肘

(1)转身抡臂。两脚以前脚掌为轴向左后转体 180°,在转体的同时,左臂向上向前划半立圆,右臂向下向后划半圆(图 14-1-70)。

(2)顺势抡臂。上动不停,两脚不动,右臂由后向上向前划半立圆,左臂由前向下向后划半立圆(图 14-1-71)。

(3)亮掌正踢腿。上动不停,重心移至左脚,右臂向下成反臂勾手,勾尖向上;左臂向上成亮掌,掌心向前上方,右腿伸直,脚尖勾起,向额前踢(图 14-1-72)。

图 14－1－68

图 14－1－69

图 14－1－70

图 14－1－71

(4)落步拧身。右脚向前落地，脚尖里扣，右手不动，左臂屈肘下落至胸前，左掌心向下，目视左掌(图 14－1－73)。

(5)马步盘肘。上体左转 90°，两腿下蹲成马步，同时左掌向前向左平搂变拳收至腰侧，右勾手变拳，右臂伸直，由体后向右向前平摆，至体前时屈肘，肘尖向前，高与肩平，拳心向下，目视肘尖(图 14－1－74)。

要点：两臂抡动时要划立圆，动作连贯；盘肘时要快速有力，右肩前顺。

图 14－1－72

图 14－1－73

图 14－1－74

(四)第三段

1. 歇步抡砸拳

(1)转头抡拳。重心稍升高，右脚尖外撇，右臂由胸前向上向右抡直；左拳向下向左，使臂抡直，目视右拳(图 14－1－75)。

(2)转体抡摆。上动不停，两脚以前脚掌为轴，向右后转体 180°，右臂向下向后抡摆，左臂向上向前随身体转动(图 14－1－76)。

(3)歇步砸拳。紧接上动，两腿全蹲成歇步，左臂随身体下蹲向下平砸，拳心向上，臂部微屈；右臂伸直向上举起，目视左拳(图 14－1－77)。

图 14－1－75

图 14－1－76

图 14－1－77

要点：抡臂动作要连贯完成，划成立圆。歇步要两腿交叉全蹲，左腿大、小腿靠紧，臀部贴于左小腿外侧，膝关节在右小腿外侧，脚跟提起，右脚尖外撇，全脚着地。

2.仆步亮掌

(1)回身横击掌。左脚由右腿后抽出前上一步,左腿蹬直,右腿半蹲,成右弓步,上体微向右转;左拳收至腰侧,右拳变掌向下经胸前向右横击掌(图 14-1-78)。

(2)提膝穿掌。右脚蹬地屈膝提起,上体右转;左拳变掌从右掌上向前穿出,掌心向上,右掌平收至左肘下(图 14-1-79)。

(3)仆步亮掌。右脚向右落步,屈膝全蹲,左腿伸直,成仆步;左掌向下向后划弧成勾手,勾尖向上,右掌向右向上划弧微屈,抖腕成亮掌,掌心向前;头随右手转动,至亮掌时,目视左方(图 14-1-80)。

要点:仆步时,左腿充分伸直,脚尖里扣,右腿全蹲,两脚脚掌全部着地,上体挺胸塌腰,稍左转。

图 14-1-78　　图 14-1-79　　图 14-1-80

3.弓步劈拳

(1)上步掳手。右腿蹬地立起;左腿收回并向左前方上步;右掌变拳收至腰侧,左勾手变掌由下向前上经胸前向左做掳手(图 14-1-81)。

(2)上步挥摆。右腿经左腿前方向左绕上一步,左腿蹬直成右弓步;左手向左平掳后再向前挥摆,虎口朝前(图 14-1-82)。

(3)弓步劈拳。在左手平掳的同时,右拳向后平摆,然后再向前向上做抡劈拳,拳高与耳平,拳心向上,左掌外旋接扶右前臂,目视右拳(图 14-1-83)。

要点:左右脚上步稍带孤形。

图 14-1-81　　图 14-1-82　　图 14-1-83

4.换跳步弓步冲拳

(1)缩身挂掌。重心后移,右脚稍向后移动;右拳变掌臂内旋以掌背向下划弧挂至右膝内侧;左掌背贴靠右肘外侧,掌指向前,目视右掌(图 14-1-84)。

(2)提膝拧身。右腿自然上抬,上体稍向左扭转;右掌挂至体左侧,左掌伸向右腋下,目随右掌转视(图 14-1-85)。

(3)震脚按掌。右脚以全脚掌用力向下震跺,与此同时,左脚急速离地抬起;右手由左向上向前掳盖而后变拳收至腰侧，左掌伸直向下、向上、向前屈肘下按，掌心向下；上体右转，目视左掌(图 14－1－86)。

(4)弓步冲拳。左脚向前落步，右腿蹬直成左弓步；右拳从左手手背上向前冲出，拳高与肩平，拳眼向上；左掌藏于右腋下，掌背贴靠腋窝，目视右拳(图 14－1－87)。

要点：换跳步动作要连贯、协调。震脚时腿要弯屈，全脚掌着地，左脚离地不要高。

图 14－1－84

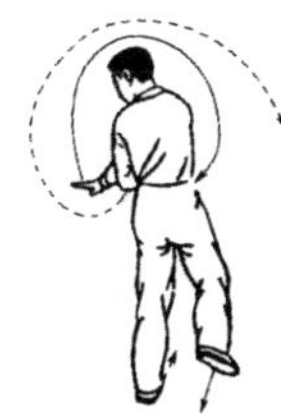
图 14－1－85

图 14－1－86

图 14－1－87

5. 马步冲拳

上体右转 90°，重心移至两腿中间，成马步；右拳收至腰侧，左掌变拳向左冲出，拳眼向上，目视左拳(图 14－1－88)。

6. 弓步下冲拳

右脚蹬直，左腿弯屈，上体稍向左转，成左弓步；左拳变掌向下经体前向上架于头左上方，掌心向上，右拳自腰侧向左前斜下方冲出，拳眼向上，目视右拳(图 14－1－89)。

图 14－1－88

图 14－1－89

7. 叉步亮掌侧踹腿

(1)十字交叉。上体稍右转，左掌由头上下落于右手碗上，右拳变掌，两手交叉成十字，目视双手(图 14－1－90)。

(2)叉步亮掌。右脚蹬地并向左腿后插步，以前脚掌着地；左掌由体前向下向后划弧成勾手，勾尖向上，右掌由前向右向上划弧抖腕亮掌，掌心向前，目视左侧(图 14－1－91)。

(3)侧踹腿。重心移至右腿，左腿屈膝提起，向左上方猛力蹬出，上肢姿势不变，目视左侧(图 14－1－92)。

要点：插步时上体稍向右倾斜，腿、臂的动作要一致。侧踹高度不能低于腰，大腿内旋，着力点在脚跟。

8. 虚步挑拳

(1)落步左挑拳。左脚在左侧落地，右掌变拳稍后移，左勾手变拳由体后向左上挑，拳背向上(图 14－1－93)。

(2)提膝前挂拳。上体左转 180°，微含胸前俯，左拳继续向前向上划弧上挑，右拳向下向前划弧挂至右膝外侧，同时右膝提起，目视右拳(图 14－1－94)。

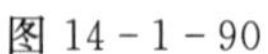

图 14-1-90

图 14-1-91

图 14-1-92

(3)虚步右挑拳。右脚向左前方上步,脚尖点地,重心落于左脚,左腿下蹲成右虚步;左拳向后划弧收至腰侧,拳心向上,右拳向前屈臂挑出,拳眼斜向上,拳与肩同高,目视右拳(图 14-1-95)。

图 14-1-93

图 14-1-94

图 14-1-95

(五)第四段

1.弓步顶肘

(1)缩身下挂。重心升高,右脚踏实;右臂内旋向下直臂划弧以拳背下挂至右膝内侧,左拳不变,目视前下方(图 14-1-96)。

(2)提膝摆臂。左腿蹬直,右腿屈膝上抬,上体右转;左拳变掌,右拳不变,两臂向前向上划弧摆起,目随右拳转视(图 14-1-97)。

(3)跳换步一。左脚蹬地起跳,身体腾空,两臂继续划弧至头上方(图 14-1-98)。

(4)跳换步二。右脚先落地,右腿屈膝,左脚向前落步,以前脚掌着地,同时两臂向右向下屈肘停于右胸前,右拳变掌,左掌变拳,右掌心贴靠左拳面(图 14-1-99)。

(5)弓步顶肘。左脚向左上一步,左腿屈膝,右腿蹬直成左弓步,右掌推左拳,以左肘尖向左顶出,高与肩平,目视前方(图 14-1-100)。

要点:交换步时不要过高,但要快;两臂抡摆时要成圆弧。

图 14-1-96

图 14-1-97

图 14-1-98

图 14-1-99

图 14-1-100

2. 转身左拍脚

(1)转身抡臂。以两脚前脚掌为轴向右后转体180°。随着转体，右臂向上、向右、向下划弧抡摆，同时左拳变掌向下、向后、向前上抡摆(图14－1－101)。

(2)左拍脚。左腿伸直向前上踢起，脚面绷平。左掌变拳收至腰侧，右掌由体后向上向前拍击左脚面，目视右手(图14－1－102)。

要点：右掌拍脚时手掌稍横过来，拍脚要准而响亮。

3. 右拍脚

(1)左掌后摆。左脚向前落地，左拳变掌向下向后摆，右掌变拳收至腰侧，拳心向上(图14－1－103)。

(2)右拍脚。右腿伸直向前上踢起，脚面绷平；左拳变掌由后向上向前拍击右脚面，目视左手(图14－1－104)。

要点：与本节的转身左拍脚相同。

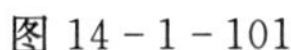
图14－1－101

图14－1－102

图14－1－103

14－1－104

4. 腾空飞脚

(1)落脚上步。右脚落地，上肢姿势保持不变(图14－1－105)。

(2)起跳击掌。左脚向前摆起，右脚猛力蹬地跳起，左腿屈膝继续前上摆，同时右拳变掌向前向上摆起，左掌先上摆而后下降拍击右掌背(图14－1－106)。

(3)空中拍脚。右腿继续上摆，脚面绷平；右手拍击右脚面，左掌由体前向后上举，目视右手(图14－1－107)。

要点：蹬地要向上，不要太向前冲，左膝尽量上提。击响要在腾空时完成，右臂伸直成水平。

图14－1－105

图14－1－106

图14－1－107

5. 歇步下冲拳

(1)半马步按掌。左、右脚先后相继落地，左掌变拳收至腰侧，目视右手(图14－1－108)。

(2)歇步下冲拳。身体右转90°，两腿全蹲成歇步，右掌抓握、外旋变拳收至腰侧；左拳由腰侧向前下方冲出，拳心向下，目视左拳(图14－1－109)。

图 14－1－108

图 14－1－109

6.仆步抡劈拳

(1)站起抡臂。重心升高,右臂由腰侧向体后伸直,左臂随身体重心升高向上摆起,目随左拳(图 14－1－110)。

(2)提膝转体。以右脚前脚掌为轴,左腿屈膝提起,上体左转 270°;左拳由前向后下划立圆一周;右拳由后向下向前上划立圆一周(图 14－1－111)。

(3)仆步劈拳。左腿向后落一步,屈膝全蹲,右腿伸直,脚尖里扣成右仆步;右拳由上向下抡劈,拳眼向上;左拳后上举,拳眼向上,目视右拳(图 14－1－112)。

要点:抡臂时一定要划立圆。

图 14－1－110

图 14－1－111

图 14－1－112

7.提膝挑掌

(1)弓步抡臂。重心前移成右弓步,同时右拳变掌由下向上抡摆,左拳变掌稍下落,右掌心向左,左掌心向右(图 14－1－113)。

(2)提膝挑掌。左、右臂在垂直面上由前向后各划立圆一周;右臂伸直停于头上,掌心向左,掌指向上,左臂伸直停于身后成反勾手;同时右腿屈膝提起,左腿挺膝伸直独立,目视前方(图 14－1－114)。

要点:抡臂时要划立圆。

图 14－1－113

图 14－1－114

8.提膝劈掌弓步冲拳

(1)提膝劈掌。下肢不动,右掌由上向下猛劈伸直,停于右小腿内侧,用力点在小指一侧;

左勾手变掌，屈臂向前停于右上臂内侧，掌心向左，目视右掌(图 14－1－115)。

(2)退步搂手。右脚向右后落地，身体右转 90°，同时左掌变拳收至腰侧，右臂内旋向右划弧做劈掌(图 14－1－116)。

(3)弓步冲拳。上动不停，左腿蹬直成右弓步，右手抓握变拳收至腰侧，左拳由腰侧向左前方冲出，目视左拳(图 14－1－117)。

图 14－1－115

图 14－1－116

图 14－1－117

(六)结束动作

1. 虚步亮掌

(1)扣膝抱掌。右脚扣于左膝后，两拳变掌，两臂右上左下屈肘交叉于体左前，目视右掌(图 14－1－118)。

(2)退步舞花。右脚向右后落步，重心后移，右腿半蹲，上体稍右转，同时右掌向上、向右、向下划弧停于左腋下；左掌向左、向上划弧停于右臂上与左胸前，两掌心左下右上，目视左掌(图 14－1－119)。

(3)虚步亮掌。左脚尖稍向右移，右腿下蹲成左虚步；左臂伸直向左、向后划弧成反勾手；右臂伸直向下、向右、向上划弧抖腕亮掌，掌心向前，目视左方(图 14－1－120)。

图 14－1－118

图 14－1－119

图 14－1－120

2. 并步对拳

(1)退步穿掌。左腿后撤一步，同时两掌从两腰侧向前穿出伸直，掌心向上(图 14－1－121)。

(2)退步后摆掌。右腿后撤一步，同时两臂分别向体后下摆(图 14－1－122)。

(3)并步转头对拳。左脚后退半步向右脚并拢；两臂由后向上经体前屈臂下按，两掌变拳，停于腹前，拳心向下，拳面相对，目视左方(图 14－1－123)。

3. 还原

两臂自然下垂，目视正前方(图 14－1－124)。

图 14－1－121

图 14－1－122

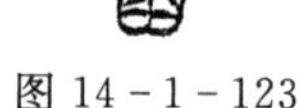

图 14－1－123

图 14－1－124

五、武术与健身

(一)外在的健身作用

中华民族千百年的习武实践和多年的科学研究，都说明武术由于注重内外兼修，对身体有着多方面的良好影响，经常练习能收到壮内强外的效果。例如长拳类套路，包括屈伸、回环、跳跃、平衡、翻腾、跌扑等动作，通过内在神情的贯注和呼吸的配合以及人体各个器官的积极参与，尤其是坚持基本功训练能加强人体肌肉力量，提高肌肉、韧带的伸展性，加大关节运动幅度，有效的发展柔韧性。而散打对抗中的判断、起动、躲闪格挡或快速还击等，对人体的反应速度、力量、灵巧、耐力都有良好的促进作用。长期练习武术对治疗多种慢性疾病和调节人体内环境平衡均有良好的医疗保健作用。

(二)提高防身自卫能力

武术以技击动作为主要内容，通过练拳习武，不仅可以增强体质，还可以学习一定的攻防格斗技术，掌握防身自卫的知识和方法，提高人体的灵活性和对外意识的应变自卫能力。若长期坚持系统训练，还可以直接为国防、公安建设服务。

(三)培养道德情操的教育作用

武术在长期的发展中，继承和发扬了中华民族重礼仪、讲道德的优秀传统。“习武以德为先”，说明武术练习历来十分重视武德教育，尚武崇德的精神可以培养青少年尊师重道、讲理守信、宽以待人、严于律己等良好的心理素质和高尚的道德情操。同时，武术的练习，特别是追求技艺提高的过程中，需要吃苦耐劳、坚持不懈的精神，这不仅能培养坚韧不拔、自强不息的意志品质，也是一种修身养性的重要手段，有益于人的全面发展。

(四)娱乐观赏，丰富文化生活

武术运动具有很高的观赏价值，踢、打、摔、拿、跌巧妙结合，内外合一、形神兼备的和谐美引人入胜。搏斗对抗中双方激烈的争夺，精湛的攻防技巧，敢打敢拼的斗志，都可以给人一种美的享受和精神上的激励。群众性的武术活动研究“以武会友”，即通过习武的共同爱好，可以切磋技艺，扩大交往，交流思想，增进友谊，丰富人民群众的业余文化生活。随着武术在世界上的广泛传播，必将会在我国人民与世界各国人民的友好交往中发挥更大作用。

第二节　太极

一、太极概述

太极拳是一项集健身、疾病预防和武术于一体的体育项目，它是中华武术拳种中最为普及和主要的拳种之一，是一种传统的养生术，它汇集了我国古代保健体育之精华，是宝贵的民族文化遗产。早期曾被称为“绵拳”“十三式”“软手”等，清乾隆年间，山西民间武术家王宗岳用《周子全书》中阴阳太极的哲理来解释拳义，写成《太极拳论》，太极拳这个名称才确定下来，“太极”一词源自《周易》，含有至高、至极、绝对、唯一的意思。

二、二十四式简化太极拳

(一)第一组动作

1. 起势

身体自然直立，两脚开立，与肩同宽，脚尖向前；两臂自然下垂，两手放在大腿外侧，目视前方(图 14-2-1)。两臂慢慢向前平举，两手高与肩平，与肩同宽，手心向下(图 14-2-2、图 14-2-3)。上体保持正直，两腿屈膝下蹲，同时，两掌慢慢下按，两肘下垂与两膝相对，目视前方(图 14-2-4)。

图 14-2-1

图 14-2-2

图 14-2-3

图 14-2-4

2. 左右野马分鬃

(1)上体微向右转，身体重心移至右腿；同时右臂向上划弧到胸前平屈，手心向下，左手经体前向右下划弧到腹前，手心向上，两手心相对呈抱球状；左脚随左手动作收到右脚内侧，脚尖点地，眼看右手(图 14-2-5、图 14-2-6)。

(2)上体微向左转，左脚向左前方迈出，脚跟先着地，落实后，右腿自然伸直，左膝前屈，成左弓步；同时，上体继续向左转前移，左右手随转体慢慢分别向左上右下分开，左手高与眼平(手心斜向上)，肘微屈下垂；右手落在右胯旁，肘也微屈，手心向下，指尖朝前，眼看左手(图 14-2-7、图 14-2-8、图 14-2-9)。

(3)上体慢慢平移后坐，身体重心移到右腿，左脚尖翘起，微向外撇(约 45°～60°)，随后脚掌慢慢踏实，左腿慢慢前弓，身体左转，身体重心再移到左腿；同时，左手内旋翻转掌心向下，左臂收至胸前平屈，右手外旋向左上划弧至腹前，两手心相对呈抱球状；右脚随右手动作收到左脚内侧，脚尖点地，眼看左手(图 14-2-10、图 14-2-11、图 14-2-12)。

图 14-2-5

图 14-2-6

图 14-2-7

图 14-2-8

图 14-2-9

图 14-2-10

图 14-2-11

图 14-2-12

(4)右脚向前方迈出，脚跟先着地，落实后，左腿自然伸直，右膝前屈成右弓步；同时，上体右转前移，左右手随转体分别慢慢向左下右上划弧分开，右手高与眼平，手心斜向上，肘微屈下垂，左手落在左胯旁，肘也微屈，手心向下，指尖向前，眼看右手(图 14-2-13、图 14-2-14)。

(5)与(3)相同，只是左右相反(图 14-2-15、图 14-2-16、图 14-2-17)。

(6)与(4)相同，只是方向相反(图 14-2-18、图 14-2-19)。

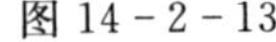
图 14-2-13

图 14-2-14

图 14-2-15

图 14-2-16

图 14-2-17

3. 白鹤亮翅

(1)上体微向左转，重心移至左腿，右脚跟进半步；同时左手向内旋翻，掌心向下，左臂平屈胸前，右手外旋向左上划弧至腹前，手心向上，与左手呈抱球状；眼看左手(图 14-2-20)。

(2)右脚跟进半步，上体后坐，身体重心移至右腿，上体先向右转，面向右前方，眼看右手；然后左脚稍向前移，脚尖点地，成左虚步，同时，上体再微向左转正，面向前方，两手随转体慢慢向右上左下分开，右手上提停于右额前，手心向左后方，左手下按至左胯前，手心向下，指尖向前；眼平视前方(图 14-2-21、图 14-2-22)。

图 14-2-18

图 14-2-19

图 14-2-20

图 14-2-21

图 14-2-22

(二)第二组动作

1. 左右搂膝拗步

(1)右手从体前下落,由下向后上方划孤至右肩外侧;肘微屈,手与耳同高,手心斜向上,左手由左下向上、向右下方划弧至右胸前,手心斜向下;同时,上体先微向左再向右转,左脚收至右脚内侧,脚尖点地;目视右手(图 14-2-23、图 14-2-24、图 14-2-25)。

(2)上体左转,左脚向前(偏左)迈出成左弓步;同时,右手屈回由耳侧向前推出,高与鼻尖平,左手向下由左膝前搂过落于左胯旁,指尖向前;目视右手手指(图 14-2-26、图 14-2-27)。

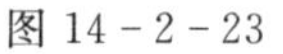
图 14-2-23

图 14-2-24

图 14-2-25

图 14-2-26

图 14-2-27

(3)右腿慢屈膝,上体后坐,身体重心移至右腿,左脚尖翘起微向外撇,随后脚掌慢慢踏实,左腿前弓,身体左转,重心移至左腿,右脚收至左脚内侧,脚尖点地;同时,左手向外翻掌由左向上划弧落于左胸前,手心斜向下,目视左手(图 14-2-28、图 14-2-29、图 14-2-30)。

(4)与(2)相同,只是左右方向相反(图 14-2-31、图 14-2-32)。

图 14-2-28

图 14-2-29

图 14-2-30

图 14-2-31

图 14-2-32

(5)与(3)相同,只是左右方向相反(图 14-2-33、图 14-2-34、图 14-2-35)。

(6)与(2)相同(图 14-2-36、图 14-2-37)。

图 14-2-33

图 14-2-34

图 14-2-35

图 14-2-36

图 14-2-37

2. 手挥琵琶

右脚跟进半步,上体后坐,身体重心转至右腿,上体半面向右转,左脚略提起稍向前移,变成左虚步,脚跟着地,脚尖翘起,膝部微屈;同时,左手由左下向上挑掌,高与鼻平,掌心向右,臂微屈；右手收回置于左肘内侧，掌心向左；目视左手食指（图 14 - 2 - 38、图 14 - 2 - 39、图 14 - 2 - 40）。

图 14 - 2 - 38

图 14 - 2 - 39

图 14 - 2 - 40

3. *左右倒卷肱*

（1）上体右转，右手翻掌（手心向上）经腹前由下向后上方划弧平举，臂微屈，左手随即翻掌向上；目随转体先向右视，再转向前方视左手（图 14 - 2 - 41、图 14 - 2 - 42）。

（2）右臂屈肘折向前，右手由耳侧向前推出，手心向前，左臂屈肘后撤，手心向上，撤至左肋外侧；同时，左腿轻轻提起向后（偏左）退一步，脚掌先着地，然后全脚慢慢踏实，身体重心移到左腿上成右虚步，右脚随转体以脚掌为轴扭正；目视右手（图 14 - 2 - 43、图 14 - 2 - 44）。

图 14 - 2 - 41

图 14 - 2 - 42

图 14 - 2 - 43

图 14 - 2 - 44

（3）上体微向左转，同时，左手随转体向后上方划弧平举，手心向上，右手随即翻掌，掌心向上；目随转体先向左视，再转向前方视右手（图 14 - 2 - 45）。

（4）与（2）相同，只是左右相反（图 14 - 2 - 46、图 14 - 2 - 47）。

图 14 - 2 - 45

图 14 - 2 - 46

图 14 - 2 - 47

（5）与（3）相同，只是左右相反（图 14 - 2 - 48）。

（6）与（2）相同（图 14 - 2 - 49、图 14 - 2 - 50）。

（7）与（3）相同（图 14 - 2 - 51）。

（8）与（2）相同，只是左右相反（图 14 - 2 - 52、图 14 - 2 - 53）。

图 14－2－48　图 14－2－49　图 14－2－50

图 14－2－51　图 14－2－52　图 14－2－53

(三)第三组动作

1. 左揽雀尾

(1)上体微向右转,同时,右手随转体向后上方划弧平举,手心向上,左手放松,手心向下,目视左手(图 14－2－54)。

(2)身体继续向右转,左手自然下落逐渐翻掌经腹前划弧至右肋前,手心向上,右臂屈肘,手心转向下,收至右胸前,两手相对成抱球状;同时,身体重心落在右腿上,左脚收至右脚内侧,脚尖点地,目视右手(图 14－2－55、图 14－2－56)。

(3)上体微向左转,左脚向左前迈出,上体继续向左转,右腿自然蹬直,左腿屈膝,成左弓步;同时,左臂向前棚出(即左臂平屈成弓形,用前臂外侧和手背向前推出),高与肩平,手心向后;右手向右下落放于右胯旁,手心向下,指尖向前;目视左前臂(图 14－2－57、图 14－2－58)。

图 14－2－54　图 14－2－55　图 14－2－56　图 14－2－57　图 14－2－58

(4)身体微向左转,左手随即前伸翻掌向下,右手翻掌向上,经腹前向上、向前伸至左前臂下方;然后两手下捋,即上体向右转,两手经腹前向右后上方划弧,直至右手手心向上,高与肩齐,左臂平屈于胸前,手心向后;同时,身体重心移至右腿,目视右手(图 14－2－59、图 14－2－60)。

(5)上体微向左转,右臂屈肘折回,右手附于左手腕里侧(相距约 5 cm),上体继续向左转,双手同时向前慢慢挤出,左手心向后,右手心向前,左前臂要保持半圆;同时,身体重心逐渐前移变成左弓步;目视左手腕部(图 14－2－61、图 14－2－62)。

图 14－2－59

图 14－2－60

图 14－2－61

图 14－2－62

(6)左手翻掌，手心向下，右手经左腕上方向前、向右伸出，高与左手齐，手心向下，两手左右分开，宽与肩同；然后右腿屈膝，上体慢慢后坐，身体重心移至右腿上，左脚尖翘起；同时两手屈肘回收至腹前，手心均向前下方，目视前方(图 14－2－63、图 14－2－64、图 14－2－65)。

(7)上式不停，身体重心慢慢前移；同时，两手向前、向上按出，掌心向前；左腿前弓成左弓步；目视前方(图 14－2－66)。

图 14－2－63

图 14－2－64

图 14－2－65

图 14－2－66

2. 右揽雀尾

(1)上体后坐并向右转，身体重心移至右腿，左脚尖里扣；右手向右平行划弧至右侧，然后由右下经腹前向左上划弧至左肋前，手心向上，左臂平屈胸前，左手掌向下与右手成抱球状；同时，身体重心再移至左腿上，右脚收至左脚内侧，脚尖点地；目视左手(图 14－2－67、图 14－2－68、图 14－2－69、图 14－2－70)。

图 14－2－67

图 14－2－68

图 14－2－69

图 14－2－70

(2)与“左揽雀尾”(3)相同，只是左右相反(图 14－2－71、图 14－2－72)。

(3)与“左揽雀尾”(4)相同，只是左右相反(图 14－2－73、图 14－2－74)。

图 14－2－71

图 14－2－72

图 14－2－73

图 14－2－74

(4)与“左揽雀尾”(5)相同,只是左右相反(图 14－2－75、图 14－2－76)。

图 14－2－75

图 14－2－76

(5)与“左揽雀尾”(6)相同,只是左右相反(图 14－2－77、图 14－2－78、图 14－2－79)。

(6)与“左揽雀尾”(7)相同,只是左右相反(图 14－2－80)。

图 14－2－77

图 14－2－78

图 14－2－79

图 14－2－80

(四)第四组动

1. 单鞭

(1)上体后坐,身体重心逐渐移至左腿上,右脚尖里扣;同时,上体左转,两手(左高右低)向左弧形运转,直至左臂平举,伸于身体左侧,手心向左,右手经腹前运至左肋前,手心向后上方;目视左手(图 14－2－81、图 14－2－82)。

(2)身体重心再渐渐移至右腿上,上体右转,左脚向右脚靠拢,脚尖点地;同时,右手向右上方划弧(手心由里转向外),至右侧方时变勾手,臂与肩平,左手向下经腹前向右上划弧停于右肩前,手心向里;目视左手(图 14－2－83、图 14－2－84)。

图 14－2－81

图 14－2－82

图 14－2－83

图 14－2－84

(3)上体微向左转,左脚向左前侧方迈出,右脚跟后蹬,成左弓步;在身体重心移向左腿的同时,左掌随上体继续左转慢慢翻转向前推出,手心向前,手指与眼齐平,臂微屈;眼看左手(图 14－2－85、图 14－2－86)。

2. 云手

(1)身体重心移至右腿上,身体渐向右转,左脚尖里扣;左手经腹前向右上划弧至右肩前,手心斜向后，同时右手变掌，手心向右前；眼看左手(图 14－2－87、图 14－2－88、图 14－2－89)。

图 14－2－85　图 14－2－86　图 14－2－87　图 14－2－88　图 14－2－89

(2)上体慢慢左转，身体重心随之逐渐左移；左手由脸前向左侧运转，手心渐渐向左方；右手由右下经腹前向左上划弧，至左肩前，手心斜向后，同时右脚靠近左脚，成小开立步(两脚距离约 10～20 cm)；眼看左手(图 14－2－90、图 14－2－91)。

(3)上体再向右转，同时左手经腹前向右上划弧至右肩前，手心斜向后；右手向右侧运转，手心翻转向右；随之左腿向左横跨一步；眼看左手(图 14－2－92、图 14－2－93、图 14－2－94)。

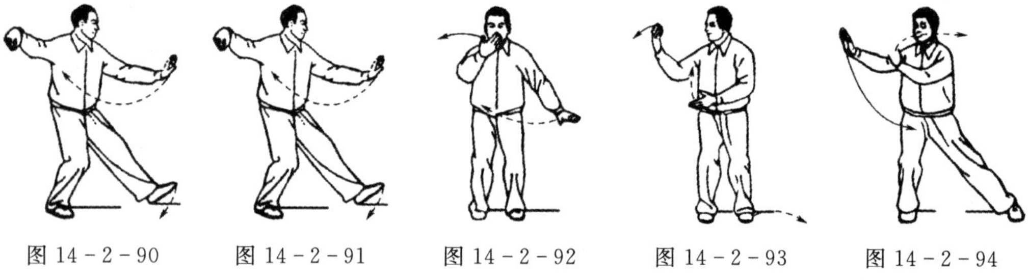

图 14－2－90　图 14－2－91　图 14－2－92　图 14－2－93　图 14－2－94

(4)与(2)相同(图 14－2－95、图 14－2－96)。

(5)与(3)相同(图 14－2－97、图 14－2－98、图 14－2－99)。

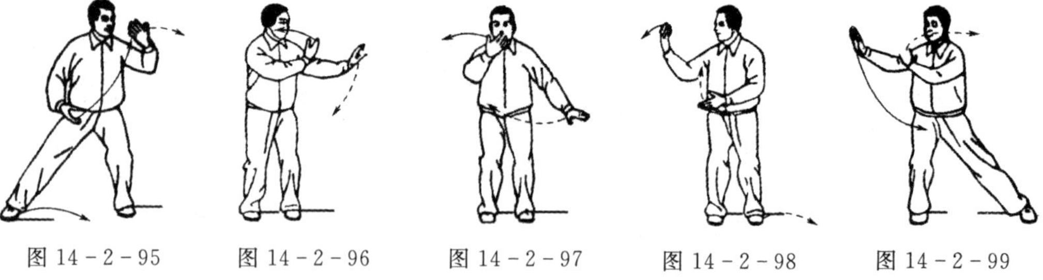

图 14－2－95　图 14－2－96　图 14－2－97　图 14－2－98　图 14－2－99

(6)与(2)相同(图 14－2－100、图 14－2－101)。

图 14－2－100

图 14－2－101

3. 单鞭

(1)上体向右转，右手随之向右运转，至右侧方时变成勾手；右手经腹前向右上划弧至右肩前，手心向内；身体重心落在右腿上，左脚尖点地；眼看右手(图 14－2－102、图 14－2－103、图 14－2－104)。

(2)上体微向左转，左脚向左前侧方迈出，右脚跟后蹬，成左弓步；在身体重心移向左腿的同时，上体继续左转，左掌慢慢翻转向前推出，成“单鞭”式(图 14－2－105、图 14－2－106)。

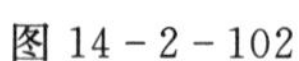
图 14－2－102

图 14－2－103

图 14－2－104

图 14－2－105

图 14－2－106

(五)第五组动作

1. 高探马

(1)跟步翻掌。右脚跟进半步，身体重心逐渐后移至右腿上；右勾手变成掌，两手心翻转向上，两肘微屈；同时身体微向右转，左脚跟渐渐离地；眼视左前方(图 14－2－107)。

(2)上体微向左转，面向前方，右掌经右耳旁向前推出，手心向前，手指与眼同高；左手收至左侧腰前，手心向上；同时左脚微向前移，脚尖点地，成左虚步；眼视右手(图 14－2－108)。

图 14－2－107

14－2－108

2. 右蹬脚

(1)左手手心向上，前伸至右手腕背面，两手相互交叉，随即向两侧分开并向下划弧，手心斜向下，同时左脚提起向左前侧方进步(脚尖稍外撇)；身体重心前移，右腿自然蹬直，成左弓步；眼视前方(图 14－2－109、图 14－2－110、图 14－2－111)。

图 14－2－109

图 14－2－110

图 14－2－111

(2)两手由外圈向里圈划弧，两手交叉合抱于胸前，右手在外. 手心均向后；同时右脚向左脚靠拢，脚尖点地；眼平视右前方(图 14－2－112)。

(3)两手臂左右划弧分开平举，肘部微屈，手心均向外；同时右腿屈膝提起，右脚向右前方慢慢蹬出；眼视右手(图 14－2－113、图 14－2－114)。

图 14－2－112

图 14－2－113

图 14－2－114

3. 双峰贯耳

(1)右腿收回，屈膝平举；左手由后向上、向前下落至体前，两手心均翻转向上，两手同时向下划弧，分落于右膝盖两侧，眼视前方(图 14－2－115、图 14－2－116)。

(2)右脚向右前方落下，重心渐渐前移，成右弓步，面向右前方，同时两手下落，慢慢变拳，分别从两侧向上、向前划弧贯拳至面部前方，成钳形状，两拳相对，高与耳齐，拳眼都斜向内下(两拳中间距离约 10～20 cm)；眼视右拳(图 14－2－117、图 14－2－118)。

图 14－2－115

图 14－2－116

图 14－2－117

图 14－2－118

4. 转身左蹬脚

(1)左腿屈膝后坐，身体重心移至左腿，上体左转，右脚尖里扣；同时两拳变掌，由上向左右划弧分开平举，手心向前；眼视左手(图 14－2－119、图 14－2－120)。

(2)身体重心再移至右腿，左脚收到右脚内侧，脚尖点地；同时两手由外圈向里圈划弧合抱于胸前，左手在外，手心均向后，眼平视左方(图 14－2－121、图 14－2－122)。

图 14－2－119

图 14－2－120

图 14－2－121

图 14－2－122

(3)两手臂左右划弧分开平举，肘部微屈，手心均向外；同时左腿屈膝提起，左脚向左前方慢慢蹬出；眼视左手(图 14－2－123、图 14－2－124)。

图 14－2－123

图 14－2－124

(六)第六组动作

1. 左下势独立

(1)左腿收回平屈，上体右转；右掌变成勾手，左掌向上、向右划弧下落，立于右肩前，掌心斜向后；眼视右手(图 14－2－125、14－2－126)。

(2)右腿慢慢屈膝下蹲，左脚由内向左侧(偏后)伸出，成左仆步；左手下落(掌心向外)向左下顺左腿内侧向前穿出；眼视左手(图 14－2－127、图 14－2－128)。

图 14－2－125　图 14－2－126　图 14－2－127　图 14－2－128

(3)身体重心前移，左脚跟为轴，脚尖尽量向外撇，左腿前弓，右腿后蹬，右脚尖里扣，上体微向左转并向前起身；同时左臂继续向前伸出(立掌)，掌心向右，右勾手下落，勾尖向后；眼视左手(图 14－2－129)。

(4)右腿慢慢提起平屈，成左独立式；同时右勾手变掌，并由后下方顺右腿外侧向前弧形上挑，屈臂立于右腿上方，肘与膝相对，手心向左；左手落于左胯旁，手心向下，指尖向前；眼视右手(图 14－2－130、图 14－2－131)。

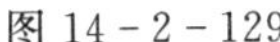
图 14－2－129

图 14－2－130

图 14－2－131

2. 右下势独立

(1)右脚下落左脚前，脚尖着地，然后以左以脚前掌为轴脚跟转动，身体随之左转；同时左手向后平举变成勾手，右掌随着转体向左侧划弧，立于左肩前，掌心斜向后；眼视左手(图

11－2－132、图 14－2－133)。

(2)同“左下势独立”(2)解,只是左右相反(图 14－2－134、图 14－2－135)。

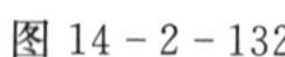
图 14－2－132

图 14－2－133

图 14－2－134

图 14－2－135

(3)同“左下势独立”(3)解,只是左右相反(图 14－2－136)。

(4)同“左下势独立”(4)解,只是左右相反(图 14－2－137、图 14－2－138)。

图 14－2－136

图 14－2－137

图 14－2－138

(七)第七组动作

1. *左右穿梭*

(1)身体微向左转,左腿向前落地,脚尖外撇,右脚跟离地,两腿屈膝半坐成半坐盘式;同时两手在左胸前成抱球状(左上右下);然后右脚收到左脚内侧,脚尖点地;眼视左前臂(图 14－2－139、图 14－2－140、图 14－2－141)。

(2)身体右转,右脚向右前方迈出,屈膝弓腿成右弓步;同时右手由脸前向上举并翻掌停架在右额前,手心斜向上;左手先向左下,再经体前向前推出,高与鼻尖平,手心向前;眼视左手(图 14－2－142、图 14－2－143、图 14－2－144)。

图 14－2－139

图 14－2－140

图 14－2－141

图 14－2－142

图 14－2－143

图 14－2－144

(3)身体重心略向后移,右脚尖稍向外撇,随即身体重心再移到右腿,左脚跟进.停于右脚内侧,脚尖点地;同时两手在胸前成抱球状(右上左下);眼视右前臂(图 14－2－145、图 14－2－146)。

(4)同(2)解,只是左右相反(图 14－2－147、图 14－2－148、图 14－2－149)。

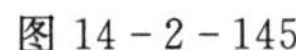
图 14－2－145

图 14－2－146

图 14－2－147

图 14－2－148

图 14－2－149

2. 海底针

右脚向前跟进半步，身体重心移至右腿，左脚稍向前移，脚尖点地，成左虚步；同时身体稍向右转，右手下落经体前向后、向上提抽至肩上耳旁，再随身体左转，由右耳旁斜向前下方插出，掌心向左，指尖斜向下；与此同时，左手向前、向下划弧落于左胯旁，手心向下，指尖向前；眼视前下方（图 14－2－150、图 14－2－151）。

图 14－2－150

图 14－2－151

3. 闪通臂

上体稍向右转，左脚向前迈出，屈膝弓成左弓步；同时右手由体前上提，屈臂上举，停于右额前上方，掌心翻转斜向上，拇指朝下；左手上起经胸前随重心前移慢慢向前推出，高与鼻尖平，手心向前；眼视左手（见图 14－2－152、图 14－2－153、图 14－2－154）。

图 14－2－152

图 14－2－153

图 14－2－154

（八）第八组动作

1. 转身搬拦捶

（1）上体后坐，身体重心移至右腿上，左脚尖里扣；身体向右后转，然后身体重心再移至左腿上；与此同时，右手随着转体向右。向下（变拳）经腹前划弧至左肋旁，拳心向下；左掌上举于头前，掌心斜向上；眼视前方（图 14－2－155、图 14－2－156）。

（2）向右转体，右拳经胸前向前翻转搬出，拳心向上：左手落于左胯旁，掌心向下，指尖向前；同时右脚收回后（不要停顿或脚尖点地）即向前迈出，脚尖外撇；眼视右拳（图 14－2－157、图 14－2－158）。

图 14－2－155　图 14－2－156　图 14－2－157　图 14－2－158

(3)身体重心移至右腿上，左腿向前迈出一步；左手上起经左侧向前上划弧拦出，掌心向前下方；同时右拳向右划弧收到右腰旁，掌心向上；眼视左手(图 14－2－159、图 14－2－160)。

(4)弓步打拳：左腿前弓成左弓步，同时右拳向前打出，拳眼向上，高与胸平，左手附于右前臂里侧，眼视右拳(图 14－2－161)。

图 14－2－159　图 14－2－160　图 14－2－161

2. 如封似闭

(1)左手由右腕下向前伸出，右拳变掌，两手手心逐渐翻转向上并慢慢分开回收；同时身体后坐，左脚尖翘起，身体重心移至右腿，眼视前方(图 14－2－162、图 14－2－163、图 14－2－164)。

图 14－2－162　图 14－2－163　图 14－2－164

(2)两手在胸前翻掌，向下经腹前再向上、向前推出；腕部与肩平，手心向前；同时左腿前弓成左弓步，眼视前方(图 14－2－165、图 14－2－166、图 14－2－167)。

图 14－2－165　图 14－2－166　图 14－2－167

3. 十字手

(1)屈膝后坐，身体重心移向右腿，左脚尖里扣，向右转体；右手随着转体动作向右平摆划弧，与左手成两臂侧平举，掌心向前，肘部微屈；同时右脚尖随着转体稍向外撇，成右侧弓步；眼看右手(图 14－2－168、图 14－2－169)。

(2)身体重心慢慢移至左腿，右脚尖里扣，随即向左收回，两脚距离与肩同宽，两腿逐渐蹬直，成开立步；同时两手向下经腹前向上划弧交叉合抱于胸前，两臂撑圆，腕高与肩平，右手在外，成十字手，手心均向后，眼视前方(图 14－2－170、图 14－2－171)。

图 14－2－168　图 14－2－169　图 14－2－170　图 14－2－171

4. 收势

两手向外翻掌，手心向下，两臂慢慢下落，停于腹前，眼视前方(图 14－2－172、图 14－2－173、图 14－2－174)。

图 14－2－172　图 14－2－173　图 14－2－174

三、三十二式太极剑

(一)左手持剑法

左手自然舒展开，虎口部位对准剑的护手处，然后拇指由护手上方向下，中指、无名指和小指由护手下面向上，两者相对握住护手(由于护手的形式不同，拇指也可以从下向上握)，食指伸直贴附于剑把之上，剑身平贴于左臂后侧。要点：手要紧握剑，不得使剑刃触及身体。

(二)右手持剑法

右手自然舒展开，虎口对准剑的“上刃”(剑面竖直成立剑时，在上的一侧剑刃称为上刃)，然后拇指和食指靠近护手将剑把握紧，其他三指可松握，以拇指的根节和小指外沿的掌根部位控制剑的活动。另一种持剑法是，以中指、无名指和拇指握住剑把，食指和小指松握。当遇到某些需要增加剑锋弹力和灵活性的动作时，食指则贴于护手上，以控制剑活动的准确性。后一种持剑法也称活把剑。要点：握剑的松紧程度以能将剑刺平、劈平为宜。

(三)剑指

在练剑的时候,不持剑的手一般都保持成"剑指"姿势,即把食指和中指尽量伸直,无名指和小指屈握,然后用拇指压在无名指和小指指甲上。

(四)三十二式太极剑起势

1. 预备式

身体正直,两脚开立,与肩同宽,脚尖向前;两臂自然垂于身体两侧,左手持剑,剑尖向上,剑身竖直;眼平视前方(图 14-2-175)。

2. 起势

右手握成剑指,两臂慢慢向前平举,高与肩平,手心向下;平视前方。要点:两臂上起时,不要用力,两手宽度不超过两肩。剑身在左臂下要平,剑尖不可下垂。上体略向右转,身体重心移于右腿,屈膝下蹲,然后再向左转体,左腿提起向左侧前方迈出,成左弓步;左手持剑随即经体前向左下方搂出,停于左胯旁,剑立于左臂后,剑尖向上;同时右手剑指下落转成手掌心向上,由右后方屈肘上举经耳旁随转动方向向前指出,高与眼平;先向右看,然后向前看右剑指。

左臂屈肘上提,左手持剑(手心向下)经胸前从右手上穿出,右剑指翻转(手心向上),并慢慢下落撤至右后方(手心仍向上),两臂向外展平,身体右转;右腿提起向前横落,脚尖外撇,两腿交叉,膝部弯曲,左脚跟离地,身体稍向下坐,成半坐盘势;向后看右手。

右脚和左手持剑的位置不动,左脚前进一步,成左弓步;同时身体向左扭转,右手剑指随之经头部右上方向前落于剑把之上,准备接剑;平视前方(图 14-2-176、图 14-2-177、图 14-2-178)。

图 14-2-175

图 14-2-176

图 14-2-177

图 14-2-178

(五)第一组动作

1. 并步点剑

左手食指向中指一侧靠拢,右手松开剑指,虎口对着护手,将剑接换过,并使剑在身体左侧划一立圆,然后剑尖向前下点,剑尖略向下垂,右臂要平直;左手变成剑指,附于右手腕部;右脚前进向左脚靠拢并齐,脚尖向前,身体略向下蹲;目注剑尖(图 14-2-179、图 14-2-180)。

2. 独立反刺

右脚向右后方撤一步,随即身体右后转,然后左脚收至右脚内侧,脚尖点地,同时右手持剑经体前下方撤至右后方,右腕翻转,剑尖上挑;左手剑指随剑回撤,停于右肩旁;眼看剑尖。上体左转,左膝提起,成独立式,脚尖下垂;同时右手渐渐上举,使剑经头部前上方向前刺出(拇指向下，作反手立剑），剑尖略低，力注剑尖；左手剑指则经下颏处随转体向前指出，高与眼平；目注剑指（图 14－2－181、图 14－2－182）。

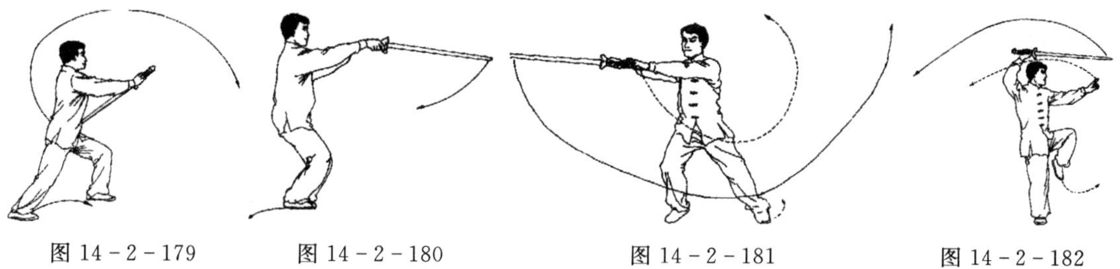

图 14－2－179　图 14－2－180　图 14－2－181　图 14－2－182

3. 仆步横扫

上体右后转，剑随转体向右后方劈下，右臂与剑平直，左剑指落于右手腕部；转体的同时，右膝前弓，左腿向左横落撤步，膝部伸直；眼看剑尖。身体向左转，左手剑指经体前顺左肋反插，向后、向左上方划弧举起至左额前上方，手心斜向上；右手持剑翻掌，手心向上，使剑由下向左上方平扫，力在剑刃中部，剑高与胸平；在转体的同时，右膝弯屈成半仆步，此式不停，接着身体重心逐渐前移，左脚尖外撇，左腿屈膝，右脚尖里扣，右腿自然伸直，变成左弓步；眼看剑尖（图 14－2－183、图 14－2－184）。

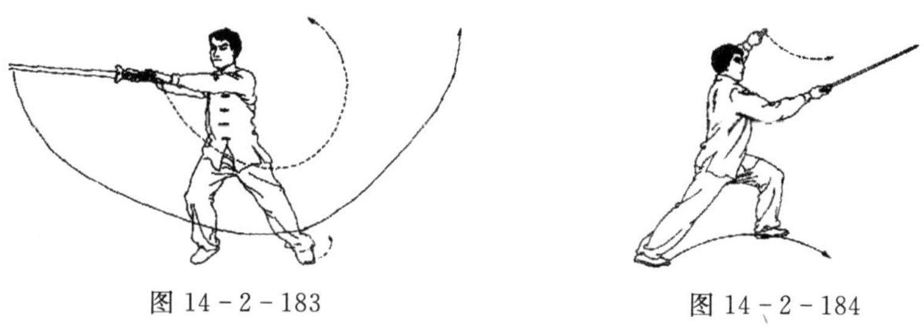

图 14－2－183　图 14－2－184

4. 向右平带

右腿提起经左腿内侧向右前方跨出一步，成右弓步；右手剑向前引伸，然后翻转手心向下，将剑向右斜方慢慢回带、屈肘，右手带至右肋前方，力在右剑刃，剑尖略高于手；左手剑指下落附于右手腕部；眼看剑尖（图 14－2－185）。

5. 向左平带

右手剑向前引伸，并慢慢翻掌将剑向左斜方回带，屈肘握剑手带至左肋前方，力在左剑刃，左手剑指经体前左肋向左上方划弧举起至左额上方，手心斜向上；同时，左脚经右腿内侧向左前方迈出一步成左弓步；目注剑尖（图 14－2－186）。

图 14－2－185　图 14－2－186

6. 独立抡劈

右脚前进到左脚内侧，脚尖着地；左手从头部左上方落至右腕部。然后身体左转，右手抽剑由前向下、向后划弧，经身体左下方旋臂翻腕上举，向前下方正手立剑劈下，力在剑下刃；左手剑指则由身体左侧向下、向后转至左额上方，掌心斜向上；在抡劈剑的同时，右脚前进一步，左腿屈膝提起，成独立步，眼看剑尖(图 14－2－187、图 14－2－188)。

7. 退步回抽

左脚向后落下，屈膝，右脚随之撤回半步，脚尖点地，成右虚步；右手剑抽回，剑把靠近左肋旁边，手心向里，剑面与身体平行，剑尖斜向上，左手剑指下落附于剑把上；眼看剑尖(见图 14－2－189)。

8. 独立上刺

身体微向右转，面向前方，右脚向前一步，左腿屈膝提起，成独立步；同时，右手剑向前上方刺出(手心向上)，力注剑尖，剑尖高与眼平；左手仍附在右手腕部；眼看剑尖(图 14－2－190)。

图 14－2－187　图 14－2－188　图 14－2－189　图 14－2－190

(六)第二组动作

1. 虚步下截

左脚向左后方落步，右脚随即微向后撤，脚尖点地，成右虚步；同时，右手剑先随身体左转再随身体右转经体前向右、向下按(截)，力注剑刃，剑尖略下垂，高与膝平；左剑指由左后方绕行至左额上方(掌心斜向上)；眼平视右前方(图14－2－191)。

2. 左弓步刺

右脚向右后方回撤一步，左脚收至右脚内侧后再向左前方迈出，成左弓步，面向左前方。同时，右手剑随身体转动经面前向后、向下抽卷，再向左前方刺出，手心向上，力注剑尖；左手剑指向右、向下落，经体前再向左、向上绕行至左额上方，手心斜向上，臂要撑圆；眼看剑尖(图 14－2－192)。

图 14－2－191

图 14－2－192

3. 转身斜带

身体重心后移，左脚尖里扣，上体右转，随后身体重心又移至左脚上，右腿提起，贴在左腿内侧；同时，右手剑收回横置胸前，掌心仍向上；左剑指在右手腕部；眼看左方。上式不停，向右后方转体，右脚向右侧方迈出，成右弓步；同时右手剑随转体翻腕，掌心向下并向身体右侧外带

(剑尖略高)，力在剑刃外侧；左剑指仍附于右手腕部；眼看剑尖(图 14－2－193、图 14－2－194)。

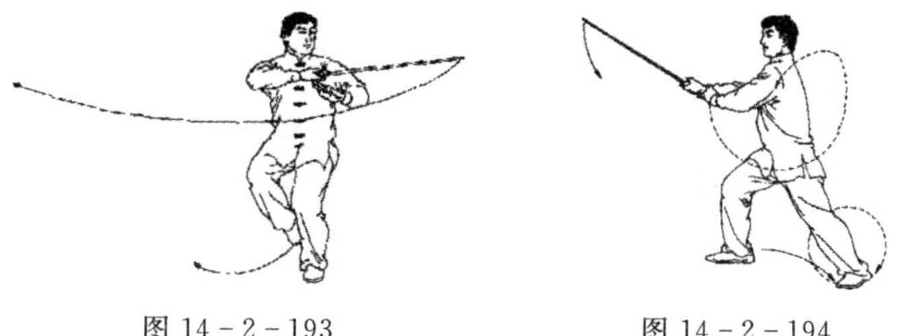

图 14－2－193　　图 14－2－194

4. 缩身斜带

左腿提起后再向原位置落下，重心移于左腿，右脚撤到左脚内侧，脚尖点地，同时，右手翻掌手心向上，并使剑向左侧回带(剑尖略高)，力在剑刃外侧；左手剑指随即由体前向下反插，再向后、向上绕行划弧重落于右手腕部；眼看剑尖(图 14－2－195、图 14－2－196)。

5. 提膝捧剑

右脚后退一步，左脚也微向后撤，脚尖着地；同时两手平行分开，手心都向下，剑身斜置于身体右侧，剑尖位于体前，左剑指置于身体左侧。左脚略向前进，右膝向前提起成独立式；同时右手剑把与左手(剑指变掌)在胸前相合，左手捧托在右手背下，两臂微屈，剑在胸前，剑身直刺前方，剑尖略高；眼看前方(见图 14－2－197)。

图 14－2－195　　图 14－2－196　　图 14－2－197

6. 跳步平刺

右脚向前落下，重心前移，然后右脚尖用力蹬地，左脚随即前进一步踏实，右脚在左脚将要落地时，迅速向左腿内侧收拢(脚不落地)；同时，两手捧剑先微向回收，紧接着随右脚落地，再直向前伸刺，然后，随左脚落地两手分开撤回身体两侧，两手手心都向下，左手再变剑指；眼看前方。右脚再向前上一步，成右弓步；同时，右手剑向前平刺(手心向上)，力注剑尖；左手剑指由左后方上举，绕至左额上方，手心斜向上；眼看剑尖(见图 14－2－198、图 14－2－199)。

7. 左虚步撩

重心后移至左腿上，上体左转，右脚回收再向前垫步，脚尖外撇，再向右转体，重心前移至右腿，左脚随即前进一步，脚尖着地，成左虚步；同时，右手剑随身体转动经左上方向后、向下、立剑向前撩出(前臂内旋，手心向外)，力在剑刃前部，剑把停于头前，剑尖略低；左手剑指在上体左转时即下落附于右腕部，随右手绕转；眼看前方(图 14－2－200)。

8. 右弓步撩

身体先向右转，右手剑由上向后绕环，掌心向外，左剑指随剑绕行附于右臂内侧；随之左脚向前垫步，右脚继而前进一步，成右弓步；右手剑随着上右步由下向前立剑撩出(前臂外旋，手心向外），剑与肩平，剑尖略低，力在剑刃前部；左剑指则由下向上绕行至左额上方，手心斜向上；眼看前方（见图 14－2－201）。

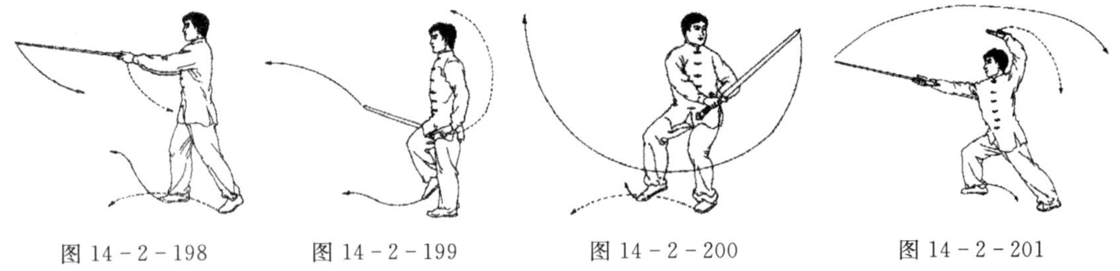
图 14－2－198　图 14－2－199　图 14－2－200　图 14－2－201

（七）第三组动作

1. 转身回抽

身体左转，重心后移，右脚尖里扣，左脚尖稍外展，右腿蹬直，成侧弓步；同时，右手将剑柄收引到胸前，剑身平直，剑尖向右后，左手剑指仍附于右腕上；然后身体再向左转，随转体右手剑向左前方劈下，力在剑刃（剑身要平），左手剑指附于右腕部；眼看剑尖。重心后移至右腿，右膝稍屈，左脚回撤，脚尖点地，成左虚步；同时，右手剑抽回至身体右侧（剑尖略低）；左剑指收回再经胸前、下颏处向前指出，高与眼齐；眼看剑指（图 14－2－202、图 14－2－203）。

2. 并步平刺

左脚略向左移，右脚靠拢左脚成并步，面向前方，身体直立；同时左剑指向左转并向右下方划弧，反转变掌捧托在右手下，然后双手捧剑向前平刺，手心向上，力注剑尖，高与胸平；眼看前方（图 14－2－204）。

图 14－2－202　图 14－2－203　图 14－2－204

3. 左弓步拦

右手剑翻腕后抽，随身体右转，由前向右转动，再随身体左转，经右后方向下、向左前方托起拦出，力在剑刃，剑身与头平，前臂外旋，手心斜向里；左剑指则向右、向下、向上绕行，停于左额上方，手心斜向上；在身体左转时，左脚向左前方进一步，左腿屈膝，成左弓步；眼先随剑视右后方，最后平视前方（图 14－2－205）。

4. 右弓步拦

身体重心微向后移，左脚尖外撇，身体先向左转再向右转；在转体的同时，右脚经左侧向右前方进一步，成右弓步；右手剑由左后方划一整圆向右前托起拦出（前臂内旋，手心向外），力在剑刃，剑身与头平；左剑指附于右手腕部；眼看前方（图 14－2－206）。

5. 左弓步拦

身体重心微向后移，左脚尖外撇，其余动作及要点与前“右弓步拦”相同，只是方向左右相反。右手剑拦出时，右臂外旋，手心斜向内（图 14－2－207）。

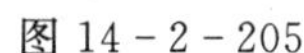
图 14－2－205

图 14－2－206

图 14－2－207

6. 进步反刺

身体向右转，右脚向前横落盖步，脚尖外撇，左脚跟离地成半坐盘势；同时，右手剑剑尖下落，左剑指下落到右腕部，然后剑向后方立剑刺出，左剑指向前方指出，手心向下，两臂伸平，右手手心向体前；眼看剑尖。身体左转，左脚前进一步，成左弓步；同时，右前臂向上弯屈，剑尖向上挑挂，继而向前刺出（前臂内旋，手心向外，成反立剑），力注剑尖，剑尖略低；左手剑指附于右腕部；眼看剑尖（图 14－2－208）。

7. 反身回劈

身体重心先移至右腿，左脚尖里扣，然后再移到左腿上；右腿提起收回（不停），身体右后转，右脚随即向前迈出成右弓步，面向中线右前方；同时，右手剑随转体由上向右后方劈下，力在剑刃；左手剑指由体前经左下方转在左额上方，手心斜向上；眼看剑尖（图 14－2－209）。

8. 虚步点剑

左脚提起，上体左转，左脚向起势方向垫步，脚尖外撇，随即右脚提起落在左脚前，脚尖点地，成右虚步；同时，右手剑随转体划弧上举向前下方点出，右臂平直。剑尖下垂，力注剑尖；左剑指下落经身体左侧向上划弧，在体前与右手相合，附于右腕部；眼看剑尖。要点：点剑时，腕部用力，使力量达于剑尖；点剑与右脚落地要协调一致，身体保持正直；虚步和点剑方向与起势方向相同（图 14－2－210）。

图 14－2－208

图 14－2－209

图 14－2－210

（八）第四组动作

1. 独立平托

右脚向左腿的左后方倒插步。两脚以脚掌为轴向右转体（仍成面向前方），随即左膝提起成右独立步；在转体的同时，剑由体前先向左、向下绕环，然后随向右转体动作向右上方托起，剑身略平，稍高于头，力在剑刃上侧；左剑指仍附于右腕部；眼看前方。要点：撤右腿时，右脚掌先落地，然后再以脚掌为轴向右转体。身体不要前俯后仰。提膝和向上托剑动作要一致，右腿自然伸直（图 14－2－211）。

2. 弓步挂劈

左脚向前横落，身体左转，两腿交叉成半坐盘式，右脚跟离地，同时，右手剑向身体左后方穿挂，剑尖向后；左剑指仍附右腕上，眼向后看剑尖。右手剑由左侧翻腕向上再向前劈下，剑身要平，力在剑刃；左剑指则经左后方上绕至左额上方，手心斜向上；同时，右脚向前进一步，成右弓步；眼向前看剑尖。要点：身体要先向左转再向右转，视线随剑移动(图 14－2－212)。

3. 虚步抡劈

重心略后移，身体右转，右脚尖外撇，左脚跟离地成交叉步；同时，右手剑由右侧下方向后方反手撩平，左剑指落于右肩前；眼向后反看剑尖。左脚向前垫一步，脚尖外撇，身体左转，随即右脚前进一步，脚尖着地，成右虚步；同时，右手剑由右后翻臂上举再向前劈下，剑尖与膝同高，力在剑刃；左剑指自右肩前下落经体前向左上划圆再落于右前臂内侧；眼看前下方。要点：以上两个分解动作要连贯，中间不要停顿(图 14－2－213)。

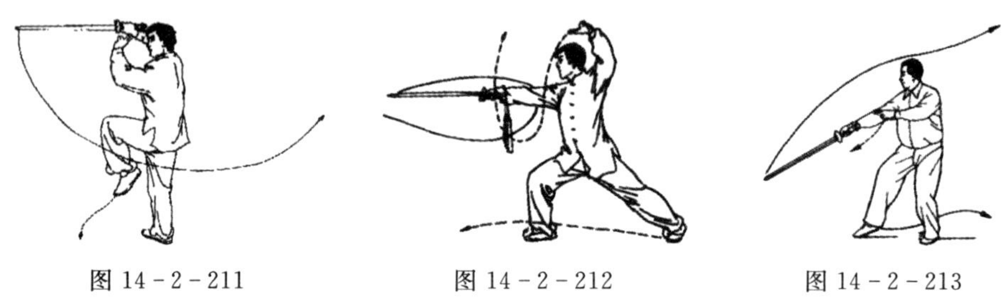

图 14－2－211　　图 14－2－212　　图 14－2－213

4. 撤步反击

上体右转，右脚提起向右后方撤一大步，左脚跟外转，左腿蹬直，成右侧弓步；同时，右手剑向后上方斜削击出，力在剑刃前端，手心斜向上，剑尖斜向上，高与头平；左剑指向左下方分开平展，剑指略低于肩，手心向下；眼看剑尖(图 14－2－214)。

5. 进步平刺

身体微向右后转，左脚提起贴靠于右腿内侧；同时右手翻掌向下，剑身收回于右肩前，剑尖斜向左前；左剑指向上划弧落在右肩前；眼看前方。身体向左后转，左脚垫步，脚尖外撇，继而右脚前进一步，成右弓步；同时，右手剑随转体动作向前方刺出，力贯剑尖，手心向上；左剑指经体前顺左肋反插，向后再向左、向上、划弧至左额上方，手心斜向上；眼看剑尖(图 14－2－215)。

6. 丁步回抽

重心后移，右脚撤至左脚内侧，脚尖点地，成右丁步；同时，右手剑屈肘回抽(手心向里)，剑把置于左肋部，剑身斜立，剑尖斜向上，剑面与身体平行；左剑指落于剑把之上；眼看剑尖(图 14－2－216)。

图 14－2－214　　图 14－2－215　　图 14－2－216

7. 旋转平抹

右脚提起向前落步外摆(两脚成八字形)；同时上体稍右转，右手翻掌向下，剑身横置胸前。

重心移于右腿，上体继续右转，左脚随即向右脚前扣步两脚尖斜相对（成内八字形），然后以左脚掌为轴向右后转身，右脚随转体向中线侧方后撤一步，左脚随之稍后收，脚尖点地，成左虚步；同时，右手剑随转体由左向右平抹，力在剑刃外侧，然后在变左虚步的同时，两手向左右分开，置于两胯旁，手心都向下，剑身斜置身体右侧，剑尖位于体前；身体恢复起势方向，眼平看前方（图 14－2－217、图 14－2－218）。

8. 弓步直刺

左脚向前进半步，成左弓步；同时，右手剑立剑平直向前刺出，高与胸平，力注剑尖；左剑指附在右手腕部；眼看前方（图 14－2－219、图 14－2－220）。

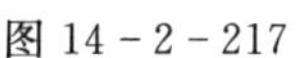
图 14－2－217

图 14－2－218

图 14－2－219

图 14－2－220

（九）收势

1. 后坐接剑

重心后移，上体右转，同时右手持剑屈臂后引至右侧，手心向内；左剑指随右手屈臂回收，并变掌附于剑柄，准备接剑，眼看剑柄。

2. 上步收势

身体左转，重心前移，右脚向前跟步，与左脚平行成开立步；同时左手接剑上举，经体前垂落于身体左侧；右手变成剑指向下、向后划弧上举，再向前、向下落于身体右侧，眼看前方。

3. 并步还原

左脚向右脚并拢，还原成预备势姿势（见图 14－2－221、图 14－2－222）。

图 14－2－221

图 14－2－222

四、太极与健身

（一）对神经系统的影响

练习太极拳，要求“心静、体松、意专”，这对大脑活动有良好的训练作用。练习太极拳时，需要“完整一气”，由眼神到上肢、躯干、下肢，上下照顾毫不散乱，前后连贯，绵绵不断，同时由于动作的某些部分比较复杂，需要有良好的支配和平衡能力，因此需要大脑在紧张的活动下完成，这也间接地对中枢神经系统起到训练的作用，从而使中枢神经系统保持兴奋，其他部位处于抑制休息状态、人体疲劳消除加快。

(二)增强心脏功能、改善微循环系统，扩大肺活量，提高气体交换能力

持久锻炼，内气得以流通，周身放松，使微循环功能加强，有利于毛细血管内外的物质交换，促进组织对氧的利用率，减少肌酸的蓄积，减轻疲劳，益于疾病的恢复，特别是对慢性冠心病、高血脂症、动脉硬化症都有较好的防治作用。

(三)强健肌肉，改善骨的理化特性，畅通经络，有利于营卫气血的通行

太极拳的运动方式是一动无有不动。从内气的畅通到外形的变化，从五脏六腑到四肢百骸，都寓于“动”中。顺逆缠丝的螺旋运动及上下相随，对老年人的关节病(关节僵硬、行走坐起不便、足膝萎软、屈伸无力、骨质增生)有良好的预防作用。

第三节　散打

一、散打概述

散打也叫散手，是中华武术的精华，是具有独特民族风格的体育项目，多年来在民间流传发展，深受人民喜爱。散打的起源与发展是和中华民族的悠久历史同步的。它从先辈的生产劳动，生存斗争缘起，又服务于此，演化至今成为华夏民族灿烂文化遗产中的瑰宝。原始社会人类为了猎取食物，长期与野兽搏斗，学会了与野兽搏斗所使用的不同方法，古称相搏、手搏、卞、弁、白打等。

现在的散打是两人按照已定的规则，运用武术中的踢、打、摔和防守等方法，进行徒手对抗的现代体育竞技项目，它是中国武术的重要组成部分。中国武术有两种表现形式，一种是套路演练形式，一种是格斗对抗形式。散打就是格斗对抗形式的一种。

散打具有如下作用：

(一)培养竞争意识

散打是比较激烈的搏击运动，直面拳脚的攻击与身手比试，成功与失败、痛苦与高兴、失落与得意，两者必居其一。竞争意识是现代社会各种人才必须具备的基本素质，散打能培养胜不骄败不馁的竞争精神。青少年经过一段时间散打的练习，成人以后，进入社会的竞争行列，将会更加朝气蓬勃而又充满竞争活力。

(二)健体防身

散打运动是斗勇斗智、较技较力的运动。通过散打练习，能掌握自卫防身的技能，同时能够提高人的速度、力量、耐力、灵巧等身体素质，增强人体内脏器官的功能，尤其是对提高人的神经系统的灵活性有很好的作用。

(三)锻炼意志

散打运动对意志品质的锻炼是多方面的。首先,在功力训练上是十分单调的,训练过程中要克服全身肌肉的疼痛,从不适应到适应,是一个艰难的过程。其次,两人交手比试时,要克服心理上的胆怯,逐步增强敢拼的意识。比试中如果遇到强手,可能要挨打,此时的皮肉之痛,使意志薄弱者望而却步,而意志坚强者则会咬紧牙关,在艰难中拼搏,直到最后胜利。通过多年的散打训练,能培养出顽强拼搏的意志品质。

(四)发展心智

散打绝不是凭蛮力来拼命的,而是要讲究方法技巧,灵活机动地运用战略战术,它是一项以巧取胜的格斗技术。中国传统武术中的“以小胜大”“四两拨千斤”等技击法则,始终是散打技术应用追求的最高境界。因此,通过散打练习,能有效地提高人的反应与应变能力,发展思维的敏捷性与灵活性,尤其是培养人在危难之际保持一种冷静而又从容应对的心理智能。

二、散打的基本技术

散打的基本技术,是指散打运动员在实战中完成进攻与防守动作的方法,是散打运动员竞技能力水平的重要因素。散打运动员所掌握的技术越全面,达到的运动技能越高,也就越能有效地使用单个技术和组合技术。全面的技术训练也有利于发展运动员技术上的个人特点,使之形成自己的技术风格。

(一)实战姿势(预备姿势)

1. 动作过程

散打的实战姿势一般分为左手在前的“正架”和右手在前的“反架”两种。运动员可以根据自己习惯和爱好,选择一种合适的实战姿势作为最初学习散打的定势。本书均以正架为例(图14-3-1)。

下面介绍对身体各部位的要求:

(1)步行。两脚前后开立,距离稍大于肩;前脚掌稍内扣,后脚跟微离地;两膝微屈,身体重心在两腿之间(图14-3-2)。

(2)躯干。身体侧向前方,含胸收腹(图14-3-3)。

图14-3-1

图14-3-2

图14-3-3

(3)手臂和头部。手型要求四指内屈,并拢握拳,大拇指横压于食指和中指的第二节指节上(图14-3-4、图14-3-5)。

图 14-3-4

图 14-3-5

前臂肘关节夹角在 90°～110°之间，拳与鼻同高，肘下垂；后臂的拳在颌下，屈臂贴靠于胸肋，下颌微收；目平视，合齿闭唇（图 14-3-6、图 14-3-7）。

图 14-3-6

图 14-3-7

2. 易犯错及其纠正方法

易犯错主要有身体重心过低、前倾或后倾，身体上部保护不够。纠正时，强调步法移动灵活，防守严密，姿势不可太低，重心控制在两脚之间；两手紧护躯体，尽量缩小暴露给对手打击的有效部位。

（二）基本拳法

1. 冲拳

（1）左冲拳。

①动作过程：由实战姿势，即由左脚、左手在前的正架势开始，右脚微蹬地面，重心微向前脚移动，上体微右转。同时左臂由屈到伸并内旋 90°，直线向前冲出，发力于腰，力达拳面（图 14-3-8、图 14-3-9）。

②易犯错误及其纠正方法：(a)撩拳，由于冲拳前肘先于拳而动，形成拳往下撩的错误。纠正时，强调以拳领先，勿先动肘；或由同伴帮助以一手拉拳，一手按肘，慢慢体会要领。(b)只动前臂，冲拳时不是以肩催臂，而只是前臂屈伸。纠正时，强调肩先动，催肘送拳。

（2）右冲拳。

①动作过程：右脚微蹬地，并以前脚掌向内转，转腰送肩，上体左转。同时右臂由屈到伸并内旋 90°，直线向前冲出，力达拳面（图 14-3-10）。

图 14-3-8

图 14-3-9

图 14-3-10

②易犯错误及其纠正方法：(a)上体过于前倾，冲拳时，上体向前移动过多，腰没有向左拧转。纠正时，多体会腰绕纵轴方向拧转的要领，克服向前俯身的毛病。(b)翻肘撩拳，冲拳时前臂、肘关节先动并外翻，形成撩拳错误。纠正时，由教练员或同伴帮助，或面对镜子，做慢动作练习。(c)向后引拳，预兆明显。这是学习拳法的常见错误。纠正时，面对镜子或同伴监督，用慢速放松练习，以体会出拳路线。

2. 贯拳

(1)左贯拳。

①动作过程：上体微向右转，同时左拳向外(约45°)、向前、向内成平面弧形横击，臂微屈，拳心朝下。同时转腰发力，力达拳面或偏于拳眼侧(图14－3－11)。

②易犯错误及其纠正方法：(a)贯拳幅度过大。纠正时，面对镜子或同伴帮助，消除只想用力的心理，严格体会贯拳的运行路线，待动作基本定型后再加大动作力量。(b)翻肘过早，出现甩拳。纠正时，由同伴帮助，一手拉拳，一手按肘，克服翻肘的错误。(c)向前探身。纠正时，多体会向右转腰发力的要领，或由同伴帮助控制身体前探。

(2)右贯拳。

①动作过程：右脚微蹬地并以前脚掌向内转，合胯并向左转腰，右拳向外(约45°)、向前、向内成平面弧形横击。同时上体左转，腰胯发力，力达拳面或偏于拳眼侧(图14－3－12)。

图14－3－11

图14－3－12

②易犯错误及其纠正方法：参考左贯拳。

3. 抄拳

(1)左抄拳。

①动作过程：上体微左转，重心略下沉，腰迅速右转，发力于腰，左拳由下向前上方勾击，上臂和前臂夹角在90°～110°之间，拳心朝里，力达拳面(图14－3－13、图14－3－14)。

图14－3－13

图14－3－14

②易犯错误及其纠正方法：(a)左拳向外绕行。纠正时，面对镜子，不追求用力，重点体会拳的运行路线。(b)抄拳发力时上体后仰、挺腹。纠正时，重点体会蹬地转腰的要领以及内力

的运用。(c)重心上提、歪胯。纠正时,由同伴帮助,一手按头,一手扶胯,边练习边提示改进。

(2)右抄拳。

①动作过程:右脚蹬地,扣膝合胯,腰微右转。同时右拳向下、向前、向上勾击,上臂与前臂夹角在90°～110°之间,拳心朝里,力达拳面(图14-3-15、图14-3-16)。

图14-3-15

图14-3-16

②易犯错误及其纠正方法:(a)右拳后拉,练习者想加大动作力度,以致右拳先后拉再上勾,出现严重预兆。纠正时,应消除单纯用劲心理,着重体会用劲路线和全身协调配合。(b)身体向上立起,练习者没有体会和胯转腰的用力方法,过分追求蹬地伸髋。纠正时,由同伴协助控制重心的起伏,如一手按头,一手给靶(保持正确的高度),体会力从腰发的要领。

4. 转身右鞭拳

(1)动作过程:右脚经左脚后插步,身体向右后转180°,同时左拳与右拳一起回收至胸前,动作不停,上体继续向右转体180°,同时右拳反臂由屈到伸,向外、向右横向鞭打,拳眼朝上,发力于腰,力达拳背(图14-3-17、图14-3-18)。

(2)易犯错误及其纠正方法。①转体停顿,站立不稳。纠正时,可专做转体练习。②前臂没有外甩,形成直臂抡打,力点不准。纠正时,可原地练习鞭拳,体会前臂鞭甩的要领。

图14-3-17

图14-3-18

(三)基本腿法

1. 蹬腿

(1)左蹬腿。

①动作过程:右腿微屈支撑,左腿提膝抬起,勾脚,当膝稍高于髋时,以脚领先向前蹬出,髋微前送,力达脚掌(图14-3-19、图14-3-20)。

②易犯错误及其纠正方法:提膝不过腰,髋、踝关节放松,力不顺达。纠正时,上体直立,多做提膝靠胸练习和左右转换的蹬腿练习,注意挺髋并稍前送。

(2)右蹬腿动作参考左蹬腿。

图 14-3-19

图 14-3-20

2. 踹腿

(1)左踹腿。

①动作过程：身体重心移向右腿，右腿微屈支撑；左腿屈膝抬起与髋同高，小腿外翻，脚尖勾起，由屈到伸展髋、挺膝向前踹出，上体微侧倾，力达脚底(图 14-3-21、图 14-3-22)。

图 14-3-21

图 14-3-22

②易犯错误及其纠正方法：收腹、屈髋、撅臀，上体与腿不能成一条直线，打击距离短、速度慢、力量小。纠正时，手扶肋木或其他支撑物，一腿抬起，脚不落地，严格按动作要求，由慢到快反复练习踹腿。练习之初，踹腿的高度可适当低些，以后逐渐提高高度。

(2)右踹腿动作参考左踹腿。

3. 鞭腿

(1)左鞭腿。

①动作过程：右腿微屈支掌，上体稍向右侧倾；左腿屈膝向左侧摆起，扣膝，绷脚背，随即向前挺膝鞭甩小腿，力达脚背至小腿前下蹲(图 14-3-23、图 14-3-24)。

图 14-3-23

图 14-3-24

②易犯错误及其纠正方法：脚背放松，膝没内扣，力点不准，容易受损伤。纠正时，按动作要领多做绷脚背，鞭腿击打沙包、脚靶等物，体会击打时脚背的肌肉感觉和力点。

(2)右鞭腿动作参考左鞭腿。

4. 摆腿

(1)左摆腿。

①动作过程：右脚向左前上步，腿微屈独立支掌，身体向左后转体 360°，上体稍侧倾；同时左腿经右后向前摆起，脚面绷平，力达脚掌，目视左脚(图 14-3-25、图 14-3-26)。

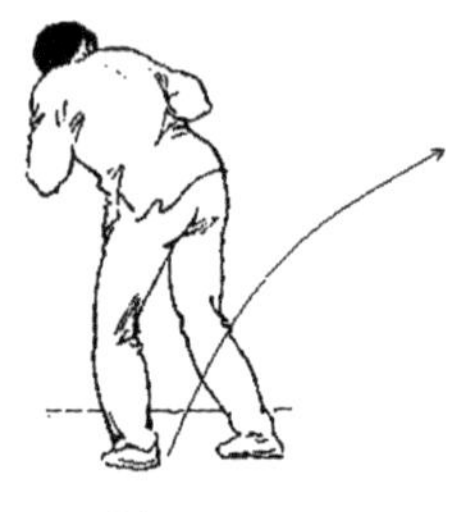

图 14-3-25

图 14-3-26

②易犯错误及其纠正方法：猫腰，低头，收腹屈髋，扫摆无力，击打不到位。纠正时，多做摆腿击打沙包的练习，体会动作要领，注意转体时以头领先。

(2)右摆腿动作参考左摆腿。

7. 劈腿

(1)左劈腿。

①动作过程：身体重心移至右腿，左腿屈膝抬起送髋，上体保持正直或稍后倾，左脚高举过头后快速下压(如刀劈木材一样)，用脚掌或脚后跟下砸对方的头部(图 14-3-27、图 14-3-28)。

②易犯错误及其纠正方法：提腿高度不够，身体重心前后控制不好。纠正时，可采用武术套路中的正踢方法，只是下落时向前下方劈下，重点体会整体用力的协调性。

(2)右劈腿动作参考左劈腿

图 14-3-27

图 14-3-28

(四)基本摔法

1. 贴身摔

(1)抱腿前顶。

①动作过程：双方由实战姿势开始，上左步，身体下潜闪躲，然后两手抱对方双腿膝窝下部，两手用力回拉；同时用左肩前顶对方大腿根部或腹部，将对方摔倒(图 14-3-29、图 14-3-30、图 14-3-31)。

②易犯错误及其纠正方法：(a)抱不住双腿。纠正时，注意下潜接近对手。(b)摔不倒对手。纠正时，应强调两臂后拉与肩顶配合协调。

图 14－3－29

图 14－3－30

图 14－3－31

(2)抱腿旋压

①动作过程:右脚蹬地,上左步,身体下潜,重心移至左腿;同时左手抄抱对方大腿内侧,右手抱住对方小腿后,以左脚掌为轴,身体向右后方旋转,以右手提、左肩压的合力,将对方摔倒(图 14－3－32、图 14－3－33)。

图 14－3－32

图 14　3－33

②易犯错误及其纠正方法:(a)抱腿不紧。纠正时,注意强调以胸腹部贴紧对方腿部内侧。(b)摔不倒对手。纠正时,应强调提、拉、顶与转腰配合一致。

(3)接腿搂腿。

①动作过程:上步,身体下潜闪躲,然后左手抱对方右后腰,屈肘;右手抱其左膝窝用力回拉,使对方的左腿离地;左腿抬起前伸,由前向后搂挂对方的支撑腿,同时用左肩向前顶靠对方肋部将其摔倒(图 14－3－34、图 14－3－35、图 14－3－36)。

图 14－3－34

图 14－3－35

图 14－3－36

②易犯错误及其纠正方法:(a)抱腿不紧。纠正时,强调进身马上破坏对方的重心,抱起对方的前腿使其单腿支撑。(b)摔不倒对方。纠正时,应强调搂腿、手拉和肩顶用力一致。

(4)折腰搂腿。①动作过程:下闪,两臂抱住对方腰部,右腿抬起,并以小腿由前向后搂挂对方左小腿;同时两手抱紧对方腰部,上体前压其胸,使其后倒(图 14－3－37、图 14－3－38、图 14－3－39)。

②易犯错误及其纠正方法:搂不倒对方。纠正时,强调抱腰要紧并向回拉,上体前倾压胸和楼腿动作一致。

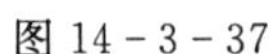

图 14-3-37　　图 14-3-38　　图 14-3-39

(5)压颈推膝。

①动作过程:双腿被对方抱住后,立即屈髋坐腰,微下蹲,左手压对方后颈部,右手向上推托对方左膝关节,随沉身下坐,右手压,左手上托使其向前滚翻倒地(图 14-3-40、图 14-3-41、图 14-3-42)。

图 14-3-40　　图 14-3-41　　图 14-3-42

②易犯错误及其纠正方法:对手不能倒地。纠正时,强调下蹲要及时,压颈、推膝动作要用力一致,不能有间歇。

(6)夹颈打腿。

①动作过程:左手虚晃对方,左脚上步,并向右转体,右手迅速抓住对方左前臂,左臂从对方右肩穿过后屈臂夹抱对方颈部;右脚向后插半步与左脚平行,臀部抵住对方小腹,身体立即右转,同时用左小腿向后横打对方小腿外侧,将对方挑起摔倒(图 14-3-43、图 14-3-44)。

图 14-3-43　　图 14-3-44

②易犯错误及其纠正方法:(a)夹颈不牢固。纠正时,强调身体贴靠对方,屈臂夹紧并回拉。(b)摔不倒对方。纠正时,应强调打腿和转体变脸协调一致。

2. 接招摔

(1)抱腰过背。

①动作过程:对方用左贯拳攻击头部时,立即向左闪身,左脚向前上半步,同时左臂由对方右腋下穿过,搂抱对方后腰;右手挂挡对方左拳后迅速夹握对方左前臂,然后身体右转,右脚向

后插半步，双腿屈膝，臀部抵住对方小腹；继而两腿蹬伸，弓腰，头向右转，将对方背起后摔倒(图 14－3－45、图 14－3－46、图 14－3－47、图 14－3－48)。

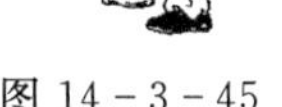
图 14－3－45

图 14－3－46

图 14－3－47

图 14－3－48

②易犯错误及其纠正方法：(a)抱腰不紧。纠正时，应注意上步转身贴近对方身体。(b)摔不倒对方。纠正时，应强调上步、转身、屈膝、低头、弓腰、伸腿、转头动作快速连贯，用力完整、充分。

(2)夹颈过背。

①动作过程：对方用左贯拳攻击头部时，立即以右手挂挡对方左拳后迅速夹握对方左前臂，同时左臂由对方右肩穿过后，屈臂夹住对方颈部；右脚向后插半步与左脚平行，两腿屈膝，臀部抵住对方小腹，然后身体右转，两腿蹬伸，弓腰，头向右转，将对方背起后摔倒(图 14－3－49、图 14－3－50、图 14－3－51)。

图 14－3－49

图 14－3－50

图 14－3－51

②易犯错误及其纠正方法：(a)夹颈不牢固。纠正时，应强调身体贴住对方，屈臂夹颈要紧。(b)背不起对方。纠正时，应强调以背部横贴对方胸腹部，插步、转身、低头、弓腰、蹬伸要快速、协调、连贯。

(3)穿臂过背。

①动作过程：对方用左贯拳攻击头部时，立即向左闪身，同时左脚向前上半步，右手挂挡对方左拳后迅速夹握对方左前臂，同时左臂从对方左臂下穿过并上挑至肩上，身体右转，右脚向后插半步屈膝，臀抵住对方小腹；继而两腿蹬伸，弓腰，头向右转，将对方背起后摔倒(见图 14－3－52、图 14－3－53、图 14－3－54)。

图 14－3－52

图 14－3－53

图 14－3－54

②易犯错误及其纠正方法:(a)抱不住对手的左臂。纠正时,应强调插步转身要快,双手上下配合一致。(b)两腿蹬伸不直。纠正时,应增加转身、屈膝和伸腿的辅助练习。

(4)抱腿前顶。

①动作过程:当对方拳击头部时,上左步,下躲闪身,两手抱对方双腿,屈肘,两手用力回拉,同时用左肩前顶对方大腿或腹部,将其摔倒(图 14－3－55、图 14－3－56)。

图 14－3－55

图 14－3－56

②易犯错误及其纠正方法:(a)摔不倒对方。纠正时,两臂后拉,肩顶配合协调。(b)抱不住双腿。纠正时,注意下潜接近对手。

(5)接腿勾踢。

①动作过程:当对方用右鞭腿进攻肋部时,立即抢先进步,并向左转身,同时用右手臂抄抱其膝关节以上部位,左手搂抱对方小腿;随后用右手迅速向对方颈部下压,右腿勾踢对方支撑腿脚踝处,同时上体右转,右手回拉,将对方摔倒(图 14－3－57、图 14－3－58)。

图 14－3－57

图 14－3－58

②易犯错误的纠正方法:勾踢不倒对方。纠正时,要求抱腿尽量向膝关节以上抄抱,压颈、勾踢、转腰动作要协调、快速、完整。

(6)接腿挂腿。

①动作过程:当对方用右鞭腿进攻肋部时,立即以左腿抢先进步,用左手外抄抱其右小腿,右腿抬起前伸,以小腿由前向后搂挂其支撑腿;同时右手用力向前、向下推压其右肩,将其摔倒(图 14－3－59、图 14－3－60)。

图 14－3－59

图 14－3－60

②易犯错误及其纠正方法:(a)抱腿不紧。纠正时,要求接抱腿时抄抱对方腿的膝关节以

上部位，并贴近自已肋部，使其不能逃脱。(b)摔不倒对方。纠正时，强调搂挂腿和右手推压与左手抱腿上掀动作用力一致。

(7)接腿摇涮。

①动作过程：当对方以左踹腿或左蹬腿进攻时，立即用双手抄抱其脚踝处，然后两腿屈膝退步，两手用力回拉，继而跨左步，上右步，双手由内向下、向左上方弧形摇荡，将对方摔倒(图 14－3－61、图 14－3－62、图 14－3－63)。

图 14－3－61　　图 14－3－62　　图 14－3－63

②易犯错误及其纠正方法：强调后拉借力与弧形摇荡协调一致，注意先破坏对方重心然后再摇摔，即先摔不倒对方。纠正时，拉后摇。

(8)接腿别腿。

①动作过程：当对方用左鞭腿进攻时，立即抄抱其腿，接着身体下潜上左步，右脚跟半步，继而左腿插在对方的支撑腿后面别腿，上体右转用胸臂下压对方前腿，将对方摔倒(图 14－3－64、图 14－3－65)。

图 14－3－64

图 14－3－65

②易犯错及纠正方法。(a)抱不住腿。纠正时，强调掌握好抄抱腿的方法和时机。(b)摔不倒对方。纠正时，要求别腿、转体、变脸、压腿衔接要快，用力要整。

三、散打与健身

(一)培养练习者竞争意识，促进心理素质提升

散打属于激烈运动项目，面对对手拳脚的进攻与身手比试，必须拥有不服输、勇于拼搏的竞争精神才能坚持下来，突破自我，击败对手。两人交手比试时，要克服心理上的胆怯，逐步增强敢拼的意识。面对困境，能在艰难中拼搏，直到最后胜利，能培养出顽强拼搏的意志品质。散打不是用蛮力，而是要讲究方法技巧，要灵活运用战术，以巧取胜的格斗技术。通过散打练习，能有效提高人的反应与应变能力，发展思维的敏捷性与灵活性，尤其是培养人在危难之际保持一种冷静而又从容应对的心理素质。

(二)提高练习者身体素质,促进身心健康发展

散打运动是斗智斗勇、较技较力的运动。通过散打练习,可以掌握自身防卫的技能,同时能够提高人的速度、力量、耐力、灵巧等身体素质,增强人体内脏器官的功能,尤其是能提高人的神经系统的灵活性。

第四节　防身术

本节主要介绍人们特别是女性在受到身体侵害的情况下,如何在第一时间进行有效的防身自卫,并且结合图文对每个动作的动作要点及攻防含义进行详细阐述。

一、防身术概述

(一)概述

防身术是一项武术(实践),是在自己身体受到攻击时所采取的高度自我防卫策略与技术手段,用以维护个人人身与财务安全。它是一项运用踢、打、拉、缠等手段,以制约对方,保护自己为目的的专门技术。防身术主要是提供一些基本姿势、拳法、肘法、腿法以及一些巧招,动作以单一性动作为主,为使其得到合理的运用,需在教学中要求学生做到"一狠""二全力""三准确",战胜暴徒讲究"一招制敌"。

(二)防身术的特点

1. 攻防的技击性

防身术是由踢、打、摔、拿等有关技法组成的,是一种防身自卫术,它是攻防格斗的新形式,集中中国武术擒拿格斗之众长,具有攻防的技击性、生活的实战性、广泛的适应性等特点。在使用防卫过程中需特别注意技法的精、巧、妙及顺势借力,以巧取胜,以柔克刚,竭尽全力打击暴徒的要害部位和薄弱环节,达到一招制胜。在战术上做到出其不意,攻其不备,扬长避短,避实就虚,利用携物,就地取材,从而以弱胜强。

2. 生活的实践性

防身术的技术实用性很强,经常练习,不仅能够提高身体的各项素质,同时也能够增强身体机能,更重要的是,通过防卫技术的练习和掌握,在与暴徒的实际格斗中能够运用防卫技术方法来抗击暴徒对自身的侵害。

防身术是根据人们生活的实际需要,有针对性地选择实际有效的技术动作。根据不同的情况,灵活多变地采用不同技术方法,出其不意,攻其不备,迅速勇猛,稳、准、狠地反击对方,从而达到防身的目的。

3. 广泛的适应性

防身术的练习没有性别之分,从事不同工作的人都可以从中选择适合自己的技术动作来进行练习。由于防身术注重实际需要,因此,其技术动作结构简单精炼,一招一势都有一定的用途和目的,没有华而不实之处,层次分明,便于练习,不受场地的限制,大多数是单人练习或双人对练,徒手方法较多,简单易行,容易掌握,是理想的大众健身项目。

二、防身术基本动作

(一)基本姿势

侧身是自卫与遭遇其他不测时必须注意的。道理很简单,只有侧身,才可能尽量少的暴露易遭攻击的部位。这种侧身是两腿一前一后,屈膝、脚掌着地,两手握拳一前一后(图 14-4-1)。

(二)拳法介绍

1.拳

拳的基本姿势为四指内屈,并拢握拳,大拇指横压于食指和中指的第二节指节上。手是最灵活的,在攻防格斗中,手的威力又最大,而手的攻击形式以拳为主,所以拳是人最主要的攻击武器。

(1)拳型部位:拳眼、拳面、拳背、拳心和拳轮(图 14-4-2)。

图 14-4-1

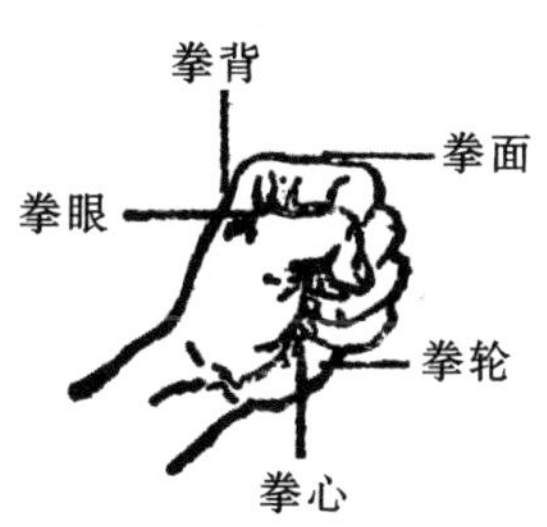

图 14-4-2

(2)拳法分类:直拳、勾拳、劈拳和鞭拳。

直拳又称冲拳,主要是直线用拳直接攻击对方面部和胸部(图 14-4-3)。

勾拳又称抄拳,主要走弧线或直线,由下方用拳面击打对方腹部、下颌等(图 14-4-4)。

劈拳是由上往下,是以拳外背棱或指棱攻击对方面部的拳法(图 14-4-5)。

鞭拳是由左、右以拳背自内向外快速挥击对手头部的拳法(图 14-4-6)。

图 14-4-3

图 14-4-4

图 14-4-5

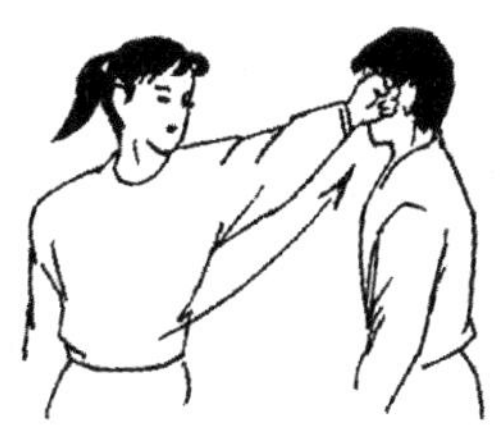

图 14-4-6

2.拳法发力动作要领

先蹬地发力,拧腰旋身,发力于腰,力达拳面。

3.易犯错误

(1)发力顺序不正确,身体“僵硬”。

(2)出拳的路线与收回路线不一致。

(三)掌、爪和指的介绍

1. 掌

四指并拢伸直,拇指弯屈紧扣于虎口处(图 14－4－7)。掌部位分:掌根、掌外沿、掌指、掌背、掌心。

2. 爪

五指放松弯曲,力达指尖(图 14－4－8)。爪部位分:爪尖、爪身、爪背、爪心、爪顶。

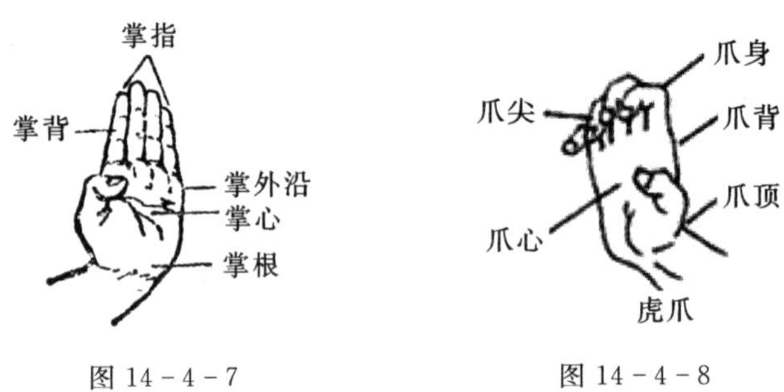

图 14－4－7　　图 14－4－8

3. 指

单指或者多指伸直,其余各指弯曲(图 14－4－9)。

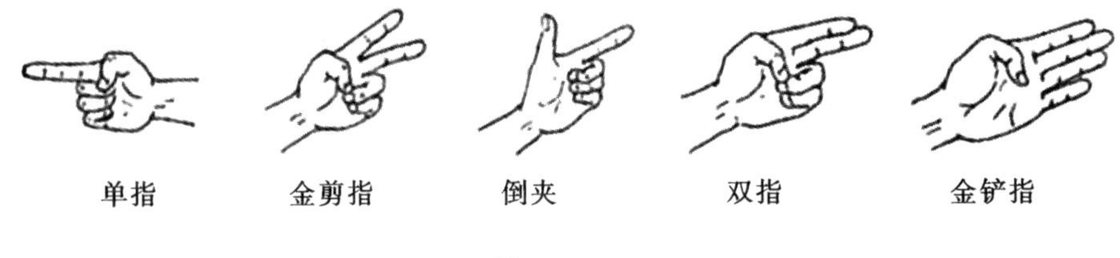

图 14－4－9

4. 应用技巧

被暴徒按压时,如手未被按压,可张开手掌,以掌根猛击暴徒鼻梁,轻者鼻血长流,重则可致昏厥(图 14－4－10)。掌到位后,张开的五指以指甲贴其面抓下(图 14－4－11),轻则抓破眼睑,泪流不止,眼睛睁不开,重则伤及眼球。这一招虽不致命,但使用方便,使对方一时丧失施暴能力,自卫者可及时逃脱。

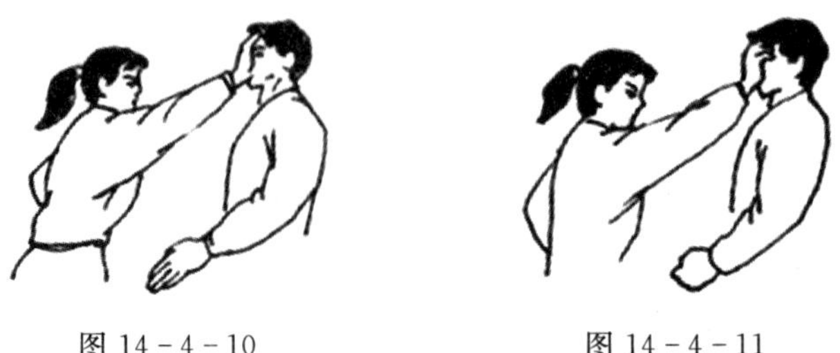

图 14－4－10　　图 14－4－11

在被暴徒按压时,因为距离极近,暴徒又不防范,使用单指叉眼,双指叉眼的技法则是非常有效的(图 14－4－12)。事实上,只要能叉中暴徒眼睛,并不拘泥于用单指还是双指,用五指亦可,用双手双指亦可,前提是要视使用的熟练程度和当时两手自如情况而定。

用大拇指勾托住对手下巴，以食指、中指尖压插进对手眼球上部，掏断其双目（图 14－4－13）。使用此招的前提是暂时封住对方双手，最好利用地形环境等使其身体被控制住，双手不能救，身体不能脱逃，头部被大拇指固定跟随。

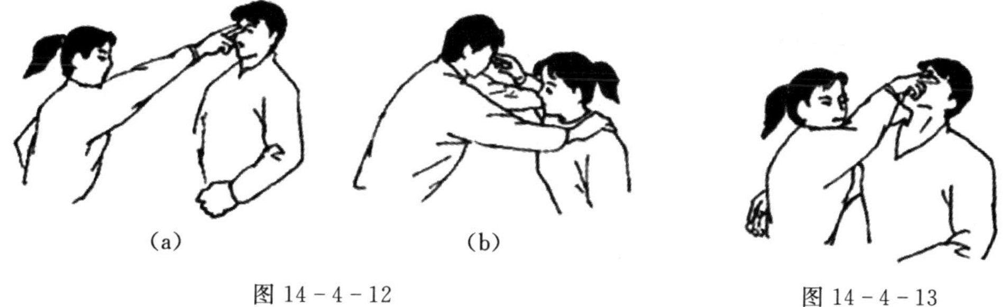

(a)　(b)

图 14－4－12　图 14－4－13

（四）肘法介绍

肘法属于近距离击打的技法。由于肘部的生理构造特点，击打力量较之其他手法（掌、拳等）要重、要狠，比较适合女性用于自卫。

1. 肘法分类

（1）顶肘。肘部平抬，屈臂，肘尖向前，发力时蹬腿、送髋，同时另一手大臂向另一侧也产生一股伸张力。蹬腿、送髋、大臂猛伸张，三股力用好了，顶肘动作就完美了。顶肘是以肘尖攻击，女性自卫时用以顶击对方腋下，效果最好。顶肘发力距离短，又无旋转助力，练习时难度大些（图 14－4－14）。

（2）挑肘。前臂回收弯屈，肘尖由下向前上挑击。发力时蹬腿、旋转身体要领同直拳、勾拳。挑臂动作同勾拳、挑肘可用于击打对方胸腹部（图 14－4－15）。

（3）横肘。横肘动作主要是两股力，一是蹬腿，二是旋转身体。大臂向前横移，实际上也是旋身之力的延长。横肘是以肘尖击打对方，适于攻击对方太阳穴、后脑、耳门、颈部以及胸肋等（图 14－4－16）。

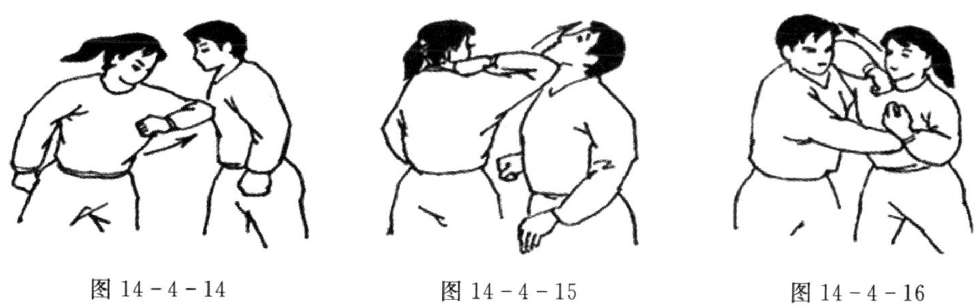

图 14－4－14　图 14－4－15　图 14－4－16

（4）砸肘。手臂上抬，肘尖朝前上，砸击时身体迅速下沉，肘由上往下砸击，身体下沉与手臂砸击两股力合而为一。砸肘多用于对方抱腰、腿时砸击其后脑、腰部（图 14－4－17）。

（5）反手顶肘。手臂略上抬，身体迅速下沉（但幅度没有砸肘大），同时两肘向后顶击，力达肘尖。顶肘主要用于攻击背后之敌肋、腹部（图 14－4－18）。

（6）反手横肘。手臂平抬，蹬腿，身体旋转发力，同时手臂随旋转方向向后横向猛击，力达肘尖。反手横肘主要用于攻击背后之敌面部、太阳穴等（图 14－4－19）。

图 14-4-17

图 14-4-18

图 14-4-19

2. 肘法发力动作要领

送胯、拧腰、旋身力量自下而上发力。

3. 易犯错误

(1)发力顺序不正确，身体“僵硬”。

(2)出肘时对不准击打位置。

(五)膝法介绍

膝的力量极大，用膝攻击裆部有两个好处，一是距离短，这就保证了攻击可以很快地在瞬间完成；二是角度小，攻击准备和攻击过程都可以很隐蔽。用膝攻击距离一定要近，因为用膝与用腿不同，膝比大腿小腿之和肯定短了许多，不到位或勉强到位，对手稍微弯腰一弓身就化解了。

1. 膝法分类

(1)提膝。又称顶膝，要领是膝腿上抬，动作要猛，并以双手拉住对方帮助发力(图 14-4-20)。提膝是女性用以攻击的利器，提膝时可用手帮助发力。

(2)侧撞膝。侧撞膝分为左侧撞膝和右侧撞膝。左侧撞膝是左膝上抬，由左向右侧撞击。动作要领是微倒身，扭髋内转，两手可抓住对方帮助发力。右侧撞膝动作与左侧撞膝动作相同，方向相反(图 14-4-21)。

图 14-4-20

图 14-4-21

2. 膝法发力动作要领

(1)支撑腿支撑重心，另外一腿提膝发力。

(2)送胯，力量由膝盖发出，自下而上发力。

3. 易犯错误

(1)提膝不送胯。

(2)发力顺序不正确，身体“僵硬”。

(3)击打目标不准。

(六)腿法介绍

1.腿法分类

(1)蹬腿。蹬腿时,一腿支撑,一腿膝上抬,同时向前蹬出。蹬腿要领是脚尖要勾,力达脚跟。蹬腿时身体不可前后俯仰,要脆快有力,蹬出后迅即收回(图 14-4-22)。

(2)弹腿。一腿支撑,一腿提膝,同时膝关节由屈到伸,向正前方弹踢出腿,脚背绷直,力达脚背,弹踢时要脆快有力(图 14-4-23)。女性自卫一般多用正弹腿攻击裆部。

(3)踹腿。踹腿又可分为正踹、侧踹。

正踹时,一腿支撑,一腿提膝稍上抬,上抬之腿脚尖外摆,向前下方猛力踹击,力达脚跟,正踹腿一般用于攻击对手胫骨(小腿骨)(图 14-4-24)。

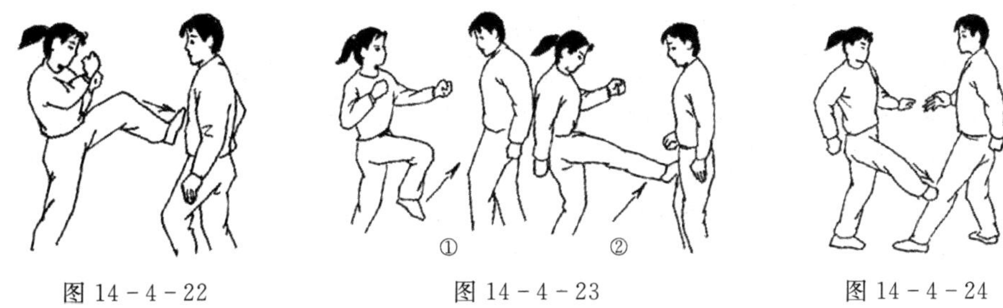

图 14-4-22　图 14-4-23　图 14-4-24

侧踹时,先转体,一腿上抬,屈膝,勾脚尖,由屈到伸向前踹击,力达脚跟。低侧踹腿可用于攻击对方胫骨(图 14-4-25)膝关节;中侧踹腿可用于攻击对方裆部、腹部(图 14-4-26)。

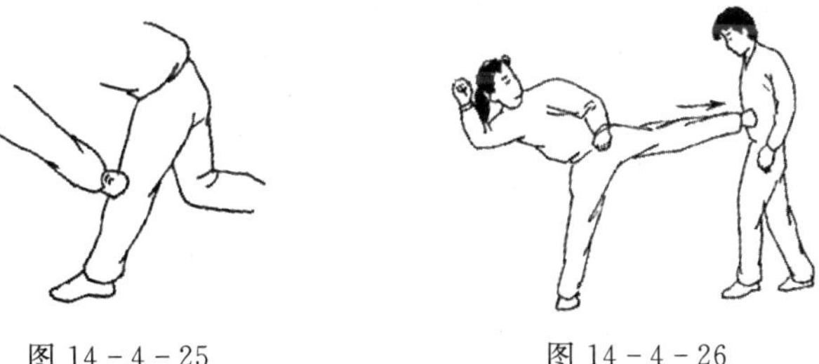

图 14-4-25　图 14-4-26

2.腿法发力动作要领

(1)支撑腿支撑重心,另外一条腿提膝送出发力。

(2)送胯、收胯,力量由脚发出,自下而上发力。

3.易犯错误

(1)收腿不紧,直腿起,容易被阻截。

(2)膝关节不夹紧,大小腿折叠不够。

(七)头部方法介绍

头部虽然有最多的要害薄弱部位,但头部也有坚实的区域,这就是前额,主要用于撞击对手面部和胸部,一般而言,撞击面部效果较好。

动作:下颚微收,硬起脖颈,感觉上从胯至头顶已直硬,然后腿蹬地发力,整体撞击对方(图 14-4-27)。撞击面部要瞄准鼻梁处三角区,千万不能撞在对方前额上,形成互伤。

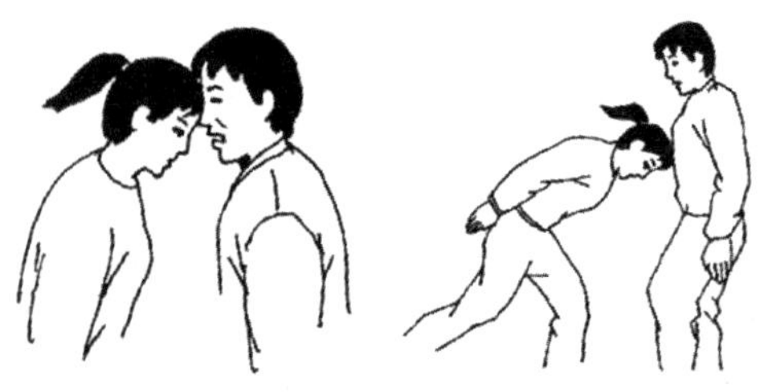

图 14-4-27

(八)常见情况女子防身技法

1. 头发被抓扯时

(1)当女子被人从正前方抓住头发往前拖扯之时,切勿与抓扯者的抓扯力相抗,以免头皮受伤。抓扯者拖带一般朝向下前方,女子的头不能抬起,头、眼也朝着这个方向。外行抓扯人一般都是身内拖带,因此裆部要害部位便全部暴露,并正处于被抓扯者面对的方向。这时,应趁被抓扯俯身向前窜而站立不稳之机,借着抓拉之力,借着惯性,将膝头高提,以提膝的打法猛撞暴徒裆部(图 14-4-28)。尤其要注意的是很多人抓扯别人头发都有抓住前后推拉的习惯,在他推时,应顺其力后仰或后退,以免受伤;在他拉时,则借其力冲过去提膝攻击。注意,千万不要和暴徒硬抗。

动作要领:借力、顺势提膝、突然顶裆。

(2)当女子侧立被人扯拖头发时,可顺其力侧身弯腰靠近对方,顺势撩掌击其裆部,然后以手抓握其睾丸(图 14-4-29)。暴徒有时会揪住女子头发拖着往前走,这时女子是在暴徒的背侧位置,头已过其肘前,身在其肩后。这时,应以手掌自暴徒后裆猛地插入,使用掏裆法,握紧其睾丸后提。一手掏裆时,另一手抓抱其腰胯配合发力。

动作要领:借力、顺势撩掌击其裆部、抓睾丸。

(3)当暴徒右手抓住女子头发时的防卫。将右臂上举屈肘,首先右手迅速扣握住暴徒抓发之右手手背、右脚向后侧撤步,右手翻暴徒右手腕,左臂屈抬,用左小臂下压(砸)暴徒右臂肘关节(图 14-4-30、图 14-4-31)。

要点:撤步时注意身体右转,翻腕有力,压(砸)肘突然。

图 14-4-28

图 14-4-29

图 14-4-30

图 14-4-31

2. 肩部被抓时

注意观察暴徒用哪只手。当暴徒右手抓住左肩部时被抓者应将右臂上举屈肘,右手握住暴徒右手手背,右脚向后侧撤步,右手翻暴徒右手腕,左臂屈抬,用左小臂下压(砸)暴徒右臂肘关节(图 14-4-32、图 14-4-33)。

要点：在做翻腕压肘动作时，首先右手迅速扣握住暴徒抓发之手，撤步时注意身体右转，翻腕有力，压(砸)肘突然。

图 14－4－32

图 14－4－33

3. 胸部被摸时

(1)暴徒使用单手。注意观察暴徒用哪只手。如果暴徒上前用右手摸胸部，当其伸手刚触摸时，立刻用右手抓住其右手背，同时左手也协助抓其右腕，然后挺胸稍上左步，将暴徒右手牢牢固定在胸前，随后身体猛向右转，折伤暴徒右手腕(图 14－4－34、图 14－4－35)。

动作要领：抓腕挺胸动作要快，转体折腕要有爆发力。

(2)暴徒使用双手。当暴徒从正面扑上用双手抓摸前胸时，切勿抓握对方手臂，方法是含胸收腹，将双臂屈肘微抬起，看准时机，双肘猛力下砸暴徒的左右小臂，迫使其手臂弯屈，然后，双手伸出勾住暴徒颈脖，抬右膝狠顶其裆部，将其击倒(图 14－4－36)。

动作要领：砸肘要狠准，勾颈顶裆动作要突然。

图 14－4－34

图 14－4－35

图 14－4－36

4. 被抱腰时

(1)正面被抱腰时。

①正面被对手抱腰，但手臂未同时被抱住时，是以肘部攻击暴徒太阳穴的最好时机。一旦暴徒双手抱住你的腰，他的头部就全部暴露而失去防护。这时，被抱者可以佯装拒绝他的亲吻等，使上身后仰，造成攻击距离(图 14－4－37)。接着猛然收腹、旋身、挥臂，以肘部猛击其太阳穴(图 14－4－38(1))。以肘攻击暴徒太阳穴最好采用连续攻击法，一气呵成(图 14－4－38(1)、(2))。

动作要领：收腹、旋身、挥臂，以肘部猛击其太阳穴。

②正面被抱腰时，因为手臂未被抱住，所以这时也可以采用戳眼，戳喉等方法(图 14－4－39)。如果只求解脱，可采用折手指技法(图 14－4－40)。

动作要领：戳眼，折手指，用力要猛，动作迅速。

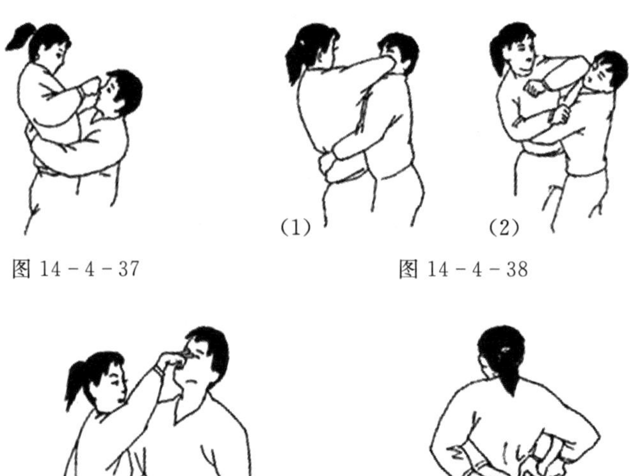

图 14-4-37　　图 14-4-38

图 14-4-39　　图 14-4-40

(2)背后被抱时。

①后腰被抱时，如果手臂未被抱住，抬手以反手横肘向后猛击对方太阳穴，当然别忘了蹬腿，身体旋转发力，力达肘尖(图 14-4-41)；反方向折其拇指或小指(图 14-4-42)；以脚跟猛跺其脚面(见图 14-4-43)。

动作要领：旋转发力达肘尖，折指用力要迅速，全力跺脚面。

图 14-4-41

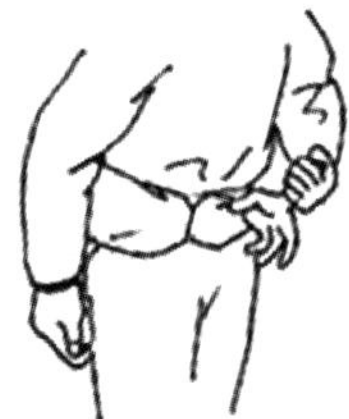

图 14-4-42

图 14-4-43

②连手臂后腰被抱时，被抱者可伸手抓、握、提对方的睾丸(图 14-4-44)。因对方注意力在上部，很有隐蔽性，成功可能性很大。需要注意的是，反手掏裆，务要准确。如果暴徒抱住的是腰际，那么暴徒必然弯腰，头较低，这时可猛仰头以后脑击其面部(图 14-4-45)。

动作要领：反手掏裆，仰头猛击后脑，务求迅速。

图 14-4-44

图 14-4-45

5. 仰卧被按压时

倒地后成仰卧姿势，被暴徒按压。这时暴徒可能站着，可能跪着，可能坐着，也可能趴着，可能骑在女子身上，也可能卧靠在旁边，仅以上身压着仰卧者；可能抓领，可能抓肩，可能搂脖，也可能掐喉。但是不管处于上述哪种情况，都要尽可能地采取攻其要害、一招制敌的抬腿蹬击裆部方法。

(1)如对方是分跨于仰卧者身体站立，而俯身抓、掐、压制仰卧者，仰卧者可抬腿蹬击其裆部。要领是要抬起腰、臀，用将身体送出去的力量猛蹬(图 14-4-46)。

(2)如对方手肘抬起，露出腋下，可用掌夹、风眼捶、勾手等猛击其腋窝(图 14-4-47)。

(3)直接戳击对方眼睛和戳击对方咽喉，有意想不到的效果，因为这时距离很近(图 14-4-48)。

图 14-4-46　　图 14-4-47　　图 14-4-48

(4)如果手臂未被压住，对方的手臂又未形成阻隔(多在抱胸腰时)，可用肘尖横击其太阳穴。要点是要用上腰腹之力、旋臂之力(图 14-4-49)。

(5)如暴徒强行亲吻仰卧者，可抓住机会咬掉其鼻尖或舌尖。但要注意的是，被咬伤后的暴徒可能更丧心病狂。因此要在狠咬之后，趁其负痛一时失智的机会，连续进攻，再对其要害部位实施攻击(图 14-4-50)。

(6)以头锋撞其鼻梁，抬头要猛(图 14-4-51)。

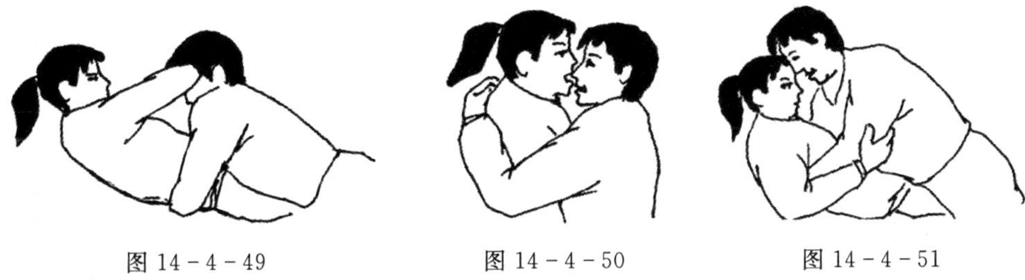

图 14-4-49　　图 14-4-50　　图 14-4-51

6. 被锁喉、掐喉时

(1)被暴徒从后方锁喉时，要使劲收紧下颚，或者把头偏向暴徒肘弯一侧，使其肘臂不能直接勒紧你的脖子(图 14-4-52)，这时便可以趁势反击。如果正好在下颚抬起时被勒，情况便有些不妙，这时应把头偏向其肘弯一侧，咬其手臂(因被勒紧，直接往下咬够不着)(图 14-4-53)，趁其手臂稍松，把下颚插进去。只要下颚一插进去，便暂时没有生命危险了。接下来，可以把手掌放到对方的手背上，扣握住其四指指尖，用力握紧，并以自己肩部为支点，朝对方手指、腕、肘的反关节方向拉拽(图 14-4-54、图 14-4-55)。用力猛，速度快，可折断其指、肘关节。

(2)被暴徒从后方双手掐喉时，可以用一手或双手抓住对手单手或双手的拇指猛掰。力量太弱，可改抓小手指，以一手之力抓折其一小指(图 14-4-56)。

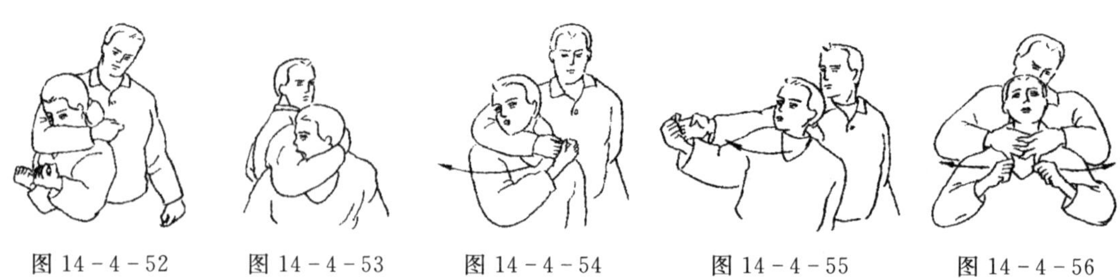

图 14－4－52　图 14－4－53　图 14－4－54　图 14－4－55　图 14－4－56

三、防身术注意事项

(一)防身术的练习方法

1. 加强心理素质训练

(1)当身处有利于暴徒实施犯罪行为的时空环境中时,要提高警惕,注意观察,发现犯罪迹象后,在迅速做好防卫准备的同时,冷静思考对策,设法脱身。

(2)坚定邪不压正的信念,克服恐慌心理。当与暴徒突然遭遇时,在暴徒的威逼下,难免会产生害怕的心理,这是正常的。但是必须以最短的时间克服这种不良心理,稳定自己的情绪。

(3)尽可能地认真观察,对暴徒的状况有基本的了解。例如判明暴徒是否携带凶器等,这样在自卫中就能比较积极有效地采取相应的防卫措施。在自卫的过程中要尽可能地隐蔽自己的意图,出其不意,攻其不备,以快制胜。

(4)敢于并善于同暴徒斗争是战胜暴徒、保护自己的重要前提。要明确暴徒的犯罪目的,可佯装顺从,尽可能地与暴徒周旋,拖延时间,积极考虑寻找摆脱的方法,在暴徒狂妄、大意、松懈时,应用有效的防卫解脱手段,打击暴徒,并迅速摆脱困境。

(5)善于争取外援。

2. 加强身体素质训练

身体素质好表示能在体力工作、训练和其他活动中有效发挥积极作用的能力,并能让人一直拥有足够的精力储备以处理任何可能出现的紧急情况。

身体素质要素包括以下几方面。

(1)心肺功能:代表身体为肌肉活动提供所需的氧气和营养并运送细胞产生废物的效能。

(2)肌肉耐力:肌肉或肌肉群在低于最大力量长时间进行持续重复运动的能力。

(3)柔韧性:移动关节(如肘、膝)或任何一组关节,达到完全正常活动范围的能力。

(4)身体构成:相比其总体重的脂肪量。

改善以上身体素质要素的前三项将改善身体构成并减少脂肪含量。

(二)女性防护原则:防护为先

1. 日常必备

(1)晚上出门尽量带件外套将皮包套住,避免被抢劫。

(2)平常在身上备一定金额的零钱,在两个以上不同的银行开户,平时出门尽量不带银行卡。

(3)皮夹内放置有自己及亲友名字、电话的小卡片。

2. 独自出门

(1)独自出门避免衣着暴露、装扮性感。避免单独出行与夜间出行,避开照明不足的地方和人少的地方。如果夜间独行,手里最好拿点东西,即使是卷着的杂志也比徒手好。随时注意周围环境,发现可疑情况立即避开。搭乘出租车时,注意前后坐有没有人。晚归时,应走灯光明亮的街道,或是逆向行走,以便掌握路况。上楼前,如果有门禁,应先按门铃,让家人知道你回来了,避免在楼道里遭到暴徒侵害。回到家门之前准备好开门的钥匙,不要站在门口才找钥匙。

(2)注意不要双手插兜单独走路。如果双手提物,应可以随时方便的把它们丢在地上,保护自己是首选。

(3)背挎包走路的时候,注意挎包不要放在身体侧面,也不要把手指穿过包上的金属环,应该将挎包放在胸前,用前臂护包。

(4)夜间独自走路,注意走在道路中央,避开街巷出口或屋门口,那些地方往往是暴徒的藏身之所。

(5)对走在你身后的人要特别加以警惕。放慢脚步,看他是否也放慢脚步。对于街道对面的人也要特别加以注意,如果有人向你走来,你加快步伐他也随之加快,那就可能有危险,最好与之保持 30 m 以上的距离。一旦发现被跟踪时,可以用脚踢或用皮包拍打路边停靠的车辆,目的是触发报警器响,引起别人注意。

(6)如果女性独自一人在公共场所喝东西,且没有喝完就去上厕所或者离开打电话,回来后最好不要再喝,以免中间被下药。

(7)进出电梯要注意同乘者,要尽量站在控制按钮的地方,一旦被攻击,立即用手拍打每层楼梯的按钮,电梯会在每个楼层停下来,借机对外大喊失火。

(8)在夜间乘公交车时,尽量坐在靠门的位置,一旦发现危险迅速逃脱。

3. 独自驾车

如果是女性单独驾车,上车前应注意周围有没有人,上车后第一个动作是按下车锁,以防有人突然开门而入;停车时,千万不要把家里的电话号码写在车窗前,避免有人故意叫人移车而伺机行凶。

行车前,也一定要把车门反锁。为防假车祸,真抢劫,碰到车祸,千万不要马上下车,最好先冷静观察对方有几个人,如果来者不善,最好马上开走,同时猛按喇叭,引起旁人的注意。停车时,如果有其他车跟着,停妥后,不要马上下车,先等对方走远,以防被抢劫。停车熄火熄灯后,留在车内观察片刻再开车门出来,将值钱的东西放在看不见的地方。

4. 其他情境

发生不幸时,一定要镇定,记得对方的特征,并留下证据。若不幸发生了意外,也要尽可能将伤害减到最少。不要坐在双层巴士的上层,也不要与陌生人说话,或者回答陌生人的问话,尽量表现得粗鲁,或者装作聋哑,以便保护自己免受攻击。如果在街上有人向你问路,指路要用靠近他的那只手,并用语言提示他有人在面前等你,注意目光不要放松对他的警惕。如果你搭一个熟人的便车,那人有过火的举动,那么先用语言警告他,如果没有奏效,在遇到红灯或堵车的情况下汽车停车时,立即下车。不要要求他停车,因为那会让他知道你的意图,进而阻止你。如果到生疏的地方去参加聚会,特别是参加熟人很少的聚会,一定注意观察周围的环境,比如楼下的卫生间是否有可供紧急情况下逃脱的窗户;对于陌生人给你的饮料要加以小心,悄悄地把它倒掉。不要一边步行一边打电话或发短信,应该时常注意后方的情况。把手机调到随时可以拨打报警电话的状态。

第五节 跆拳道

一、跆拳道运动的概述

(一)跆拳道的起源与发展

跆拳道是朝鲜半岛较普遍流行的一项技击术,是一项运用手脚技术进行格斗的民族传统体育项目,它由品势、搏击、功力检验三部分内容组成。

1955 年以前,韩国是没有"跆拳道"一词的,韩国的武术以空手道、唐手道和民间少数的跆跟等为主。日治时期,大量韩国青年学生赴日留学,在日本接受了系统的松涛馆空手道训练,回国后他们开始创立道馆教授学生。

日本战败后,韩国获得民族独立,大批空手道、唐手道道馆兴起,韩国早期空手道传播者们将民族传统武术跆跟与空手道相结合,称为唐手道。并出现了最早的一批韩国道馆,这就是后来的九大道馆。

"跆拳道"一词,是 1955 年由韩国的崔泓熙将军命名。崔泓熙将军早年在留学日本时,学习了日本松涛馆空手道,并将其与韩国传统武技跆跟、手搏等技术融入跆拳道中。总之,现代的跆拳道是结合当代东亚武技之长的韩国发源武术运动之一。

跆拳道是经过东亚文化发展的一项韩国武术,以"始于礼,终于礼"的武道精神为基础。其脚法占 70%,套路共有 25 套;另外还有兵器、擒拿、摔锁、对拆自卫术及 10 余种基本功夫等。跆拳道在 1988 年奥运会上为示范项目;于 1992 年的巴塞罗那奥运会开始成为试验比赛项目;到 2000 年的悉尼奥运会成为正式比赛项目。

跆拳道精神:礼仪廉耻、忍耐克己、百折不屈。

(二)跆拳道的特点

1. 以腿法为主,拳脚并用

由于竞赛的需要、规则的限制和跆拳道进攻方法的特点,使得跆拳道是以腿法攻击为主。据统计,在跆拳道技术当中,腿法约占总技法的 70%。腿击无论在攻击范围、攻击力量等方面都远远超过拳法的攻击,而拳法的招式,一般偏重于防守和格挡。

2. 动作追求速度、力量和效果,以击破为测试功力的手段

跆拳道不讲究花架子,所有动作都以技击格斗为核心,要求速度快,力量大,击打效果好。在功力的检测方面,则以击破力为测试的手段。就是分别以拳脚击碎木板等,以击碎的厚度来判定功力。

3. 强调呼吸,发声扬威

在跆拳道的练习当中,要求在气势上给人以威严的感觉,练习者常以洪亮并带有威慑力的声音来显示自己的威力。据日本有关研究资料证明,人在无负荷工作时,10% 的肌肉会由于发声使他们的收缩速度提高 9%,在有负荷工作时更是可以提高 14%,这就是为什么在比赛当中运动员会发出响亮的喊叫声的原因。在发声的同时停止呼吸，可以使人体内部的阻力减小，提高动作速度，集中精力，使动作发挥出更大的威力。

4. 以刚制刚，方法简练

受跆拳道精神影响，运动员在比赛当中多是直击直打，接触防守，躲闪技术运用得比较少。进攻都采用直线连续进攻，以连贯快速的脚法组合击打对手。防守多采用格挡技术，或采取以攻对攻，以攻代防的技术。

5. 礼始礼终，内外兼修

在任何场合下，跆拳道练习者始终以礼相待。练习活动都要以礼开始，以礼结束，以养成谦虚、友好、忍让的作风，在道德修养方面不断的提高自己。

二、跆拳道基本技术

（一）实战姿势

格斗式（站姿）：

（1）双脚自然前后站立，与肩同宽，前脚掌向前微内扣，后脚掌向前内扣 30°～60°。膝盖微屈，保持弹性和灵活（图 14－5－1）。

原理：膝盖若太直，活动不灵活，且容易骨折。

图 14－5－1

（2）身体侧面对敌，向前约呈 30°～45°。

原理：拳击、泰拳、空手道等凶悍搏击技术多采用正面对敌，大有杀敌 1000 自损 500 之势，且便于用拳。而跆拳道是以腿法为主的灵活型竞技格斗，侧面对敌有利于闪躲和用腿。

（3）前手低后手高，呈防御状态。

原理：前手作为先锋手，后手作为重攻击手负责近身防御和有力反攻。也有的习惯于前手高后手低的风格。前手大小臂自然弯曲前伸，拳眼对低，向前左右三个方向防御，拳的高度大约在脖颈或肩膀的位置。后手护住胸腹和下巴，拳的高度在下巴位置。双手之间配合防御，不要在胸腹处漏出大空挡。

（4）站姿名称：右手右脚在后为右格斗式，左手左脚在后为左格斗式。

原理：在后的手脚为“主攻击手”或称“重攻击手”，因此当右手脚在后，则右手脚主攻击，称为右格斗式，反之为左格斗式。有个别教练简单地认为哪手在前就是哪手的格斗式，是错误的。区分标准不在于哪手在前或在后，而是要看哪手是主要攻击手，而在后的才是主要攻击手。

（二）步伐

（1）前滑步（后撤步）：前脚先动，向前小距离迈步，后脚迅速跟进，注意是有力而有弹性地跟进，而非被前脚拖进，后滑步反之。此步伐用于敌我的距离较近时，要谨慎而迅速地接近或离开对手，属于较高程度地保持防御的前进或后撤步伐。

(2)前垫步(后垫步)：和前滑步相反，后脚先动，向前有力而弹性地垫向前脚，同时前脚迅速向前小距离迈步，感觉就像后脚撞击前脚有弹性地前进，后垫步反之。此步伐用于迅速前进并直接用前脚攻击，属于前进和攻击一气呵成的腿法，当发现对手薄弱空挡时，可迅速前进攻击。

(三)腿法

1. 前踢

前踢是跆拳道最基本的腿法之一。前踢技术在跆拳道比赛中很少运用，主要运用于自卫或跆拳道基础练习中。

动作方法：实战姿势站立(图 14 - 5 - 2(1))；右脚蹬地，身体重心移至左脚；右脚向正前方屈膝上提，右小腿夹紧，随即，以膝关节为轴向前送髋、顶膝、小腿快速向前踢出，力达脚背或脚前掌，动作完成后成右实战姿势站立(图 14 - 5 - 2(2)、(3)、(4)、(5))。

(1) (2) (3) (4) (5)

图 14 - 5 - 2

动作要领：提膝时小腿要夹紧，踢腿动作应迅速有力，髋关节前送。

易犯的错误：髋部没有向前送；击打时脚面没有绷直；提膝时没有直线出腿；支撑脚没有积极配合髋部的转动；小腿弹出后，在弹直的一刹那，没有一个制动过程，即没有快打快收的折叠小腿过程。

2. 横踢

横踢是跆拳道比赛中运用率最高的腿法。横踢技术动作简单实用，技术变化多样，是跆拳道技术中重要的腿法。

动作方法：实战姿势站立(图 14 - 5 - 3(1))；右脚蹬地，身体重心移至左腿；同时，右腿小腿夹紧向正前方提起(图 14 - 5 - 3(2))；以左脚前脚掌为轴，脚跟内旋，身体向左侧旋转，转体时，右脚小腿与地面接近水平，大腿与上体成一条斜线，上体微侧倾(图 14 - 5 - 3(3))；右腿以膝关节为轴迅速伸膝向左侧方弹出，脚面绷直，以脚背为力点，踢击对方的头部或躯干(图 14 - 5 - 3(4))，动作完成后小腿放松沿出腿路线收回，成右实战姿势站立。(图 14 - 5 - 3(5)、(6))

动作要领：提膝时，膝关节夹紧直线向前提膝；横踢动作时，支撑腿要以前脚掌为轴，随横踢动作脚跟逐渐内旋(约 180°)，横踢发力时，髋关节应展开；髋关节前送，击打的感觉似鞭打

图 14－5－3

动作；横踢时，摆动腿应踢过身体中线约 30 cm；小腿弹踢的瞬间，要有一个制动的过程，使击打腿产生鞭打的效果。

易犯的错误：右脚上提时没有直线向前上方提膝；躯干没有稍后倾，上体前压，使腿的长度没有被充分利用；大小腿折叠回收不够，打击力度不够；击打时脚面没有绷直；小腿弹出后，在弹直的一刹那，没有制动；先转髋再提膝，造成膝盖过早偏向右侧；左脚没有积极配合髋部的转动，左脚太“死”，或是在身体向前移动时，支撑脚没有配合向前移动，在后面“拖”着。

3. 侧踢

侧踢在跆拳道比赛中，主要用于攻击对方的躯干和头部，也可以用于阻截对手的进攻。它有力量大、速度快、进攻动作直接的特点。

动作方法：实战姿势站立（图 14－5－4(1)），身体重心前移，右腿屈膝上提（图 14－5－4(2)）；左脚尖勾起，以前脚掌为轴外旋约 180°（图 14－5－4(3)）；同时，迅速伸膝发力，右脚直线向右前方踢出，力达脚外侧或整个脚掌（图 14－5－4(4)），踢击动作完成后，右腿迅速放松按出腿路线返回，成实战姿势站立（图 14－5－4(5)）。

图 14－5－4

动作要领：提膝时，膝关节夹紧向前直线提起，提膝、转体与踢击要协调连贯；踢击时，要转体、展髋，上体略侧倾，踢击目标的瞬间髋、膝、腿应在同一平面内；动作完成后，应按原路线返回。

易犯的错误：打击对方时，髋部没有展开，致使击打力度不够；大小腿折叠不够，或是蹬出的速度不快。

4. 勾踢

勾踢也称为侧摆踢，是跆拳道中侧向进攻技术，主要用于攻击对方头部的侧面，实战中，运用得当也会给对手带来重创。

动作方法：实战姿势站立（图 14－5－5（1））；右脚蹬地，身体重心前移至左脚，以左脚支撑，右腿屈膝提起（图 14－5－5（2））；左脚以前脚掌为轴，脚跟向内旋转约 180°，右腿膝关节提起并向左内扣，右小腿由外向内伸出，伸直后以脚掌为力点向右侧摆击，身体随之侧倾（图 14－5－5（3）、（4）），动作完成后右腿放松回收成实战姿势站立（图 14－5－5（5））。

图 14－5－5

动作要领：勾踢时，身体要适当放松，起腿后，右腿屈膝抬至水平，然后内扣；勾踢时，要充分发挥腰、腿的力量，小腿后勾要快；鞭打后要顺势放松。

易犯的错误：右脚直着伸出，没有沿弧线摆动；在开始时小腿过于紧张，小腿和足没有横着鞭打；身体转动时，头部没有配合同向转动。

5. 下劈腿

劈踢是跆拳道技术中杀伤力较大的腿法之一，也常作为跆拳道的招牌腿法动作，比赛中得分率较高，主要用于攻击对方的头部、面部、肩部。比赛中，运用得当会给对方造成重创。

动作方法：实战姿势站立（图 14－5－6（1））；右脚蹬地，身体重心前移至左脚。以左脚支撑，右腿屈膝抬起（图 14－5－6（2））；右脚快速上举过头顶，左髋关节上送，右膝伸直贴近上体，随即，右腿迅速向前下方劈落，力点达脚跟或前脚掌（图 14－5－6（3））；动作完成后小腿放松下落成实战姿势站立（图 14－5－6（4））。

图 14－5－6

动作要领：右腿上摆时，大腿应放松，踝关节应举过头顶，身体重心应向高起；动作要迅速有力，支撑脚脚跟要离地，同时髋关节上送；向下劈落时，踝关节应放松；向下劈落时要有控制。

易犯的错误：起腿高度不够；支撑脚没有积极配合身体向上向前移动，“拖”在了后面；下劈时，没有控制好身体重心而使重心过于前压；上体过于后仰，使得下劈力量不足。

6. 推踢

推踢属于直线型腿法技术。它具有动作突然、起动较快的特点。实战中，主要用于阻截对方的进攻或与其他动作配合进攻，一般情况下推踢很少能够直接得分。

动作方法：实战姿势站立（图 14－5－7(1)）；右脚蹬地，身体重心移至左脚；随即，大小腿夹紧屈膝提起（图 14－5－7(2)）；左脚以前脚掌为轴外旋约 90°，上体略后仰；同时，右腿以膝关节为轴迅速向前蹬出，力达脚掌（图 14－5－7(3)）；动作完成后右腿放松回收，成实战姿势站立（图 14－5－7(4)）。

图 14－5－7

动作要领：提膝时，大小腿应夹紧。推踢时，腿法运行的路线应是水平向前的；推踢时，髋关节应向前送，应利用身体重心的前移来加大腿法的力量。

7. *后踢*

后踢是跆拳道中的转身攻击技术，比赛中，可以直接用于反击或与其他动作相配合进攻，运用得当会给对手以重创。

动作方法：实战姿势站立（图 14－5－8(1)）；右脚蹬地，身体重心移至左腿，右脚以前脚掌为轴，脚跟向内旋转；同时，左脚以前脚掌为轴，脚跟向外旋转 180°，使脚跟正对对手方向，成背向对方姿势（图 14－5－8(2)）；此时，右脚蹬地提起，左腿支撑，右腿大小腿折叠，髋关节收紧，脚尖勾起（图 14－5－8(3)）；右肩微下沉；随即，迅速向后展髋、伸膝沿直线向后蹬踢，上体侧倾，力达脚跟（图 14－5－8(4)）；动作完成后，上体右转，右脚向前落步成右实战姿势站立。

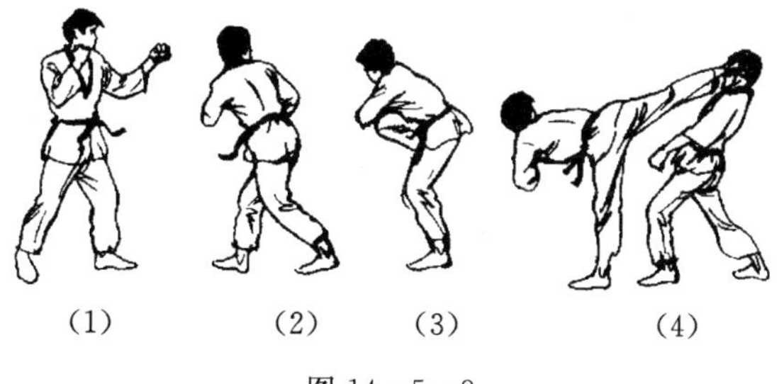

图 14－5－8

动作要领：后踢时，上体与踢出腿应在同一平面内，要控制住肩部不要随之转动；提腿时，大小腿应充分同收，蓄力待发；转身、提腿、后踢三个动作要连贯有力。

易犯的错误：身体转到背朝对手时没有制动，身体继续转动，腿不是直线向后踢出；在提起右腿时，右腿没有“檫”着左腿起腿；身体转动时，头部配合同向转动，但肩和上体不应跟着转动，否则容易被对手反击。

8. *后旋踢*

后旋踢同后踢一样，均属于转身腿法，动作相对较为复杂。后旋踢也是比赛中常用的技术，应用时，可以直接用于进攻也可以与其他技术配合用于进攻，还可以用于反击，运用得当往往往会重创对方。

动作方法:实战姿势站立(图 14－5－9(1));身体重心移至左脚,同时,以左脚为轴内旋约90°,左膝关节内扣,右脚前掌蹬地外旋,背向对手(图 14－5－9(2));动作不停,右脚蹬地起腿,以腰部带动身体向右后转动;同时,右腿随转体向右上方屈膝提起;随即用右脚掌自左向右弧线踢击,接近目标时右腿伸直,力达脚掌(图 14－5－9(3)、(4));动作完成后恢复实战姿势站立(图 14－5－9(5)、(6))。

图 14－5－9

动作要领:摆动腿在正前方时,击打的路线应是水平弧线;以腰带动腿发力,原地旋转360°;起腿要快,蹬地、转腰、转上体、摆腿发力要连贯、协调、快速,不要停顿。

易犯的错误:右脚轮圆了去划弧,在开始时没有一个向斜后方向蹬伸的动作;身体向右后方转动时,提起右脚的速度过慢;身体转动时,头部没有积极配合同向转动;小腿在动作开始时没有放松而是完全绷紧;左脚没有积极配合髋部的转动,左脚太"死";右脚鞭打后,身体没有继续旋转,右脚直接向斜下方向落地,不能用脚掌沿水平弧线鞭打,造成过早翻转身体而使重心过于偏后。

三、跆拳道品势

在跆拳道中所称的[太极],与中国《易经》中的"太极八卦"基本一致,它表示了宇宙哲学的基本道理。跆拳道中的"型"也即"品势",以此为根据将太极的意念形态编入每一动作中,在其行进线中也选择了意味着宇宙根本的阴阳八卦线。套路中的攻击与防守、前进与后退、速度的缓急、刚与柔等均灵活运用了变化丰富的宇宙太极原理。

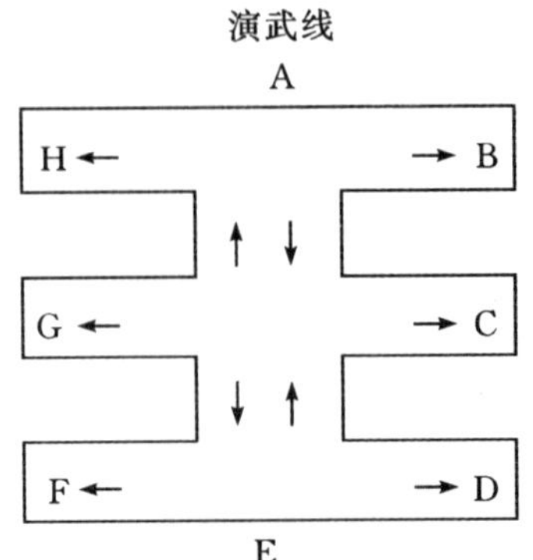

(一)太极一章

太极一章代表了太极八卦中[乾]的意思,因为[乾]是宇宙万物的根源,所以太极一章也是跆拳道品势的根本。

动作要领:

准备势:双脚左右开立同肩宽;双手握拳置体前髋关节高度,拳心向内,双拳之间一拳距离。

身体向左转,左脚转向演武线上 B 的方向。呈高左前屈立,左前臂防左下段。

右脚向前迈一步,呈高右前屈立,右拳向前顺攻中段。

身体向后转体 180°,右脚向前一步对着 H 方向,呈高右前屈立,右前臂防右下段。

左脚向前迈一步,呈高左前屈立,左拳向前顺攻中段。

身体向左转,左脚迈向 E 方向,呈左前屈立,左前臂防左下段。

身体姿势不变,出右拳逆攻中段。

左脚不动,右脚移向 G 方向,呈高右前屈立,左前臂防左中段。

左脚向 G 方向前进一步,呈高前屈立,右拳向前逆攻中段。

以左脚跟为轴,身体向 C 方向转 180°,呈高左前屈立,用右前臂防中段。

右脚向前一步,呈高右前屈立,左拳向前逆攻中段。

以左脚跟为轴身体右转,右脚移向 E 方向,呈右前屈立,右前臂防右下段。

身体姿势不变,出左拳逆攻中段。

左脚移向 D 方向,呈高左前屈立,用左前臂防左上段。

右脚前踢。

收腿呈高右前屈立,然后用右拳顺攻中段。

以左脚跟为轴,身体向右转 180°,右脚移向 F 方向,呈高右前屈立,右前臂防右上段。

左脚前踢。

收腿呈高左前屈立,然后用左拳顺攻中段。

以右脚跟为轴,身体向右转 90°,朝向 A 方向,呈左前屈立,左前臂防左下段。

右脚向前一步,呈右前屈立,用右拳顺攻中段。

结束势以右脚为轴,身体逆时针旋转 180°,恢复开始姿势(图 14 - 5 - 10)。

(二)太极二章

太极二章代表了太极八卦中[兑]的意思,[兑]的含义为内刚外柔,因此表现时应注意外在柔的表现和内在强烈的攻击力度。

动作要领:

准备势:双脚左右开立同肩宽;双手握拳置体前髋关节高度,拳心向内,双拳之间一拳距离。

身体向左转,左脚转向演武线上 B 的方向。呈高左前屈立,左前臂防左下段。

右脚向前迈一步,呈右前屈立,右拳向前顺攻中段。

身体向后转体 180°,右脚向前一步对着 H 方向,呈高右前屈立,右前臂防右下段。

左脚向前迈一步,呈左前屈立,左拳向前顺攻中段。

图 14－5－10

身体向左转，左脚迈向 E 方向，呈高左前屈立，右前臂防中段。

右脚向前迈一步，呈高右前屈立，左前臂防中段。

右脚不动，左脚移向 C 方向，呈高左前屈立，右前臂防右下段。

右脚前踢，落脚呈右高前屈立，右拳向前顺攻中段。

身体向后转体 180°，右脚向前一步对着 G 方向，呈高右前屈立，右前臂防右下段。

左脚前踢，落脚呈左高前屈立，左拳向前顺攻中段。

以右脚为轴，向左转体 90°，左脚移向 E 方向，呈高右前屈立，左拳防左上段。

右脚向前一步，呈高右前屈立，右拳防右上段

以右脚为轴，向左转体，左脚移向 F 方向，呈高左前屈立，右拳向内方中段。

左脚不动，向右转体 180°，朝向 D 方向，呈高右前屈立，左拳向内方中段。

抬左脚贴着右脚后转向 A 方向，呈高左前屈立，用左拳扫下段。

右脚前踢，落右脚呈高右前屈立，出右拳顺攻中段。

左脚前踢，落左脚呈高左前屈立，出左拳顺攻中段。

右脚前踢，落右脚呈高右前屈立，出右拳顺攻中段。

结束势向左后转体 180°，左脚移向左边，恢复准备姿势(图 14－5－11)。

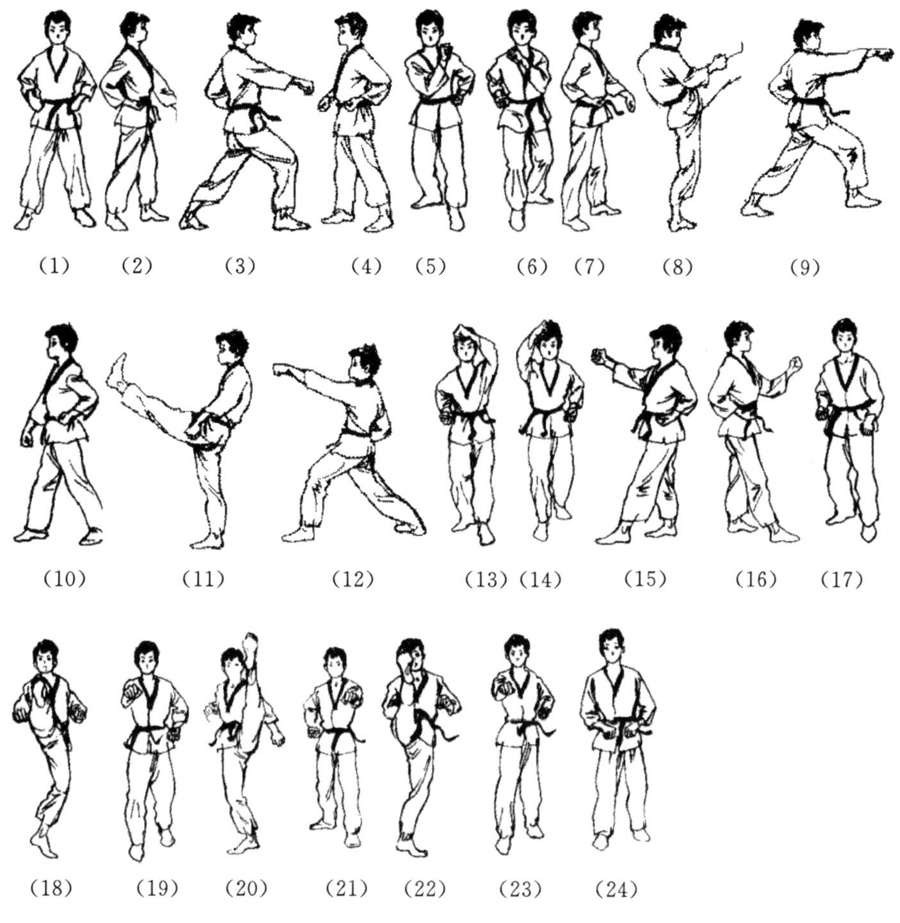

图 14-5-11

(三)太极三章

太极三章代表了太极八卦中[离]的意思。[离]的含义为如火一般的明亮,因此表现时应注意动作的活跃性。

动作要领:

准备姿势:双脚左右开立同肩宽;双手握拳置体前髋关节高度,拳心向内,双拳之间一拳距离。

左转身体向演武线上 B 的方向,成左前探步,左臂下截,右拳置于腰侧。

上提重心,左脚跟稍提,右脚前踢,两臂下截,置于体侧。右脚落地成右弓步,同时右拳前冲拳,然后左拳前冲拳,右拳收回腰侧。

以左脚为轴,两臂下截,置于体侧,身体右后转,同时右脚向 H 移步成右前探步,右臂向下截拳,左拳收回腰侧。

左脚前踢,两臂下截,置于体侧,左脚下落成左弓步,同时左拳前冲拳,然后右拳前冲拳,形成连续攻击。

以右脚为轴,身体左转,同时左脚向 E 移步成左前探步,右拳变手刀,由外向里横砍,攻击对手颈部,左拳收回腰侧。

右脚向E迈进一步成右前探步,左拳变手刀,由外向里横砍,攻击对手颈部,右拳收回腰侧。

身体左转,左脚向C移步成左后弓步,左手刀向外横截,右拳收回腰侧。

左脚向C迈步成左弓步,右拳前冲,左手刀变拳收回腰侧。

以左脚为轴,身体右后转向G成右后弓步,同时右脚稍后撤,右拳变手刀向外横截。

右脚向G迈进半步成右弓步,左拳前冲拳,右手刀变拳收回腰侧。

以右脚为轴,身体左转,左脚向E移步成右前探步,右臂屈肘向内横格,左拳回收腰侧。

右脚向E迈进一步成右前探步,左臂屈肘向内横格,右拳回收腰侧。

以右脚为轴,身体做后转,左脚向F移步成左前探步,左拳截向左下方,拳面朝下,右拳回收腰侧。

右脚前踢,两臂下截,置于体侧。右脚下落成右弓步,右拳前冲拳,左拳回收腰侧。然后左拳前冲拳,形成连续攻击。

以左脚为轴,身体右转180°,右脚向D移步成右前探步,右拳下截,左拳回收腰侧。

左脚前踢,两臂下截,置于体侧。左脚下落成左弓步,左拳前冲拳,右拳回收腰侧。再出右拳前冲拳,左拳回收腰侧。

以右脚为轴,身体左转,左脚向A移步成左前探步,左拳下截,右拳回收腰侧。两脚不动,右拳前冲拳,左拳回收腰侧。

右脚向A迈进一步成右前探步,右拳下截,左拳回收腰侧。再出左拳前冲拳,右拳回收腰侧。

左脚前踢,两臂下截,置于体侧。左脚下落成左前探步,左拳下截,右拳回收腰侧。再出右拳前冲拳,左拳回收腰侧。

右脚前踢,两臂下截,置于体侧。右脚下落成右前探步,右拳下截,左拳回收腰侧。再出左拳前冲拳,右拳回收腰侧。

收势:右脚为轴,身体逆时针旋转180°,恢复开始姿势(图14-5-12)。

(四)太极四章

太极四章代表了太极八卦中[震]的意思。[震]的含义就是要时刻有着警备及虔诚的态度,因为套路中的动作难度比较大,所以表现时应注意动作的准确性。

动作要领:

准备姿势:双脚左右开立同肩宽;双手握拳置体前髋关节高度,拳心向内,双拳之间一拳距离。

左转身体,左脚迈向演武线上B的方向成右后弓步,两拳变手刀,左手刀向左侧横截,手心向下,与肩齐,右手刀至于胸前,手心向上。

右脚向B迈进成右弓步,左臂屈肘左手下按,右手刀成贯手向前插击,指尖朝前。

以左脚为轴,身体右后转,同时右脚向H移步成左后弓步,右手刀向外横截,手心向下,高于肩齐,左手刀至于胸前,手心向上。

左脚向H迈进成左弓步,右臂屈肘右手下按,左手刀成贯手向前插击,指尖朝前。

以右脚为轴,身体左转,同时左脚向E移步成左弓步,左臂屈肘上架,置于额前,右手刀向

(1) (2) (3) (4) (5) (6) (7) (8)
(9) (10) (11) (12) (13) (14) (15)
(16) (17) (18) (19) (20) (21) (22)
(23) (24) (25) (26) (27) (28) (29)
(30) (31) (32) (33) (34) (35) (36)

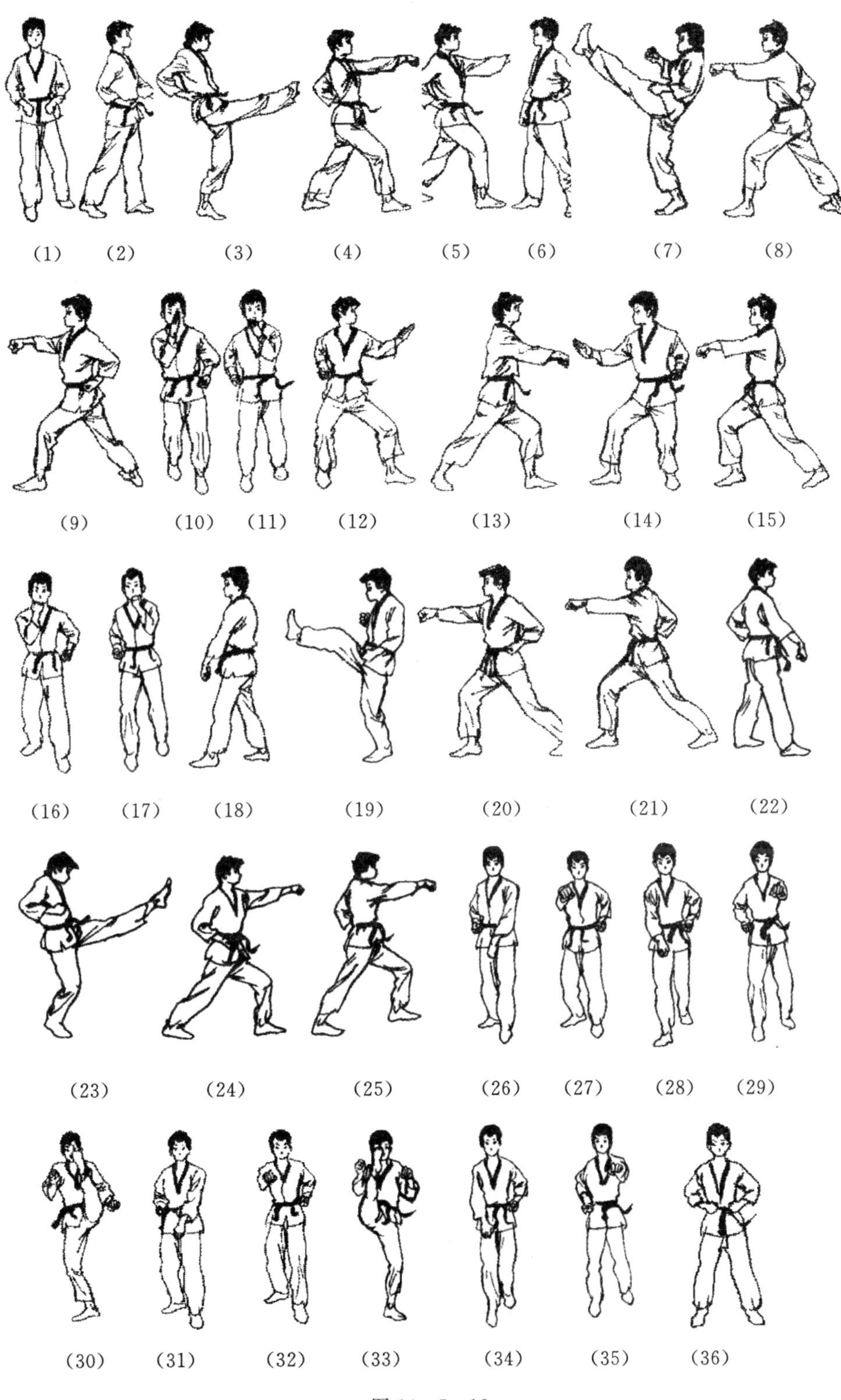

图 14－5－12

内横砍，手心向上。

右脚前踢，两臂下截，置于体侧。右脚下落成右后弓步，左拳前冲拳，右拳回收腰侧。

以右脚为轴，身体右转并侧倾，同时左腿向E侧踢，两臂置于体侧。

左脚落下，以左脚为轴，身体左转并侧倾，同时右腿向E侧踢，右脚下落成左后弓步，两拳变手刀，右手刀向外横截，高于肩齐，左手刀至于胸前，手心向上。

以右脚为轴，身体左后转，同时左脚向F移步成右后弓步，左手刀变拳向外横截，拳心向下，右手刀变拳回收腰侧。

右脚前踢，然后下落成右后弓步，左臂屈肘向内横格，拳心向上，左拳回收腰侧。

身体右后转，同时右脚外转移向D成左后弓步，重心落在左脚，右臂屈肘向外横截，拳心向下。

左脚前踢，左脚下落成左后弓步，左臂屈肘向内横格，拳心向上，右拳回收腰侧。

以右脚为轴，身体左转，左脚向A移步成左弓步，两拳变手刀，左手架于额前，右手刀向内横砍，手心向上。

右脚前踢，两手刀变拳，置于体侧。右脚下落成右弓步，右臂屈肘向内横格，拳心向上，左拳回收腰侧。

以右脚为轴，身体左转，左脚向G移步成左前探步，左拳向里横格，右拳回收腰侧。

两脚不动，右拳前冲拳，左拳回收腰侧。

身体右后转，面向B方向成右前探步，左臂屈肘外截，拳心向上。

两脚不动，左拳前冲拳，右拳回收腰侧。

以右脚为轴，身体左转，左脚向A移步成左弓步，左臂屈肘向内横格，拳心向上。两脚不动，右拳前冲拳，左拳回收腰侧。然后左拳前冲拳，右拳回收腰侧。

右脚向A移步成右弓步，右臂屈肘向内横格，拳心向上，左拳回收腰侧。两脚不动，左拳前冲拳，右拳回收腰侧，然后右拳前冲拳，左拳回收腰侧。再次左拳前冲拳，右拳回收腰侧。

收势：右脚为轴，身体逆时针旋转180°，恢复开始姿势(图14－5－13)。

四、跆拳道与健身

跆拳道启示着生活方式和思考方法，特别是在发展精神文明的同时培养正义的巨大力量。它培养学生的高贵气质，提高学生的适应性，使学习跆拳道的人容易融入社会。由于跆拳道的每个动作都是科学的和有明确目的的，所以优秀的示范能够使任何学生有信心掌握跆拳道。通过反复的练习培养忍耐力和克服任何困难的意志，通过练习掌握的技术和力量使学生产生在任何条件下任何时候都可以对付任何对手的自信心。

跆拳道的对打练习可以使学生更加谦虚，培养克制能力和勇气；可以提高机敏性和警惕性；可以测验动作的适应性和正确性。在练习跆拳道的过程中，观察每个人的动作就可预知各自的技术水平。因此，学生之间将产生竞争心和学习热情，培养学生积极向上，不断进取的精神，使学生向往优秀的示范，树立更高的人生目标。

学习跆拳道的过程，有机会和不同年龄、不同性别、不同民族的人进行交流，增进友谊，学习不同的文化。

练习跆拳道可振作精神，使同学们能够重新集中精力学习。跆拳道教育的核心是使学生正确掌握把全身各部位作为武器的方法，以及防止乱用跆拳道技术的精神教育。

(1)
(2)
(3)
(4)
(5)
(6)
(7)
(8)
(9)
(10)
(11)
(12)
(13)
(14)
(15)
(16)
(17)
(18)
(19)
(20)
(21)
(22)
(23)
(24)
(25)
(26)
(27)
(28)
(29)
(30)
(31)
(32)

图 14-5-13

第十五章

跳绳运动

第一节　跳绳运动概述

一、跳绳简介

跳绳在中国历史悠久，盛行于清代。在清代北京元宵节民间娱乐时，称跳绳为“跳百索”。济南府《府志》中载：“每年孟春正月元旦……儿女以绳跳为戏，名曰‘跳百索’。”《松风阁诗抄》中也有记载：“白光如轮舞索童，一童舞索一童唱，一童跳入光轮中。”

当时，这种跳绳加伴唱的游戏，娱乐性很强，对促进少年儿童发展灵敏、速度、弹跳及耐力等身体素质，皆有好处。所以，跳绳运动一直流传至今。

到了现代，跳绳运动得到了广泛的开展、普及和提高。许多国家把它列为体育课的内容，我国把它列为“国家学生体质健康准”测试项目之一。

二、跳绳组织结构模式

现今全球最具代表性、权威性，结构最完整的世界性跳绳组织当属国际跳绳联盟(International Rope Skipping Federation)，其成立于1996年，是各个国家官方予以承认的国际性跳绳组织，由它组织各类世界性的跳绳比赛。国际跳绳联盟同其他国际性运动联盟一样，由亚洲、泛美洲、非洲、欧洲、大洋洲5大洲跳绳联盟组成。

国际跳绳联盟现有48个成员国，365000个会员，其中亚洲、欧洲跳绳联盟的成员国较多，因为在这两大洲的大部分国家中，跳绳是民间的传统运动项目。中国被认为是跳绳运动的起源国家，唐代起就有关于跳绳的明确记载。

三、中国现代跳绳运动的发展

跳绳在我国历史悠久，广泛流传，无论是在城市的广场，还是乡村的学校，到处都可以看到跳绳的人群，有的城市甚至一片连着一片，场面十分壮观。可以说，中国是在世界上跳绳人数最多的国家。但至2007年以前中国没有举办过全国性的跳绳比赛。2007年10月，国家体育总局社体中心组织专家审定了《中国跳绳竞赛规则》，使全国性比赛有了依据。同年12月，在广州举行了中国首届跳绳公开赛。时至今日，中国跳绳比赛众多，参与人数不断增加，如全国跳绳锦标赛、全国跳绳联赛、全国校园跳绳大课间视频展示大赛等。

第二节　跳绳的方法

一、技术方面

跳绳技术方面包括用绳的长短、抓绳方法、用脚(单脚交换跳或双脚并脚跳)方法、跳绳的节奏、动作的规范性等。

(1)用绳的长短:绳子短能使绳的转速快,绳子的长短因人而异,一般来说绳的长度比身高的一半稍长 2～3 cm 为宜。

(2)抓绳方法:抓绳方法也有讲究,如果抓绳时离绳柄越远,在跳绳速度越来越快时,产生的离心力就越大,绳对手的拉力就越大,这样手臂就越容易疲劳。因此,抓绳时应靠近绳柄,越近越省力。

二、力量耐力方面

跳绳力量耐力方面包括手臂上臂的抗疲劳能力、心肺功能、腿部力量等。

(一)手臂力量

有些学生跳绳多了上臂会酸痛,那是因为在跳绳时手臂张得太大,小臂在随着绳子甩动时,小臂的肌肉容易疲劳。为了减少疲劳,在跳绳时手臂应尽量贴近身体,用手腕用力。再者两手心不可朝上,尽量向下或者相对,手心朝下更能发力,这样能节省体力,跳得再多也不会累。

(二)心肺功能

心肺功能指的是人的摄氧和转化氧气成为能量的能力。在跳绳时随着体力的下降,人体要承受一定的运动负荷来维持跳绳运动,会出现心跳加快,四肢乏力的现象,导致跳绳的速度减慢,最终减少了跳绳的个数。因此,要提高心肺功能,而要提高心肺功能就要坚持锻炼,体育锻炼能使我们的心脏更有力。

(三)锻炼腿部力量

在跳绳时,双腿要承受身体的体重反复跳跃,一定时间后可能会双脚无力,有的学生就会因此减慢跳速,最终导致跳绳考核不能过关。为了克服这种现象必须进行腿部肌肉的锻炼,如收腹跳练习,就是从原地直力开始起跳,空中做屈腿抱膝动作或双手在腿前击掌,落地时一定要屈膝缓冲。还可以做单脚跳、双脚跳台阶等练习。

三、心理素质练习

有不少学生在考试时因人为、场地、自身等原因导致心理紧张,出现跳绳时老是绊脚结果未能得满分的现象,所以在考试之前心理素质的锻炼必不可少。首先要认识自我,对自己的成绩要有所了解,要有正确的定位,做到胸有成竹。其次通过情绪与压力测试,模拟真实压力情景,提供有效而实用的应对压力的方法,引导学生正确面对压力,并教给学生放松的方法,使学生能够合理调节情绪，真正成为自己的主宰。第三通过模拟测试来鼓励学生，给他们积极的心理暗示，让学生增强自信，体验成功的感觉，找回真正的自我。

四、跳绳的练习方法

体育教学中，应用跳绳进行课堂教学，不仅能发展学生的身体素质，丰富教学手段，而且能发展学生动脑、动手的能力；跳绳不但能培养学生的创新意识和团结协作的能力，而且还能提高学生的兴趣和学习的积极性，同时也能充实课堂教学内容。

（一）原地练习法

（1）单人跳绳练习：在篮球场上，将全班学生分成两组面对面站立，距离 4～5 m，每人左右之间相距 2～3 m。两手分别执绳的两端，持绳于身后，进行正反单、双足跳或单、双足交替跳；正反夹花跳；单、双足双飞跳；蹲着跳（将绳对折单手执绳的一端，蹲下单手贴地摇绳跳）等（图 15－2－1）。

图 15－2－1

（2）两人同跳一根绳练习：一人摇绳两人同跳（没摇绳的人站在摇绳同学的前面或后面）；两人同摇同跳（两人同站一排，各执绳的一端，同摇齐跳）；两人同摇一人跳（跳绳人外侧手执绳的一端，没跳者执绳的另一端，同时摇绳）。

（3）夹物跳练习：双踝夹物跳；双膝夹物跳；双腋夹物跳；双踝、双膝、双腋同时夹物跳。要求：跳绳过程中要控制所夹物体不掉地。

（4）自我展示跳绳练习：将学生分成几组，依次进行，每组 6～8 人，让学生自择或自创跳绳方法进行表演。要求：学生进行自我评价、互相交流技艺。

（5）牵绳练习：两人一组，自由组合，绳子从腰间绕过，两人分别各执绳子一端，通过牵、放绳子来较量，看谁脚下稳或移动来决定胜负。要求：要学会用巧劲来取胜。

（二）拔河练习

将全班分成若干组，4～6 人一组，学生自行组织，将同组内的几根跳绳并在一起，成一根拔河用绳，进行拔河比赛。

要求：（1）每组学生自定裁判；（2）按规则进行，采用三局两胜制。

（三）投掷练习

在场地上画一条起抛线。将全班学生分成若干组，每组 6～8 人进行投掷跳绳比赛，看谁投得远，每位学生将自己的跳绳绕成团或其他形状，只要自己认为它便于抛掷就行。

要求:(1)抛掷方法不限;(2)不得跨越起抛线。

(四)跳篱笆练习

在草坪上进行,将学生分成人数相等的两大组,再将其中一组分成两排面对面蹲下,用手各执绳子的一端,将绳子拉直,每根绳子之间相距 1～1.5 m,绳子离地高度适度,另一组学生依次跳过每一根绳,练习两至三回后两组互换练习。

要求:(1)双脚连续依次跳过绳子,注意安全;(2)前后学生相距 3～4 根跳绳。

(五)匍匐前进练习

在草坪上,将学生分成人数相等的两大组,再将每一组分成两排面对面蹲下,用手各执绳子的一端,将绳子拉直,每根绳子之间相距 1～1.5 m,绳子离地高度与膝同高,另一组学生依次从绳网下爬过,练习两至三回后两组互换练习。

要求:(1)用双手或双肘和双膝爬进;(2)身体任何部位不得触及绳。

(六)跑的练习

(1)你追我逃:在篮球场上进行,将学生分成 4 大组,分别站在 4 块篮球场上,每组再分 2 小组进行。一组跳绳逃跑,另一组跳绳追,被追住的同学站到场外,直至最后一位同学被追住为止,然后,两小组角色互换再进行练习。

要求:①逃的同学不能出界;②追的同学不能停绳追,用手拍击逃跑人的身体。

(2)跳绳往返接力跑:距离 10～15 m,将全班分成人数相等的几组,成纵队站立,每组只用一根绳,比赛开始后,每组的第一位同学跳绳向前跑出,绕过终点标志物返回,将手中的绳交给第二位同学,第二位同学重复第一位同学的动作,然后第三、第四、第五……,依次进行,看哪一组最先跑完。

要求:用手交接绳,不得抛绳(图 15-2-2)。

图 15-2-2

(3)跳绳迎面接力跑:距离 15～20 m 分别画两条平行线,将学生分成人数相等的 4 组,面对面成纵队站立,每组用一根绳,准备好后教师发令,每组第一位同学跳绳跑向对面同伴,将绳交给同伴,依次进行,看哪组最先完成判定胜负。

要求:①必须跳绳跑进;②接绳之前不得跨越起跑线(图 15-2-3)。

(4)两人三足跑:距离 20～30 m,分别画两条平行线,将学生分成多组,站于起跑线后,各组学生两两一组,可自由组合,用跳绳将自己的一只脚和同伴的一只脚绑在一起,准备好后教师发令,各组学生快速走或跑向终点。

要求:配合协调,步调一致。

图 15-2-3

(5)蜈蚣赛跑：距离 100 m，分别画两条平行线，在田径场上进行。将学生分成 4 组，每组 10～12 人，成纵队站于起跑线后，每组用各自连接好的两条长绳：一条用来系住各人的左脚踝关节；另一条系住各人的右脚踝关节，每人前后相距一臂距离，后面的人双手搭在前面的人肩上，准备好后教师发令，各组学生快速走向终点线，以各组的最后一人先过终点线为胜。

要求：①各组之间相距 1～1.5 m，注意安全；②协调一致，走成直线。

(七)跳长绳练习

在篮球场上进行练习，将学生分成 2～4 组，每组将短绳接成长绳，进行集体跳长绳练习。

要求：(1)学生可自行编制与选择跳长绳的花式；(2)多人花样跳时要注意安全。

六、趣味跳绳练习方法

为了活跃课堂气氛，增加学生练习跳绳的积极性，在跳绳教学中，采用多种教学手段，使学生在欢乐愉快的跳绳活动中，达到增强腿部力量，发展弹跳力、耐久力及灵巧性的目的。下面讲述几种趣味跳绳法。

(一)集体跳

1. 由单人鱼贯式或多人一起跑进、跑出、跳过或连跳的方式进行跳绳

在跳的时候，可任意跳几次，可加做一些自己喜欢的小动作，如拍手、转身、报号、唱儿歌、拾物等，增加跳绳的乐趣(图 15-2-4)。

2. 2～3 人花样趣味跳绳法

(1)一人摇跳，另一人跑进、跑出或同跳(图 15-2-5)。

图 15-2-4

图 15-2-5

(2)一人助摇跳。

3. 两人同摇跳

(1)两人跑动跳。方法:两名同学分别持绳的两端,做向前跑动跳绳的练习,速度要求中等,动作协调,注意不要被绳子绊倒(图 15-2-6)。

图 15-2-6

(2)三人重叠跳。一人摇跳,另 2 人跑进、跑出或同跳。方法:一人先用稍长的绳并脚跳,速度较慢,然后其余 2 人跳进或跳出跳绳者的体前或体后,同跳。注意跳起时间基本一致,摇绳速度要均匀,不能忽快忽慢(图 15-2-7)。

图 15-2-7

(二)单人跳

(1)原地单脚向前(后)摇跳:如一脚跳过绳,另一腿前举,前屈或后屈(图 15-2-8)。

(2)原地双脚摇跳:如前腿跳,蹲跳等(图 15-2-9)。

(3)原地交换脚跳:如交换做高抬腿跳等(图 15-2-10)。

图 15-2-8

图 15-2-9

图 15-2-10

(4)花样跳:如双摇跳、侧摇跳、“8”字摇跳等,也可计时跳,规定数量跳,变换速度跳等(图 15-2-11)。

图 15-2-11

此趣味跳绳法在体育教学中，收到了良好的效果，既锻炼了学生的体质，又培养了学生的良好品德。

第三节　跳绳竞赛规则

摘录自国家体育总局社会体育指导中心最新审定的《中国跳绳运动竞赛规则(试行)》。

一、宗旨

为了推动我国跳绳运动的规范化发展，加快与世界跳绳运动接轨的步伐，使其更好地为全民健身事业和构建社会主义和谐社会服务，特制定本规则。

二、行为准则

(1)运动员应自觉遵守《运动员守则》，遵守竞赛规程和赛场纪律，服从裁判。

(2)运动员和教练员应克服任何不公平、影响对手、冒犯公众、影响本项运动声誉的不良行为。

(3)裁判员及竞赛工作人员须遵守《裁判员守则》和赛会的规定，严肃、认真、公正、准确地执行裁判和竞赛任务。

三、比赛方法及规定

(一)比赛方法

比赛开始与结束均以口令或鸣哨为信号。裁判员发出“选手准备”指令后，所有参赛运动员就位;发出“预备”指令后,所有参赛运动员做好跳绳准备,单绳项目的选手双手持绳于身后,双绳、长绳“8”字跳项目的选手持绳站好。

(二)计时、计数跳绳比赛

(1)单摇跳:运动员跳起一次,双手摇绳,绳跃过头顶通过脚下绕身体一周(360°),称作单摇跳,记次数 1 次,在规定时间内累积进行。

(2)双摇跳:运动员跳起一次,双手摇绳,绳跃过头顶通过脚下绕过身体两周(720°)称作双摇跳,记次数 1 次,在规定时间内累积进行。

(3)三摇跳:运动员跳起一次,双手摇绳,绳跃过头顶通过脚下绕过身体三周(1080°),称作三摇跳,记次数 1 次,在规定时间内累积进行。

(4)间隔交叉单摇跳:运动员单摇跳起一次,然后双手体前交叉摇绳(两臂交叉时间是跳过绳即可开始),绳跃过头顶通过脚下绕身体一周(360°)再跳起一次,依次一摇一变化交叉跳称作间隔交叉单摇跳,记次数 1 次,在规定时间内累积进行。

(5)混双单摇跳:男女各一名运动员(1 名运动员持绳并摇绳)同时跳起 1 次,绳跃过两人头顶通过脚下绕身体一周(360°),计次数 1 次,在规定时间内累积进行。

(6)接力赛:4×30 秒单摇跳、4×30 秒双摇跳、4×45 秒双绳交互摇速度单摇跳,须以 30 秒或 45 秒口令为信号进行接力跳。

(7)长绳“8”字跳:两名运动员(男女不限)持绳站好,间距不小于 3.6 m。在口令或鸣哨后将绳同方向 360°摇起,运动员无论采用何种方式须依次以“8”字路线跑入绳中跳跃、长绳过双脚一次、再跑出长绳,则计次数 1 次,在规定时间内累积进行。

四、花样跳绳比赛

(1)花样跳:个人或 2、4 人自行编排动作及套路在规定时间内进行跳绳比赛。

(2)双绳交互摇三人跳绳和双绳交互摇四人跳绳:在 45～75 s 内 3 或 4 人按自行所编动作及套路轮流进行跳绳比赛。

(3)表演赛:由 4～14 名运动员以配乐进行表演,表演内容为自编花样或规定动作。

(4)若绳或手柄断裂,应允许运动员迅速更换经大会审定的备用绳重新比赛,不得超过 1 min。

(5)比赛过程中,若遇运动员鞋带松脱,运动员须立即系紧鞋带,方可继续比赛。

(6)若运动员受伤,经治疗 5 min,可继续重新比赛。

五、犯规及罚则

(1)在“开始”口令未下达前出现摇绳或抢跳应重新开始比赛,并提出警告,对于两次抢跳的运动员取消本场比赛资格。

(2)运动员在比赛中出现失误(包括在间隔交叉单摇跳比赛中,不是依次一摇一变化交叉跳),记失误次数,但不中断比赛。

(3)运动员在比赛中踩线或出界,应判为犯规。

①单摇、双摇速度赛、间隔交叉单摇跳赛:如运动员踩线或出界,应暂停比赛,让其回到原位后继续比赛。计数从运动员回到原位后继续开始。

②三摇跳运动员失误、踩线或出界,比赛即告结束。

(4)转换犯规。

①转换犯规是指运动员在接力赛中“转换”口令未下达之前开始。

②如出现犯规,比赛继续,记犯规 1 次。

③转换犯规一次将从成绩中扣除次数 5 次。

(5)时间犯规。

①花样跳绳比赛时间若不足 45 s 或超过 75 s,则算犯规,判扣 0.2 分。

②三摇跳:若运动员在听到开始比赛信号后,10 s 之内未能开始比赛,将从计数中扣除 10 次三摇跳。

(6)双绳交互摇花样跳。所有运动员须在比赛中以跳绳运动员身份完成至少 3 个技术动作,比赛即为有效。否则,成绩无效。

六、比赛成绩判定办法

(1)计数比赛中,比赛成绩按完成的有效次数决定,次数多者名次列前;如次数相等,以失误少者名次列前;如仍相等,并涉及第一名,则令次数相等的运动员加赛一场;若再相等,抽签决定名次。

(2)花样跳评分标准:满分为 10 分,包括①组织编排 2 分,其中动作连接周密 0.7 分、结构布局 0.7 分、风格突出 0.6 分;②完成质量 4 分,其中动作、套路完成流畅 1.4 分,动作规范 1.3 分,表现力 1.3 分;③动作难度 3 分;④优美创新 0.5 分;⑤音乐运用、礼仪(服装、进退场等)0.5 分,即跳绳动作与音乐运用应起到相互促进的效果。

(3)在计数比赛中,每场比赛须 3 名裁判员计数,若 2 名裁判员计数相同而第 3 名不同时,应以这两名裁判员所计数为准;若 3 名裁判员所计数各不相同,应以两个最接近的裁判计数最高分的平均值为准。

(4)在花样比赛中,比赛须 8 名裁判员评分,其中 3 名为判动作难度裁判,除动作难度分外的另外 5 名裁判评分,除去最高分和最低分,取平均值为正式成绩。

七、弃权和申诉

(一)弃权

(1)超过检录时间 5 min 未到场按弃权论。

(2)超过比赛时间 3 min,不能上场比赛者,按弃权处理。

(3)比赛中运动员因受伤治疗仍不能继续比赛,则判受伤运动员弃权。

(二)申诉

运动员对裁判员裁决有争议时,由领队或教练员在比赛结束后 30 min 内以书面形式向仲裁委员会提出申诉,同时交纳申述费 1000 元。仲裁委员会的判决为终审裁决。

如有异议,以国家体育总局跳绳部发布信息为准。

第四节　跳绳运动与健身

一、跳绳的健身功能

跳绳是一种全身性活动，能加快胃肠蠕动和血液循环，促进全身的新陈代谢，使人心情兴奋起来。跳绳能促进人心灵手巧，人的机体在运动时会把信息反馈给大脑，从而刺激大脑的积极思维，而跳绳时的自跳自数正是这样，通过信息的来回往返，促进大脑思维加快，判断更准确，肢体活动灵活有力而达到心灵手巧。跳绳可以锻炼力量，也可以增强身体的协调性和反应能力，还能增强心肺功能，总之，不同的跳绳方式可以带来不同的锻炼效果。

北京体育大学运动训练学博士武文强表示，多跳花式像两手交叉、摇两次跳一次、或者摇一次跳两次等花样可以锻炼跳绳者的灵敏度，但如果要锻炼心肺功能，则要采取慢速长时间地跳，比如一组 20 min 等。

也有人认为，跳绳对膝盖的冲击很大，但有专家研究指出，跳绳对膝盖的冲击力量只有跑步的 1/7～1/2。事实上，只要落地方法正确，就可以将冲击力量减少至安全范围。

二、跳绳的优点

(1)简便易行：不受时间场地限制，一根绳子，无限花样。

(2)富有挑战：跳绳花样繁多，各种技巧的组合更是不计其数。

(3)全身运动：左右开弓，上下齐动，手、臂、腰、腿、足都需要充分协调。

(4)跳绳强心：来自世界心脏协会的口号“为了您的心脏跳绳吧”。

(5)减肥健美：持续跳绳 10 min 可达到慢跑 30 min 或跳操 20 min 健身效果。

(6)促进生长发育：唯一的纵向运动，对青少年的身高有良好的促进作用。

(7)培养团队精神：摇绳者与跳绳者团结协作，互动配合，充分体现团队精神。

鉴于跳绳对女性的独特保健作用，法国健身专家莫克专门为女性健身者设计了一种“跳绳渐进计划”。初学时，仅在原地跳 1 min，3 天后即可连续跳 3 min，3 个月后可连续跳上 10 min，半年后每天可实行“系列跳”，如每次连跳 3 min，共 5 次，直到一次连续跳上半小时。一次跳半小时，就相当于慢跑 90 min 的运动量，已是标准的有氧健身运动。

三、跳绳的要求及注意事项

跳绳运动是一种极安全的运动，绝少有运动伤害的发生，即使跳跃失败或停顿，也不会有坠落、跌倒、冲突或被用具所伤的危险。况且跳绳者又能随自己的身体状况、体力及方法来自由调节跳绳的速度及次数，因此同学们可以放心的来练习。以下几点是同学练习跳绳时的要求和应注意的事项：

(1)选择适当的场地。

(2)穿着适当的服装。

(3)充分做好准备活动和整理活动。

(4)要有正确的跳绳方法。

①跳绳方法是用前脚掌起跳和落地，切记不可用全脚或脚跟落地，以免脑部受到震动。当

跃起在空中时，不要极度弯曲身体，而应成为自然弯曲的姿势。

②握绳的方法是两手分别握住绳两端的把手，通常情况下以一脚踩住绳子中间，两臂屈肘将小臂抬平，绳子被拉直即为适合的长度。

③摇绳的方法是向前摇时，大臂靠近身体两侧，肘稍外展，上臂近似水平，用手腕力作外展内旋运动，使两手在体侧做画圆动作，每摇动一次，绳子从地经过身后向上向下，回旋一周，绳子转动的速度和手摇的速度成正比，摇动越快，则绳子回旋越快。

④停绳的方法是向前摇时，一脚伸出，前脚掌离地，脚跟着地使绳停在脚掌下；向后摇时，则一脚伸出，后脚跟离地，前脚掌着地，使绳停在脚底。

(5)要循序渐进练习。

(6)要严防事故。

以下是几种因跳绳引起的常见事故：

①相互间拿着跳绳追逐打闹，用绳子当“鞭子”抽打同学。

②将绳子挂在器械当吊绳，做“千秋”荡，易出事故。

③从高处将绳子甩下击打同学的头，有时一不小心，也会造成自己受伤。

以上种种，应加强教育防范，杜绝事故发生。

第十六章

健身健美运动

第一节　健身运动概述

一、健身运动的概念

健身运动是指通过徒手或利用各种器械，运用专门科学的动作方式和方法进行锻炼，以发达肌肉、增长体力、改善形体和陶冶情操为目的的运动项目。

二、健身运动的方法

健身运动可以采用各种徒手练习，如各种徒手健美操、韵律操、形体操以及各种自抗力动作。也可以采用各种不同的运动器械进行各种练习，如哑铃、杠铃、壶铃等举重器械，单杠、双杠、绳、杆等体操器械，以及弹簧拉力器、滑轮拉力器、橡筋带和各种特制的综合力量练习架等力量训练器械，还有功率自行车、台阶器、平跑机、划船器等有氧训练器材。

健身运动适用性非常的强，简单容易学，而且能增强人的体质，提高身体的免疫力，能够大大减缓慢性疾病的发生。健身运动可以增强人们的肌肉力量，在一些需要躯干力量的时候能够有效的供给。同时，也可改善我们的体型，陶冶我们的情操。

第二节　现代健身运动

一、形体训练——塑造优美的体态培养高雅的气质

形体训练是一项比较优美、高雅的健身项目，主要通过舒展优美的舞蹈基础练习(以芭蕾为基础)，结合经典、身韵、民间各个民族的舞蹈进行综合训练，可塑造人们优美的体态，培养高雅的气质，纠正生活中不正确的姿态，可以说它是所有运动项目的基础。

适宜人群：适合的人群比较广泛，尤其适合女性。

二、跆搏健身操——欧美健身的新热点

跆搏“Tae-Bo”是目前欧美健身房里的新热点，“Tae”是跆拳道“taekwondo”的缩写，“Bo”

是拳击“boxing”的缩写。“Tae-Bo”是韵律搏击的一种形式，其上肢动作主要参考了拳击的动作特点，而腿部动作则以跆拳道的腿法为基本动作。与普通的对抗搏击不同，它是在节奏强劲的音乐伴奏下，集舞蹈、拳击、跆拳道、空手道、韵律操为一体，伴随着节奏强劲的音乐，每一招出拳，每一次踢腿，你都要想象自己真的在面对一个对手。传统的健身操只强调制动和控制，而韵律搏击则强调自我保护，要求回收动作的速度要快。“跆搏”不仅可以有效地促进身体柔韧性及肌肉力量的增长，还具有防身健体的实用价值。

适宜人群：一般男、女都适宜。

注意事项：因为跆搏的上肢动作比较多，在做完跆搏练习以后，应注意对手臂的拉伸练习。

三、拉丁健身操——减腰、腹的好方法

拉丁健身操是在拉丁舞和健美操的基础上创编而成的一种新颖健身操，它把伦巴、桑巴、斗牛、牛仔、恰恰等拉丁舞的基本舞步与优美的健美操动作科学、巧妙地结合起来，具有浓郁的异国情调，动作优美，热情奔放。它的锻炼侧重在腰和髋部，其动作强调髋部的摆动，因此对于腰部两侧的训练有特别效果，同时使大腿内侧得到充分锻炼，所以对腰腹的锻炼和减肥有很好的效果，具有娱乐与健身的双重功效。

适宜人群：拉丁健身操的运动量比较适中，所以适合人群也比较广泛。拉丁有氧健身操，热情奔放，节奏明显，更适合年轻人，因它的锻炼侧重在腰和髋部，所以更适合需要腰、腹、髋局部减肥的朋友。

注意事项：

(1)在进行拉丁健身操的锻炼之前，首先要把腰胯活动开。

(2)跟随音乐扭动髋部和腰部，正常呼吸。

(3)避免扭腰过猛，应以感觉适当为准。

四、健身球操——时尚新运动

健身球操是一种新兴时尚的运动项目，它对于塑造美的体态具有非常好的效果。1963 年健身球最早在瑞士出现，当时只是作为一种康复医疗设备。现在健身球不仅仅作为一种理疗方法，而成为一项新兴的体育健身运动。健身球体积大，抗力强，能承受一个人甚至多个人的体重，利用它进行健身锻炼，可以帮助人们实现减腹、瘦腿的目的，更可以使身体各部分的线条更加优美。

适宜人群：适合所有人的锻炼(包括需要康复治疗的人)。

注意事项：健身球操较徒手运动略有一些难度，它需要一定的控制和平衡力，还有腰腹的力量，对初学者应以最基础的动作为主。

五、街舞——现代舞健身的主流

街舞起源于美国街边轻松自由的黑人舞蹈，因为其独特的 HIP-HOP 风格和无法抗拒的强大魅力，成为现代舞健身的主流。街舞拥有爽利的舞姿和多变的动作，兼具舞蹈娱乐和锻炼身体的功效。它是提升人的表现力，释放人的情绪，提高人的协调性的最佳运动项目。

适宜人群：因为它节奏感强，非常有个性和时尚，比较适合年轻男女。

注意事项：

(1)着装要求随意、宽松,充分显示自我,穿平底休闲鞋、运动鞋。

(2)街舞动作虽需全身协调,但上肢动作不被过分强调。在姿态方面,想跳好街舞就必须做到全身尽量放松,时刻将双膝保持在弯曲弹性状态。

(3)对音乐的理解需自行调节,最重要的是调节心情、缓解压力、追求与众不同的感觉。

六、踏板操——国际上时尚的减肥方法

踏板操作为健美操的一种形式在国际上日益成为时尚的减肥方法。踏板操是一种有氧健美操,是在供氧充足的状态下进行的、长时间的、中低强度的练习。肌肉的发达是和做功所需要的强度相适应的,这种中低强度,不仅能使腿部肌肉结实起来,使肌肉的线条更修长,还能有效地解决臀部下垂的问题。踏板操动作中的舒展与伸拉,可使人的动作更灵活、更轻盈。另一方面,踏板具有一定高度,完成同样动作比在平地上耗能要多,因此在饮食得当的情况下,减脂的效果将更加明显。

适宜人群:因踏板操节奏快、强度较大,适宜四十岁以下的人群进行锻炼。

注意事项:在做踏板操之前要将腿部的关节活动开,运动结束后注意腿部的拉伸练习。

第三节　健美运动概述

健美运动是一项通过徒手运动和各种器械辅助,运用专门的动作方式和方法进行肢体锻炼的运动项目。它有较强的前瞻性、科学性、系统性和针对性特点,实用性较强,操作简单,极大地满足了大众对强身、健体、减肥、塑形、休闲、娱乐、康复、保健等不同层面的需求。除了具有一般体育活动所共有的能锻炼身体、增进健康、增强体质的作用外,还特别能发达全身各部位的肌肉,增长体力,改善体形体态,以及陶冶美好的情操。

健美运动可以采用各种徒手练习,如各种核心力量练习,各种身体自抗力动作练习。也可采用轻重不同的运动器械来进行练习,如杠铃、哑铃、壶铃等举重器械,单杠、双杠等体操器械,以及弹簧拉力器、臂力棒、腹肌轮、橡筋带和各种特制的综合力量练习器等。为了达到健美的目的,这就需要有专门的训练方法。例如,采用举重等器械做各种动作时,在器械的轻重,动作的做法、次数、组数、速度等方面,就都有特殊的要求和安排。

第四节　形体健美方法

一、健美运动的方法

健美运动的动作练习方式多种多样,有成套的组合练习方法,也有发展身体局部具体部位肌肉的专项动作练习方法,下面主要介绍最常见、最常用躯体各个部位肌肉锻炼的动作和方法。

(一)肩部三角肌练习

三角肌也称为虎头肌,就是我们平常说的肩。它起于我们的锁骨外侧肩峰肩胛岗,让我们的肱骨粗隆。

三角肌对多个动作结合的训练反应最好，训练时配合不同负重和不同阻力性质的器械快起慢落，做对抗练习，每组 8～12 个为宜，重复 3 组，每组间隔 15 s 左右。

1. 哑铃前平举

（1）重点锻炼部位：三角肌前束。

（2）动作要领：两脚开立与肩同宽，抬头、挺胸、收腹，两手正握哑铃，两臂下垂于腿前。吸气，直臂持铃向上举起略高于肩，停 1 s；呼气，直臂慢慢下放还原至腿前。

（3）动作要求：上举和下落时全身保持直立，两臂保持直伸，不得屈腕。

2. 侧平举

（1）重点锻炼部位：三角肌中束。

（2）动作要领：两脚开立，与肩同宽，两手正握哑铃垂于腿前，身体稍前倾，双肘微屈，向两侧举起哑铃至肩高，使三角肌处于“顶峰收缩”位，稍停，然后肩肌控制缓慢还原于身体两侧。吸气，直臂向侧上方抬起，至略高于肩，稍停；呼气，两臂慢慢放下到下垂位置。

（3）动作要求：上举和下落时全身保持直立，躯干不能摆动和弯曲，双臂要保持直伸，不得曲腕。

3. 俯身侧平举

（1）重点锻炼部位：三角肌后束和上背肌群。

（2）动作要领：两脚开立，比肩稍宽，向前屈体 90°，两手正握哑铃，两臂垂直向下，吸气，直臂从两侧平抬起哑铃，直到与肩保持平行，稍停；呼气，两臂缓缓放下至还原状态。

（3）动作要求：练习过程中，上体不能上下起伏摆动，并保持腰背平直。

（二）肱二头肌练习

肱二头肌位于我们手臂前侧，为梭形肌，有长、短两个头，长头起于肩胛骨盂上结节，短头起于肩胛骨喙突，止于桡骨粗隆和前臂筋膜，是我们上肢肌群最发达的肌肉之一。通常把它称为二头肌，实际上是两个不同的肌肉即肱二头肌和肱肌，两个肌肉沿上臂的前部运行，从肩部到肘部。肱二头肌跨过肩关节、肘关节和桡尺近侧关节有助于前臂旋转和屈伸。肱肌在近固定时，屈前臂，远固定时，使上臂靠拢前臂，肱肌是肘关节屈负荷最大的屈肌，这两种肌肉组成二头肌，帮助肘部完成弯屈动作。

1. 杠铃、哑铃交替弯举

（1）动作要领：两脚自然开立，身体正直，双手反握杠铃、哑铃与肩同宽，以肘关节为圆心小臂为半径用肱二头肌的力量向上弯起，稍停后缓慢复位，用力时鼻子吸气，还原时用嘴呼气（图 16－4－1）。

图 16－4－1

（2）动作要求：身体切勿前后摆动，肘关节不移位，手腕要始终保持同一姿势。

2. 杠铃弯举

通过斜面的皮垫固定住手臂和上身，双手反握杠铃，用力拉起，达到最高，然后缓慢回原位，注意手臂要略弯曲。发力时吸气，放松时呼气(图 16-4-2)。

3. 哑铃弯举

(1)准备动作：坐在平凳上，右手手心朝向自己握住哑铃，双腿自然分开，背部自然弯曲，使右手手肘靠在右腿内侧，右前臂放松也靠在右大腿上。另一只手手指向内扶压在另一大腿上，手微屈(图 16-4-3)。

图 16-4-2

图 16-4-3

(2)发力动作：右手的二头肌收缩，使右前臂向上提起。在提升到最高点时，用力绷紧二头肌并做稍微停顿，然后肌肉缓慢放松，将右前臂缓慢放下，直至再次靠在右大腿上。练完一组后交换左右手，用左手重复上述动作。

(3)呼吸节奏：在二头肌发力提起前臂时缓慢吸气，在放下过程中缓慢呼吸。在整个过程中都应该按照这个节奏来呼吸，这样的节奏更有利于发力。

(三)肱三头肌练习

肱三头肌是手臂上最大、最有力的肌肉，于大臂外侧，起端由三个头，即长头、内侧头、外侧头合成，长头起于肩胛骨盂下节结，内侧头起于肱骨体后面桡神经沟内下方，外侧头起于肱骨大结节下方后外侧表面，三个头合成一个肌腹，共续于一个腱止于尺骨鹰嘴，其作用是近固定时，使上臂和前臂伸，远固定时，使肘关节伸。

1. 哑铃俯身臂屈伸

(1)动作要领：两脚前后开立，身体向前弯屈成 90°挺胸直腰，单手握哑铃，另一手撑于长凳上，掌心向内，让握铃的大臂贴靠身侧，与上体平行。屈肘，让小臂自然下垂，上体和大臂保持不动，把小臂向后上方挺伸，直到臂部完全伸直。静止一秒钟，再屈肘，让小臂徐徐下垂到开始位置(图 16-4-4)。

(2)动作要求：练习时前臂做屈伸动作伸直时稍停，再还原。

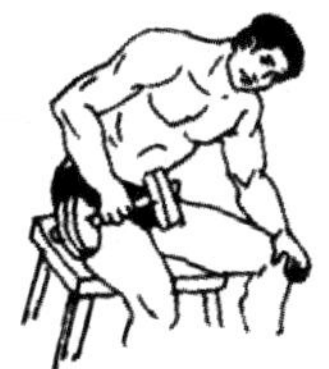

图 16-4-4

(四)胸部肌群练习

胸肌就是胸部的肌肉,由左右两部分构成,又称胸大肌,成扇型,位于胸廓的前上部,起自锁骨内侧半,止于肱骨大结节嵴。胸大肌可以通过倾卧推举、仰卧飞鸟等胸部肌肉锻炼法锻炼出来。

1. 仰卧推举

(1)动作要领:仰卧在长凳上,双手握杠铃置于胸部上方锁骨部位,(握距分窄握距、正常握距)用胸大肌的收缩力量将杠铃垂直上推至两臂伸直,稍停后缓慢复位,用力推举时吸气,慢慢回落时呼气(图 16-4-5)。

(2)动作要求:上举时背部、臀部要平贴凳面,腰空起来,两脚用劲下踏。

2. 仰卧飞鸟

(1)动作要领:仰卧在长凳上,两臂向上伸直,两肘部微屈并逐渐向两侧张开,随着下降加深两肘角度逐渐变小 100°~120°一直感到胸大肌被充分拉长。持铃举起时用胸大肌的收缩力量,使两臂伸直复位上臂与前臂之间所处的夹角,不管在举起或落下时,必须保持在 100°~120°,同时使哑铃处于肩、肘关节的平面线上。挺胸沉肩,并使胸大肌处于"顶峰收缩"位,稍停。用力推举时吸气,慢慢回落时呼气(图 16-4-6)。

(2)动作要求:练习时肘关节要微屈,不能伸直两肘,向上举起时要收腹、提气、挺胸,两手不要紧握,分臂时背部肌肉要收紧。

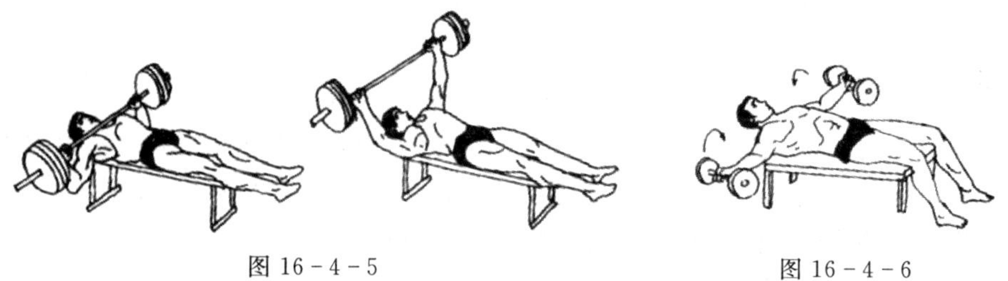

图 16-4-5　　图 16-4-6

(五)腰腹部肌群练习

腹肌包括腹直肌、腹外斜肌,腹内斜肌和腹横肌。当它们收缩时,可以使躯干弯曲及旋转,并可以防止骨盆前倾。腹部肌肉对于腰椎的活动和稳定性也有相当重要的作用,可以控制骨盆与脊柱的活动。腹部肌群的锻炼方法有仰卧起坐,仰卧举腿等。

1. 仰卧起坐

(1)动作要领:仰卧在垫子上,双脚屈膝双手放于耳旁,两膝夹紧,用腹肌的力量向上折体,稍停后缓慢复位。主要锻炼上腹肌,折体时用鼻吸气,还原时用嘴呼气(图 16-4-7)。

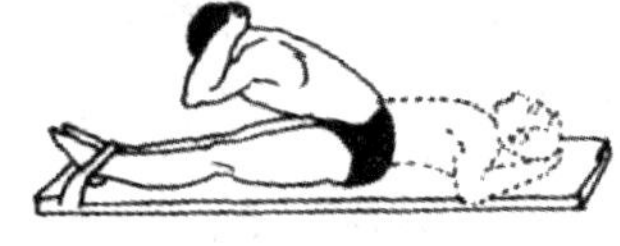

图 16-4-7

(2)动作要求:练习时两膝始终夹紧,向上折体时要用上腹肌压迫下腹肌。

2. 仰卧举腿

(1)动作要领:仰卧在垫子上,背部要平躺且紧贴地面,腿部伸直但不要着地,伸直浮空即可,双手可垫在臀部后面。在举腿过程中,双腿始终处于绷紧状态,整个上身和手不要受到腿部的带动进行不规则的运动,否则会影响锻炼的效果。在举腿时,要尽量与身体呈直角,使整个身体呈L形。如果不能确定腿部是否与身体呈直角,可以先把腿部先举起,确认好位置后再开始运动。如果在动作中腹肌使不上力气,腰部会感到酸,腹部刚开始没有力气,为了完成动作,腰部会被借力,会被带长。

(2)动作要求:双腿伸直向上折,臀不离地,脚不挨地,上抬时快,下落时慢。

(六)腿臀肌群练习

1. 负重深蹲

(1)动作要领,两脚开立,与肩同宽,两手宽握杠铃放于后肩上,呼气,慢慢下蹲至两膝完全弯曲,或至大腿与地面平行,稍停,吸气,用大腿股四头肌和臀大肌收缩的力量,使身体起立还原(图16-4-8)。

图16-4-8

(2)动作要求:下蹲时要挺胸收腹,收紧腰。

2. 弓箭步蹲

(1)动作要领:两脚略窄于肩,平行站立,上体挺胸直腰,双手抓握哑铃。左腿向前一步,并屈膝下蹲,身体重心随之前移,至右膝接近地面,再用力伸直左腿使身体重心后移,左腿随身体重心退回到原位,然后令右腿向前迈出一步,并屈右膝使身体重心前移,至左膝接近地面,用力伸直右腿,使身体重心向后移回,右脚随身体重心回到原位。该训练主要刺激股四头肌,同时对臀大肌、股二头肌、半膜肌和半健肌有一定刺激效果。

(2)动作要求:由于是在负重状态下完成双腿交替迈出,动作重量较大时,注意保持身体平衡,屈腿下蹲时要控制速度,防止后侧腿膝盖磕碰到地面。

3. 跪姿俯撑单腿交替抬腿

(1)动作要领:动作过程中保持躯干的稳定,练习腿的膝盖保持微屈,然后直腿上抬(图16-4-9)。

图16-4-9

(2)动作要求:注意保持身体平衡,下落时要控制速度,防止膝盖触碰到地面

(七)核心力量练习

平板支撑(plank)是一种类似于俯卧撑的肌肉训练方法,在锻炼时主要呈俯卧姿势,可以有效的锻炼腹横肌,被公认为训练核心肌群的有效方法。

1. 动作要领

俯卧,双肘弯曲支撑在地面上,肩膀和肘关节垂直于地面,双脚踩地,身体离开地面,躯干伸直,头部、肩部、胯部和踝部保持在同一平面,腹肌收紧,盆底肌收紧,脊椎延长,眼睛看向地面,保持均匀呼吸。每组保持 60 s,每次训练 4 组,组与组之间间歇不超过 20 s。肘关节和肩关节与身体保持直平板支撑角,在地板上进入俯卧姿势,用脚趾和前臂支撑体重。手臂成弯曲状,并置放在肩膀下,任何时候都保持身体挺直,并尽可能最长时间保持这个位置。

若要增加难度,手臂或腿可以提高。肩膀在肘部上方,保持腹肌的持续收缩发力(控制住),保持臀部不高于肩部,脚之间与肩同宽。手部可以合十,在坚持 75 s 以上的时候适当抬高一下臀部(因为随着时间我们的臀部会下沉,所以需要保持臀部和腰板、腿保持直线)。颈部保持前倾,可以锻炼颈部。

2. 动作要求

任何时候都保持身体挺直,并尽可能最长时间保持这个位置。若要增加难度,手臂或腿可以提高。需要一个比较合适的平板,不能太硬也不能太软。肩膀在肘部上方,保持腹肌的持续收缩发力控制。

参考文献

[1]李振斌.大学体育教程[M].长春:东北师范大学出版社,2013.

[2]刘生彦.大学体育理论与实践教程[M].成都:西南财经大学出版社,2016.

[3]教育部.普通高等学校体育课程教学指导纲要[Z].2002.

[4]王月华,王淑清.学校体育学与社会[M].长春:吉林大学出版社,2010.

[5]卢元镇.体育社会学[M].3 版.北京:高等教育出版社,2010.

[6]运动解剖学编写组.运动解剖学[M].北京:北京体育大学出版社,2015.

[7]谭成清,李艳翎,裴竞波.现代大学体育教程[M].长沙:国防科技大学出版社,2010.

[8]王家彬,虞荣安,杭兰平.大学体育教程—理论篇[M].西安:西北工业大学出版社,2007.

[9]张洪潭.体育的概念、术语、定义之解说立论[J].西安体育学院学报,2006:23(4):1-6.

[10]包佶.关于体育的概念和本质的讨论[J].科技信息(学术版),2007(23):12-13.

[11]范海荣,任继祖.学校体育学[M].上海:复旦大学出版社,2009.

[12]龙明,张军.奥林匹克运动要论[M].兰州:兰州大学出版社,2009.

[13]项立敏.现代奥林匹克运动[M].徐州:中国矿业大学出版社,2005.

[14]来源,黄承欢.大学体育健康教程[M].西安:西北工业大学出版社,2009.

[15]王成,杭兰平,虞荣安.大学体育理论[M].西安:西北工业大学出版社,2014.

[16]陈志军,张君其.大学体育[M].苏州:苏州大学出版社,2014.

[17]王瑞元,苏全生.运动生理学[M].北京:人民体育出版社,2012.

[18]国家体育总局.2014 年国民体质监测公报[EB/OL].(2015-11-25).http://www.sport.gov.cn/n16/n1077/n1422/7331093.html.

[19]席凯强,李鸿江.田径技术教学程序与设计[M].北京:北京航空航天大学出版社,2011.

[20]刘建国.田径运动[M].北京:高等教育出版社,2010.

[21]赵岩.大学生健康教育读本[M].昆明:云南大学出版社,2016.

[22]张小燕,刘洋,陈碧华.大学生健康教育[M].长沙:中南大学出版社,2016.

[23]王胜炳.大学生健康教育[M].成都:电子科技大学出版社,2015.

[24]冯俊,李玉明.大学生健康教育[M].成都:四川大学出版社,2015.

[25]杨月花.大学生健康教育[M].西安:陕西科学技术出版社,2015.

[26]于兰,贾占玲.睡眠与睡眠障碍[M].长春:吉林人民出版社,2006.

[27]赵国庆,刘松岩.睡眠与睡眠障碍[M].长春:吉林大学出版社,2010.

[28]冯玉麟,徐治波.烟草工业与人类健康[M].成都:四川大学出版社,2013.

[29]焦中明.烟草知识[M].北京:科学普及出版社,2005.

[30]贾东明.毒品:成瘾与康复[M].杭州:浙江大学出版社,2013.

[31]李云昭,杨春兰.毒品与艾滋病预防教育[M].昆明:云南大学出版社,2017.
[32]王晓丽,贾若苹,高雯,等.重点传染病防治技术[M].石家庄:河北科学技术出版社,2017.
[33]张锦海,朱进.常见传染病防治[M].苏州:苏州大学出版社,2016.
[34]刘建伟,谢玉茹.常见传染病预防[M].北京:人民军医出版社,2014.
[35]宋诗铎.传染病学[M].2版.北京:北京大学医学出版社,2010.
[36]王玺坤.性健康与性疾病学[M].广州:中山大学出版社,2009.
[37]孙学东.性传播疾病防治[M].北京:金盾出版社,2010.
[38]彭卫民,王怀林.大学生健康教育实用教程[M].成都:四川大学出版社,2011.
[39]林金水.大学生安全教育[M].上海:上海交通大学出版社,2012.
[40]杜建林.大学生生殖健康教育理论与实践[M].长沙:湖南科学技术出版社,2008.
[41]尹会文.浅析体育卫生在学校体育教学中的重要性[J].课程教育研究,2018(2):203.
[42]韩新英.运动处方教学模式在高校体育教学中的应用研究[J].湖北体育科技,2018(9):930-932.
[43]张慧清.体质评价与运动处方联合干预机制对大学生体质的影响[J].体育世界(学术版),2018(10):168-169.
[44]杜亚芬,胡奥森.中老年人高血压运动处方的制定研究[J].体育世界(学术版),2019(03):144-48.
[45]王斌.浅谈运动竞赛编排中的排位顺序[J].山西师大体育学院学报,2006(S1):106-107.
[46]吴秋来,吴湘军,刘飞舟.融合与创新:运动竞赛中单循环赛制编排方法的创新研究[J].创新创业理论研究与实践,2018,1(18):101-103.
[47]唐涓铭,龚江泳.羽毛球竞赛编排套表编制方法探析[J].武术研究,2019,4(02):148-151.
[48]熊晓华,熊志红.手法按摩联合功能训练对膝关节损伤后关节炎疗效分析[J].交通医学,2018(10):448-450.
[49]王志苹.关于体育训练中运动损伤预防探讨[J].中国校外教育,2019(2):17-24.
[50]邓永盛,马会,荣徐帅.经穴位按摩与颈部保健操预防颈椎病的临床疗效分析[J].中国疗养医学,2019(4):396-398.
[51]邹然,丁清淑.改革开放以来我国学校体育卫生政策变迁的思考[J].成都体育学院学报,2019(4):121-126.
[52]梁伯衡,张玉华,刘于飞,等.应用调整的膳食平衡指数评价广州市18～64岁居民的膳食质量[J].现代预防医学,2018(5):814-818.
[53]陈晨.脂肪酸失衡导致健康危机,全球营养专家建议——选用脂肪酸均衡的调和油是便捷途径[J].中国油脂,2018(6):3-4.
[54]王凯琪.营养在篮球运动中的作用[J].当代体育科技,2019(1):16-17.
[55]王嵘,王峥,鄢行辉.太极拳运动对肥胖大学生的减肥机理探索[J].体育世界(学术版),2019(3):84-81.
[56]杨春霞.师范院校如何科学开设大学生减肥与健康教育课[J].陕西学前师范学院学报,2019(3):86-90.
[57]徐永进.营养、运动干预对青少年肥胖群体影响综述[J].青少年体育,2019(3):34-35.

[58]刘彤鸥,王加谋,欧阳琴,等.武汉市4所高校大学生减肥意向与身体满意度从众行为的关系研究[J].中国健康教育,2019(4):208-211.
[59]陆红.运动竞赛学[M].2版.北京:北京交通大学出版社,2010.
[60]邓万金.传统循环制竞赛编排法与新编排法之对比研究[J].山东体育学院学报,2006(06):71-74.
[61]曾成.田径运动健身价值阐释[J].群文天地,2011,11:275.
[62]李德敏.浅谈田径运动对健身价值的开发[J].体育世界(学术版),2015,1:11-13.
[63]王芳.对田径健身价值开发的探讨[J].三峡大学学报(人文社会科学版),2010,12:323-326.
[64]唐雨.新形势下高校篮球教学改革的思路[J].青少年体育,2018(11):74-75.
[65]严婷婷.分析篮球进攻联防战术体系的差别[J].当代体育科技,2018,8(19):166-167.
[66]王安大川.分层教学在高校篮球教学中的应用[J].当代体育科技,2018,8(24):109-110.
[67]崔新龙,马利超.现代篮球技战术训练创新理论的发展研究[J].体育世界(学术版),2019(03):187-188.
[68]冯堃.谈高校篮球教学训练中培养学生战术意识的策略[J].才智,2019(8):22.
[69]张瑞林.高等学校教材·篮球运动[M].高等教育出版社,2010.
[70]姬雪朋.简论篮球战术意识的内容及层次结构[J].运动,2018(4):15-16.
[71]张洪基.对大学生篮球战术意识培养的研究[J].体育科技文献通报,2018(12):70-72.
[72]刘文春.排球运动[M].北京:高等教育出版社,2005.
[73]朱红丹.排球入门与技战术图解[M].北京:蓝天出版社,2010.
[74]中国排球协会.排球竞赛规则 2013—2016[M].北京:人民体育出版社,2013.
[75]中国足球协会.足球竞赛规则 2015—2016[M].北京:人民体育出版社,2016.
[76]毛敏.简析高校足球队训练中足球意识的培养[J].运动,2017(12):75-80.
[77]卢黎.乒乓球技战术分析及训练改进措施——以贵州大学女子乒乓球高水平运动员为例[J].教育文化论坛,2017(2):49-52.
[78]岳海鹏.乒乓球战术行为策略选择博弈矩阵的构建[J].成都体育学院学报,2017(3):72-77.
[79]康厚良,刘擎志,赵丹.云南高校乒乓球运动课程与设施建设研究—以云南经济管理学院为例[J].新西部,2018(36):33-34.
[80]崔秀馥.普通高校体育选项课教材:乒乓球[M].北京:北京体育大学出版社,2012.
[81]李航,郝莹.对乒乓球战术训练和战术运用的探讨[J].体育科技文献通报,2017(2):64-66.
[82]陆家领.高校乒乓球专项学生技战术教学及训练方法研究[J].当代体育科技,2019(2):20-22.
[83]武术教材编写组.武术[M].北京:高等教育出版社,1996.
[84]中国武术百科全书编撰委员会.中国武术百科全书[M].北京:中国大百科全书出版社,1998.
[85]中国武术段位制编写组.初段位技术教程[M].北京:北京体育大学出版社,1996.
[86]中国武术散手编写组.中国散手[M].北京:人民体育出版社,1990.

[87]体育学院专修通用教材. 武术[M]. 北京:人民体育出版社,1991.
[88]姜桂萍. 体育舞蹈[M]. 北京:高等教育出版社,2008.
[89]钱宏颖. 体育舞蹈与排舞[M]. 杭州:浙江大学出版社,2011.
[90]罗林. 大学体育理论与技术教学指导[M]. 北京:科学出版社,2011.
[91]黄淑萍,刘凯. 大学体育舞蹈教程[M]. 兰州:甘肃教育出版社,2008.
[92]韩俊. 瑜伽初级教程[M]. 沈阳:辽宁科学技术出版社,2006.
[93]王月. 形体礼仪与瑜伽塑身训练[M]. 北京:清华大学出版社,2012.
[94]全国体育院校教材委员会. 中国武术教程(下册)[M]. 北京:人民体育出版社,2004.
[95]孙宏伟,于淑华,崔煜. 中国武术与散打[M]. 哈尔滨:哈尔滨地图出版社,2006.
[96]陈勇. 图解女子防身术[M]. 济南:山东人民出版社,2011.
[97]侯仲约,程大力. 最新女子防身术[M]. 北京:人民体育出版社,1998.
[98]国家体育总局武术研究院. 中国武术段位制系列教程:自卫防身术[M]. 北京:高等教育出版社,2013.
[99]一招防身全图解编写组. 徒手防身一学就会[M]. 北京:化学工业出版社,2016.
[100]邱丽玲. 中国跳绳竞赛项目设置与竞赛方法研究[D]. 北京:北京体育大学,2009.
[101]郭贤成,刘洪燕,邱丽玲. 我国跳绳竞赛项目设置的研究[J]. 北京体育大学学报,2010,(8):33.
[102]张先松. 健身健美运动[M]. 武汉:华中科技大学出版社,2009:42-50.
[103]程路明,邓玉. 论健美健身受众的角色定位及其转型促进[J]. 北京体育大学学报,2009(12):58-61.
[104]赵长军. 在我国高校中开设健美健身课程的价值及必要性探讨[J]. 广西大学学报(哲学社会科学版),2006(1):15-18.
[105]裔程洪. 跟专家练健美·减肥·健身[M]. 北京:北京体育大学出版社,1998.
[106]崔仲三. 二十四式太极拳[M]. 青岛:青岛出版社,2018,5.
[107]高崇. 杨氏太极拳 40 式竞赛套路完全图解[M]. 北京:人民邮电出版社,2019,3.
[108]崔仲三. 看视频学太极三十二式太极剑[M]青岛:青岛出版社,2018.
[109]国家国民体质监测中心. 2014 年 6—69 岁人群体育健身活动和体质状况抽测调查结果[EB/OL]. (2014-08-06). http://www.fitness.org.cn/news/201486/n7248668.html.